그리스도교 신앙

끌림 기독선 001

그리스도교 신앙
Christian Beliefs

조동호 지음

끌림

서문

　이 책은 신학의 기본 주제들(Loci Communes Theologici)을 서술한 것이기는 하나 조직신학이란 이름 대신에 《그리스도교 신앙》(Christian Beliefs)이란 제목을 붙였다. 이 책이 크게 학술적이기보다는 그리스도교 교리 해설에 더 가깝기 때문이다.

　그리스도교에는 두 줄기의 뿌리가 있다. 한 뿌리는 구약성경에 기초한 유대교이고, 다른 뿌리는 가톨릭교회이다. 유대교는 구약성경을 기록하고 보존해온 유대민족 종교로서 구약성경과 가장 밀접한 종교이고, 구약성경을 가장 잘 알고 가장 잘 이해하고 있는 종교이다. 그러므로 유대교인들이 믿고 행하는 바를 아는 것보다 신구약성경 이해에 더 중요한 것은 없다. 그뿐 아니라, 유대교와 그리스도교의 차이점들을 알고 또 그 차이점들이 생긴 이유를 아는 것보다 신구약성경 이해에 더 중요한 것은 없다.

　가톨릭교회는 그리스도교(개신교)보다 1,500여 년이나 역사가 더 길다. 가톨릭교회의 역사는 2천 년인데, 그리스도교의 역사는 500여 년이다. 그리스도교는 가톨릭교회에서 나왔고, 가톨릭교회의 많은 것들을 개혁했지만, 가톨릭교회의 모든 것을 다 부정한 것은 아니다. 가톨릭교회 신앙(Catholicism) 혹은 가톨릭교회가 주장해온 보편적 신앙(catholic beliefs)에서 가장 대표적인 것이 삼위일체신앙이다. 삼위일체신앙은 그리스도교의 보편적 신앙이기도하다. 그리스도교보다 세 배나 더 긴 역사를 가진 가톨릭교회를 아는 것보다 교회와 의식(침례, 주의 만찬)과 예배에 관한 이해에 더 중요한 것은 없다. 그뿐 아니라, 가톨릭교회와 그리스도교의 차이점들을 알고 또 그 차이점들이 생긴 이유를 아는 것보다 교회와 의식과 예배에 관한 이해에 더 중요한 것은 없다.

또 종교개혁의 전통을 이어온 루터교회(독일), 개혁교회(스위스, 프랑스), 영국교회(성공회), 회중교회(청교도), 재침례교회(메노나이츠, 아미쉬) 등의 믿음과 실천에 대해서 아는 것보다 자기 교단의 이해와 정체성 확인에 더 중요한 것은 없다. 그뿐 아니라, 그들과 자기 교단의 차이점들을 알고 또 그 차이점들이 생긴 이유를 아는 것보다 자기 교단의 이해와 정체성 확인에 더 중요한 것은 없다.

이 같은 맥락에서 이 책은 유대교(구약성경), 가톨릭교회, 루터, 칼뱅, 그리스도교(신약성경), 스톤-캠벨운동(환원운동, 신약성경교회운동) 등의 성경관과 신학하기, 신론, 그리스도론, 성령론, 교회론, 인간론, 구원론, 종말론에 관해 서술함으로써 독자들이 피아(彼我)의 공통점과 차이점을 식별해 내는 것을 돕고자 하였다.

그런데도 이 책은 독자들이 자기와 다른 믿음과 실천에 대해서 비판의식을 갖게 하려는데 있지 않고, 객관적이고 이성적으로 옳고 그름을 판단할 기준(criteria)을 세우는 일에 도움을 주려는 데 있다. 아전인수(我田引水)격의 기준이나 견강부회(牽强附會) 격의 표준이 아니라, 또는 자기 교단의 이익을 위한 수단으로서가 아니라, 하나님의 나라 혹은 그리스도의 나라를 위한 목적으로써의 기준을 세우는 일에 도움을 주려는 데 있다.

그러므로 이 책은 옳고 그름에 관한 글이 아니라, 옳고 그름의 근거 혹은 그 기준(criteria)을 파악하는 데 도움을 줄 수 있는 글이다.

필자는 본래 이 책을 계획했거나 의도하지 않았다. 하지만 필자는 기회를 마련해 주시고 제안해주신 고마우신 분의 은덕으로 이 책을 쓰게 되었다. 이 지면을 통해서 월간 《한길》지의 편집을 담당하신 신덕교회 최연기 목사님과 편집인이신 보람교회 신조광 원로 목사님께 진심으로 감사를 드린다. 특히 최연기 목사님께서는 이 책의 글들을 쓰도록 지속해서 격려해주셨고, 필자의 모든 글을 꼼꼼히 읽어주셨으며, 매월 20-30쪽 분량의 긴 글을 《한길》지에 실어주셨다. 그 결과물이 바로 이 책이다.

이 책을 읽어내는 데는 큰 인내심이 요구될 것이다. 그러나 끝까지 읽어낸다면, 반드시 하나님께서 복 주시고, 지혜와 지식의 문을 활짝 열어주시며 보편적 진리와 신앙에 눈을 뜨게 하시리라 믿는다.

2022년 10월 1일
그리스도의 교회 연구소에서 **조 동 호**

차례

서문 — 004

제1장 성경관과 신학하기 — 011
1. 성경관 — 011
2. 신학하기 — 013

제2장 하나님 — 036
1. 하나님의 이름과 호칭들 — 036
2. 유대교인들의 '하나님의 이름' 발음하기와 쓰기 — 041
3. 유대교인들이 믿는 하나님 — 044
4. 그리스도인들이 믿는 하나님 — 049

제3장 그리스도 — 063
1. 하나님의 외아들 그리스도 — 064
2. 사람의 아들(인자) 그리스도 — 070
3. 하나님의 맏아들 그리스도 — 073
4. 십자가에 못 박힌 그리스도 — 077
5. 하나님의 어린 양 그리스도 — 087

제4장 성령 — 095
1. 성령님과 구름 기둥 — 096
2. 성령님과 오순절 — 099

3. 성령님과 아버지의 약속 —————————— 102
4. 성령세례(침례)의 정의 —————————— 104
5. 성령님의 사역 ———————————————— 107
6. 성령님의 충만 ———————————————— 115
7. 역사적 관점에서 본 오순절 은사주의 ———— 121
8. 스톤-캠벨운동과 오순절 은사주의 ————— 125
9. 한국 그리스도의 교회들에서의 성령론 논쟁 — 130

제5장 교회 —————————————————— 132

1. 교회의 명칭 ———————————————— 133
2. 교회의 출범 일자와 장소 —————————— 137
3. 교회의 설립자와 머리 ——————————— 140
4. 교회의 기초와 모퉁잇돌 —————————— 144
5. 교회의 헌법 ———————————————— 146
6. 교회의 구성원 ——————————————— 153
7. 교회의 리더십 ——————————————— 163
8. 교회의 목적 ———————————————— 170

제6장 인간 —————————————————— 177

1. 피조물 ——————————————————— 177
2. 하나님의 형상 ——————————————— 186

그리스도교 신앙 Christian Beliefs

3. 인간의 구성 — 190
4. 죄 — 195
5. 부패(타락) — 199
6. 죄와 예정 — 203
7. 원죄와 죽음 — 206

제7장 구원 — 215

1. 구원의 의미: 유대교와 그리스도교의 비교 — 215
2. 가톨릭교회의 구원론 — 231
3. 루터의 구원론 — 250
4. 칼뱅의 구원론 — 277
5. 신약성경의 구원론(스톤-캠벨운동권의 구원론) — 303

제8장 종말 — 341

1. 종말과 함께 쓰이는 용어들 — 341
2. 유대교(구약에서)의 종말론 — 348
3. 그리스도교(신약성경)의 종말론 — 361
4. 역사 속에서의 후천년설 — 379
5. 스톤-캠벨운동권에서의 종말론 — 385

참고문헌 — 398

제1장
성경관과 신학하기

1. 성경관

성경관은 크게 세 가지, 축자영감설, 개념영감설, 신앙고백설로 나뉜다. 축자영감설을 근본주의라 부르고, 개념영감설을 복음주의라 부르며, 신앙고백설을 진보주의라 부른다. 신학대학교들과 교단들의 성향도 대체로 이 세 가지 성경관에 따라 갈린다.

축자영감설은 성경의 한자 한자가 다 성령님의 영감으로 된 오류가 없고(무오설) 실수가 없는(무류설) 하나님의 말씀이란 뜻이다. 개념영감설은 성경의 한자 한자보다는 문장을 중시하며, 그 문장에 담긴 개념이 성령님의 영감으로 된 오류가 없고 실수가 없는 하나님의 말씀이란 뜻이다. 반면에 신앙고백설은 성경의 한자 한자 또는 문장보다는 문맥과 정황을 중시하며, 성령님의 영감을 받은 이들의 신앙고백차원의 하나님의 말씀이란 뜻이다. 신앙고백차원이란 민족, 문화(종교), 시대, 상황에 따라 다르게 고백될 수 있는 신앙을 말한다. 이들 성경관에 따라 그리스도교 믿음(신학)과 실천의 규범(기준·표준·잣대)이 달라지고 믿음(신학)과 실천의 방법이 달라지며, 신학방법론도 달라진다. 같은 하나님을 믿어도 그 믿음과 실천이 교단마다 사람마다 조금씩 다른 이유가 여기에 있다.

우리가 '근원에로 돌아가자'(Ad Fontes) 혹은 '성경에로 돌아가자'고 외치고 있고 또 힘써 노력하고 있지만, 엄격히 말해서, 그 같은 외침과 노력이 우리만의 것은 아니다. 근본주의자 또는 복음주의자라면 누구나 성경에로 돌아가자고 할 것이다. 그런데도 불구하고 믿음과 실천이 달라지고 분열이 생기는 것은 규범(기준·표준·잣대)이 다르고, 신학하기 방법이 다르며, 성경해석의 원칙들이 다르기 때문이다. 따라서 외침과 노력도 중요하지만, 규범과 신학방법론과 성경해석원칙의 통일이 더욱 중요하다는 것을 알 수 있다. 몇 가지 예를 들자면, 첫째, 성경만을 우리의 믿음(신학)과 실천의 규범으로 삼을 것인가, 성경뿐 아니라, 전통과 교리까지도 포함시킬 것인가? 성경만을 신학하기의 유일한 자료로 삼을 것인가, 성경뿐 아니라, 과학과 이성과 삶의 정황까지 신학하기의 자료로 삼을 것인가; 둘째, 구약성경과 신약성경을 동등하게 볼 것인가, 구약성경과 신약성경 가운데 어느 한쪽을 다른 쪽보다 상위에 둘 것인가; 셋째, 성경이 침묵하는 것들을 자유로 볼 것인가, 금지로 볼 것인가? 또 특정 사항을 본질로 볼 것인가, 비본질로 볼 것인가; 넷째, 특정 성구나 어휘의 뜻풀이를 문자적으로 할 것인가, 영적으로 할 것인가가 그것들이다. 이런 문제(이슈)들에 대한 공부가 선행되고 이해가 충분히 되어야 올바른 신학하기가 되고, 성경적 교리가 될 수 있다. 이런 이슈들에 대한 충분한 이해 없이 신학하기(조직신학)를 통해 세운 신학체계(교리·신앙고백서)가 그리스도교를 위험에 빠뜨려 왔다. 편견을 가진 소수의 신학자들이 세운 신학체계가 각 교단의 울타리가 되었고, 옳고 그름의 기준(잣대)이 되었기 때문이다.

2. 신학하기

신학하기(조직신학)와 신학체계는 다르다. 조직신학은 성경연구의 한 방법이고, 신학체계는 신학하기의 결과물인 교리(신앙고백서)라고 말할 수 있다. 신학하기의 모든 노력이 신학체계를 위한 것도 아니고, 그럴 의도도 대개는 갖지 않는다. 예를 들면, 한 설교가가 주제설교를 쓴다든지, 어떤 특정한 교리에 대한 성경 강의록을 쓸 때에 그는 신학하기를 하고 있으면서도 신학체계를 세우는 것은 아니다.

성경의 모든 가르침을 포괄적이고 체계적으로 세우려는 행위 자체가 나쁜 것은 아니다. 그러나 이러한 체계는, 역사를 통해서 볼 때, 교회의 분열을 초래하고 급기야는 성경보다는 인간들이 세운 불완전한 체계에 포로가 되어 하나님의 진리를 올바로 수용할 수 없게 만들었을 뿐 아니라, 그리스도인들을 탄압해왔다. 특히 국가종교(국교)와 시의회종교(제네바, 취리히 등의 도시종교)인 경우와 같이 신앙의 자유가 없는 상황에서 더욱 그 폐해가 컸다.

첫째, 성경만을 우리의 믿음(신학)과 실천의 규범으로 삼을 것인가, 성경뿐 아니라, 전통과 교리까지도 포함시킬 것인가? 성경만을 신학하기의 유일한 자료로 삼을 것인가, 성경뿐 아니라, 과학과 이성과 삶의 정황까지 신학하기의 자료로 삼을 것인가?

"성경만을 믿음(신학)과 실천의 규범으로 삼아야한다"는 16세기 종교개혁가들의 주요 외침들 곧 오직 성경, 오직 그리스도, 오직 은혜, 오직 믿음, 오직 하나님께 영광 가운데 한 가지였다. '오직 성경'(Sola Scriptura)이 그것인데, 로마가톨릭교회가 교리와 전통을 성경에 준하는 권위를 부여하고 있었기 때문이다. 가톨릭교회에 비성경적인 요소들이 많은 이유가 여기에 있다. 가톨릭교회가 1962-65년에 개최된 제2차 바티칸공의회 이후 펼쳐온 많은 긍정적인 개혁에도 불구하고, 성모흠숭과 성인들에게 바치는 기도와 같은 주요 전통들을 여전히 고치지 못하고 있다. 이것은 유대교가 탈무드(구전 미슈나와 그 해석)를 구약성경과 거의 동급의 규범으로 취급하는 것과 같다. 유대교 정통주의에 상식 밖의 규례들(Gezairoth, 계명들의 울타리법들)과 관행들이 많은 이유가 여기에 있다. 또 모르몬교회는 성경과 모르몬경을 동일하게 취급한다. 모르몬교회에 터무니없는 주장들이 많은 이유가 여기에 있다. 크리스천사이언스도 과학과 건강을 성경 못지않게 중요하게 취급한다. 이들 유대교, 로마가톨릭교회, 모르몬교회와 크리스천 사이언스뿐 아니라, 심지어 '성경에로 돌아가자'고 외치는 건전한 그리스도교들에서조차 그들의 교리가 성경의 가르침을 억누를 만큼의 강력한 힘을 갖는다. 감리교회는 장정이 있고, 장로교회에는 웨스트민스터신앙고백서가 있으며, 루터교회에는 아우크스부르크신앙고백서가 있고, 침례교회에는 필라델피아신앙고백서가 있다. 그들 교단에 소속되기를 원하는 한 누구도 감히 이들 장정과 신앙고백서들의 내용을 반박하거나 거부하지 못한다.

근본주의와 복음주의에서는 성경만을 신학하기의 유일한 자료로 삼는다. 반면에 진보주의는 성경뿐 아니라, 과학과 이성과 삶의 정황들까지 신학하기의 주된 자료로 삼는다. 그리스도(인)의 교회들(Christian Churches and Churches of Christ, 유악기)은 오직 성경만을 고집한다. 그리스도의 교회들(유·무악기)에 교리가 없다거나 신학체계가 없다고 생각하는 이들이 있는데 실상은 없지 않다. 있지만 그것들을 누군가를 판단하고 재판하는 규범(기준·잣대)으로 삼지 않을 뿐이다. 다시 말해서, 그리스도의 교회들 안에는 많은 대학과 대학교들이 있고, 수많은 학자들이 대를 이어 학생들을 가르쳐왔으며, 또 그들이 신학하기를 통해서 수없이 많은 책들을 출판해왔지만, 그 누구도 그 어떤 것으로도 그리스도의 교회들을 통제하는 규범(기준·잣대)으로 삼지 않아왔다. 물론 그리스도의 교회들 안에도 컨센서스(일치)와 전통이란 것이 있다. 그러나 그 어떤 컨센서스와 전통도 한 교회가 다른 교회를 또는 한 형제가 다른 형제를 판단하는 잣대로 삼지 못한다. 다만 의견충돌과 견해차이가 있을 뿐이다. 물론 그것들이 분열의 원인이 되기도 했다. 좀 더 엄밀히 말하면, 의견충돌과 견해차이로 인한 분열은 교제의 단절일 뿐이었지 그 어떤 형태로도 징계가 아니었다는 점이다. 그리스도의 교회들에는 징계를 내릴 주체(총회)가 없는 협의체이기 때문이다.

둘째, 구약성경과 신약성경을 동등하게 볼 것인가, 구약성경과 신약성경 가운데 어느 한쪽을 다른 쪽보다 상위에 둘 것인가?

구약성경과 신약성경은 모두가 다 하나님의 말씀이다. 그렇더라도 이 두 성경이 서로 동등한가, 아니면 어느 한쪽이 다른 쪽보다 우월하거나 상위인가라는 문제는 신학하기에 앞서 우선적으로 해결되어야할 중요한 논제이다. 구약성경과 신약성경의 우위권 혹은 상위권에 관한 입장차가 크기 때문이다. 유대교인들에게 구약성경은 자기 민족의 출범과 발전 및 쇠퇴와 멸망에 관한 글이기 때문에 100퍼센트 문자적으로 이해할 뿐 아니라, 100퍼센트 문자적으로 실천한다. 참고로 유대교는 교리를 믿는 종교가 아니라 율법을 실천하는 민족종교이다. 그래서 신앙고백서가 없다. 교리라고 해봐야 세파르딕 랍비와 의사였던 마이모니데스(Rambam, Maimonides, AD 1135-1204)가 정리한 매우 짧은 열 세 개의 믿음의 원리뿐이다. 그 가운데 1-4까지가 (1)하나님은 존재하신다, (2)하나님은 한분이시고 유일하시다, (3)하나님은 육체가 없으시다, (4)하나님은 영원하시다 이다. 토라(모세오경)에 실린 613개의 계명들은 첫 오순절날 시내산에서 하나님과 언약식을 하고 이스라엘이 출범될 때 체결된 언약의 내용이자, 헌법이며, 그것들의 준수여부가 이스라엘의 흥망성쇠를 결정짓는다고 믿기에 100퍼센트 문자적으로 지킨다. 문자적인 이해 말고는 그 어떤 해석, 곧 신약성경 저자들이 구약성경을 해석한 방식인 영적, 구속사적, 모형(유형·표징)적, 예표적 해석이란 것이 있을 수 없다, 따라서 유대교인들은 신약성경을 허구의 책이라 생각한다. 예수님은 거짓 그리스도이며, 그를 믿는 것은 우상을 숭배하는 것이라고 말한다.

그리스도교 신학자들 가운데에도 구약성경이 신약성경보다 우위에 있다고 주장하는 이들이 있다. 네덜란드의 개혁신학자 아놀드 A. 판 룰러(Arnold A. von Ruler)는 "구약은 하나님의 본래적이요 본질적이요 정경적인(규범적인) 말씀이며, 신약은 구약의 해석학적 부록이다"라고 하였고,[1] 또 다른 네덜란드의 개혁신학자 코넬리스 H. 미스코테(Kornelis H. Miskotte)는 "구약을 '그 이름'[2]에 대한 독자적인 증거로, 신약을 구약의 기독교적

---

[1] D. L. Baker, Two Testaments on Bible: A Study of Some Modern Solutions to the Theological Problem of the Relationship Between the Old and New Testaments(Leicester: IVP, 1976) 《구속사적 성경해석학》 오광만 옮김(도서출판 엠마오, 1989), 107.
[2] 여기서 "그 이름"은 유대인들이 하나님을 호칭할 때 쓰는 '하셈'(Ha-Shem)을 말한 것으로 보인다.

후속물로, 탈무드를 구약의 유대교적 후속물로 본다"고 하였다.³

그럼에도 불구하고, 룰러가 "구약은 그리스도로서의 예수의 합법화로 기독교회에 필요하다"고 한 것이나 "구약이 기독교회에 필요한 것은 복음의 해석을 위해서이다"⁴고 한 것은 옳은 주장이다. 이밖에도 제임스 바아(James Barr)와 휠러 로빈슨(H. Wheeler Robinson)이 구약의 신학적 역사적 우위성을 주장하였다.⁵

이 같은 주장은 그리스도교의 유대교화와 맥을 같이하는 것으로써 몇 가지 대표적인 사례들이 있다. (1)가톨릭교회의 제사(봉헌·미사)와 사제(제사장) 개념, (2)안식교(재림론자 교회)의 제칠 안식일(금요일 해질 때부터 토요일 해질 때까지) 준수 주장, (3)예수님의 신성과 성령님의 인성을 부정하는 여호와증인의 단일신론 주장, (4)몰몬교의 일부다처제 주장, (5)구약성경의 예언을 100퍼센트 문자적으로 해석하는 세대주의(시대구분론)자들의 해석법, (6)유대인 그리스도인들(Messianic Jews)의 세대주의 성경해석법, (7)다른 예수, 다른 복음, 다른 교훈을 주장한 유대인 에비온파(Ebionites), (8)피 뿌림을 모방한 약식세례와 할례를 모방한 유아세례가 그리스도교의 유대교화의 대표적 사례들이다.

사도 바울에게 있어서 그리스도교의 유대교화를 꾀하는 자들은 "다른 복음"(고후 11:4; 갈 1:6-9)을 전하는 자들, "교란하여 그리스도의 복음을 변하게 하려"는 자들(갈 1:7), "그리스도의 십자가의 원수들"(빌 3:18), "저주를 받을" 자들이었다(갈 1:8-9).

---

³ D. L. Baker, op. cit., 132.
⁴ D. L. Baker, op. cit., 107-08.
⁵ D. L. Baker, op. cit., 133-136.

반면에 신약성경이 그리스도인들의 본질적인 성경이고, 구약은 그 특성상 비기독교적인 것이므로 신약이 구약보다 우월하다고 주장한 그리스도인들이 있는데, 그들 가운데 루돌프 불트만(Rudolf Bultmann)은 '그리스도교 신앙에 있어서 구약의 의의'(The Significance of the Old Testament for the Christian Faith, 1933a: 21)라는 논문에서 그리스도교 신앙에 있어 구약은 더 이상 계시가 아니라는 입장을 견지하였고, "그것(구약)은 지금까지 그래왔듯이 여전히 유대인들을 위한 책이다"고 말하였다.[6] 또 다른 신학자 프리드리히 바움게르텔(Friedrich Baumgärtel)은 〈약속: 복음적인 구약 이해에 답하여〉(Verheissung: Zur Frage des evangelischen Verständnisses des Alten Testaments: 1952)에서 그리스도교 신앙은 "그리스도 안에 있는 하나님의 약속"에[7] 근거하며 "그리스도 안에 있는 하나님의 약속"에는 구약의 약속이 포함되어 있고, 구약의 약속은 그리스도 안에서 실현되었다고 주장하였다.[8]

이밖에도 임마누엘 허쉬(Emanuel Hirsch)와 프란쯔 헷세(Franz Hesse)가 신약의 신학적 역사적 우위성을 주장하였다.[9]

총신대학교 전 부총장 정훈택 교수(2013년 소천)도 다음과 같이 강조하였다.

> 신약성경을 … 신앙과 삶의 유일한 규범으로 사용하고 있다. … 우리는 다른 어떤 책도 신약성경과 같은 권위를 가진 책으로 인정하지 않는다. … 신약성

---

[6] D. L. Baker, op. cit., 141-42.
[7] D. L. Baker, op. cit., 172.
[8] D. L. Baker, op. cit., 176.
[9] D. L. Baker, op. cit., 180-81.

경이야말로 진정한 의미의 기독교 경전이라고 해야 한다. 구약성경은 신약성경과 함께 읽힐 때에만 기독교 경전의 역할을 하게 된다. 우리는 구약성경을 읽고 사용하되 예수님께서 말씀하셨고 그의 사도들이 확신한 대로 예수님과의 관련성 속에서 읽는다. 예수님의 가르침과 사도들의 전통을 따르는 것이다. 구약성경을 기독교적으로 읽고 사용하는 것이 구약성경의 진정한 의미라고 믿는다. … 구약성경은 그리스도에 대한 예언과 예표를 담고 있는 책들로 간주된다는 점에서 역시 기독교의 경전이다. 신약성경은 구약성경을 포함하고 있다고 말할 수 있다. 더 정확히 말한다면, 신약성경은 예수님을 믿는 사람들이 구약성경을 어떻게 읽어야 하는지, 구약성경이 탄생했던 이스라엘의 역사를 어떻게 이해하고, 해석해야 하는지를 제한하고 있다. 어떤 사람이 구약성경을 신약성경이 말하는 대로 해석하지 않고 다르게 읽는다면, 그는 구약성경을 오해하는 것이며, 그런 의미에서 구약성경을 기독교의 경전이 되지 못하게 하는 것이다.[10]

예수님께 배워서 전한 사도들과 선지자들의 가르침이 담긴 신약성경으로 돌아가 교회의 본래성과 순수성과 그 능력을 회복하자고 주창한, 당시 장로교 목사였던, 토마스 캠벨(Thomas Campbell)은 1809년 9월 7일 발표한 《선언과 제언》(Declaration and Address)[11]에서 "우리 주 예수 그리스도와 신약성경 그리스도교의 사도들의 권위에 의해서 분명히 명령된 것 즉 명백한 용어나 승인된 전례(前例)"가 아닌 것들로는 결코 "믿음의 조항"이나 "교제의 시금석"으로 삼아서는 안 된다고 했고(제3명제), 신구약성경

---

[10] 정훈택,《신약개론》(대한예수교장로회총회, 1998), 14-15.
[11] Thomas Campbell and Thomas Acheson, *Declaration and Address of the Christian Association*(Washington, Pa: Brown & Sample, 1809), reprinted by Lincoln Christian College Press, Lincoln, Illinois in 1983.

백주년대회 포스터
피츠버그 1909년 10월 11-19일. '성경이 말하는 곳에서 우리는 말하고, 성경이 침묵하는 곳에서 우리는 침묵한다.' "모두 하나가 되어… 세상이 믿도록 하소서."

은 둘 다 하나님의 뜻을 담고 있는 완전하고 통전적인 계시어서 서로 분리될 수 없지만, "직접적이고 적절하게 그들의 즉각적인 목적에 속하는 것에 관해서는 신약성경이 신약성경교회의 예배와 징계와 치리를 정한 완전한 헌법이고, 교회 구성원들의 특별한 의무를 정한 완전한 규율인 것은, 마치 구약성경이 구약성경교회의 예배와 징계와 치리를 정한 것과 같으며, 구약성도들의 특별한 의무를 정한 것과 같다"(제4명제)고 했으며, "어떠한 인위적인 권위도 우리 주 예수 그리스도께서 명령하지 아니한 새로운 명령과 예전을 교회에 부과할 권한을 갖지 아니한다. 신약성경 이외에 어떠한 것도 믿음 혹은 교회예배에 유입되어서도 안 되고, 그리스도인들 사이에 교제의 시금석으로 삼아서도 안 된다"(제5명제)고 하였고, "신학적으로 추론된 어떠한 해석이나 진리도 교회의 신앙고백의 위치를 차지해서는 안 된다"(제6명제)고 하였다. 또 토마스 캠벨은 "성경이 말하

---

12 Morris Womack, *Thirteen Lessons on Restoration History*(Joplin, Missouri: College Press Publishing Co., 1992), 72, 152.

는 곳에서 우리는 말하고, 성경이 침묵하는 곳에서 우리는 침묵한다."고 하였는데,[12] 성경이 말하는 것은 본질적인 것이고, 성경이 침묵하는 것은 비본질적인 것으로써 신학적 추론을 요구하는 것들이다. 캠벨은 이 침묵 부분에 대해서 "법규를 제정하여 간섭할 권한을 갖지 아니하며"(제5명제), "분란이나 분열을 일으켜서는 안 된다"(제13명제)고 하였다.

알렉산더 캠벨(Alexander Campbell)은 만 28세 때인 1816년 9월 1일 레드스톤 침례교회 협의회(Redstone Baptist Association) 집회에서 '율법에 관한 설교'[13]란 제목으로 설교하였는데, 당시 침례교 목사였던, 알렉산더 캠벨은 이 설교에서 "율법은 유대나라에 주어졌고, 다른 아무 나라에도 주어지지 않았다"고 하였고,[14] "율법은 그 자체로 악하거나 죄가 있는 것이 아니다. 부분적으로는 거룩하고 의롭고 선하였다. 다른 부분들에서는 기초적이고 그림자적인 다가올 선한 것들의 상징들이었다. 만일 율법이 결점을 갖지 않았다면, 복음이 설자리가 없었을 것이다"고 하였으며,[15] 또 "이제까지의 내용으로 봐서 율법과 복음 즉 구약성경과 신약성경 사이에는 본질적인 차이(essential difference)가 있다."고 하였다.[16]

또 미국 오하이오 주 캔턴(Canton) 소재 대형 그리스도의 교회(유악기) 목회자였던 P. H. 웰시머(Welshimer, 1873-1957)는 그의 소책자 〈신약성경 교회에 관한 사실들〉에서 "우리는 구약성경과 신약성경 모두가 영감으

---

[13] Alexander Campbell, *The Millennial Harbinger*, Series III, Vol. III (September, 1846), 493f.
[14] Lester G. McAllister, ed., *An Alexander Campbell Reader* (St. Louis, Missouri: CBP Press, 1988), 39.
[15] *Ibid.*, 40.
[16] *Ibid.*, 41.

로 된 하나님의 말씀이라고 믿는다. 그러나 신약성경은 독보적인 권위의 책이다. 비신자가 그리스도인이 되기 위해서 해야 하는 모든 것과 그리스도인이 천국에 들어가기 위해서 해야 하는 모든 것은 신약성경에 쓰여 있다. 옛 율법은 십자가에 못 박혔다(골 2:14). 구약은 유대인을, 신약은 그리스도인을 위한 책이다. 구약에 있는 많은 계명들이 지금은 신약에 들어있다. 그러나 이 계명들이 우리에게 유효한 것은 그 계명들이 구약에 있기 때문이 아니라 신약에서 다시 제정되었기 때문이다. 구약은 감춰진 신약이고, 신약은 드러난 구약이다(The Old Testament is the New concealed; the New is the Old revealed). 우리에게 구약성경이 필요한 것은 우리가 신약성경을 이해하는데 도움을 얻기 위함이다(We need the Old to help us understand the New)"[17]고 강조하였다.

    이는 신약성경이 구약성경을 이해하고 해석한 원칙, 곧 예수님과 사도들이 구약성경을 이해하고 해석했던 방식대로 해석(신학하기)하지 아니하면 저주의 대상인 다른 복음이 될 수 있다는 것을 의미하는 것이다. 또 디모데후서 3장 15절에서 구약성경을 "그리스도 예수 안에 있는 믿음으로 말미암아 구원에 이르는 지혜가 있게 하는" 책이라고 말한 것은 구약성경을 신약성경의 모형과 그림자로 보고 예수 그리스도 중심으로 해석해야 할 것을 의미한 것이다. 이런 해석방법이 예수님과 사도들의 해석방법이었고, 신약성경 저자들의 해석방법이었다. 그러므로 사도들의 가르침과 예배전통대로 하지 아니하는 것은 잘못된 것이다.

    유대교의 진정한 경전은 토라(모세오경)와 그 속에 담긴 613개의 계명들

---

[17] P. H. Welshimer, *Facts Concerning the New Testament Church*(Cincinnati, Ohio: The Standard Publishing Company), 6.

이다. 따라서 구약성경의 역사가들과 예언자들은 이 토라 곧 계약전승을 민족의 흥망성쇠에 관한 역사성찰의 전거(典據, 근거·잣대)로 삼았다.[18] 같은 맥락에서 복음서 저자들은 예수님의 말씀과 사역에 관한 구전전승과 구약성경을, 바울은 사도전승(안디옥 교회의 전통 포함)과 구약성경을,[19] 히브리서와 계시록의 저자는 구약성경을 전거로 삼았다.[20] 그리고 신구약 성경의 저자들은, 하나님이 그들에게 주신 계시가 없지 않았지만, 전거들의 해석자들이었다. 이들의 해석에 성령님께서 직간접으로 관여하신 것이 영감이다.

셋째, 성경이 침묵하는 것들을 자유로 볼 것인가, 금지로 볼 것인가? 또 특정 사항을 본질로 볼 것인가, 비본질로 볼 것인가?

본질이 아닌 것들(adiaphora) 곧 성경이 명확하게 명령하거나 금지하지 않은 곧 선하지도 악하지도 않은 중립적인 것들에 대해서 사람들의 견해는 세 가지로 나뉘어 왔다.

1) 북아프리카의 신학자 테르툴리아누스(Tertullianus, 160-223)와 그리스도의 교회(무악기)의 근본주의 신학자 데이비드 립스콤(David Lipscomb, 1831-1917)과 같은 인물들은 성경이 명확하게 명령하거나 금지하지 않은 중립적인 것들과 교회가 제정한 인위적인 전통들 모두를 금지로 보아 철저히 배격하였다.

---

[18] 장일선, 《구약신학의 주제》(대한기독교서회, 1991), 259; 《이스라엘 포로기 신학》(대한기독교서회, 1990), 62-63.
[19] 크리스천 베커, 《사도 바울》장상 역(한국신학연구소, 1991), 147-175.
[20] 조동호, 《요한계시록의 새로운 이해와 말씀: 풍랑을 잔잔케 하실 예수》(도서출판 가나다, 1998), 70-72.

2) 토마스 캠벨(Campbell, Thomas, 1763-1854)과 그리스도의 교회(유악기)의 신학자 아이작 에레트(Errett, Isaac 1820-1888)는 성경이 명확하게 명령하거나 금하지 않은 중립적인 것들을 '사랑의 법' 테두리 안에서 허용된 것으로 보았지만, 교회가 제정한 인위적인 전통들은 배격하였다. 비본질적인 것들은 상황, 동기, 목적, 신앙, 사랑의 법에 따라서 허용이 될 수도 있고 금지가 될 수도 있다고 보았다. 같은 맥락에서 우상의 제물에 대한 바울의 입장도 마찬가지였다. "음식은 우리를 하나님 앞에 내세우지 못하나니 우리가 먹지 않는다고 해서 더 못사는 것도 아니고 먹는다고 해서 더 잘사는 것도 아니니라. 그런즉 너희의 자유가 믿음이 약한 자들에게 걸려 넘어지게 하는 것이 되지 않도록 조심하라"(고전 8:8-9).

3) 루터교의 1577년 〈콘코드 신조〉와 〈아우크스부르크 신앙고백서〉는 교회가 제정한 인위적인 전통들을 "하나님의 말씀에서 명령하지도 금하지도 않은" 허용의 범주로 보았다. 반면에 그리스도의 교회(제자들)의 신학자들인 개리슨(J. H. Garrison, 1842-1931)과 애임즈(Edward Scribner Ames, 1870-1958)와 같은 진보적인 신학자들은 오랜 기간 본질로 여겨왔던 침례와 같은 것들까지도 비본질의 범주에 넣었다. 그리스도의 교회들(Churches of Christ, 무악기)의 경우, 일부 교회들이 성경이 명확히 명령하거나 금하지 않은 곧 선하지도 악하지도 않은 중립적인 것들까지 본질로 간주하여 배격함으로써 그렇지 아니한 교회들과 1906년에 갈라섰고, 성경이 명확하게 명령하거나 금하지 않은 중립적인 것들을 '사랑의 법' 테두리 안에서 허용된 것으로 보았던 교회들(Christian Churches and Churches of Christ, 유악기)은 성경이 명확하게 명령하거나 금하는 것들조차 자유로운 선택을 허용하는 교회들(Christian Church and Disciples of Christ, 제자들)로부터 갈라섬으로써 그리스도의 교회들이 1968년에는 세 파로 완전히 굳

어졌다.

우리에게는 "본질에 일치하고, 비본질에 자유하며, 매사에 사랑으로 하자"는 좋은 슬로건이 있지만, 무엇이 또는 어디까지가 본질이고, 본질이 아닌가라는 논쟁이 끊임없이 지속되어왔다. 예를 들어, 침례가 구원에 본질인가 아닌가, 성경이 침묵한 것들과 명령하거나 승인하지 않은 것들을 신앙과 실천의 본질로 보아 금지할 것인가, 아니면 비본질로 보아 허용할 것인가와 같은 논쟁이 분열의 원인이 되기도 했다. 토마스 캠벨은 "성경이 말하는 곳에서 우리는 말하고, 성경이 침묵하는 곳에서 우리는 침묵한다."[21]는 슬로건의 침묵 부분에 대해서 "법규를 제정하여 간섭할 권한을 갖지 아니하며"(제5명제), "분란이나 분열을 일으켜서는 안 된다"(제13명제)고 하였다. 성경, 특히 신약성경이 말한 것은 본질적인 것이고, 침묵한 것은 비본질적인 것으로써 신학적 추론을 요구하는 것들이기 때문이다. 헌법에 명시되지 않았거나 열거되지 아니한 것들에 대한 헌법학자들의 견해도 대체로 허용한다는 입장이다.

반면에 성경이 침묵한 것, 특히 신약성경이 침묵한 것을 금지명령인 본질로 봐야한다고 생각한 이들도 적지 않았다. 신약성경에 회중예배 때 악기를 사용한 흔적을 찾을 수 없다는 것 때문에 회중예배 때 악기사용을 금하는 경우가 대표적이다. 예배 시에 악기를 사용하는 전통은 서방교회 즉 가톨릭교회 전통이다. 그럼에도 불구하고, 토마스 아퀴나스(1225-74)를 비롯하여 다수의 신학자들은 미사 때 오르간 사용에 반대하였다. 동방교회의 경우 희랍정교회와 러시아 정교회 모두에서 예배 시에 악기를 사용하지 않는다. 에베소서 5장과 골로새서 3장에 언급된 "시

---

[21] Morris Womack, *Thirteen Lessons on Restoration History*, 72, 152.

편과 찬송과 신령한 노래"에는 악기와 음률에 대한 언급이 없다. 그 때문에 미국과 캐나다에 산재한 북미주 개혁주의 장로교 교단과 스코틀랜드의 일부 개혁교회들, 특히 무악기파였던 츠빙글리, 칼뱅(칼빈), 낙스 전통의 〈웨스트민스터 예배 모범서〉에 의하면, 예배용 찬송으로 시편에 고유한 운율(chant, 영창 곧 시편의 글귀를 단조롭게 읊는 것)을 사용하여 불렀고, 악기의 사용은 금하였다.

1800년대 중후반 미국교회들에서 예배 때 오르간(Reed Organ, 풍금)을 사용해도 좋은가라는 논쟁이 불거졌을 때 보수성향이 강한 미국 남부지역들, 특히 텍사스 주와 테네시 주 등에 1만개 이상의 크고 작은 그리스도의 교회들(Churches of Christ, 무악기)에서는 공적 예배에서 악기를 사용하지 않던 개혁주의(장로교) 노선을 그대로 유지한 반면에 장로교회들, 침례교회들, 감리교회들, 그리스도(인)의 교회들(Christian Churches, 유악기)에서는 오르간 사용을 받아드렸다.

바젤대학에서 석사학위를 마친 츠빙글리는 1506년 20세에 가톨릭교회 사제가 되었고, 1518년까지 교구 사제를 지냈다. 이후 츠빙글리는 개혁을 추구하는 과정에서 대성당의 아이콘들과 사제복을 없앴고, 오르간을 성당 마당으로 끌어내 부숴버렸다. 츠빙글리는 에베소서 5장 19-20절의 "시편과 찬송과 신령한 노래들로 서로 화답하며"를 이어지는 구절, "너희의 마음으로 주께 노래하며 찬송하며, 범사에 우리 주 예수 그리스도의 이름으로 항상 아버지 하나님께 감사하며"의 뜻으로 해석하였다. 그의 이러한 견해는 개혁주의 전통으로 자리를 잡았고, 재세례파도 동일한 견해를 견지하였다. 예를 들어 츠빙글리의 후계자인 하인리히 불링거(Heinrich Bullinger, 1504-1575)는 "교회에 있는 오르간은 특별히 오래된 전통이 아니다. 그들이 사도시대의 가르침에 동의하지 않기 때문에 대성당에 있는 오르간들은 올해 1517[?1527]년 12월 9일에 모두 부수어졌다. 이후로 누구도 교회에서 찬양하는 것이나 오르간 연주하는 것을 원하지 않았다."고 하였다.²²

성희찬 목사는 '공예배에서 악기 사용, 어떻게 해야 하나?'라는 글에서 칼뱅이 "구약시대에 이스라엘 백성들이 하나님을 찬양하고 찬송하기 위해 탬버린이나 여러 악기를 사용한 것은 참된 예배의 한 요소로서 그림자 역할을 한 것이라고 말하였다. … 예배 시의 악기는 오직 구약시대 즉 성소에서 제사장들이 봉사하는 시대에 해당하는 것이고, 따라서 신약시대의 예배에서 이러한 음악 악기를 다시 가져오는 것은 … 하나님의 아들 안에서 나타난 빛을 다시 어둡게 하고 여기에 그림자를 드리우는 것이라고 하였다."고 했다.²³

예루살렘 멸망이후 유대교 특히 정통파에서는 안식일에 악기 사용을 금하고 있다. 유대교는 성전파괴이전과 이후로 나눌 수 있는데, 성전파괴이전에는 시편에 나타난 대로 예배시 악기사용이 허용되었으나 성전파괴 이후 회당예배의 발전과 더불어 악기사용이 금지되었다. 유대교 정통파에서는 아직도 예배 시에 악기를 사용하지 않는다. 악기사용이 안식일을 범하는 일이 될 수 있다고 보기 때문이다. 예를 들어, 악기의 음을 맞춘다든지(tune) 하는 것은 안식일법에서 금하는 창조행위(Melachot)에 해당된다. 유대교에서는 안식일에 하지 말아야 할 창조행위를 39가지 범주로 설명한다.

---

22 C. 레오나르드 알렌, 리처드 T. 휴스,《환원 운동의 뿌리》백종구, 서요한 공역(서울: 쿰란출판사, 2010), 51, 55.
23 성희찬, '공예배에서 악기 사용, 어떻게 해야 하나?'〈개혁정론〉http://reformedjr.com/board02/1057, [입력: 2016.05.30. 08:40].

성경이 침묵하는 것, 성경이 명령하거나 승인하지 않은 것을 믿음(신학)과 실천의 본질로 보아 금지할 것이냐, 아니면 비 본질로 보아 허용할 것이냐는 우리가 생각하는 것보다 훨씬 더 심각한 논쟁이슈였을 뿐 아니라, 분열의 원인이기도 했다. 그 몇 가지 사례들을 여기에 소개하고자 한다.

데이비드 립스콤과 〈복음 주창자〉(Gospel Advocate)는 성경이 침묵하는 것을 본질로 보고 금지를 주장하였고, 아이작 에레트(Isaac Errett)와 〈그리스도인 표준〉(Christian Standard)은 비본질로 보고 허용(자유)을 주장하였으며, 에레트의 허용의 범위를 개리슨(J. H. Garrison)과 〈그리스도인-복음전도자〉(Christian-Evangelist)는 약식세례에까지 확대시켰다. 벤자민 프랭클린, 톨버트 패닝, 데이비드 립스콤, 모세스 라드, 다니엘 서머 등으로 대표되는 그리스도의 교회들(Churches of Christ, 무악기)은 예배 때 악기 사용, 선교회, 주일학교 등을 본질로 보아 엄격하게 금지한 반면, 그리스도의 제자들(Disciples of Christ, 유악기파가 분열되기 전)은 비본질로 보아 허용하였다. 여기에 노예제도문제와 남북의 문화사회적 갈등까지 더해져 1906년에 스톤-캠벨운동은 그리스도의 교회들(무악기)과 그리스도의 제자들(유악기)로 갈라섰다. 그리스도의 제자들은 다시 진보와 보수로 나뉘었다. 1968년에 '그리스도인의 교회(그리스도의 제자들)를 위한 가(假)계획'을 채택한 진보진영은 비본질의 범위를 느슨하게 확대시켜 성경비평, 열린 회원제(약식세례자를 교인으로 받는 제도), 에큐메니즘, 교단재구성 등의 좌파적인 행보로 환원정신을 버리고 연합에 치중하였고, 1920년대 말부터 그리스도의 제자들의 진보적인 행보에 환멸을 느껴 그들로부터 독립한 보수주의 중도파들은 비본질의 범위를 엄격하게 인정하는 그리스도인의 교회들/그리스도의 교회들(Christian Churches and Churches of Christ, 유악기 독립교회들, 한국에서의 협의회와 총회)로 자신들의 정체성을 세워나갔다.

성경이 침묵하는 것들을 금지로 보는 그리스도의 교회들(Churches of Christ, 무악기)의 입장을 가장 잘 보여준 사례가 일리노이즈 주, 셸비(Shelby) 카운티, 샌드 크리크에서 1889년 8월 18일 주일 오후에 선포된 '제언과 선언'(Sand Creek "Address and Declaration")이다. 이 성명서는 〈옥토그래픽 리뷰〉(Octographic Review)의 편집자이자 보수 중에 보수였던 다니엘 서머(Daniel Sommer)의 주도아래 샌드 크리크 교회 장로들이 참여하여 작성한 것으로써 신약성경이 침묵하는 신제도들의 도입을 지지하는 형제들로부터 분리할 것을 촉구하는 것이었다. 그 같은 신제도들에는 성가대, 선교회, 유급지역교회설교자, 주일헌금 이외의 기금모금 등이었다. 이날 주강사로 나선 다니엘 서머는 교회가 수행하는 사역에 편의를 제공하는 인위적인 이름(조직)들을 그 어떤 것도 수용할 수 없다고 강조하였다. 만일 신제도들의 수용을 멈추지 않는다면, "우리는 그들을 형제로 간주할 수도 없고 간주하지도 않을 것이다."고 선언하였다. 토마스 캠벨이 연합을 주창하며 1809년 9월 7일 발표한 《선언과 제언》(Declaration and Address)에 상반된 선언이었다.

성경이 침묵하는 것들을 금지로 보는 그리스도의 교회들(Churches of Christ, 무악기)의 입장을 교리적인 면에서 보여준 사례로는 아이작 에레트와 모세스 라드에게서 나타났다. 1862년에 아이작 에레트는 〈그리스도의 교회의 믿음과 실천의 개요〉(A Synopsis of the Faith and Practice of the Church of Christ)라는 소논문을 발표하였다. 1870년에는 《우리의 입장》(Our Position)으로 제목을 바꿔 출판하였다. 이것은 스톤-캠벨 운동의 주요 신앙들을 10개 항목으로 기술하고, 에레트가 당시 설교했던 디트로이트의 제퍼슨 애비뉴(Jefferson Avenue)와 보빈 스트리트(Beaubien Street) 교회의 회칙을 포함시킨 것이었다. 부임한 회중에게 환원운동의 주요 교리를 소개하기 위한 것으로써 구약성경과 신약성경의 권위; 신약성경 용어로 진술된 "삼위일체 하나님"; 그리스도의 죽음과 부활의 "위대한 사실들"은 진정한 그리스도교종교의 본질이 됨; 침례의 전제조건으로 믿음과 회개; 죄 사함을 위한 침례; 침수에 의한 세례, 교회 그리고 마지막으로 개요의 목적을 설명하였다. 에레트는 자신이 쓴〈믿음의 개요〉가 신조가 아니며, 단지 중요한 종교의식에서 우리의 신앙과 목적을 선언하기 위한 것이라고 주장하였다. 신조가 아니라는 분명한 천명에도 불구하고, 몇몇 영향력을 가진 편집인들은 에레트와 그의〈믿음의 개요〉를 공격하였다. 1863년 9월, 모세스 라드(Moses Lard)는 "40년 동안 분열적이고 악한 신조들의 성향에 반대하여 일해 왔던 사람들에" 대한 공격을 야기하는 에레트를 비난하면서 자신의〈계간지〉(Quarterly)에 그 논문 전체를 다시 실었다. 라드는 그것은 표지 없는 신조, 즉 "풀밭 속에 있는 진짜 뱀"이라고 말했다. 그러나 에레트는 자신에 대한 비판을 대부분 무시하였다. 이 사건은 그리스도의 교회들(무악기)이 신학체계(교리 혹은 신앙고백서)에 대해서 얼마나 부정적인가를 보여준 사건이었다. 또 그리스도의 교회들(무악기)과 그리스도(인)의 교회들(유악기)에 교리가 없다거나 신학체계가 없다고 생각하는 이들이 생기는 이유이다.

    이밖에도 여러 가지 이유들(노예제도문제와 남북의 문화사회적 갈등 등)이 결합되어 결국 1906년 그리스도의 교회들(무악기)은 그리스도의 제자들(유악기)로부터 갈라섰다. 그리고 1900년대 전반기 동안에 그리스도인의 교회들/그리스도의 교회들(Christian Churches and Churches of Christ, 유악기 독립교회들, 한국에서의 협의회와 총회)은 진보성향의 그리스도의 제자들에서 삼삼오오 탈퇴하여 독립교회들로 자신들의 보수정체성을 세워나갔다.

넷째, 특정 성구나 어휘의 뜻풀이를 문자적으로 할 것인가, 영적으로 할 것인가?

그리스도교(교회)는 하나님의 섭리와 신약성경 저자들의 구약성경과 사도전승의 해석에서 비롯되었다. 신약성경의 일부, 특히 그리스도에 관한 것은 구약성경에 대한 해석의 말씀이고, 다른 일부는 초기 교회들과 디모데나 디도와 같은 사역자들의 필요를 따라 권면한 말씀들이다. 그것이 신약성경에 구약성경해석에 관한 언급들이 담겨있는 이유이다. 신약성경에는 구약성경을 해석한 사례들이 있다(눅 24:27, 32; 행 17:3, 18:26). 예수님을 그리스도와 대제사장으로 설명해야할 경우 구약성경예언의 해석은 불가피하다. 복음서들이나 히브리서가 대표적인 사례이다. 구약성경에는 해석하기 어려운 말씀들도 있고(히 5:11; 벧후 3:16), 구약성경을 마음대로 해석해서는 안 되며(벧후 1:20), 구약성경을 잘못 해석하여 이단에 빠지는 경우도 있다고 경고하였다(벧후 3:16).

신약성경해석의 특징은 크게 네 가지이다. 그것들은 구조주의, 모형(예표)론, 종말론 및 영적 해석이다. 구조주의란 유대교, 율법, 바리새인과 서기관과 같은 유대교 지도자들, 다른 예수, 다른 복음, 다른 교훈으로 교회를 허문 영지주의 성향을 띤 유대인 에비온파, 거짓 선지자, 거짓 교사, 적그리스도의 병든 상태, 부족한 상태, 어둠과 혼돈과 죽음의 상태를 지속적으로 들춰냄으로써 그리스도교와 복음과 그리스도인들의 건강한 상태, 온전한 상태, 빛과 질서와 생명의 상태를 부각시킨 것을 말한다. 옛 언약의 약점인 어둠과 혼돈과 죽음의 문제를 해결해주지 못하는 병든 상태와 부족한 상태를 들춰냄으로써 새 언약의 장점인 빛과 질서와 생명을 주는 건강한 상태와 온전한 상태를 강조한 것을 말한다.

신약성경은 그리스도교와 유대교가 상반된 대립관계에 있음을 보여준다. 신약성경은 신념체계이자 하나님의 뜻의 실체인 그리스도교 복음을 독자들인 초기 유대인 그리스도인들과 이방인들에게 보다 명확히 밝히기 위해서 또 유대교인들의 패러다임(관점)을 바꾸기 위해서 유대의 정치종교지도자들과 그들의 613개의 계명들의 해석과 장로들의 전통(Gezeiroth)을 건강한 상태인 그리스도교 복음에 대립되는 병든 상태로 설명한다. 어둠 속에서 빛이 밝게 빛나듯이 그리스도교 복음의 건강한 상태가 유대교의 병든 상태를 통해서 밝히 드러나게 만든다(예: 예수님과 유대 종교지도자들과의 대립, 바울과 유대인 에비온파와의 대립).

모형(예표)론은 구약성경과 율법과 모세 등을 그림자와 모형과 예표로, 신약성경과 복음과 예수님을 실체와 원형으로, 구약성경과 율법을 몽학교사(갈 3:14-25)로, 신약성경과 복음을 기업을 무를 자인 주인의 아들로 해석한 것을 말한다. 여기서 몽학교사는 주인의 노예로서 주인의 아들을 교사들에게 데려다가 주고 교육을 받는 동안 감시하며, 교육이 끝나면 집에 안전하게 데려오는 보호자였다. 그러나 주인의 아들이 아버지의 기업을 무르면 주인의 노예들(몽학교사 포함)은 자동으로 아들의 소유 곧 새 주인인 아들을 섬기는 노예들이 되었다. 이로써 우리는 구약성경이 신약성경을 섬기는 종의 신분임을 알 수 있다.

하나님의 계시는 점진적이다. 고대의 지중해연안세계는 다신(多神) 세계였다. 해와 달 심지어 동식물들을 신으로 믿었던 시대였다. 그 같은 시대에 유일하신 하나님의 살아계심을 믿고 그분과 맺은 언약율법들을 지킨 것은 당대 최고의 계시였다. 그러나 그것은 그리스도의 복음과 사도들의 가르침에 비하면 그 계시의 밝기가 달빛정도에 불과했다. 그에 비하여 신약성경과 복음의 계시의 밝기는 햇빛정도였다.

신약성경은 구약성경이나 율법 또는 유대교를 나쁘다거나 악하다고 말하지 않는다. 과거 한 때 최상이었던 것과 그보다 훨씬 더 좋은 것을 비교한다. 달빛은 밤에 유용하지만, 햇빛이 있는 낮에는 쓸모가 없는 것처럼, 먹을 것이 귀했을 때에는 풀죽도 고마운 음식이었지만, 먹을 것이 풍성한 지금은 더 이상 먹지 않는 것처럼, 삐삐나 폴더 폰도 한 때 유용한 기기였지만, 지금은 훨씬 더 좋은 스마트폰을 사용하는 것처럼 율법과 복음, 유대교와 그리스도교가 그와 같다는 점을 명확히 밝힌다.

히브리서 저자가 즐겨 쓴 "더 좋은 것"이란 말은 '그냥 좋은 것'과 비교해서 '더욱 좋은 것'이란 뜻이다. 저자의 이 비교는 총체적으로 '더 좋다'가 아니라 최소한 '구원에 속한 것에서 더 좋다'는 뜻이다. 따라서 신약의 것들이 구원에 속한 것에서 한층 더 큰 보물로 새로 부각된 것이라면, 구약의 것들은 구원에 속한 것에서 이전시대에 일시적으로 좋은 것에 불과하였다. 여기서 구약의 것들이 좋은 것이었다는 뜻은 흠이 없거나 완전하였다는 뜻이 아니라 주변의 다른 것들에 비교해서 탁월했다는 뜻이다. 그리고 이전 것보다 더 좋은 것이 나타나면 이전에 좋았던 것이라도 더 이상 이전 것을 고집하지 않게 되듯이 새 것으로 인해서 옛 것은 자연스럽게 폐기되고 만다(히 7:18, 10:9).

신약성경의 종말론은 다분히 후천년설적이다. 세례 요한도 예수님도 사도들도 "회개하라. 천국이 가까이 왔다."고 했다. 그리스도교종말론의 특징은 '이미'와 '아직 아닌'에 있는데, '이미'는 실현된 종말론(realized eschatology)을 말하고, '아직 아닌'은 미래 종말론(futuristic eschatology)을 말한다. 그 둘 사이에 교회시대가 있다. 그것은 마치 홍해를 건넌 후 곧 이집트로부터 구원을 받고 약속의 가나안땅에 이르기까지 40년 광야시대동안 구름기둥의 인도를 받은 것과 같아서 예수님을 그리스도와 하나님을 죽은 자를 살리시는 분으로 믿고 회개하고 침례를 받음으로써 구원을 받고 성령님의 인도하심을 받으며 교회시대를 살다가 천국에 이르는 것과 같다. 믿고 회개하고 침례를 받고 성령님을 받아 그리스도인이 되는 것을 영적구원 혹은 영혼부활이라 말하고, 궁극적인 구원을 육체구원 혹은 육체부활이라 말한다. 광야시대가 그랬듯이 교회시대는 환난(십자가를 지는)시대이기는 하나 구름기둥의 실체되신 성령님의 인도하심을 받아 점진적으로 하나님의 나라를 성취하는 것이기에 후천년설적인 것이다. 후천년설은 교회시대인 현시대를 천년왕국으로 보는 입장으로써 그 천년왕국이 원추형처럼 점진적으로 성취되어 주의 재림 때에 완성된다고 보는 입장이다.

구약성경이 100퍼센트 문자적인 말씀이라면, 신약성경은 대체로 영적인 말씀이다. 신약성경의 영적해석에 대해서 훌러신학대학원에서 신약학 교수를 역임했던 죠지 E. 라드 박사는 '역사적 전천년설'을 설명하는 글에서[24] 신약성경이 구약성경을 어떻게 인용하고 해석하였는지를 설명하면서 신약성경 저자들이 구약성경을 해석할 때 자주 구약성경의 문맥과 다른 의미로 해석하였고, 자주 문자적으로 하지 않았다고 하였다. 이것이 신학하기에서 구약성경의 문자적 해석을 문제 삼는 이유이다. 구약성경의 문자적 해석 때문에 많은 이단들이 생겼고 여전히 문제를 만들어내고 있다. 반면에 유대교 랍비들은 신약성경의 저자들이 구약성경을 심각하게 왜곡한 허구의 책이라며 입에 거품을 문다.

사도들의 가르침과 전통은 처음부터 정통과 이단을 식별하고, 신약성

---

[24] Robert G. Clouse, ed., *The Meaning of the Millennium: Four Views*(Downers Grove, Illinois: InterVarsity Press, 1977), 17-40.

경 27권을 정경으로 결정한 잣대였다. 이것이 신약성경 저자들의 해석방법과 원칙이 성경해석과 신학하기의 표준이 되어야 하는 이유이다. 그럼에도 불구하고, 이같은 표준이 간과되어왔다. 토마스 캠벨이 《선언과 제언》에서 밝힌 대로, 신약성경이 그리스도교의 예배와 징계와 치리를 정한 완전한 헌법이고, 교회 구성원들의 특별한 의무를 정한 완전한 규율이다. 알렉산더 캠벨이 '율법에 관한 설교'에서 밝힌 대로, 구약성경과 신약성경 사이에는 본질적인 차이가 있다. P. H. 웰시머가 〈신약성경교회에 관한 사실들〉에서 지적한 대로, 비신자가 그리스도인이 되기 위해서 해야 하는 모든 것과 그리스도인이 천국에 들어가기 위해서 해야 하는 모든 것은 신약성경에 쓰여 있다. 구약은 감춰진 신약이고, 신약은 드러난 구약이다. 우리에게 구약성경이 필요한 것은 우리가 신약성경을 이해하는데 도움을 얻기 위함이다. 총신대학교의 정훈택 교수가 말한 대로, 그리스도교 신앙과 삶의 유일한 규범은 신약성경이다. 신약성경은 구약성경을 포함하고 있다. 신약성경은 예수님을 믿는 사람들이 구약성경을 어떻게 읽어야 하는지, 구약성경이 탄생했던 이스라엘의 역사를 어떻게 이해하고, 해석해야 하는지를 제한하고 있다. 신학하기는 이 표준에서 이뤄져야한다.

제2장

하나님

하나님에 관한 글을 신론(Doctrine of God)이라고 부른다. 이 글에서는 하나님의 이름과 호칭들, 유대교인들이 믿는 하나님, 그리스도인들이 믿는 하나님을 서술하고자 한다.

1. 하나님의 이름과 호칭들

'하나님'은 고유명사가 아니라, 보통명사이다. 우리나라에 가톨릭신앙과 그리스도교가 전파된 이후 하나님에 대한 호칭은 '상제', '천제', '천주', '신', '참신', '하느님', '하나님' 등이 사용되었다. 조선시대 가톨릭신앙인들은 '천지대군'이란 말도 즐겨 썼다. '천주'(天主, 텬쥬)는 가톨릭(예수회)에서 1600년 초부터 중국에서 사용했지만, 가톨릭에서는 라틴어성경(불가타, 405)이외에 번역 성경들이 불법이었으므로 성경에는 쓰이지 못했고, '상제'(上帝, 상제)는 영국의 성경공회가 한문성경(1850년대)에 사용하였다. '하느님'은 만주에서 로스 목사가 주도해 간행한 한글 성경 〈예수성교 누가복음젼서, 1882〉에 쓰였는데, 조선에서는 최고신을 '하늘님'(天님)으로 부르고 있었다. '신'(神, 가미)은 일본에서 이수정이 국한문병용체로 번역한 〈신약전서마가복음언해, 1885〉에서 사용되었다. 언더우드는 초기에 '샹뎨'(상제), '아버지', '참신', '여호와'를 사용하였다. 반면에 마펫과 스크랜턴은 '하나님'과 '텬쥬'(천주)를, 아펜젤러와 베어드는 '하나님'을 사용하였다. 1906년판 공인역 '신약젼셔'에서는 '하나님'으로 통일되었는데, 언더우드가 입장을 바꿔 동의했기 때문이다. 이 신약젼셔에 '하나님'이 쓰이게 된 것은 주시경의 영향을 받은 게일 선교사가 주장했기 때문이라고 전한다. '하나님'에서 '하나'는 유일(唯一)을, '님'은 임금을 뜻한 것으로써 조선의 가톨릭신자들이 즐겨 썼던 '천지대군'(하늘과 땅의 큰 임금)에 해당된다. 그러나 '하나님'은 조선의 전통적인 하늘님의 개념이나 문법에 맞지 않는다는 이유로 한글학자 최현배를 비롯한 여러 사람들이 반대하였다. 가톨릭교회의 최초의 한글성경이자 그리스도교와 공동으로 작업한 〈공동번역 성서, 1977〉에 '하느님'으로 표기됨으로써 가톨릭교회와 일부 그리스도교 교단들에서는 '하느님'을 사용하고 있다.25

하나님의 이름은 히브리어 알파벳 자음 넉자(YHWH)로 되어 있다. 그리고 그 발음이 '야훼'(YaHWeH)였을 것으로 추정되지만, 그마저도 만장일치로 수용되는 것은 아니다. 하나님의 넉자 이름은 언어학적으로 볼 때, '존재하다'(to be,

---

25 최재건, '언더우드와 하나님 이름', 〈국민일보〉, [입력: 2014-09-23].

Hei-Yod-Hei)와 관련이 있고, 하나님의 존재가 영원하시다는 사실을 반영한다. 출애굽기 3장 14절에서 하나님이 모세의 질문에 대답하시기를, "나는 스스로 있는 자이다" 또는 "나는 나다"라고 말씀하신 것이 이 넉자 이름의 히브리어 어근이 갖는 뜻이다. 성경에서 이 이름은 인간과 하나님과의 관계를 논할 때, 하나님의 자애하심과 자비하심의 성품들을 강조할 때 사용되었다. 이 넉자 이름은 종종 '야'(Yah, Yod-Hei), '야후'(Yahu) 혹은 '예호'(Yeho, Yod-Hei-Vav)로 줄여서 쓰였으며, 특히 합성어나 합성 이름들, 예를 들면, '여호수아'(Yehoshua, 주는 나의 구원이시다.), '엘리야'(Eliyahu, 나의 하나님은 주님이시다), '할렐루야'(Halleluyah, 주님을 찬양하라) 등을 만들 때 쓰였다. 그러나 애석하게도 고대 히브리인들이 하나님의 이름을 어떻게 발음했는지에 대한 정확한 정보가 없다. 이렇게 된 데에는 몇 가지 이유가 있다.

첫째, 하나님의 이름은 넉자자음(YHWH)만 있고 모음과 발음이 없기 때문이다. 고대 히브리어에는 모음이 없었고 띄어쓰기도 없었다. 히브리어에 모음이 생기고 띄어쓰기가 생긴 것은 주후 700년경이다. 참고로 고대 헬라어에도 소문자가 없었고 띄어쓰기가 없었다. 헬라어에 소문자와 띄어쓰기가 생긴 것은 주후 800년경이다. 성경에 장과 절의 구별도 없었다. 성경에 있는 장구별은 주후 1228년, 절구별은 주후 1551년에 생겼다. 성경이 기록된 때가 최소 2-3천여 년 전이지만, 장구별이 생긴 것은 8백여 년 전이고, 절구별이 생긴 것은 5백여 년 전이다.

둘째, 유대인들이 하나님의 이름을 발음하지 않았기 때문이다. 유대인들은 하나님의 넉자 이름을 '입에 담아서는 안 될 이름'(Ineffable Name), '발음할 수 없는 이름'(Unutterable Name) 혹은 '특출한 이름'(Distinctive Name) 이라고 말한다. 유다왕국은 주전 586년 이후 바벨론제국, 페르시아제국,

헬라제국, 로마제국에 차례로 편입되면서 6백여 년간 제국들의 유대 속주(Provincia Iudaea)로써 그 명맥(命脈)을 유지해오다가 주후 70년에 멸망함으로써 성전도 함께 파괴되었고, 속주의 권리마저 박탈당했다. 주후 135년에는 유대인들이 추방을 당했고, 유대 속주는 팔레스티나(Palestina)로 바뀠다. 이 큰 비극과 슬픔 때문에 유대인들은 탈무드가 기록되기 시작한 주후 200년경부터 하나님의 이름을 발음하지 않게 되었고, 모음이 없는 상태에서, 세월이 흐르면서 그 이름의 발음이 잊히게 되었다.

셋째, 하나님의 이름을 지극히 거룩하게 다뤘기 때문이다. 유대인들은 하나님을 불경에 빠뜨리거나 계명에 불순종하게 하는 행동을 일컬어 '그 이름의 모독'(chillul Ha-Shem)이라 부른다. 또 하나님께 존경심을 불러일으키는 행동을 '그 이름의 거룩함'(kiddush Ha-Shem)이라 부른다. 행동의 옳고 그름에 따라 하나님의 이름에 높임이 되기도 하고 모독이 되기도 하므로 유대인들은 하나님의 이름을 특별한 경외심으로 대한다.

넷째, 유대인들이 처음부터 하나님의 이름을 발음하지 않았던 것이 아니다. 성경(토라)은 이것을 금하지 않는다. 오히려 성경은 하나님의 넉자 (YHWH) 이름의 일부인 '야'(Yah)와 '야후'(Yahu)를 자주 쓰고 있고, 성전예배 때 실제로 발음되었다. 구전 토라인 미슈나(Mishnah)도 발음을 금하지 않았다. 그러나 탈무드(Talmud, AD 200-500)가 기록되던 때부터 하나님의 이름들 대신에 다른 이름들을 쓰는 관행이 생겼다. 유대인들은 하나님의 이름 넉자를 발음하는 대신에 '아도나이'(Adonai, 나의 주님)를 대신 쓰거나 그냥 '하셈'(Ha-Shem, 그 이름)이라고 부른다. 하나님의 이름 넉자에 아도나이의 모음이 붙어서 만들어진 대표적인 이름이 '여호와'(YeHoWaH)로써 16세기경부터 쓰이기 시작하였다.

창세기에 쓰인 하나님의 호칭에는 '야훼' 말고도 '엘로힘'(Elohim)이 있다. 엘로힘은 남성 복수이며, 여성 단수인 경우는 '엘로하'(Eloha)이다. 동일한 단어가 신들(출 22:28, 23:13, 24, 32-33 등), 신상(창 35:2; 출 20:23; 신 7:25), 재판관(출 21:6, 22:28), 천사(시 8:5)와 같은 능력 있는 존재들에 대해서도 쓰였다. 이 이름은 성경에서 하나님의 능력, 하나님의 창조능력, 정의와 통치권의 속성들을 강조할 때 쓰였다. 엘로힘이 들어간 말들에는 '엘'(El), '엘로하'(Eloha), '엘로하이'(Elohai, 나의 하나님), '엘로하이누'(Elohaynu, 우리의 하나님)가 있다.

야훼신앙이 모세시대이후 이스라엘에서 때로는 대하(大河)처럼 당당히 때로는 지하수처럼 보이지 않는 곳에서 면면히 이어져온 것이 사실이나 북왕국 이스라엘이 개국이후 패망 때까지 200년 넘게 단과 벧엘에서 황금 송아지를 예루살렘 성전의 법궤에 준하는 야훼의 발등상으로 숭배했던 것과 남왕국 유다에도 바알숭배의 위험이 상존했던 것에서 알 수 있듯이 야훼신앙이 오늘날의 유대교에서처럼 항상 명확했던 것은 아니다. '엘'(El)은 히브리어 알파벳 알렙(송아지, 힘)과 라메드(지팡이, 권위)로 구성되고, '산당'을 뜻하는 아세라(Asherah)한테서 바알(Baal)과 아스다롯과 아낫(Anath)을 낳은 아버지 신(father-god)이었다. 유목민이었던 히브리인들이 농경문화인 가나안의 정착기 때부터 그 지역 최고신이었던 '엘'과 "나는 있는 나다"라고 모세에게 이름을 일러주시고 히브리노예들을 이집트에서 구출하신 야훼와 자주 혼용하여 '엘-야훼'가 된 것으로 추정된다. 그것은 마치 퀴루스(고레스)가 주전 539년 바빌로니아를 정복한 이후 페르시아시대에 바빌로니아의 수호신 마르두크(Marduk)가 수메르의 신 벨(Bel)과 합쳐져 '벨-마르두크'로 숭배된 것과 같고, 알렉산드로스가 이집트를 정복한 이후 헬라시대에 그리스의 제우스(번개)와 이집트의 아몬(산양) 신이 혼합되어 '아몬-제우스'가 된 것과도 같다.

유일신을 믿는 유대인들의 입장과 엘로힘이 남성 복수 명사란 점을 감안해볼 때, 왜 중세시대의 유력한 세파르딕 랍비요 의사였던 마이모니데스(Maimonides, AD 1135-1204)가 '엘로힘'을 그리스도교에서처럼 하나님으로 보지 않고 천사로 보았는지를 짐작해볼 수 있다. 그는 구약성경에 등장하는 영적 존재들을 천사들로 보고, 그들의 신분을 10등급으로 나눴는데, "신(神)들"로 번역되는 엘로힘(Elohim)을 7등급천사로 분류하였다.

하나님은 '엘 샤다이'(El Shaddai)로 불리기도 한다. 이 이름은 보통 '전능의 하나님'으로 번역된다. 그러나 '샤다이'(Shaddai)의 어원은 알려져 있지 않다. '혜택을 쌓아올리다'는 뜻을 가진 어근에서 유래되었다는 주장도 있다. 유대교 주석 미드라쉬(Midrash)에 의하면, '샤다이'는 '충분한', '넉넉한'이란 뜻의 '다이'(dai)를 선포한 자를 말한다. 하나님이 우주를 창조하실 때, 그분이 "다이"(충분해! 다됐어!)라고 선포할 때까지 우주는 계속해서 팽창했을 것이라는 점에 기인된 말이다. 그래서 어떤 사람은 이것을 최초의 우주팽창론이라고 말한다. '샤다이'는 유대인들이 집 문설주에 매달아 두고, 출입할 때마다 세 번씩 입을 맞추는 작은 칼집모양의 메주자(mezuah) 상자 표면에 쓰이는 글이기도 하다. 상자 속에는 '쉐마'(Shema, 신 6:4-9, 11:13-21; 민 15:37-41) 말씀을 적은 쪽지가 담긴다.[26]

2. 유대교인들의 '하나님의 이름' 발음하기와 쓰기

유대교인들은 하나님의 이름들을 무심코 쓰지 않는다. 이 관행은 많은 사람들이 생각하는 것처럼 "네 하나님 여호와의 이름을 망령되게 부르지

---

[26] https://www.jewfaq.org/name.htm

말라"는 제3계명에서 기원된 것이 아니라고 한다. 유대교인들은 제3계명을 하나님의 이름으로 거짓 맹세 혹은 경박한 맹세를 하지 말라는 뜻으로 해석한다. '망령되게'로 번역된 단어는 문자적으로 '거짓말'을 뜻한다고 한다.

유대교는 하나님의 이름 쓰기를 금하는 것이 아니라, 하나님의 이름을 지우거나 손상시키는 것을 금한다고 한다. 그럼에도 불구하고, 이 법을 지키는 유대교인들은 하나님의 이름을 무심코 쓰는 것을 피한다. 왜냐하면 쓰인 이름이 나중에 사고로 혹은 잘 모르는 사람에 의해서 손상되고 지워지며 망가질 위험이 있기 때문이다.

하나님의 이름을 지우거나 손상시키지 말라는 규례(울타리 법)는 신명기 12장 3-4절에 근거한다. 그 구절들을 보면, 광야에서 출생한 이집트탈출 2세대인 히브리인들이 약속의 땅을 취하게 되었을 때, 그 지역의 우상들과 관련된 모든 것들을 파괴시킬 것과 그 지역의 신들의 새겨진 이름들을 철저히 제거할 것을 모세로부터 명령받는다. 이 구절들에서 랍비들은 어떤 거룩한 것들을 파괴시켜서는 안 되며, 하나님의 이름을 지우거나 손상시켜서는 안 된다는 명령을 받는다고 유추하였다. 유대교인들의 악명 높은 재능들 가운데 한 가지가 하나님이 뜻하지 아니한 울타리 법들을 수없이 만들어 지키게 한 것인데, 그 재능이 이 계명에서도 유감없이 발휘되었다.

하나님의 이름을 지우거나 손상시키는 것을 금하라는 울타리 법은 항구적인 형태로 쓰인 이름들에만 국한된다. 따라서 최근 랍비들의 결정들에 의하면, 컴퓨터에 하나님의 이름을 쓰는 것은 항구적인 형태가 아니기 때문에 컴퓨터에 하나님의 이름을 타이핑하거나 지우거나 자르거나 붙이거나 혹은 하나님의 이름이 들어 있는 파일들을 복사하거나 지우는 것은 위법이 안 된다. 그러나 그것을 일단 프린트하게 되면, 그 인쇄물은 항구적인 형태가 된다. 그리고 일단 프린트가 되면, 그것이 누군가에 의해서 손상될 수 있기 때문에 유대교인들은 아예 처음부터 하나님의 이름을 쓰지 않는다고 한다. 유대교인들이 하나님의 이름을 쓰는 흔한 방법은 문자나 음절들을 대용하는 방법이다. 예를 들면, '하나님'(God) 대신에 '하-님'(G-d)이라고 쓴다.

출애굽기 3장 13-22절을 보면, 모세가 하나님께 '이름'이 무엇이냐고 묻는 장면이 나온다. 여기서 모세는 "무엇이라 부를까요?"라고 묻지 않고, "무엇이라고 그들에게 말할까요?"라고 묻는다. 이것은 "누구십니까? 무엇을 하시는 분입니까? 무슨 일을 해오셨습니까?"라는 뉘앙스가 담긴 물음이다. 이 물음에 하나님은 "나는 스스로 있는 자이다." 곧 "나는 나다"(I AM WHO I AM)라고 말씀하시면서, 조상들의 하나님 곧 "아브라함의 하나님, 이삭의 하나님, 야곱의 하나님"이신 것을 강조하셨다. 또 하나님은 이스라엘 자손들의 고통을 지켜보셨고, 이제 그들을 억압에서 구원하여 "젖과 꿀이 흐르는 땅"으로 인도하실 것이라고 말씀하셨다. 여기서 우리는 하나님의 이름의 중요성이 호칭보다는 그분이 하시는 일에 있다는 것을 알 수 있다. 지금도 하나님은 살아계시면서 그분과 언약관계를 체결한 자들의 삶에 깊이 개입하고 계시고 영원한 안식처로 인도하고 계신다. 그러므로 하나님의 이름 '야훼'(YHWH)는, 특히 유대교인들의 관점에서 볼 때, 살아계신 하나님, 구원의 하나님, 언약의 하나님, 조상들의 하나님, 지금도 그들 곁에서 활동하고 계신 하나님이신 것을 밝혀주고 있다.[27]

---

[27] https://www.jewfaq.org/name.htm

3. 유대교인들이 믿는 하나님

고대 유대인들은 타 민족들이 갖지 못한 심오한 영성을 갖고 있었다. 그들이 발견한 하나님은 타민족들의 우상들과는 확연히 달랐다. 타민족의 신들이 사람의 손으로 만들어진 숨 쉬지 못한 죽은 신들이었다면, 유대인들의 하나님은 살아서 활동하시는 천지를 지으신 유일신이었다. 따라서 유대교에는 타종교들에서 발견되는 신의 형상도 신화도 여성 사제도 없었고, 신전도 예루살렘에 단 한 개만 있었으며, 성소에는 일반사람들의 출입이 허락되지 않았다. 타민족들은 많은 신들을 갖고 있었고, 그 형상들을 돌에 새겼지만, 유대인들은 단 한분 창조주 하나님을 믿으면서도 그 형상을 어떤 형태로든 만들지 못하도록 제2계명에 명시하였다. 사람의 손으로 새길 수 있는 것은 신이 아니다. 참신은 영이시고 신비에 쌓여있어서 그 형체를 알 수 없다. 따라서 유대인들의 하나님은 볼 수 없는 신이었고, 말씀으로만 인간과 관계하시는 분이셨다.

유대인들은 하나님의 형체를 갖지 못한 대신에 하나님의 말씀인 토라(모세오경)를 갖고 있었다. 유대교는 말씀의 종교이다. 유대교인들이 하나님의 보좌라 믿었던 법궤 속에는 십계명이 적힌 석판들이 있었다. 그들의 종교는 눈으로 보고 손으로 만지는 것이 아니라, 토라를 온몸으로 실천하는 것이었다. 따라서 유대교에는 교인이 되기 위해서 알아야할 교리(dogma)도 신앙고백서도 없다. 유대교에 믿음의 내용이 전혀 없는 것은 아니지만, 교리보다는 실천을 더 중시한다. 널리 수용되고 있는 유대교 신앙은 람밤(Rambam, Maimonides, AD 1135-1204)이 정리한 열 세 개의 믿음의 원리들인데, 그 가운데 1-4번이 하나님에 관한 것이다: 1)하나님은 존재하신다; 2)하나님은 한분이시고 유일하시다; 3)하나님은 육체가 없으시다; 4)하나님은 영원하시다.[28]

유대인들은 일찍이 절대적이고 영속적인 진리와 유일하신 참신을 발견하였다. 그러나 그들은 유일신을 그들 민족의 신으로 독점해버렸다. 하나님이 타민족들의 신이 되는 것을 거부하였다. 한분밖에 없는 신을 독점했으니, 타민족들은 참신이 없는 이방인이었던 것이다. 이 신(神)의 독점의식의 절정이 예루살렘 성전이었다. 다른 민족들과는 달리 이스라엘에는 단 한 개의 성전만 허락하였다. 그나마도 하나님을 지성소에 묶어뒀다. 그 보이지 않는 하나님을 대제사장이 일 년에 단 하루 대속죄일에 법궤 앞에서 두어 차례 독대할 수 있었다. 보통사람들은 성전내부에 접근조차 할 수 없었다.

신명기 26장에는 유대인들의 민족의식과 야훼신앙이 담겨있다. 자기 민족이 떠돌이와 노예였다는(5-6절) 민족의식이 담겼고, 구원의 하나님(7-9절), 언약의 하나님(3절), 조상의 하나님(7절)이란 야훼신앙이 담겨있다. 유대인들은 매년 춘분이 지나고 보름달이 뜨는 유월절 밤이면, 가족과 친지들이 모여 이렇게 '그 희망'을 노래한다. "우리가 지금은 비록 여기 타향에 살아도 내년에는 이스라엘 땅에서 살게 될 것이다. 지금은 노예이지만 내년에는 자유인이 될 것이다." 또 '아바딤 하이누'("우리는 노예들이었네. 그러나 지금은 자유롭다네.")라는 노래를 부른다. 그리고 유월절 식사는 "내년에 예루살렘에서!"(La shana Ha ba-ah birushalayim)라는 인사로 끝을 맺는다.[29]

---

[28] https://www.jewfaq.org/beliefs.htm
[29] 최명덕, '유월절로 본 성만찬'(이스라엘문화원: 유대학술세미나자료, http://www.iscc.co.kr/seminar.asp).

1) 구원의 하나님

유대인들은 자기 민족의 뿌리, 이동, 사상, 사명을 명확하게 하나님과의 관계에서 설명한다. 그만큼 유대인들은 자기 정체성이 분명하다. 하나님은 자발적으로 족장 아브라함과 이삭과 야곱과 그 후손들을 찾아오셨고, 택하셨으며, 이동시키셨고, 노예생활에서 구원하셨으며, 나라와 토라(모세오경)와 명절과 사명을 주셨다. 유대인들에게 하나님은 '이집트 땅에서 자기들을 인도하여 내신 하나님'(레 25:38), '독수리 날개로 업어 홍해를 건너게 하신 하나님'(출 19:4) 혹은 '홍해를 육지처럼 지나가게 하신 하나님'(시 66:6, 78:13, 106:9)이시다. 그래서 유대인들은 유월절 식사 가운데 두 번째 포도주 잔을 마시기 전에 하나님께서 그들에게 베푸신 이적과 기사를 찬양하며, "그가 우리를 애급에서 불러내신 것만으로도 얼마나 충족한가!"라는 내용의 '다예누'라는 노래를 합창한다.[30]

또 하나님은 광야 40년 동안 만나를 먹이셨고(출 16:35), 불기둥과 구름기둥으로 보호하시고 길을 안내하셨으며(민 14:14), 옷이 낡지 않게 하시고, 발의 신이 헤지지 않게 하신 하나님이셨으며(신 29:5), 아브라함과 이삭과 야곱에게 약속하신 젖과 꿀이 흐르는 가나안 땅에로 인도하여 들이시고, 그곳 거주민들을 몰아내고 그 땅을 차지하게 하신 분이시다.

2) 언약(계약)의 하나님

유대민족의 의식 속에 깊이 뿌리내리고 있는 하나님인식은 '언약의 하나님'이란 것이다. 성경을 '구약'(옛 언약)과 '신약'(새 언약)으로 나눠 부르는 데서도 알 수 있듯이 성경은 전체가 하나님의 언약에 관련된 말씀이다.

---

30 '유월절로 본 성만찬.'

구약성경의 언약(율법)은 유대민족의 흥망성쇠의 원인을 판가름하는 잣대였다. 왜 우리 민족이 이 엄청난 시련을 겪는가에 대한 해답을 예언자들은 하나님과의 언약을 얼마큼 성실하게 지켰는가에서 찾았다. 하나님은 유대민족과 첫 오순절날 시내산에서 언약식을 거행하셨다. 그때의 언약내용이 모세오경에서 613개의 계명들로 발전되었다. 따라서 유대인들에게 오순절은 하나님이 택하시고 세우신 이스라엘나라가 출범한 날이고, 그 나라의 헌법(율법)을 받은 날이다. 따라서 토라(모세오경)는 구약 39권을 구성하는 핵심중의 핵심내용이자, 그리스도인들에게는 예수님을 구세주 메시아가 되게 하고, 그리스도교를 탄생시킨 밑거름이다.

그리스도인들은 이 시내산 언약(출 24:1-11절)을 '구약' 혹은 '옛 언약'이라고 부른다. 이 계약에 의해서 이스라엘 회중은 하나님의 소유가 되었고, 제사장의 나라가 되었으며, 거룩한 백성이 되었다(출 19:5-6). 이스라엘 회중이 하나님의 선민이 되는 조건이 바로 이 시내산 언약이고, 이 시내산 언약이 유효하기 위해서는 언약의 내용인 십계명과 율법을 언약한 대로 잘 지켜야 한다. 그러나 불행히도 유대인들은 언약을 잘 지키지 못했다. 이사야 선지자는 이스라엘의 불행이 "그들이 율법을 범하며 율례를 어기며 영원한 언약을 깨뜨렸기"(사 24:5) 때문이라고 했다. 예레미야 선지자는 이스라엘의 불행이 "그들이 자기 하나님 여호와의 언약을 버리고 다른 신들에게 절하고 그를 섬긴 까닭이라"(렘 22:9)이라고 했고, "이스라엘 집과 유다 집이 내가 그들의 조상들과 맺은 언약을 깨뜨렸기"(렘 11:10) 때문이라고 했다. 그러면서 예레미야는 하나님이 시내산 언약과 같지 아니한 새 언약을 이스라엘과 맺을 것이라고 예언했다(렘 31:31-33). 이 새 언약을 히브리서 저자는 "더 좋은 언약"이라 했고, 예수님이 바로 "더 좋은 언약의 보증"(히 7:22) 또는 "더 좋은 약속으로 세우신 더 좋은 언약의 중보"(히 8:6)라고 했다. 여기서 옛 것보다 "더 좋은 언약"은 다름 아닌 하나님의 아들 예수 그리스도의 피로 세운 새 언약을 말한다. 마가복음 14장 24절은 "가라사대, 이것은 많은 사람을 위하여 흘리는바 나의 피 곧 새 언약의 피니라."고 했고, 고린도전서 11장 25절은 "식후에 또한 이와 같이 잔을 가지시고 가라사대, 이 잔은 내 피로 세운 새 언약이니, 이것을 행하여 마실 때마다 나를 기념하라."고 하셨다고 했다. 그리스도인들은 침례식을 통해서 하나님과 언약(신약성경복음의 내용을 믿고 신앙고백 함으로)을 맺고, 하나님의 거룩한 새 언약 공동체가 되었으며, 매주일 주의 만찬을 통해서 하나님과의 언약을 더욱 공고히 한다.

3) 조상의 하나님

유대민족의 의식 속에 있는 야훼는 '조상의 하나님'이다. 야훼는 어제 오늘 혹은 지난 몇 세대가 믿어왔던 하나님이거나 외국에서 입수했거나 전래된 하나님이 아니다. 조상 아브라함 때부터 대대로 4000여 년간 믿어왔던 하나님이다. 아버지가 믿었고, 할아버지가 믿었고, 증조부가 믿었고, 증조부의 할아버지가 믿었고, 또 그 할아버지의 할아버지가 믿었고… 이렇게 조상대대로 믿어왔던 하나님이다. 여기에 믿음의 뿌리가 있고 전통과 문화가 있고 명절과 관습이 있다. 한민족에는 없는 소중한 믿음의 유산이 유대민족에게는 있다. 이것을 드러내 보여주는 것이 바로 아브라함의 하나님, 이삭의 하나님, 야곱의 하나님, 우리 조상의 하나님이란 말씀이다. '조상의 하나님'이란 말이 출애굽기 3장에만 네 차례 사용되었고, 그밖에 글에도 상당히 많이 사용되고 있다.

그러나 수천 년 동안 자손대대로 조상의 하나님을 고백했던 이 엄청난 신앙유산을 가진 유대인들이 신생 그리스도교에 추월당하고 하나님의 축복에서 멀어진 이유가 무엇이겠는가? 유일하신 하나님을 자기 민족의 하나님으로 묶어버리고, 소수 유대민족의 신으로 제한해 버린 때문이 아니겠는가? 위대한 신앙유산을 물려받은 유대인들이 그들을 옛 언약공동체로 무시해버린 그리스도교신앙과 복음에 훨씬 뒤진 이유가 무엇이겠는가? 예수님이 부활하신 날 무덤에 찾아온 막달라 마리아에게 하신 말씀, "내 아버지 곧 너희 아버지, 내 하나님 곧 너희 하나님"(요 20:17)에 그 해답이 있다. 내 아버지가 너희들의 아버지가 되고, 내 하나님이 너희들의 하나님이 된다는 말씀은 유대민족의 하나님의 경계를 뛰어넘고 지평을 넓혀 온 인류의 아버지가 되게 하고 하나님이 되게 한 위대한 선언이다. 이 선언은 또 "그(외아들)로 많은 형제 중에서 맏아들이 되게 하려 하심이니라"(롬 8:29)에 연결된다.

유대인들에게 있어서 구원의 하나님, 언약의 하나님, 조상의 하나님 신앙은 유대민족에게만 제한적으로 적용되어온 신앙이다. 그 같은 신앙이 유대민족의 결속에는 도움이 되겠지만, 결과적으로는 하나님을 민족신(民族神)으로 묶어버리는 단점이 있었다. 그들 조상에게 계시하셨던 하나님은 결코 소수 유대인들만의 하나님으로 제한될 수 없는 이 우주에 한분밖에 없는 유일하신 하나님이시다. 그런 점에서 그들의 신앙은 그리스도교의 위대한 참 신앙을 위한 예표였고 모형이자 그림자였다.

4. 그리스도인들이 믿는 하나님

하나님의 이름과 호칭들 및 유대교인들이 믿는 하나님에 이어서 그리스도인들이 믿는 하나님에 대해서 살펴보고자 한다. 유대교인들이 믿는 하나님과 그리스도인들이 믿는 하나님이 동일한 하나님이지만 그 하나님에 대한 믿음에 있어서는 상당한 차이가 있다. 유대교와 그리스도교가 완벽히 다른 종교인 이유가 여기에 있다. 그리스도교에는 유대교에 없는 삼위일체 신앙이 있고, "십자가에 못 박힌 그리스도"(고전 1:23)가 있으며, 성령의 내주동거하심이 있다. 그리스도인들이 믿는 하나님은 단순히 창조자, 절대자, 감춰진 일자, 아인 소프(Ein Sof), 최초의 원인, 궁극적 실재 등에 그치지 않고 예수 그리스도를 통해서 자기를 계시하신(내보이신) 인류의 대속을 위해서 십자가에 못 박히신 하나님, "독생하신 하나님"(요 1:18), 맏아들이 되신 하나님(롬 8:29; 히 1:6)이시다. 이 같은 맥락에서 신학자 칼 바르트는 그리스도인들이 믿는 하나님은 예수 그리스도를 통하지 않고서는 발견할 수 없는 하나님, 신약성경의 가르침을 받지 않고서는 정확하게 알 수 없는 하나님이라고 했고, 이 하나님을 알지 않고서는 하나님에 대해서 바르게 알았다고 말할 수 없다고 했다. 많은 사람들이 자연계시에 따른 신의 존재입증과 같이 철학적-신학논증에 의해서 하나님을 밝히려하는데, 눈에 보이는 자연계시를 통해서 신의 존재가 입증될 수 있고, 또 다양한 입증방법들이 있기는 하지만, 그렇게 입증된 신이 곧바로 그리스도인들이 믿는 하나님과 일치되는 것은 아니기 때문이다. 이 점에 대해서 전 연세대학교 신학과 김균진 교수는 "따라서 하나님을 인식할 수 있는 근거는 예수 그리스도의 계시에 있다고 말할 수밖에 없다. 바르트는 예수 그리스도의 계시의 현실을 떠난 하나님의 인식을 거부하며 오직 '계시로부터' 하나님을 인식하고자 한다. '우리의 하나님 인식의 유일한 원천과 규범'은 계시에 있다."[31]고 하였다. 여기서 말하는 계시는

---

[31] 김균진, 《헤겔과 바르트》(대한기독교출판사, 1991 4판), 279, 289; Karl Barth, *Die Kirchliche Dogmatik* II/1, 220.

예수 그리스도를 말한다. 하나님이 누구신가를 모세가 달빛아래에서 보듯이 희미하게 밝혀주었다면, 예수님은 햇빛아래에서 보듯이 밝고 분명하게 밝혀주셨다.

하나님을 인식하는 방법에는 자연계시를 통한 인식과 예수 그리스도 계시를 통한 인식이 있다. 로마서 1장 20-21절 "창세로부터 그의 보이지 아니하는 것들 곧 그의 영원하신 능력과 신성이 그가 만드신 만물에 분명히 보여 알려졌나니, 그러므로 그들이 핑계하지 못할지니라. 하나님을 알되, 하나님을 영화롭게도 아니하며 감사하지도 아니하고 오히려 그 생각이 허망하여지며 미련한 마음이 어두워졌다."는 말씀에서 알 수 있듯이, 자연계시를 통해서 하나님을 인식할 수는 있지만, 인간의 죄악성 때문에 구원에 도달할 수 없다는 것이 신약성경의 가르침이다. 자연계시가 인간을 구원할 만큼의 충분한 계시가 못되기 때문이다. 그러나 그리스도 계시는 인간을 구원하기에 충분하고 완전한 구원의 길이요, 진리요, 생명이라고 신약성경은 말한다(요 14:6). 그러므로 예수님을 그리스도와 하나님의 아들로 믿는 그리스도교에만 구원이 있을 수밖에 없다.[32]

이런 이유 때문에 예수님께 배워서 전한 사도들의 가르침이 담긴 신약성경에 담긴 복음을 듣고, 믿고, 죄를 회개하고, 신앙을 고백하고, 침례를 받아 성령님을 선물로 받고 그분의 인도하심 속에서 하나님과의 새로운 관계에 들어가야 구원을 받을 수 있다.

---

[32] 김균진,《기독교조직신학 I》(연세대학교출판부, 1991 9판), 277-281.

1) 삼위일체 하나님

구약성경은 개인구원보다는 이스라엘 나라와 민족 차원에서 하나님과의 관계를 말하고, 신약성경은 나라와 민족보다는 개인구원의 차원에서 하나님과의 관계를 말한다. 유대인들은 주전 586년 유다왕국의 멸망 이후 이스라엘나라와 민족구원의 차원에서 제2모세를 기다려왔기 때문에 그리스도교와 신약성경에서 증언하는 개인구원 차원의 그리스도(제2모세)를 믿지 않는다. 또 유대교인들은 예수님이 나라와 민족구원이란 메시아사명을 성취하기 전에 십자가에 못 박혔기 때문에 유대인들이 기다려온 제2모세 곧 '장차 오실 자'의 조건을 채우지 못했다고 생각한다. 반면에 신약성경은 "십자가의 도가 멸망하는 자들에게는 미련한 것이요, 구원을 받는 우리에게는 하나님의 능력이라 … 유대인에게는 거리끼는 것이요, 이방인에게는 미련한 것이로되, 오직 부르심을 받은 자들에게는 유대인이나 헬라인이나 (십자가에 못 박힌) 그리스도는 하나님의 능력이요, 하나님의 지혜니라"(고전 1:18-24)고 하였다.

유대교인들은 하나님을 한분이라고 믿기 때문에 예수님을 하나님의 아들로 믿는 것을 우상숭배라고 말한다. 여호와증인들이 그리스도의 신성과 성령의 인성을 부인하는 것도 같은 이유에서이다. 삼위일체논쟁은 이미 바울시대 때부터 있어왔고 지금도 진행되고 있다. 바울시대에는 영지주의 성향을 띤 유대인 에비온파(Ebionites)가 다른 예수, 다른 복음, 다른 교훈을 주장하였는데(고후 11:4; 갈 1:6-9; 딤전 1:3, 6:3) '다른 예수'란 예수님의 신성을 부인한 것을 말하고, '다른 복음'과 '다른 교훈'은 모세의 율법을 지켜야 구원받을 수 있다고 주장한 것을 말한다.

그리스도교는 주후 30년에 출범하여 313년 종교의 자유를 선언한 밀라노칙령이 공포되기 전까지 불법종교였고, 10여 차례에 걸쳐 큰 박해를 겪었다. 밀라노칙령을 선포한 콘스탄티누스 황제는 이후 그리스도교 안에 삼위일체논쟁이 심각하다는 것을 알고 325년 주교들을 니케아(현재 튀르키예의 이즈니크)에 모이게 하여 토론하게 하였고, 이 때 만들어진 '니케아신조'가 그리스도교 최초의 신앙고백서이자 삼위일체신앙을 담은 것이었다. 379년경 테오도시우스 황제가 통치하던 동로마 제국 내에는 삼위일체론(니케아신조)을 옹호하는 그리스도인들과 단일신론을 주장하는 아리우스파 사이에 적대관계가 고조되면서 복잡한 상황에 놓이게 되었다. 테오도시우스 황제는 심한 병에서 회복된 뒤 380년에 침례를 받았고, 325년에 만들어진 최초의 신앙고백서이자 삼위일체신앙을 강조한 니케아신조를 신봉하게 되었다. 테오도시우스는 그 누구의 자문을 구하지 않고 380년 2월 28일에 모든 시민이 니케아신조를 고백하라는 칙령을 발표하였다. 이때부터 삼위일체를 믿는 신앙을 보편적(catholic) 그리스도교 신앙이라 불리게 되었다. 여기서 '보편적'이란 '정통'을 의미한다. '가톨릭'이라는 호칭이 문서에 등장한 것은 이때가 처음이었다.

테오도시우스 황제는 381년에 제1차 콘스탄티노폴리스 공의회를 개최케 하여 주교 150명이 아리우스파를 이단으로 확정케 하였으며, 콘스탄티노폴리스 교구가 로마 교구에 버금가는 명예와 권위를 갖게 하였다. 테오도시우스는 385년부터 동물제사를 엄격히 금지시켰고, 391년에 로마와 이집트에서 이교숭배를 금지시켰으며, 392년에는 공적이든 사적이든 모든 형태의 이교숭배를 제국의 전역에서 불법으로 규정함으로써 그리스도교를 제국종교로 삼았다. 이후 로마제국에서는 이교(異敎)신앙이 완전히 단절되었고, 그 어떤 이교신앙도 출현하지 못하였다. 또 테오도시우스는 올림픽경기를 금지시켰고, 주화에 십자가를 새겨 통용시킨 테오도시우스의 손자인 테오도시우스2세 때에는 제우스 신전을 비롯한 많은 신전들이 훼손되기에 이르렀다.

그러면 삼위일체교리란 어떤 것인가? 삼위일체란 한 분 하나님 속에 아버지의 인격과 아들의 인격 그리고 성령님의 인격이 함께 계시다는 뜻이다. 그것은 마치 하나뿐인 태양이 광선과 빛과 열을 함께 갖고 있는 것과 같다. 태양광선의 특징은 불가시성과 직진성에 있다. 이 보이지 않는 광선을 보이게 하는 것이 빛인데 빛은 직진만하는 광선(입사광)이 물체에 닿아 통과하지 못하고 튕겨져 만들어지는데, 이것을 반사광이라고 한다. 이 빛을 프리즘에 통과시키면 무지개와 같이 여러 색의 띠가 나타나는데 빨간색 광선의 바깥쪽에는 적외선이 있고, 보라색 광선의 바깥쪽에는 자외선이 있다. 이 적외선과 자외선은 프리즘을 통해도 눈에 보이지 않는다. 그리고 열은 광선이 물체를 통과할 때 경계면에서 꺾이면서 생기는 현상이다. 이것을 굴절이라고 하는데, 빛이 프리즘을 통과할 때 생기는 무지갯빛도 굴절현상의 하나이다. 이와 같이 하나님은 보이지 않게 영으로서 존재하시지만, 그리스도를 통해서 자신을 계시하시며(드러내시며) 성령을 통해서 느끼게 하신다.

요한복음 1장 18절을 보면, "본래 하나님을 본 사람이 없으되, 아버지의 품속에 있는 독생하신 하나님이 나타내셨다."고 적고 있다. 이 말씀에서처럼 우리가 믿는 하나님은 태양 광선처럼 사람의 눈에 보이지 않는다. 그러나 우리는 하나님의 계시의 빛인 그리스도를 통해서 우리가 믿는 하나님을 알 수가 있다. 하나님의 계시들 중의 계시가 예수님인데, 이 예수님은 태양광선의 반사광에 해당된다. 보이지 않던 광선이 물체에 반사될 때 빛을 내는 것처럼, 보이지 않는 하나님이 예수 그리스도님이라는 특별한 계시를 통해서 하나님이 어떤 분이신가를 보여준다.

2) 그리스도를 통해 계시된 하나님

예수님을 통해서 계시된 하나님은 어떤 분이신가? 신학자 칼 바르트는 그의 예정론에서, "하나님의 영원한 의지이신 예수 그리스도의 선택에 있어서 하나님은 인간에게 … 선택을, 축복과 생명을 예정하셨고, 자기 자신에게는 … 버림을, 저주와 죽음을 예정하셨다"[33]고 하였다. 이 점에 대해서 김균진 교수의 말을 빌리면, 예수님은 모든 인간이 서야 할 죽음과 저주의 자리에 대신 설 자로 선택된 인간이 되신 하나님이다. 저주와 죽음을 당할 수밖에 없는 인간에게 축복과 생명을 예정하시고, 자신에게는 인간이 받아야 할 저주와 죽음을 대신 받기로 결정하신 분이다. 그리고 인간에게는 하나님과의 사귐을 예정하신 반면, 하나님 당신께는 인간과의 사귐을 예정하신 분이다. 하나님은 인간의 몫을 취하신 대신에 당신의 몫, 곧 축복과 생명을 인간에게 주기로 결정하신 분이다. 하나님은 당신을 낮추시고 인간을 높이기로 결정하신 분이다.[34] 이것이 복음이다.

성령님은 우리 안에서 봄볕처럼 따스하게 내재하시는 임마누엘 하나님을 느낄 수 있도록 하는 굴절의 빛이시다. 성경은 성령님을 '호흡', '생수', '비둘기', '불꽃', '기름', '도장', '보증금' 등으로 묘사하고 있다. 그러나 실제로 성령님이 호흡이거나 생수이거나 비둘기이거나 불꽃이거나 기름이거나 도장이거나 보증금이라고 생각할 수 없다. 이들 표현은 단지 하나님이 생명의 근원이 되시며, 오아시스의 물이 갈증을 풀어주듯이 삶의 답답증을 풀어주며, 온유하며, 타오르는 불꽃처럼 정열과 온기를 느끼게 하며, 기름처럼 윤기 나게 하며, 계약서에 도장 찍고 보증금 주어 약정을

---

[33] 김균진,《헤겔과 바르트》(대한기독교출판사, 1991 4판), 319-320.
[34] 《헤겔과 바르트》, 320-321.

맺듯이 신자의 구원을 확실하게 보증한다는 뜻일 뿐이다. 이와 같이 하나님은 눈에 보이지 않게 영으로 존재 하시면서 성자와 성령과 함께 혼연일체를 이루신다.

김균진 교수는 삼위일체 하나님의 역할에 대해서 성부 하나님은 세계창조의 일을 하셨고, 성자 하나님은 "죄와 파멸과 죽음 속에서 살아가는 피조물의 세계를 구원하는" 일을 하셨으며, 성령 하나님은 "그리스도 안에서 일어난 하나님의 구원의 사건을 오늘 여기에서 우리 자신에 대한 사건으로 현재화시키고 새로운 창조를 일으키는" 일을 하신다고 하였다.[35]

알렉산더 캠벨은 1839년 〈그리스도인의 체계〉(Christian System)에서 "창조이전부터 하나님, 하나님의 말씀, 하나님의 영이 있었다. 그러나 그리스도교 시대가 전개되고 있는 지금은 성부, 성자, 성령 곧 한 하나님, 한 주, 한 성령이 계신다."[36]고 했다. 또 캠벨은 〈천년왕국의 선구자〉(Millennial Harbinger, 1853)에서 선언하기를 "우리는 하나님이나 신성, 유일, 다수, 삼위일체 또는 삼-일체에 대해 추측하지 않는다. 그러나 우리는 성부라는 인간성에서 하나님, 성자라는 인간성에서 하나님, 성령이라는 인간성에서 하나님에 관한 계시를 갖는다."고 하였다.[37] 같은 맥락에서 토마스 캠벨은 1824년에 쓴 '그리스도교종교에 관한 에세이'에서 말하

---

[35] 김균진, 《하나님은 어디에 계신가?》(대한기독교서회, 1990 재판), 142-144.
[36] Alexander Campbell, *The Christian System*(Joplin, Missouri: College Publishing Co., 1989), 11-12(Chapter V, "the Spirit of God").
[37] Paul M. Blowers, "God, Doctrine of," *The Encyclopedia of the Stone-Campbell Movement*, ed. Douglas A. Foster, Paul M. Blowers, Anthony L. Dunnavant and D. Newell Williams(Grand Rapids, Michigan: William B. Eerdmans Publishing Company, 2004), 357.

기를 "그러므로 우리는 아들을 통하여 성령으로 말미암아 아버지께 예배한다."고 하였다.[38]

그러므로 예수님이 없이는 하나님의 인간에 대한 사랑, 하나님의 희생과 관심에 관해서 전혀 알 방법이 없다. 또 예수님을 통해서 하나님을 알았다 해도 성령님을 통하지 않고서는 하나님과 관계를 맺고 교제할 수가 없다. 하나님은 성령님을 통해서 우리 안에 계시고 우리와 교제하신다. 구약시대에는 일반인들이 이런 특별한 은총을 누리지 못했다. 그러나 신약시대에는 모든 그리스도인들이 이 특별한 임마누엘의 은총을 누린다. 이런 맥락에서 그리스도인들은 왜 한분 하나님은 세분 인격체로 존재할 수밖에 없는가를 생각해봐야한다.

3) 사랑의 사귐 속에 계신 하나님

유대교 랍비들은 구약성경의 예언을 모두 유대민족을 위한 문자적인 의미로 이해한다. 반면에 신약성경의 저자들은, 누가를 빼고는 모두가 유대인들이었지만, 구약성경의 예언을 모두 열방민족을 위한 영적의미 곧 예수님에 관한 예표와 그림자로 이해하였다. 또 신약성경 저자들은 구약성경을 해석할 때 자주 구약성경의 문맥과 다른 의미로 해석하였고, 자주 문자적으로 하지 않았다. 오히려 신약성경 저자들은 유대교와 그 지도자들을 병든 상태, 곧 예수님께서 "내가 율법이나 선지자를 폐하러 온 줄로 생각하지 말라. 폐하러 온 것이 아니요, 완전하게 하려 함이라."(마 5:17)고 하셨고, 바울이 "그런즉 우리가 믿음으로 말미암아 율법을

---

[38] Thomas Campbell, "Essay on the Religion of Christianity," *The Christian Baptist*, October 4, 1824, 98-101.

파기하느냐? 그럴 수 없느니라. 도리어 율법을 굳게 세우느니라."(롬 3:31)
고 하신 말씀처럼 완전하게 되어져야할 불완전상태로 보았다. 이 때문에
유대교 랍비들은 신약성경 저자들이 구약성경의 구절들을 왜곡했거나
잘못 해석했다고 주장한다. 그러므로 그들은 신약성경과 삼위일체론을
전혀 인정하지 않을 뿐 아니라, 예수님을 하나님의 아들로 믿지 않는다.
오히려 예수님을 믿는 행위를 우상숭배로 정죄한다.

초대교회 당시 하나님께 대한 신앙을 고백할 때에 반드시 아버지 하나님에 대한 신앙을 고백하였고, 이어서 예수 그리스도에 대한 신앙을 고백하였으며, 마지막으로 성령님에 대한 신앙을 고백하였다. 따라서 현존하는 모든 신앙고백서들은 아버지 하나님에 대한 신앙고백, 아들 그리스도에 대한 신앙고백, 성령 하나님에 대한 신앙고백으로 삼등분되어 있다. 침례도 그와 같은 방법으로 세 번 시행하였다. 아버지 하나님께 대해 신앙고백을 한 후에 물속에 잠겼고, 아들 예수님에 대한 신앙고백을 한 후에 다시 물속에 잠겼으며, 성령 하나님에 대한 신앙을 고백한 후에 세 번째로 물속에 잠겼다.[39]

그러나 유대교인들과 여호와증인들은 하나님의 신성만을 인정한 채 그리스도의 신성과 성령의 인성을 부정한다. 바꿔서 말하면 하나님은 한 분뿐이고, 그리스도와 성령은 하나님이 아니란 것이다. 그리스도는 침례 받으셨을 때 하나님께 입양된 출생신분이 인간이었던 분이고, 성령은 하나님에게서 나오는 큰 힘에 불과하다는 것이다. 이런 단일신론은 지난 이천년 기독교역사 속에서 이단으로 여겨져 왔다. 이런 이단사설에서 가장 문제시 되는 점은, 유일신 사상을 고취한다는데 있는 것이 아니라, 왕

---

[39] 이형우 역주, 《히뽈리뚜스 사도전승》(경북 왜관: 분도출판사, 1992), 129-33.

권이나 일인독재체제를 신성시한다는데 있다. 권력 그 자체에 문제가 있기보다는 그 권력이 신성시될 때, 그것이 민중억압의 수단으로 이용된다는데 문제가 있다. 여기서 우리는 권력(權力)과 권위(權威)를 혼동해서는 안 된다. 예수님은 유대교 지도자들이 누렸던 것과 같은 권력을 누리지 못했다. 반면에 그들은 예수님이 누렸던 것과 같은 권위를 누리지 못했다.

하나님께서 천지만물을 창조하셨다는 성경의 가르침은 하나님이 만물의 절대주권자란 사실 말고도 인간으로 하여금 자연에 대한 두려움에서 벗어나 이 세계를 만들어진 존재로 보게 한다. 이스라엘 민족의 출애굽 사건 또한 이스라엘 민족의 구원사건이란 사실 말고도 정치권력의 신성화나 절대화에 대항하여 싸운 사건으로 보게 한다. '우상숭배 말라'는 십계명의 제1,2계명은 이 땅의 그 어떤 가치도 하나님 한분 말고는 신성하지도 거룩하지도 않다는 것을 가르친 말씀이다.[40]

하나님만이 신성하고 거룩하다고 해서 하나님께서 당신의 절대주권을 혼자서만 누리시는가? 그렇지 않다. 그 주권을 성자 하나님과 함께 성령 하나님과 더불어 누리신다. 신학자 몰트만은 "하나님의 단일성 개념은 신적 인격들이 순환 속에서 인지될 수밖에 없다."고 했다.[41] 이 점에 대해서 김균진 교수는 "삼위일체 되신 하나님 안에는 명령과 복종의 지배 체제가 없다. 성부, 성자, 성령은 지배 체제 대신에 사랑의 사귐 속에 있다. 그들은 모든 것을 함께 나누며, 모든 것을 함께 경험하며, 모든 것을 같이 한다. 그들은 언제나 서로 관계되어 상대방 안에 있다. 성부는 언제나 성

---

[40] 하비 콕스, 《세속도시》, 구덕관 외 옮김(대한기독교서회, 1993 개정신판), 29-46.
[41] J. 몰트만, 《삼위일체와 하나님의 나라》, 김균진 역(대한기독출판사, 1990 7판), 185.

자와 성령과 함께 또 그들 안에 있으며, 성자는 성부와 성령과 함께 또 그들 안에 있으며, 성령은 성부와 성자와 함께 있으며 또 그들 안에 있다."고 하였다.[42] 여기에 삼위일체교리의 중요성이 있다. 심지어 하나님은 당신의 절대주권을 피조물인 인간과도 나눠서 누리신다. 인간에게 자유의지를 주신 분은 하나님이시다. 이 자유의지는 본래 하나님만의 것이지만, 하나님은 이 주권을 인간과 함께 나누기로 결정하신 분이시다. 피조물이 갖는 자유의지는 필연적으로 죄를 짓게 만든다. 그 죗값을 하나님이 그리스도를 통해서 치르신 것이다. 그것이 자유와 권리를 제한하신 하나님의 사랑이다.

삼위 하나님은 역할을 나눠 갖는다. 하나님은 피조물의 창조를, 예수님은 구원의 일을, 성령님은 재창조의 일을 나눠서 하신다. 그러나 그분들은 서로 한 몸을 이루고 있기 때문에 성부가 하시는 일에 성자와 성령이 참여하고 있고, 성자가 하시는 일에 성부와 성령이 참여하고 있으며, 성령이 하시는 일에 성부와 성자가 참여하고 있다. 예를 들면, 성자 예수님이 십자가에 달렸을 때, 성부 하나님과 성령님도 예수님 안에 함께 계셨다. 그분들은 예수님의 고뇌와 고통을 함께 당하셨다. 물론 실제로 고통을 당한 것은 예수님이었지만, 성부 하나님과 성령 하나님은 이 예수님 안에 계시면서 고통을 함께 당하셨다. 이런 의미에서 예수님의 십자가 사건은 예수님 홀로 당한 사건이 아니라 삼위일체 하나님이 당한 사건이요, 충만한 구원의 사건이 되는 것이다. 십자가의 사건은 성부 하나님이 단순히 성자 하나님을 내어 준 사건에 불과한 것이 아니라 성부 하나님이 성령 하나님 가운데서 성자 하나님과 함께 당한 사건 곧 삼위일

---

[42] 《하나님은 어디에 계신가?》, 153-54.

체 하나님의 사건이었다.[43]

4) 사랑(아가페)의 하나님

그리스도인들이 믿는 하나님은 사랑(아가페)의 하나님이시다. 하나님의 사랑은 자기제한의 사랑이고, 내리사랑이며, 남의 입장에서 남을 생각하는 사랑이다. 하나님은 민족성별 빈부귀천에 차별을 두지 않으신다. 다만 그분을 믿고 회개하고 신앙고백하고 침례 받는 자들을 은혜로 용서하시고 구원하신다.

예수님께서 들려주신 탕자비유를 보면, 집을 지킨 맏아들도 아버지가 사랑하는 자식이고, 아버지의 집을 떠난 탕자도 아버지가 사랑하는 자식인 것을 알 수 있다. 아버지가 두 아들을 생각하는 마음은 차별이 없는데 반해서 두 아들이 아버지를 생각하는 마음은 서로 다르고, 형제사이에 생각하는 마음도 서로 다르다. 이 두 아들에서 신구약성경의 차이점이 발견된다. 유대교인과 그리스도인의 차이점이 발견된다. 유대교인들은 맏아들인데, 맏아들의 입장에서 쓴 경전이 구약성경이다. 이방인들은 탕자들인데, 탕자의 입장에서 쓴 경전이 신약성경이다. 맏아들의 입장과 선민의 입장에서 아버지 하나님을 이해한 사람들이 유대인들이고, 탕자의 입장과 이방민족의 입장에서 아버지 하나님을 이해한 사람들이 그리스도인들이다. 우리가 잊지 말아야할 것은 맏아들이든, 탕자든 다 아버지의 동일한 사랑을 받는 자들이란 점이다. 더 중요한 것은 탕자 곧 이방민족을 어떻게 이해하느냐에 따라서 율법적이 될 수도 있고, 복음적이 될 수도 있다. 율법적이란 맏아들의 태도를 말하고, 복음적이란 회개하

---

[43] 《하나님은 어디에 계신가?》, 134.

고 아버지께로 돌아간 탕자의 심정과 밤낮없이 탕자가 돌아오기를 기다리는 아버지 하나님의 심정을 말한다. 우리가 기억할 것은 탕자도 하나님의 자식이란 점이다. 그는 버림을 받은 자가 아니라, 집을 나가서 아직 돌아오지 않고 있는 자이다.

 20세기의 독일신학자 칼 바르트는 탕자들을 일컬어 '아직 구원받지 못한 자' 곧 "그들은 단지 잠재적으로 버림받은 자들일 수 있을 뿐이다."라고 하였다. '아직 구원받지 못한 자'란 칼뱅의 주장처럼 버림받은 것이 아니다. 오히려 아버지 하나님은 탕자가 구원받게 하려고 그리스도를 통해서 탕자를 대신해서 십자가에 못 박히셨다. 이 점에 대해서 김균진 교수는 "왜냐하면 예수 그리스도께서 그들이 당해야 할 하나님의 분노와 심판과 버림을 대신 당하셨고, 그들의 모든 파멸을 대신 취하셨기 때문이다. 그러므로 선택받은 자는 버림받은 자들도 하나님의 소명을 받고 선택된 자가 되기를 기대할 수 있을 뿐이다. 선택받은 자는 그들을 영원히 버림받은 자로 간주해서는 안 된다. 예수 그리스도는 바로 그들을 위하여 죽으셨고 부활하였다."라고 하였다.[44] 그러므로 그리스도인들은 탕자를 아버지 하나님의 심정으로 볼 필요가 있다. 하나님께서 누군가를 버리셨다고 생각하는 것은 잘못이다.

---

[44] 《헤겔과 바르트》, 336.

제3장
그리스도

양과 별(AD 6년, 시리아) - 전면에 제우스의 옆얼굴을, 뒷면에 양이 점프하면서 고개를 돌려 하늘의 별을 바라보는 모습을, 그 둘레에 "메트로폴리스 안디옥의 백성"(AT-MHTPOΠOΛEΩN ANTIOXEΩN)이라고 새겼다. 양은 양자리를, 양자리는 유대지방을, 별은 목성을, 목성은 왕을 상징하며, AD 6년은 베들레헴의 별의 현상이 나타났던 BC 6년 4월 17일을 기준하여 예수님이 계명의 아들이 된 해를 기념한 것이라고 주장되기도 한다. '양과 별'을 주조한 이 같은 동전은 다수가 남아있다.

성경은 인간의 필요를 채운 "골라진 사실이요" 해석의 글이며 믿음의 글이다. 이 과정에서 하나님께서 감동하셨거나 성령께서 영감을 주셨다는 것이 성경저자들의 확신이다(딤후 3:16, 바른). 함석헌은 '사관(史觀)'이란 글에서 이 해석에 생명이 있고, 요리사가 조리한 맛난 음식과 같으며, 화가가 그린 그림과 같다고 하였다.[45]

---

[45] 함석헌, 《뜻으로 본 한국역사》(서울: 한길사, 1997 제1판 5쇄), 38-48.

18세기이후 유럽에서 일부 신학자들이 신약성경에서 이 해석과 믿음을 걷어 내버리고 실제로 팔레스타인 땅을 밟고 살았을 역사적(인간) 예수를 찾겠다고 법석을 떨었지만, 결론은 불가능하다는 것이었다. 왜냐하면, 신약성경에 기록된 예수님은 "사람의 아들"(인자)이자 "하나님의 독생자"였고, "독생하신 하나님", "구주 그리스도", "큰 대제사장", "세상 죄를 지고 가는 하나님의 어린 양", "길이요 진리요 생명이신" 그리스도, "만왕의 왕이시며 만주의 주(主)", 부활하신 그리스도, 승리자 그리스도, "하나님 우편에 계신" "영광의 주"였다. 그런데 신약성경에서 이 같은 믿음을 제거해 버리면, 사람을 살리고 생명을 살리며 세상을 살리던 생명력이 함께 사라져버리고, 역사적 사실 그 자체였을 예수님에 관한 사실들이 사라져버린다. 반면에 이 믿음의 반석 위에 굳게 선 사람들에게는 어둠이 빛이 되고, 혼돈이 질서가 되며, 죽음이 생명이 된다.

1. 하나님의 외아들 그리스도

가버나움 회당의 다윗의 별 문양

예수 그리스도는 하나님이 인간이 되어 이 땅에 오신 분이시다. 예수 그리스도에서 '예수'는 '여호수아'의 히브리어 이름인 '예호슈아'(Jehoshua, 수 1:1)를 칠십인역(LXX) 헬라어성경에서 '이에수스'(Iesous)로 번역한데서 비롯되었고, 이 '이에수스'가 영어로 'Jesus'가 되고, 우리말로 '예수'가 되었다. 이 이름의 뜻은 '야훼는 구원이시다'이다.

사도행전에 "예수의 이름으로"가 많이 나온다. 마태복음 28장 19절에는 "아버지와 아들과 성령의 이름으로 침례를 베풀고"라는 구절이 나온다. 여기서 "아버지와 아들과 성령"은 상하 서열 순으로 나열된 것이 아니다. 그것은 정삼각형의 세 개의 꼭짓점에 아무런 서열이 없는 것과 같고, 세 다리 의자(tripod)에 아무런 서열이 없는 것과 같으며, 정삼각형의 세 꼭짓점을 연결한 둥근 원처럼 상호 순환적이다. "아버지와 아들과 성령"은 유클리드 기하학의 일반 공준(Things that are equal to the same thing are equal to each other)에서처럼 한 분 야훼께 동등한 "아버지와 아들과 성령"은 피차 동등한 한 하나님이시다. 그것은 마치 태양에서 나오는 불가시광선과 빛과 열이 서로 동등한 것과 같고, 델포이신전의 신탁의자의 세 개의 다리(tripod)가 서로 동등한 것과 같다.

이 같은 이유 때문에 주후 100년경에 쓰인 〈열두 사도들의 가르침〉[46]과 200년 초에 기록된 〈사도전승〉[47]을 보면, 침례식 때 아버지께 신앙고백하고 침수하고, 아들께 신앙고백하고 두 번째 침수하고, 성령께 신앙고백하고 세 번째 침수한 것을 알 수 있다. 아버지와 성령께 고백한 신앙이 한 줄 정도씩이었던 것에 반해 성자께 고백한 신앙은 니케아신경과 사도신경에서 보듯이 꽤 긴 편이었다. 이렇듯 신앙고백서에서 성자께 대한 신앙고백이 성부와 성령께 대한 것보다 처음부터 길었던 이유는 그리스도교가 예수님을 그리스도와 하나님의 아들로 믿는 종교이기 때문이다. 그 때문에 누가는 사도행전에서 "예수의 이름으로"(행 8:16, 19:5, 22:16) 혹은 "예수 그리스도의 이름으로"(행 2:38, 10:48) 침례가 베풀어졌음

---

[46] 정양모 역주, 《열두 사도들의 가르침: 디다케》(경북 왜관: 분도출판사, 1993), 55-57.
[47] 이형우 역주, 《히뽈리뚜스 사도전승》(경북 왜관: 분도출판사, 1992), 129-133.

을 강조하였고, 그리스도인들은 '여호와의 증인'이 아니라 '그리스도의 증인'임을 강조하였다(행 1:8, 2:32, 5:32, 10:39, 13:31, 22:15, 26:16).

율리우스 카이사르의 신성을 현시한 혜성을 새긴 주화(주전 18년) - 전면에 옥타비아누스의 두상과 '카이사르 아우구스투스'(CAESAR AVGVSTVS)라고 새겼고, 뒷면에 율리우스 카이사르의 신성을 현시한 혜성과 '율리우스의 신성'(DIVVS IVLIV)이라고 새겼다.

마태복음 1장 20절에 "그[마리아]에게 잉태된 자는 성령으로 된 것이라"고 하였고, 21절은 "이름을 예수라 하라. 이는 그가 자기 백성을 그들의 죄에서 구원할 자이심이라"로 되어 있다. 여기서 "성령으로 된 것"이란, 그리스신화에서 제우스가 인간여성들과 관계를 하여 알케이데스(헤라클레스), 디오니소스(바쿠스), 미노스 등을 낳은 것처럼 마리아가 성령과 관계하여 예수를 낳았다는 뜻이 아니라, 말씀으로 천지만물을 만드신, 없는 것을 있게 하시고, 죽은 자를 살리시는 그런 초자연적인 성령의 능력으로 된 것이란 뜻이다.

"잉태된"은 '니케아신조'에서 말한 "아버지에게서 나온"에 해당된다. 교회가 만든 최초의 신앙고백서인 니케아신조(AD 325)를 보면, "모든 세계에 앞서 성부께 나신 하느님의 외아들이시며"(대한성공회 2004년)라는 구절이 있다. 여기서 "나신"은 헬라어 'gennethenta'로써 영어로 'begotten'에 해당된다. 영어 동사 'beget'는 'be the father of'의 뜻이다. 따라서 "아브라함이 이삭을 낳고"(Abraham begat Isaac, 마 1:2)는 '아브라함은 이삭의 아버지였다.'는 뜻이다. 그리고 이 말의 좀 더 실용적인 뜻은 '이삭 아브라함의 아들'이란 뜻이다. 따라서 '야훼는 예수의 아버지' 혹은 '예수 야훼의 아들'이 된다. 여기서 "외아들"로 번역된 '모노게네스'(monogenes)는 요한

복음 1장 14절의 "아버지의 독생자"(patros monogene), 18절의 "독생하신 하나님"(monogenes theos), 3장 18절의 "하나님의 독생자"(tou monogenous huiou tou theou)와 정확히 일치한다. 요한복음 1장 18절의 "독생하신 하나님"(monogenes theos)이란 표현은 가장 신뢰할만한 고대 대문자 시내산 사본(c. 330-360)과 바티칸 사본(c. 325-350)에 쓰였다.

또 '니케아신조'는 예수 그리스도가 "하느님에게서 나신 하느님이시오, 빛에서 나신 빛이시요, 참 하느님에게서 나신 참 하느님으로서 창조되지 않고 나시어, 성부와 일체시며, 만물이 다 이 분으로 말미암아 창조되었으며"(대한성공회 2004년)라고 말한다. 여기서 "창조되지 않고 나시어"는 영어 "begotten, not

도미티아누스 황제의 데나리온(주후 81-84년)
- 도미티아누스는 자신을 "주와 하나님"(DOMINVS ET DEVS)으로 부르게 하였고, 죽은 자신의 아들까지 신격화하였다. 전면에 월계관을 쓴 옆얼굴 둘레에 IMP CAES DOMITIANVS AVG PM(황제 카이사르 도미티아누스 아우구스투스 대신관)이라고 썼고, 뒷면에 자신의 죽은 아들을 하늘("그의 손에 일곱 별이 있고", 계시록 1:6 참고)과 땅(지구에 올라 앉음)을 다스리는 자로 새겼다. 그리고 그 둘레에 DIVVS CAESAR IMP DOMITIAN IF(신성 카이사르 황제 도미티아누스, 황제의 아들)이라고 새겼다.

made"로써 야훼한테서 나온(coming forth) 분이시지, 야훼께서 만든 분이 아니란 뜻이다. 그것은 마치 불가시광선과 빛과 열이 태양에서 나온 것이지, 태양이 만든 것이 아닌 것과 같다. 또 "하느님에게서 나신 하느님이시오, 빛에서 나신 빛이시요, 참 하느님에게서 나신 참 하느님으로서"에서 "나신"은 헬라어 'ek'로써 '~에서'란 뜻이다.

여기서 "나신"으로 번역된 "gennethenta"(begotten)는 신학에서 '영원한 발생'(eternal generation)이라고 불린다. 이 개념은 성령의 '발출'(procession) 또는 '유출'(emanation)과 비슷하면서도 다른 개념이다. 요한복음 15장 26

절은 "진리의 성령이 … 아버지께로부터 나오신다."고 하였다. 이 구절에 근거한 성령의 발출(유출) 개념은 유대교 신비주의자 카발라인들이 주장하는 '세피롯'(sefirot)과 비슷하다. 세피롯은 감춰진 일자(一者)인 '아인 소프'(Ein Sof, 야훼를 말함)에게서 유출되는 10가지 속성을 말하는데, 왕관, 지혜, 이해, 사랑, 능력, 영광, 승리, 존귀, 기초, 나라(세계)가 그것들이다. 3세기의 플로티노스(AD 205~270)가 발전시킨 헬라철학의 마지막 형태인 신플라톤주의(Neoplatonism)도 비슷한 논리를 펼쳤다. 그러나 유대교나 신플라톤주의의 발출(유출)설은 진리의 성령이 성부로부터 나온다는 주님의 말씀과는 크게 다르다. 성령님은 하나님의 속성이 아니라, 제3위격 하나님이시기 때문이다. 한분 하나님으로부터 재창조의 일을 하시는 성령님이 영원히 발출하신다거나 영원히 나오신다(eternally coming forth)는 뜻이다. 마찬가지로 한분 하나님으로부터 구원의 일을 하시는 성자 하나님이 영원히 발생하거나 영원히 나오신다. 발생(generation)은 '성자'라는 육신적인 측면에서 나온 말이고, 발출(procession)은 성령이란 영적인 측면에서 나온 말일 것으로 추측된다.

발생과 발출(유출)에서 가장 중요한 포인트는 그것들의 의미가 어떤 시작을 말하지 않는다는 것이다. 성자와 성령은 성부와 마찬가지로 시작된 때가 없고 만들어진 때가 없는 영원하신 분들이기 때문이다. 그럼에도 불구하고 바울시대에 유대인 에비온파(Ebionites)가 주장한 다른 예수, 다른 복음, 다른 교훈이 있은 이후로 오늘날까지도 그리스도의 신성과 성령의 인격성을 부정하는 이들이 사라지지 않고 있다. 초기 교회사만 잠깐 들춰보더라도, 주후 170년경에 알로기(Alogi)파의 양자(입양)설이, 200년경에는 프락세아스(Praxeas)의 성부수난설이, 그리고 사벨리우스(Sabellius)의 양태론(한분 하나님께서 모양만 성부, 성자, 성령의 다른 형식으로 나타났다는 주장), 325년에 모인 니케아 종교회의에서는 아리우스의 그리스도의 종속설(subordination)이 주요 논쟁의 대상이었고, 381년 콘스탄티노플 종교회의에서는 그리스도의 인성을 신성으로 대치했던 아폴리나리우스파(Appolinarianism)를 해결하였으며, 431년 에베소 종교회의에서는 그리스도의 인성을 강조했던 네스토리우스파(Nestorianism)를 정죄하였다. 451년 칼케돈 종교회의에서는 결국 예수 그리스도의 완전한 신성과 완전한 인성을 동시에 인정하기에 이르렀다. 칼케돈 신조는 예수 그리스도 "바로 그분께서는 신성에서 완전하시고 같은 분이 인성에서 완전하시며, 같은 분이 참으로 하나님이시고 이성적 영혼과 육체로 이루어진 참으로 인간이시다. 같은 분이 신성에 따라서는 성부와 본질이 같으시고 인성에 따라서는 우리와 본질이 같으시며, 죄 말고는 모든 면에서 우리와 똑같으시다."고 하였다.

하나님의 아들(Son of God)에 관한 신앙은 신약성경에서 가장 먼저 기록된 바울서신들에서 먼저 나타났다(롬 1:4, 8:14; 고후 1:19; 갈 2:20; 엡 4:13). 이후 대부분의 신약성경에서 언급되었고, 복음서들에서는 마가복음에서 가장 먼저 나타났다(막 1:1). 하나님의 아들[48]은 그리스도의 신성을 대표하는 말로써 메시아의 위임과 신적 근원을 설명해 주는 칭호로 사용되었다. 마가는 예수님께서 행하신 능력들을 소개함으로써 그분이 신적 권능을 가진 하나님의 아들이었음을 증명하고 있다. 하나님의 아들이란 칭호는 예수님이 친히 사용하신 칭호이기보다는 제 삼자들이 심지어 마귀

---

[48] G. E. Ladd, 《신약신학》(성광문화사, 1983), s.v. '하나님의 아들'; 전경연외 4인, 《신약성서신학》(대한기독교서회, 1997), s.v. '하나님의 아들'; 샤이먼 키스터메이커, 《현대의 복음서 연구》(도서출판 엠마오, 1985), 신성종, 최갑종 역, s.v. '7. 신학: 하나님의 아들.'

도 인정한(막 5:7) 칭호였다. 예수님이 하나님의 아들로 불린 대표적인 사건들은 침례 받으실 때와 산(다볼)에서 모세와 엘리야를 신령한 모습으로 만났을 때였다. 이때 하나님의 음성이 "하늘로부터 소리가 나기를 너는 내 사랑하는 아들이라. 내가 너를 기뻐하노라."고 하였다(막 1:11; 9:7). 복음서 저자들은 예수님이 스스로 자신을 일컬어 하나님의 아들이라고 하시지는 않았고, 그런 뉘앙스를 몇 차례 내비치긴 했어도, 하늘로부터 난 소리, 사탄, 귀신, 제자들, 로마의 백부장과 같은 주변 인물들이 예수님을 하나님의 아들로 인정하고 고백한 것을 보도하였다.

2. 사람의 아들(인자) 그리스도

사람의 아들(Son of Man) 혹은 인자(人子)는 아람어 '발 에나쉬'(bar enasha)를 번역한 말이다. 인자라는 칭호가 신약성경에서는 하나님의 아들 그리스도의 인성을 대표하지만 다분히 초인적이고 종말론적인 그리스도를 말한다. 이 칭호는 단 한번 스데반이 사도행전 7장 56절에서 "하나님 우편에 서신" 인자를 언급한 것을 제외하고는 예수님이 자기 자신에게 사용하신 칭호이다. 이 칭호가 구약성경에서는 시편과 에스겔서와 다니엘서에 나오고, 위경 에녹1서에도 나온다. 신약성경에서는 공관복음서와 사도행전(7:56) 그리고 계시록에 나온다.

구약성경에서는 인자가 하나님이 아닌 사람이란 의미로 사용되었다 (민 23:19; 시 8:4, 80:17, 144:3). 에스겔은 자기 자신을 호칭할 때 100회 이상 '인자'란 표현을 사용하였고, 시편에서는 단순히 사람을 호칭하는 말이다. 위경 에녹1서에서는 사람의 모습을 한 천상적 존재를 말할 때 사용되었는데, 에녹1서에서의 인자에 대해서 광주가톨릭대학교 김혜윤 교수는

"사람의 모습을 하고 있지만 동시에 신적 영광으로 가득 차 있으며(46,1-2), 거룩한 천상적 존재이고 의로운 분이며, 하느님은 그에게 영광을 부여해주신다(61,8). 그리고 그는 영광의 옥좌에 앉아(62,5; 69,27,29) 땅과 하늘, 사람과 천사, 산 이와 죽은 이를 심판하러 하느님 앞에 서실 것이며, 이를 통해 의인들은 구원을 얻을 것이다(46,4-6; 48,4이하; 49,3-4; 62,5-9; 69,27,29). 그는 왕이며 전능하신 분으로서 경배 받으시는 분이시고(48,5; 62,6,9) 또한 선재(先在)하시는 분이시다(48,3,6; 62,7)."고 하였다.[49] 그리고 다니엘서는 계시록과 동일한 표현을 써서 '인자와 같은 이'(like a son of man)란 말을 두 번(7:13, 10:16) 사용하고 있다. 다니엘서의 '인자와 같은 이'가 계시록의 '인자와 같은 이'하고 연관이 있는 표현이란 것을 알 수 있다. 이들 두 묵시록은 모두 종말론적 왕국의 통치자를 '인자'로 표현하였다. 복음서에서는 인자가 "죄를 사하는 권능이 있는" 자(마 9:6), "잃어버린 자를 찾아 구원"할 자(눅 19:10), "안식일의 주인"(마 12:8), 섬기는 자(마 20:28), "자기 목숨을 많은 사람의 대속물로 주려"는 자(마 20:28), 수난의 종(마 12:40, 17:12, 22, 20:18, 26:45,), 십자가에 못 박히신 자(마 26:2), 부활하신 자(마 17:9), 왕권을 가진 자(마 16:28), 영광의 보좌에 앉은 자(마 19:28, 25:31, 26:64), "하늘에 올라간 자"(요 3:13), 영광을 얻으실 자(요 12:34), 심판주(마 16:27), 재림 주(마 10:23, 16:27, 24:30, 26:64)에 사용되었다.

성경에서의 인자 칭호는 세 가지 범주에서 사용되었다. 첫째는 지상에서의 예수님을 호칭할 때 사용되었다(막 2:10, 27; 마 11:19, 8:20, 12:32, 16:13, 13:37; 눅 6:22, 19:10, 22:48).

---

[49] 김혜윤, '에녹1서 〈비유의 책〉 연구: (저) 사람의 아들에 대한 언어 내용적 고찰.'《신학전망 174호》, s.v. '국문초록'(광주가톨릭대학교 신학연구소, 2011년 9월), 2-40.

둘째는 '오실 그이' 곧 메시아에 대한 칭호로 사용되었다(막 8:38, 14:26, 62; 마 24:44, 27:37; 10:23, 13:41, 16:28, 19:28, 24:30, 39, 25:31; 눅 12:8, 17:22, 30, 18:8, 21:36). 여기서 '오실 그이'는 유대인들의 희망, '하티크바'(Ha-Tikvah)이자, 우리 그리스도인들의 희망이다. 유대인들에게 '오실 그이'는 아직 한 번도 오지 않은 모쉬아크(Moshiach)요, 그리스도인들에게는 이미 한번 오셨고, 또 다시 오실 재림주 메시아이다. 계시록에서 말하는 '인자'란 바로 이 재림주 메시아를 말한다.

셋째는 마가복음에 쓰인 수난과 죽음과 부활에 관련된 '수난자 인자'이다(막 8:31, 9:9, 12, 31, 10:33, 45, 14:21, 41; 마 12:40). 수난자 인자는 마가 특유의 메시아론이라고 말할 수 있다. 유대인들은 '인자'가 민중의 슬픔과 수고와 고통에 마침표를 찍고, 그들에게 영광의 나라를 안겨줄 메시아이기 때문에 수난자 인자란 개념을 상상할 수조차 없다. 유대인들에게 장차 오실 메시아 인자가 굴욕과 수난과 죽음을 당할 수 없는 것은 오히려 그가 세상을 심판해야할 권능과 영광의 메시아 인자이기 때문이다. 그런데 이 유대인들의 심판주 메시아 인자사상이 그리스도교에서는 재림주 메시아에서 그대로 나타나고 있는 것이다. 그러니까 유대인들에게 없는 그리스도교만의 특징은 수난자 인자 메시아 개념인 셈이다.

'수난자 인자' 사상에서 나온 것이 영혼구원사상이다. 이 영혼구원사상은 현재구원으로써 미래구원을 성령님의 도움을 입어 이 땅의 삶 속에서 약속받고, 인침(직인)받아, 미리 맛보고, 누리는 축복을 말하는데, 유대인들에게는 없는 사상이다. 유대인들에게는 '영광의 인자' 사상만 있는데, 이것은 육체구원, 이스라엘 민족구원, 이스라엘 나라 회복 사상으로써 아직 이뤄진 일이 없는 미래구원을 말한다. 우리 그리스도교에서 고대하는 주님의 재림이 바로 여기에 속하는 사상이다.

3. 하나님의 맏아들 그리스도

독생자 하나님은 우리를 위해서 맏아들이 되신 하나님이시다. 하나님의 외아들 그리스도가 하나님의 맏아들 그리스도가 되셨다는 가르침은 신약성경에서만 볼 수 있는 놀라운 반전이다(롬 8:29; 히 1:6). 그리스도께서 하나님의 맏아들이 되셨다는 것은 그리스도께서 외아들이기를 포기하셨다는 뜻이다. 외아들의 권리를 포기하신 것 속에 "죄 사함을 얻게 하려고 많은 사람을 위하여"(마 26:28) 십자가에 못 박히신 희생이 있다. 이것은 많은 사람이 "그 아들의 형상을 본받고" 그의 형제가 되게 하시고 외아들 그리스도가 "그로 많은 형제 중에서 맏아들이 되게 하시려고" 아버지 하나님이 미리 정하신 것이었다(롬 8:29). 그 예정이 성취된 시점이 그리스도께서 부활하신 때었다. 예수님께서 부활하시고 제일 먼저 하신 말씀 곧 무덤 밖에서 울고 있는 막달라 마리아에게 나타나셔서 하신 말씀이 "너는 내 형제들에게 가서 이르되, 내가 내 아버지 곧 너희 아버지, 내 하나님 곧 너희 하나님께로 올라간다 하라"(요 20:17)였다. 예수님의 제자들이 변하여 동생들이 되고, 예수님의 아버지가 변하여 많은 사람들의 아버지가 되고, 예수님의 하나님이 변하여 많은 사람들의 하나님이 되는 변화, 유대교인들의 하나님이 온 인류의 하나님이 되는 변화가 예수님의 부활사건이 가져온 많은 하나님의 은총들 가운데 한 가지이다.

'외아들'과 '맏아들'에는 대단한 차이가 있다. '외아들'은 아버지에게 아들이 하나뿐이라는 뜻이고, '맏아들'은 아버지에게 여러 자녀들이 있다는 뜻이기 때문이다. 예수님이 제자들에게 가르쳐주신 기도문의 첫 소절이 무엇인가? "하늘에 계신 우리 아버지"(마 6:9)이다. 하나님을 "아버지!"하고 부르도록 가르치고 있다. 어디 이뿐인가? 예수님은 요한복음 20장 17절에서 "내 아버지 곧 너희 아버지, 내 하나님 곧 너희 하나님"이란 엄청난 선언을 하셨다. 하나님의 독생자 예수님의 아버지가 우리의 아버지가 되고, 하나님의 외아들 예수님의 하나님이 우리의 하나님이 된다는 대선언이다. 로마서 8장 15절은 우리 그리스도인들이 "양자의 영"을 받아 하나님을 "아바 아버지"라 부르게 되었다고 했고, 요한복음 1장 12절은 "영접하는 자 곧 그 이름을 믿는 자들에게는 하나님의 자녀가 되는 권세를 주셨다."고 하였으며, 로마서 8장 16절은 "성령이 친히 우리 영으로 더불어 우리가 하나님의 자녀인 것을 증거하신다."고 하였다. 또 갈라디아서 3장 26절은 "너희가 다 믿음으로 말미암아 그리스도 예수 안에서 하나님의 아들이 되었다"고 하였고, 로마서 8장 29절은 "그(외아들)로 많은 형제 중에서 맏아들이 되게 하려 하심이다."고 하였으며, 에베소서 1장 5절은 "예수 그리스도로 말미암아 자기의 아들들이 되게 하셨다."고 하였다. 이밖에도 로마서 8장 14절은 "무릇 하나님의 영으로 인도함을 받는 사람은 곧 하나님의 아들이라."고 하였고, 16절에서는 "성령이 친히 우리의 영과 더불어 우리가 하나님의 자녀인 것을 증언하신다."고 하였다. 이 특별한 은혜로 말미암아 한 때 하나님의 진노의 자식들이었던 그리스도인들이 유일신이신 하나님의 자녀가 되는 것이다.

이런 사실 관계 때문에 요한일서 3장 1절은 "보라. 아버지께서 어떠한 사랑을 우리에게 베푸사 하나님의 자녀라 일컬음을 받게 하셨는가! 우리가 그러하도다. 그러므로 세상이 우리를 알지 못함은 그를 알지 못함이라."고 하였다. 여기서 요한은 하나님 아버지께서 그리스도인들에게 베푸신 큰 사랑을 "하나님의 자녀라 일컬음을 받게 하신" 것이라고 말한다. "우리가 그러하도다."는 우리가 바로 그와 같은 존재라는 뜻이다. 천지대군(天地大君)이신 하나님, 천상천하 가장 큰 임금이신 하나님의 자녀란 것이다. 조선시대에 아버지는 두 종류가 있었다. 첫째는 낳으시고 길러주시는 부친이고, 둘째는 나라의 임금이었다. 그런데 조선의 사신들과 선비들이 연경(북경)에서 가져온 서적들을 통해서 가톨릭신앙이 처음 전래되었을 때 깨달은 것은 나라의 임금보다 더 높은 천지대군이 계시다는 것이었다. 그 사실을 깊이 깨달은 인물들 가운데 황사영이 있었다.

황사영은 영특하고 뛰어난 재간이 있어 1790년에 16세의 어린 나이로 진사시(進士試)에 급제하였다. 이를 대견하고 기특하게 생각한 정조(正祖)가 친히 탑전(임금의 의자)으로 그를 불러 손목을 잡고 그에게 "네가 20세가 되거든 내게로 오너라. 내가 네게 벼슬을 주고 나라의 큰 소임을 맡기겠노라."고 약속하였다. 이에 그는 임금의 옥수(玉手)를 잡았던 이들이 하는 풍습에 따라 왕이 손수 잡아준 손목에 붉은 비단을 감고 다녔고, 부와 권력을 약속받았던 이 소년은 그 후 세계를 가슴에 품었던 정약종(다산 정약용의 셋째형)의 제자가 되었다. 그에게서 하나님에 대해서 배운 후, "내가 이제 세상을 창조하고 다스리고 심판하실 제일 높은 임금을 알았으니 그분의 신하가 되는 것이 군자의 마땅한 도리이다"[50]고 고백하였다.

그는 20세에 이르렀으나 영혼을 귀하게 여기며 세속에 대한 미련을 버려 더 이상 전시(殿試)에 관심을 기울이지 않아 매번 백지를 냈는데, 임금은 그가 급제하지 못함을 이상히 여겨 대신들에게 사영이 충분히 공부하여 응시하도록 이르게 하였다. 후에 정조(正祖)는 그가 기독교를 받아들였음을 알고 몹시 슬퍼하면서 그에게 연민의 정을 표했는데, 그는 임금의 강권에도 불구하고 과거에는 관심을 두지 않고 오로지 복음전도에만 몰두했기 때문이다. 그 후 백서사건(1801)으로 체포되어 의금부에 끌려가 23일간 취조와 형벌 끝에 대역부도한 죄인의 판결을 받고 27세의 나

---

[50] 배은하 신부 강론, '배론성지'(카세트 테이프 내용).

이로 능지처참 형을 받았고, 그의 어머니는 거제도로 귀양을, 두 살배기 아들은 추자도에 버려져 촌부가 주워 키웠으며, 부인은 제주도 모슬포에서 관비로 38년을 살았다.

요한은 그리스도인들이 하나님의 자녀란 사실을 사람들이 우리를 알지 못하는 것은 그들이 하나님을 알지 못하기 때문이라고 하였다. 그 사실은 황사영이 의금부 취조 때에 밝힌 "나는 양학(洋學)을 한지 11년이 되는데, 양학을 시작한 이듬해에 조정에서는 집집마다 이것을 엄금하였으며, 친척, 친구들까지도 훼방하고 배척하였다."고 한 증언에서 잘 드러난다. 그러나 황사영은 "나는 백번이나 숙고한 끝에 양학을 하기로 결심하였고, 또 그것이 구세(救世)의 양약(良藥)임을 알고 성심껏 행하였다."[51]고 하였는데, 천지대군이신 하나님의 자녀라는 그리스도인의 신분이 갖는 특권을 깨달았기 때문이다.

그리스도의 신성과 인성의 조화는 그리스도교의 믿음을 가장 풍요롭고 맛깔나게 만드는 요소들이다. 그러나 그리스도의 신성이나 인성에 대해 어느 한쪽으로 치우친 강조는 부작용을 낳게 하였다. 밀라노의 주교 암브로시우스(Ambrosius, 397년 사망)는 동방의 '테오토코스'(theotokos, 마리아의 하나님 출산)를 '하나님의 어머니'(Mater Dei)로 번역하여 서방에 알림으로써 성모흠숭의 길을 텄고, 콘스탄티노폴리스의 주교 네스토리우스(Nestorius)는 이에 반대하여 '크리스토토코스'(Christotokos, 마리아의 그리스도 출산)를 주장하였으나 431년 에베소 종교회의에서 정죄되었다. 또 몹수에스티아의 주교 테오도루스(Theodore of Mopsuestia, 428년 사망)의 영향으로 그리스도의 신성이 강조됨에 따라 제단(주의 만찬상)의 위치와 사제

---

51 배은하 엮음, 《역사의 땅, 배움의 땅 배론》(서울: 바오로딸, 2002 제1판 6쇄), 44.

들의 권위는 높아지고 제단과 신자석과의 거리는 멀어지게 되었다. 이로 인해서 신자들은 그리스도께 대한 경외심과 두려움을 갖기 시작하였고 성찬을 자주 떼지 못하였으며,[52] 무릎을 꿇고 떡을 받게 되었다. 또 이로 인해서 신자들은 예수의 이름으로 하나님께 기도드리지 못하였고, 그 대신 성모나 성인(순교자·사도 등)들께 자기들을 위하여 하나님께 빌어달라고 기도하였다.[53] 반면에 그리스도의 인성에 대한 지나친 강조는 그리스도를 예배와 섬김의 대상으로 보지 않게 하고, 실천과 따름의 대상으로 보게 하였으며, 좋은 친구 또는 급진 개혁가나 혁명가로 보게 만들었다.[54]

4. 십자가에 못 박힌 그리스도

바울의 그리스도론은 "십자가에 못 박힌 그리스도"(고전 1:23), 부활 승천하신 그리스도, 다시 강림하실 그리스도이고, 요한의 그리스도론은 "하나님의 독생자" 그리스도(요 3:18), "세상 죄를 지고 가는 하나님의 어린 양" 그리스도(요 1:29), "길이요 진리요 생명이신" 그리스도이다(요 14:6). 히브리서의 그리스도론은 "큰 대제사장" 그리스도(히 4:14), "많은

---

[52] Burkhard Neunheuser, 《문화사에 따른 전례의 역사》 김인영 옮김(분도 출판사, 1992), 110-111.
[53] 쯔지야 요시마사, 《미사: 그 의미와 역사》 최석우 옮김(성바오로 출판사, 1991), 131-134.
[54] 김명수, '원시그리스도교 Q공동체의 주변부 민중 예수', 《신학사상》 제71집(1990 겨울), 1046-1082; 송기득, '너희는 나를 누구라고 하느냐: 베드로의 예수 이해의 문제점과 Q 공동체의 예수 이해를 통한 우리 정체성의 확립을 위하여', 《신학과 현장》(목원대학 신학부), 제1집(1991년), 213-232.

사람의 죄를 담당하시려고 단번(단 한번으로)에 드리신바 되신" 그리스도이다. 그밖에도 신약성경 저자들은 예수님을 "평강의 주"(살후 3:16), "만왕의 왕 만주의 주" 그리스도(딤전 6:15, 계 17:14, 19:16), "구주 그리스도"(딤후 1:10), 승리자 그리스도, "하나님 우편에 계신" 그리스도(막 16:19; 행 7:55-56; 롬 8:34; 골 3:1; 히 10:12; 벧전 3:22), "영광의 주" 그리스도(고전 2:8; 약 2:1) 등으로 소개하였다. 이들 표현들에는 상징과 뉘앙스에서 약간의 차이가 있지만, 그리스도님이 대속자(Redeemer)요 승리자(Nika)이심을 말한 것이다. 그런데 로마인들에 의해서 십자가에 못 박혀 죽은 예수가 인류에게 구원과 평화를 주는 "하나님의 능력

에피파네스 안티오코스 4세의 주화(c. 215-164 BC) - 전면에 안티오코스 4세의 옆얼굴을 새겼고, 뒷면에 보좌에 앉은 제우스가 오른손에 여신 승리(Nike)를, 왼손에 삼지창을 쥔 모습을 새겼으며, 헬라어로 오른쪽에 ΘΕΟΥ ΕΠΙΦΑΝΟΥΣ ΝΙΚΗΦΟΡΟΥ(신의 현현, 승리를 지닌 자), 왼쪽에 ΒΑΣΙΛΕΩΣ ΑΝΤΙΟΧΟΥ(왕 안티오코스)라고 새겼다.

티베리우스 황제의 주화(AD 20-29, 비잔티움) - 전면에 "ΘΕΟΣ ΣΕΒΑΣΤΟΣ"(황제 신), 후면에 "ΘΕΑ ΣΕΒΑΣΤΑ"(황후 여신)이라고 새겼다. 전면의 인물은 황제 티베리우스(Tiberius, 재위 AD 14-37년)이고, 후면의 인물은 모친 리비아 드루실라(Livia Drusilla)이다. 리비아는 아우구스투스(38 BC-AD 14)의 아내로 AD 29년에 사망한 로마의 첫 번째 황후였다.

이요 하나님의 지혜이며"(고전 1:24), "평강의 주"와 "만왕의 왕 만주의 주"라는 선언은 로마제국의 황제에게 주어진 칭호를 참칭하는, 또 칼이나 군사력에 의한 것은 아닐지라도, 로마황제에게 도전하는 매우 위험한 행위였다. 예수님이 이 땅에 오셨을 때 로마제국은 바야흐로 아우구스투스

황제 메시아시대였고, 황제숭배가 막 시작된 때였기 때문이다.

로마에서의 황제숭배는 율리우스 시저 사후에 시작되었다. 고대 근동과 이집트에서는 이보다 1천년이나 더 앞서 황제들이 신성, 신의 아들, 신의 현현으로 주장되고 있었다. 출애굽 당시 바로 왕은 물론이고, 유배 당시인 바빌로니아와 페르시아 시대의 황제들, 대제국 페르시아와 이집트를 정복한 알렉산드로스와 헬라시대의 안티오코스4세와 같은 왕들도 모두 당대의 수호신들로 주장되었다. 야훼 한분만을 믿는 히브리인들을 빼고는 하나님의 피조물들을 신들로 숭배했기 때문에 황제신(皇帝神)의 추가가 당대

카루스(Marcus Aurelius Carus, AD 282-283) - 전면에 무적의 태양신(왼쪽)을 마주보고 선 카루스(오른쪽)를 새겼으며, DEO ET DOMINO CARO INVIC AVG(신과 주, 카루스 무적의 아우구스투스)라고 썼으며, 뒷면 오른손에 평화를 상징하는 '케뤼케이온'을, 왼손에 홀을 들고 서있는 여신 행복을 새겼다. 그리고 그 둘레에 FELICITA S REI PVBLICAE ·X·I·I·(행복, 공화국 원로원, 은 함량 10퍼센트)라고 적었다.

주후 41-42년경에 주조된 금화 - 전면에 "티베리우스 클라우디우스 카이사르 아우구스투스 대신관 호민관"(TI CLAVD CAESAR AVG P M TR P)이라고 새겼고, 뒷면에 "아우구스투스의 평화"(PACI AVGVSTAE) 곧 'Pax Romana'라고 새겼다.

의 사람들에게는 하등 문제될 것이 없었다. 당대에 발행된 주화들에 새겨진 문구들을 보면 황제들이 백성들에게 자신들을 어떻게 홍보했는가를 엿볼 수 있다. 그들은 국가와 시민의 보호자(PR VINDEX), 대중의 희망(SPES PVBLICA), 영원한 왕(PRINC PERP), 왕들의 왕(SHAHANSHAH), 공정한 통치자(AEQUITAS AVG), 행복(FELICITAS)과 자유(LIBERTAS)와 풍요와 행운

(TYCH)과 운명(FORTVNAE)과 평화(PAX, PACI)와 승리(NIKE)를 가져다주는 자, 국가와 백성의 수호신(THEOS, DEUS), 신(神)과 주(主, DEO ET DOMINO) 또는 주와 신(DOMINUS ET DEUS), 만왕의 왕(BASILEUS BASILEON), 만주의 주(KYRIOS KYRION), 평화의 왕(BASILEUS EIRENES), 신의 아들(DIVI FILIUS), 신의 현현(THEOU EPIPHANOUS), 신성(DIVO, DIVI, DIVVS) 등으로 홍보하였고, 황제 개개인을 위한 신전들을 세워 죽은 황제에게는 물론이고 심지어 살아 있는 황제에게까지 분향하도록 하였다.

테트라드라크마(tetradrachm, 4데니리온) - 전면에 월계관을 쓴 옥타비아누스의 옆얼굴과 그 둘레에 IMP CAESAR DIVI F COS VI LIBERTATIS P R VINDEX(황제 카이사르 신의 아들 집정관 6회, 자유와 로마시민의 보호자)라고 썼고, 뒷면에 평화를 상징하는 '케뤼케이온'을 들고 있는 평화의 여신을 새겼으며, 그녀 왼쪽에 PAX(평화)를, 오른쪽에 상자(Cista)에서 뱀이 올라오는 것을, 그리고 그 둘레에 월계관을 새겼다.

'구주'란 말은 '구원자'란 뜻으로써 흔히 신들과 황제들에게 적용됐던 말이었다. 로마시대에 황제 카이사르는 신성(Divus)이자, 주(Dominus)요, 평화(pax)

하드리아누스 황제의 데나리온(주후 132-134년) - 전면에 월계관으로 머리를 묶은 황제의 옆얼굴을 새겼고, 그 둘레에 HADRIANVS AVGVSTVS(하드리아누스 아우구스투스)라 썼다. 뒷면에 관용(용서와 자비)의 여신 클레멘치아가 오른손에 헌주를 담는 접시(patera)를, 왼손에 홀을 쥔 모습을 새겼고, 그 둘레에 CLEMENTIA AVG COS III P P(관용의 황제, 집정관 3회, 국부)라고 새겼다. '관용의 황제'로 홍보한 이유를 유대-로마전쟁(AD 132-135)에 연관시켜볼 수 있다.

를 가져오는 자였기 때문에 권세와 명예를 비롯한 모든 면에서 만왕의 왕이요 만주의 주였다. 특히 예수님이 태어나셨을 때의 황제였던 옥타비아누스는 두 차례의 내전(內戰, 42BC, 31BC)을 종식시킨 후 주전 27년 원로원으로부터 '아우구스투스'(존엄한 자)란 칭호를 얻고 초대 황제가 된 자였다. 이 내전들은 그 보다 앞선 주전 49년 1월 10일 루비콘강을 넘어 로마와의 내전에서 승리한 후 주전 45년에 종신 독재관이 된 율리우스 카이사르가 공화정파의 손에 주전 44년 3월 15일 원로원에서 암살됨으로써 비롯되었다. 또 이 내전들은 외부(外部)와의 전쟁 곧 헬라제국을 주전 64년까지 완전히 무너뜨린 후 시작된 내부의 권력투쟁들이었다. 그래서 황제가 된 이후 아우구스투스는 '아우구스투스의 평화'(Pax Augusta) 곧 폭력과 착취로 유지되는 가짜 평화, '팍스 로마나'(로마의 평화, Pax Romana)와 여신 '평화'(Pax)숭배를 홍보하기 시작하였다. 주화에 아우구스투스의 두상이 여신

엘라가바루스(Elagabalus, 218-222년)**의 데나리온** - 전면에 월계관을 쓴 황제와 "황제 안토니우스 피우스 아우구스투스"(IMP ANTONINVS PIVS AVG)라고 쓴 글자를 새겼다. 뒷면 오른손에 방향키를 왼손에 풍요의 뿔을 들고 있는 운명(행운)의 여신 포르투나와 "포르투나 아우구스투스"(FORTVNAE AVG)라고 쓴 글자를 새겼다.

클라우디우스 고티쿠스(Claudius Gothicus, 주후 268-270년)**의 주화** - 전면에 "임페라토르, 클라우디우스 경건하고 유복한 아우구스투스"(IMP CLAVDIVS P F AVG)를 새겼고, 뒷면에 "공정한 아우구스투스"(AEQVITAS AVG)라고 새겼다. 아에퀴타스는 공정한 거래와 정직한 상인의 여신으로서 손에 천평칭과 풍요의 뿔을 들고 있다. 일부 로마 황제들은 홍보를 목적으로 주화에 "아에퀴타스 아우구스투스"(공정한 존엄자)를 새겨 넣게 하였다.

'평화'(Pax, Paci)와 음부(저승)의 상징인 '카두케우스'(Caduceus), 치료와 예언의 신인 '뱀'과 승리를 상징하는 '월계관'이 등장하게 된 이유였다. 아우구스투스는 '대신관'(대제사장, Pontifex Maximus)이기도 했다. 이 점에서 볼

때, 아우구스투스는 만왕의 왕, 평화의 왕, 대제사장, 대예언자, 만주의 주 그리스도였던 셈이다.

이 준엄한 시기에 감히 그리스도인들은 "신은 한 분뿐이요, 주도 한 분뿐이다."(딤전 2:5)를 주장했고, 각종 신상들과 신전들 및 제단들을 부정할 뿐 아니라, 로마가 십자가에 못 박아 죽인 예수를 신(하나님)의 아들, 그리스도, 만왕의 왕, 만주의 주, 평화의 왕으로 선포하였으며, 이 신성의 권리를 오직 야훼와 그리스도께만 돌리며 황제숭배를 거부하였다. 그것이 얼마나 위험천만한 일이고, 죽음을 무릅쓴 일이었겠는가? 그리스도인들은 삼위일체 하나님만이 참 신이시고, 나머지는 다 가짜 신 곧 사람의 손으로 만들어졌거나 참칭된 우상들이라며 숭배를 거부하였다. 그들은 영원한 생명을 믿었고 또 그 같은 신념 때문에 죽는다고 해도 그럴만한 가치가 충분히 있다고 믿었다. 그것이 1세기 그리스도인들의 믿음이었다. 게다가 그리스도인들은 그리스도께서 다시 강림하실 것이라고 믿었다. 하나님은 "유대인에게는 거리끼는 것이요, 이방인에게는 미련한 것이었던" 바로 그 "십자가에 못 박힌 그리스도"앞에 제국의 황제들을 포함해서 "하늘에 있는 자들과 땅에 있는 자들과 땅 아래에 있는 자들로 모든 무릎을"꿇게 하셨다(빌 2:10).

"십자가에 못 박힌 그리스도"앞에 가장 먼저 무릎을 꿇은 로마황제는 콘스탄티누스1세(Constantinus, 272-337년)였다. 그는 313년 밀라노칙령을 통해서 모든 종교집회와 결사(結社)의 자유를 선포한 인물로서 몰수당한 교회의 재산들이 반환되도록 했으며, 그리스도교 탄압을 위한 법안들도 모두 폐지시켰다. 전설에 의하면, 밀비우스 다리 전투 직전에 콘스탄티누스는 환상을 보았고, 즉각 군기(labarum)와 군인들의 방패에 그리스도(XPISTOS)의 첫 두 글자 '키-로'(XP=CHR)를 겹쳐 새기게 하였더니 대승을 거두게 되었다고 한다. 이 전설을 입증할만한 몇 개의 주화들이 발견되었는데, 그 가운데 하나가 콘스탄티누스가 쓴 투구 벼슬에 '키-로'가 새겨진 은화이다. 이 은화는 315년 이태리 북부 티키눔(Ticinum)에서 증정용으로 발행되었는데, 312년 콘스탄티누스가 그리스도의 환상을 보고 '키-로'를 군기와 방패에 새기게 한지 3년 이내에 주조된 것이다. 다른 하나는 콘스탄티누스가 환상을 본지 25년 후 사망한 337년에 발행된 주화인데, 주화 뒷면에 새긴 군기(라바룸) 상단에 '키-로'(XP)가 겹쳐 쓰였다. 350-353년에 발행된 마그넨티우스(Magnentius) 황제의 주화는 뒷면을 꽉 채운 큰 글씨로 '키-로'를 겹쳐 새겼고, '키'(X) 문자좌우에 알파(A)와 오메가(W)를 새겼다. 이후 '키-로'는 교회와 비잔틴제국의 황제들이 즐겨 사용한 그리스도의 상징이 되었다.

콘스탄티누스 대제(AD 272-337)의 라바룸 주화(AD 337) - 전면에 월계관을 장식한 두상을 새겼고, 둘레에 '콘스탄티누스 대제'(CONSTANTINVS MAX AVG)라고 썼다. 뒷면에 뱀을 찍어 누른 라바룸(LABARUM)을 새겼고, 좌우에 '대중의 희망 콘스탄티누스'(SPES PVBLICA CONS)라고 썼다. 라바룸 상단에 '그리스도'(XPISTOS)의 첫 두 글자 키(X)와 로(P)를 겹쳐서 장식하였다. 콘스탄티누스는 꿈에서 IN HOC SIGNO VINCES(이 표식으로 너는 승리자가 될 것이다)는 음성을 듣고, 이 라바룸을 312년 10월 28일 밀비우스 다리 전투 때 처음 사용하여 전투에서 크게 승리하였다.

마그넨티우스 로마황제의 주화(MAGNENTIUS, AD 350-353) - 전면에 동체갑옷을 입은 마그넨티우스를 새겼고, "우리 주 마그넨티우스 경건하고 다복한 아우구스투스"(DN MAGNENTIVS PF AVG)라고 썼으며, 뒷면에 키로(Chi-Rho)를 새겼고, 그 사이에 알파(A)와 오메가(W)를, 둘레에 "우리의 고귀하신 아우구스투스와 카이사르의 강건"(SALVS DD NN AVG ET CAES)이라고 썼다.

콘스탄티누스는 자신의 운명을 결정지을 대전투를 앞두고 하늘을 향하여 기도하였고, 꿈에 "이 표식(그리스도의 첫 두 글자 X와 P를 겹쳐 놓은 표식)으로 너는 승리자가 될 것이다"는 환상을 보았으며, 이 표식을 자기 군대의 군기(라바룸)와 병사들의 방패에 새긴 후 전투에 임함으로써 312년 10월 28일 밀비우스 다리 전투에서 대승을 거두고 로마제국의 아우구스투스(정제) 자리에 오르게 되었다. 이렇게 하여 콘스탄티누스는 십자가에 못 박힌 그리스도로 말미암아, 그리스도를 힘입어, 그리스도 때문에 아우구스투스의 자리에 오른 최초의 인물이 되었다. 그 후 콘스탄티누스는 320년에 작은 십자가가 새겨진 주화들을 발행하였고, 328-9년에 고개를 들고 하나님을 응시하는 자신의 모습을 새긴 주화들을 발행하였으며, 사망 직후인 337-340년에는 하나님의 손이 하늘에서 내려와 이륜전차를 끄는 콘스탄티누스의

베트라니오 로마황제의 주화(AD 350) – 전면에 월계관을 쓰고, 동체갑옷을 입은 베트라니오(Vetranio, AD 350)를 새겼고, 둘레에 "우리의 주 베트라니오 경건하고 다복한 아우구스투스"(DN VETRANIO PF AVG)라고 썼으며, 뒷면에 손에 군기와 홀을 쥔 베트라니오에게 여신 승리(Nike)가 월계관을 씌우는 장면을 새겼고, 둘레에 "이 표식(XP)으로 너는 승리자가 될 것이다"(HOC SIGNO VICTOR ERIS, In this sign, conquer)라고 새겼다. 이 글귀는 콘스탄티누스 대제가 꿈에 하늘에서 들은 음성이다.

콘스탄티누스 대제의 '하나님을 향한 눈' 주화 (AD 328-9) – 황제는 AD 325년에 니케아 공의회를 소집하였고, 자신의 취임 15주년을 기념하였다. 동시대의 초기 역사가 유세비우스는 황제가 제국의 금화에 자신이 눈을 들어 하나님께 기도하는 모습을 새겨 넣게 한 것은 그의 영혼이 신성한 믿음의 능력에 얼마나 깊이 감명 받았는가를 알 수 있게 한다고 진술하였다. 전면에 "콘스탄티누스 아우구스투스"(CONSTANTINVS AVG)라고 새겼다. 뒷면에 두 개의 파수대 사이에 별을 새겼고, 둘레에 "아우구스투스들의 예지"(PROVIDENTIAE AVGG)라고 썼으며, 밑에 주조 마크(?)인 SMKB•를 새겼다. 콘스탄티누스 대제는 성벽과 열린 성문을 통해서 제국의 안녕과 개방을 홍보하였다.

손을 잡아 천국으로 이끄는 모습을 새긴 주화들이 발행되었다. "이 표식으로 승리자가 될 것이다"(HOC SIGNO VICTOR ERIS)라는 문구는 콘스탄티누스 사후 13년만인 350년 베트라니오(Vetranio) 황제의 주화에 새겨짐으로써 이 주화가 통용된 로마제국 내의 수많은 사람의 내리에 깊이 새겨지게 되었다. 십자가에 못 박힌 그리스도가 그분을 믿고 신뢰하는 자들에게 승리를 주는 하나님의 능력과 하나님의 지혜가 된다는 사실이 확증된 순간들이었다.

콘스탄티누스 대제의 '하나님의 손' 주화(AD 337-340) - 하나님의 손(Manus Dei) 주화는 황제가 사망한 직후에 안디옥에서 제조되었다. 전면에 베일을 쓴 황제의 두상을 새겼고, 둘레에 신성한 콘스탄티누스 아우구스투스들의 아버지(DV CONSTANTINVS PT AVGG)라고 새겼다. 뒷면에 전차를 탄 황제를 하나님께서 손을 내밀어 그를 하늘나라로 이끄시는 모습을 새겼다. 밑에 새긴 SMANA는 주조마크이다.

십자가에 못 박힌 그리스도의 승리는 계속되었다. 박해시대를 종식시킨 밀라노칙령이 발표된 지 80년 만에 그리스도교는 마침내 로마제국의 유일무이한 국교가 되었다. 그리스도

2021년 8월 24일 스페인 지중해변 바닷속을 청소하던 두 남성이 발견한 그리스도교가 로마제국의 국교가 된 시대의 금화 53개 가운데 두 개 - 좌측은 발렌티니아누스 1세(AD 364-375년 재위)의 금화. DN VALENTINIANUS PF AVG(우리의 주 경건하고 행복한 황제)라고 썼고, 우측은 그리스도교를 국교로 선포한 테오도시우스 1세(AD 379-395년 재위)의 금화. DN THEODOSIVS PF AVG(우리의 주 경건하고 행복한 황제)라고 썼다.

교를 국교로 선포한 인물은 테오도시우스1세(Theodosius I. AD 379-395)였다. 그리고 그의 손자 테오도시우스2세(Theodosius II. AD 402-450) 때부터는 통용된 주화 뒷면에 십자가들이 화려하게 새겨졌다. 이후 유스티니아

비잔틴 시대의 주화들

테오도시우스 2세의 주화(408-450년 재위)
전면에 AEL EVDOCIA AVG(아릴리아 에우도키아 아우구스타)라 새겼고, 뒷면에 화관, 십자가, CONS*(콘스탄티노폴리스)를 새겼다.

유스티누스 주화(518-527년 재위)
전면에 황제의 옆얼굴 둘레에 DN IVSTINVS PP AVG(우리의 주 유스티누스 국부 아우구스투스)라 새겼고, 뒷면 화관 속에 십자가를 그리스도의 첫 두 글자 'XP'(키로)와 두 개의 별로 장식하였다.

비잔틴시대의 주화(AD 10-11세기 사이)
전면에 예수님의 용안에 십자가 후광을, 가슴에 복음서를 새겼고, 뒷면에 "예수 그리스도 왕들 중의 왕"(IhSЧS XPISTЧS bASILEЧ bASILE)이라고 새겼다.

누스(Iustinianus, 527-565) 황제 때를 비롯해서 비잔틴시대에 발행된 주화들의 뒷면에 새겨진 십자가들의 디자인은 더욱 화려하고 다양해졌다. 그리고 주후 969-1081년 사이에 주조된 주화들을 보면, 전면에는 전통적으로 들어가던 황제들의 화상 대신에 복음서를 안고 계신 예수님을 새겨 넣었다. 예수님이 만왕의 왕 최후의 승리자이심을 깨닫고 황제의 자리에 예수님을 대치시킨 것이다. 그리고 뒷면에는 주로 비잔틴 십자가 문양을 새기고 그 사이에 "예수 그리스도 만왕의 왕"(IhSuS XRISTuS bASILEu bASILE 혹은 IS XS bASILEu bASILE) 혹은 "예수 그리스도 승리자"(IC XC NIKA)라는 문구를 새겨 넣었다. 이로써 십자가에 못 박힌 그리스도가 최후의 승리자가 되었음이 만천하에 공포되었다.

5. 하나님의 어린 양 그리스도

한국 그리스도교의 밑그림에 무교와 도교와 불교와 유교가 있듯이, 그리스로마인 그리스도인들에게도 그리스로마신화와 구약성경이라는 밑그림이 있었다. 특히 그리스도를 이해하는데 있어서 헤라클레스와 모세 이야기가 크든 작든 도움이 되었을 것으로 여겨진다. 그들은 그리스도교 복음이 전파되기 800여 년 전부터 신화를 만들고 신봉했던 사람들이었는데, 그리스도교 복음을 접한 이후로는 오늘날까지 그리스도교를 국교로 삼아온 사람들이다.

신약성경교회로 돌아가 사도전통을 회복하자고 외쳤던 19세기의 종교개혁가 알렉산더 캠벨(Alexander Campbell, 1788-1866)의 확신 가운데 한 가지가 하나님의 계시의 점진성이었다. 캠벨은 말라기 4장 2절에 근거하여 인류의 시대를 '별빛 시대'(족장시대), '달빛 시대'(모세시대·구약시대), '새벽

비잔틴시대의 주화(AD 969-1081) - 전면에 왼손으로 복음서를 안고, 오른손으로 강복하시는 예수님을 새겼고, 십자가 후광 아래 좌측에 "예수"(IC)를, 오른쪽에 "그리스도"(XC)를 새겼으며, 뒷면에 십자가 장식 사이 상단에 "예수 그리스도"(IC XC)를, 하단에 "승리자"(NIKA)를 새겨 넣었다.

빛 시대'(세례 요한), 그리고 의의 태양이신 그리스도께서 가져오신 '태양빛 시대'(그리스도교)로 구별한바가 있다.[55] 또 캠벨은 "인간의 삶에서 보듯이 종교에도 유아기 유년기 성년기가 있고, 자연계에서 보듯이 종교와 도덕에도 별빛, 달빛, 새벽빛, 햇빛이 있다. 그리고 이 섭리에 반대하는 사람이라면, 성인이 되기 전에 유아기가 있고, 여름이 오기 전에 봄이 먼저 오며, 수확기가 오기 전에 파종기가 먼저 온다는 것에도 반대해야 할 것이다."고 하였다.[56] 따라서 여기서 말한 밑그림이란 더 좋은 것이 오기 이전에 한 때 좋았던 계시의 빛들을 말한다. 다시 말하면, 태양빛이란 더 좋은 것이 오기 전에 달빛이라는 일시적으로 좋은 것이 있었고, 달빛이란 좋은 것이 오기 이전에 별빛이란 것이 있었다는 식이다.

"십자가에 못 박힌 그리스도"(고전 1:23)가 "세상 죄를 지고 가는 하나님의 어린 양"이었다(요 1:29)는 이해가 바로 구약성경이란 밑그림(모형)에서 비롯된 것이었다. 따라서 이 구절을 이해하기 위해서는 구약성경에 나오는 옛 제사방법 특히 대 속

---

[55] Leroy Garrett, "Campbell, Alexander(1788-1866)", The Encyclopedia of the Stone-Campbell Movement, ed. Douglas A. Foster, Paul M. Blowers, Anthony L. Dunnavant and D. Newell Williams(Grand Rapids, Michigan: William B. Eerdmans Publishing Company, 2004), 113.

죄일(Yom Kippur, 대개는 추석 5일전 곧 음력 8월 10일에 해당됨) 제사에 대한 이해가 필수적이다. 다만 우리는 신약성경 저자들이 구약성경을 해석할 때 자주 구약성경의 문맥과 다른 의미로 해석했고, 자주 문자적으로 하지 않았다.[57]는 사실을 잊지 말아야한다. 특히 그 부분이 십자가에 못 박힌 예수를 그리스도와 하나님의 아들로 신뢰하는 그리스도인들의 믿음에서는 더더욱 그렇다. 그런 이유로 대다수 유대교인들은 예수(예슈아)님을 그리스도(메시아)로 믿지 않을뿐더러 거짓 메시아라고 주장하며, 아예 '메시아'란 말조차 쓰지 않고, 자신들이 기다리는 그리스도를 '모쉬아크'(Moshiach)라고 부른다. 그러므로 신약성경에서의 가르침이 반드시 구약성경에서의 가르침과 일치해야만 하는 것은 아니다. 오히려 신약성경은 구약성경에서의 병든 것과 불완전한 것, 모형과 그림자 대신에 건강한 것과 온전한 것, 실체와 참모습을 제시한다. "전에 있던 계명은 연약하고 무익하므로 폐하시고"(히 7:18), "둘째 것을 세우려 하심이었다"(히 10:9)는 뜻이 여기에 있다. 같은 맥락에서 "십자가에 못 박힌 그리스도"가 "세상 죄를 지고 가는 하나님의 어린 양"이라는 신약성경의 해석이 반드시 구약성경의 문맥과 문자적 의미에 합치해야하는 것이 아니고, 그 이상의 심오한 영적 의미와 훨씬 더 탁월한 하나님의 섭리와 은총을 담고 있다는 뜻이다.

대 속죄일 제사를 보면(레위기 16장), 먼저 대제사장은 자기 몸을 물로

---

[56] Alexander Campbell, *The Christian Baptist: Seven Volumes in One*, Compiled by Gary L. Lee(Joplin, Missouri: College Press Publishing Company, 1983), Vol. VII, May 3, 1830, 647.

[57] Robert G. Clouse, ed., *The Meaning of the Millennium: Four Views*(Downers Grove, Illinois: InterVarsity Press, 1977), 17-40.

씻고, 대제사장의 복식을 갖춘 후에 자신과 집안을 위하여 수송아지 속죄제물을 숫양 번제물과 함께 세트로 드려야했다. 그리고 숫염소 두 마리를 골라 제비를 뽑아 한 마리는 야훼를 위하여 곧 백성의 속죄를 위하여 바치고, 다른 한 마리는 아사셀을 위하여 산 채로 두었다가 염소머리 위에 두 손을 얹고 이스라엘 자손이 지은 모든 죄를 다 고백한 후에 그 모든 죄를 그 염소에게 전가시킨 후 미리 정한 사람에게 맡겨 광야로 보내야했다.

대제사장이 지성소에 들어갈 때에는 향단을 가지고 들어가 법궤 앞에서 분향하여 향 타는 연기가 법궤뚜껑 곧 속죄소로 불리기도 하고 야훼의 발등상으로 불리기도 하는 야훼의 보좌를 완전히 가려 보이지 않도록 해야만 했다. 속죄소에 임재하신 야훼를 보면 즉사하기 때문이다. 그리고 자신과 집안을 위하여 수송아지 피를 가져다가 손가락으로 속죄소 곧 법궤 서쪽(뒤쪽과 위쪽)에 뿌리고, 앞쪽에 일곱 번 뿌려야했으며, 다시 백성의 속죄를 위하여 속죄염소의 피를 가져다가 같은 방법으로 뿌려야했다.

"아사셀"하면 생각나는 것이 '떠돌이 유대인'(Wandering Jew)이다. 유대인들은 자기 민족이 떠돌이와 노예였다는 특유의 민족의식을 갖고 있기 때문이다. 게다가 아사셀(Azazel)은 문자적으로 염소가 광야로 떠나는 것을 뜻한다. 이 아사셀에 대한 설명은 세 가지로 나뉜다. 첫째는 '광야 귀신'이란 설인데, 이것은 후대에 나온 것이어서 믿을만한 것이 못된다. 모세오경에는 야훼와 천사(메신저) 이외에 다른 영에 대한 언급이 없다. 모세오경에 없다는 것과 유대교가 실천종교라는 점에서 사두개인들은 다른 영적 존재나 사후세계를 믿지 않았다. 둘째는 아사셀을 위한 염소를 풀어놓는 특정 장소를 말한다는 설이다. 여기서 특정 장소란 "접근하기 어려운 땅"(개역개정), "무인지경(인적이 없는 땅)"(개역, 바른) 혹은 "황무지(불모지)"(새번역, 공동, 가톨릭)를 말한다. 셋째는 "속죄염소"(scapegoat)라는 설이다. 그 염소가 이스라엘의 모든 죄를 짊어지고 황무지로 보내지기 때문이다.

사도 요한은 대 속죄일에 희생된 두 마리의 속죄염소를 예표와 모형으로 보고 예수님을 "세상 죄를 지고 가는 하나님의 어린 양"(요 1:29)으로 소개 하였다. "세상 죄를 지고 가는"은 아사셀을 위한 숫염소에서, "하나님이 어린 양"은 야훼를 위하여 곧 백성의 속죄를 위하여 희생된 숫염소에서 예표와 모형을 취하였다. 그렇더라도 "세상 죄를 지고 가는 하나님의 어린 양"이란 표현이 대 속죄일의 숫염소들과 문자적으로 100퍼센트 일치하는 것은 아니다. 그들 사이에는 질적인 차이들이 있기 때문이다. 질적인 차이들이란, 첫째, 어린 양 하나님의 아들 예수님과 숫염소의 차이; 둘째, "세상 죄를 지고"와 "이스라엘 자손의 온갖 죄를 짊어지고"의 차이; 셋째, "성문 밖에서"(히 13:12)와 "접근하기 어려운 땅에"의 차이; 넷째, "자기 피로"와 "염소와 송아지의 피로"(히 9:12)의 차이; 다섯째, "단 번(단 한번으로)에"와 "날마다"(히 7:27) 혹은 "일 년에 한 번"(레 16:34)의 차이; 여섯째, 양과 염소의 차이(마 25:31-46)를 말한다.

개역개정판 요한계시록에는 "어린 양"이 28번이나 언급되어있다. 계시록에서 하나님의 어린 양에 관한 표현은 매우 다양하다.

첫째, "죽임을 당한 어린 양"이시다(계 5:6, 12, 13:8, 14:1). 그런데 "죽임을 당하신 어린 양은 능력과 부와 지혜와 힘과 존귀와 영광과 찬송을 받으시기에 합당하다"(계 5:12-13). 그래서 죽임을 당한 어린 양은 하늘 예루살렘 성전에서 "네 생물과 이십사 장로들"의 경배를 받으신다(계 5:8). 또 "흰 옷을 입고 손에 종려 가지를 들고 있는 … 각 나라와 족속과 백성과 방언에서 아무도 능히 셀 수 없는 큰 무리"로부터 구원의 능력을 칭송받는다(계 7:9-10).

둘째, "만주의 주시요 만왕의 왕이시며" 승리자이신 어린 양이시다 (계 17:14). 승리자이신 어린 양은 자신을 따르는 성도들을 인도하신다(계 14:4). 그리고 어린 양의 피의 권세로 큰 환난을 견딘 자들의 옷을 희게 씻으시고(계 7:14) 또 어린 양의 피의 권세로 성도들이 적그리스도와 싸워 이기게 하시며(계 12:11) 또 "목자가 되사 생명수 샘으로 인도하시고"(계 7:17), 성도들을 신부로 삼으시기 위하여 혼인 잔치를 베푸신다(계 19:7, 9). 그러므로 구원받은 성도들이 어린 양의 노래, 승리의 노래, 구원의 노래를 부른다(계 15:3).

셋째, "보좌에 앉으신 어린 양"이시다(계 7:10, 22:1, 3 개역개정). 진노의 심판자 어린 양이시고(계 6:16), "두루마리를 취하시는" 어린 양이시며(계 5:7), 일곱 인을 떼시는 어린 양이시다(계 6:1).

넷째, 생명책의 주인이신 "죽임을 당한 어린 양"이시다(계 21:27). 생명책에 기록된 자들은 구원받은 자들이다. 그들의 이마에는 어린 양의 이름이 새겨진다(계 14:1). 반면에 "죽임을 당한 어린 양의 생명책에 창세 이후로 이름이 기록되지 못하고 이 땅에 사는 자들은 다" 구원받지 못한 자들이다(계 13:8). 구원받지 못한 자들이 어린 양 앞에서 불과 유황으로 고난을 받는다(계 14:10).

다섯째, 하나님의 어린 양은 하늘 예루살렘의 성전이시고(계 21:22) 하늘 예루살렘 성의 등불이시다(계 21:23).

레위기 4장 6절과 17절에 소개된 휘장 앞에서의 '피 뿌림'은 지성소에 들어갈 수 없는 제사장 특히 기름부음을 받은 제사장이 죄를 범한 경우 흠 없는 수송아지를 속죄제물로 삼고, 기름부음을 받은 제사장이 그 피를 가지고 성소로 들어가 서편 휘장 앞 곧 지성소 휘장 앞에다 손가락으로 속죄수송아지의 피를 찍어 일곱 번 뿌리는 것을 말한다. 반면에 레위기 16장에 소개된 '피 뿌림'은 대제사장이 일 년에 한 차례 대 속죄일에 자기와 가족의 속죄를 위해서는 수송아지의 피를, 백성의 속죄를 위해서는 숫염소의 피를 가지고 지성소에 들어가 법궤 앞에 서서 지성소 서편에 곧 법궤 위(속죄소)와 뒤쪽에 손가락으로 피를 찍어 뿌리고, 법궤 앞에 일곱 번 뿌린 것을 말한다. 그러나 법궤 위와 뒤에는 한 번만 뿌렸는지, 일곱 번 뿌렸는지가 명확하지 않다.

반면에 베드로전서 1장 2절은 "예수 그리스도의 피 뿌림을 얻기 위하여 택하심을 받은 자들에게"라고 하였다. 이 구절은 출애굽기 24장 8절, "모세가 그 피를 가지고 백성에게 뿌리며 이르되 이는 여호와께서 이 모든 말씀에 대하여 너희와 세우신 언약의 피니라."와 관계가 있어 보인다. 이 두 구절은 두 민족 곧 문자적 이스라엘과 영적 이스라엘, 옛 언약과 새 언약, 유대인과 그리스도인에 관한 말씀이다. 두 민족에게 뿌려진 피는 질적으로 큰 차이가 있다. 옛 언약 백성에게 뿌려진 피는 짐승의 피였고, 새 언약 백성에게 뿌려진 피는 살아계신 하나님의 아들 그리스도의 피였기 때문이다.

예수 그리스도에 관한 선포는 신약성경에 넘쳐난다. 히브리서만 하더라도 하나님의 아들, 인간의 구주 그리스도(1:1-3:6), 영원한 큰 대제사장 그리스도(4:14-5:10), 그 어떤 대제사장들보다 더 뛰어난 대제사장 그리스도(7:1-10:18), 믿음의 선구자와 완성자 그리스도(11:1-39)에 대해서 선포한다. 그분은 만유의 후사요, 모든 세계를 지으신 분이시며, 하나님의 영광의 광채시며 형상으로서 위엄의 높은 곳에 계신 우편에 앉아 능력의 말씀으로 만물을 붙드시며 죄를 정결케 하시는 분이시며(1:2-3), 그 어떤 선지자나(1:1) 천사나(1:5-14) 모세보다(3:1-6) 더 뛰어난 분이시다. 그분이

육신을 입고 이 땅에 오신 것은 "전에 있던 계명은 연약하고 무익하므로 폐하시고"(히 7:18), "둘째 것을 세우려 하심이었다"(히 10:9).

계시록 1장 4-8절도 그리스도에 대해서 열다섯 가지나 나열하고 있다. 첫째, 지금도 계시고, 전에도 계셨고, 또 장차 오실 분(4절); 둘째, 하나님의 보좌 앞에 있는 일곱 영(4절)을 소유하신 분; 셋째, 믿을만한 증인(5절); 넷째, 부활의 첫 열매로써 죽은 이들에게 부활의 소망을 주신 분(5절); 다섯째, 땅 위의 왕들의 지배자, 왕들의 왕(5절); 여섯째, 은혜와 평강을 내려주시는 분; 일곱째, 우리를 사랑하는 분; 여덟째, 자기 피로 우리를 죄에서 해방시켜 주신 분(5절); 아홉째, 성도들의 모임인 교회를 지상에 세워 보이는 하나님의 나라를 세우신 분; 열째, 우리를 하나님을 섬기는 제사장으로 삼으신 분(6절); 열한째, 영광과 권세를 영원무궁 받으실 분(6절); 열두째, 하늘로 올려 가신 그대로 구름타고 다시 오실 분(7절); 열셋째, 전능하신 주 하나님(8절); 열넷째, 처음과 끝이 되시고, 알파와 오메가 되시는 분(8절); 열다섯째, 끝까지 참고 믿음을 지킨 성도들에게 구원과 하나님의 나라의 땅을 상속받게 하시고, 불신자들에게는 연기와 유황의 불 속에서 천벌을 받게 하실 분이시다.

제4장
성령

  구약성경과 유대교인들에게는 그리스도인들이 믿는 인격신 성령님이 없다. 그것이 이천년이 넘도록 여전히 삼위일체 논쟁이 종식되지 않고 있는 이유이다. 유대교인들은 물론이고 바울의 적대자들이었던 유대인 에비온파들의 대를 잇는 단일신론자들의 도전은 여전히 지속되고 있다. 구약성경에서 말하는 "성령"(His Holy Spirit) 혹은 "여호와의 영"(The Spirit of the LORD)은 야훼 하나님이거나 그분의 권능을 지칭한 것이다. 당연히 하나님은 거룩한 영 곧 성령이시다. 거룩하다는 것은 완전하다는 뜻이다. 게다가 구약성경은, 하나님이 한분이신 것에서 보듯이(신 6:4, the LORD is one), 일원론적이고 통전적(統全的)이어서 사람을 육체와 영혼 혹은 육과 영과 혼으로 나누지도 않았다. 창세기 2장 7절, "여호와 하나님이 땅의 흙으로 사람을 지으시고 생기를 그 코에 불어넣으시니, 사람이 생령이 되니라."에서 "생기"는 호흡(neshamah)이고, "생령"(nephesh)은 그냥 '살아 있는 존재'(living being) 곧 '사람', '생명체', '짐승'(창 1:20-21,24,30; 2:7,19; 9:4-5; 36:6) 등을 말한다. 영과 혼과는 아무런 상관이 없는 말이다. 그러나 신약성경에서는 헬라인의 이원론적인 사고를 반영하여 육체와 영혼을 구분하는 경우가 있다. 따라서 신약성경에서는 육체와 영혼의 구분 없이 '사람'을 '혼'(psyche)이라고 부르기도 하고(행 2:41), '영혼'을 '혼'(psyche)으로 부르기도 한다. 이 경우에 혼과 영은 서로 같은 뜻이다(창 35:18; 왕상 17:21; 시 31:5; 눅 23:46; 행 15:26; 히 12:23; 계 6:9; 20:4). 따라서 삼위일체 하나님의 인격신 성령님과 인간의 영혼은 그리스도교가 구약성경을 새롭게 이해한데서 비롯되었다.

1. 성령님과 구름 기둥

바울은 고린도전서 10장 1-4절에서 이집트를 죄악이 가득한 세상으로, 홍해를 죽음의 바다로, 홍해를 건넌 것을 침례 받음으로, 광야를 교회로, 광야에서 먹고 마신 만나와 반석의 물을 주의 만찬으로 설명하였다. 또 바울은 광야에서 히브리인들을 가나안땅으로 이끌었던 구름 기둥을 성령님의 모형과 그림자로 보았다. 히브리인들의 광야생활을 구름 기둥이 인도하였듯이, 그리스도인들의 교회생활을 성령께서 인도하신다는 것이다. 구름 기둥이 히브리인들을 기필코 가나안땅으로 인도하였듯이, 성령께서 그리스도인들을 하늘 가나안땅으로 확실히 인도하신다는 것이다. 히브리인들이 40년간 광야(사막)에서 겪었던 말할 수 없는 시련과 역경에도 불구하고, 그들이 희망했던 가나안땅을 끝내 차지하고 그곳에 나라를 세울 수 있었던 것은 그들이 야훼의 자비를 입어 "낮에는 구름 기둥, 밤에는 불기둥"(출 13:21-22)의 인도를 받았기 때문이다. 구름 기둥은 성령님의 예표였다. 같은 맥락에서 바울은 그리스도인들도 "환난 중에도 즐거워하나니, 이는 환난은 인내를, 인내는 연단을, 연단은 소망을 이루는 줄 앎이다"(롬 5:3-4)고 하였고, "소망이 우리를 부끄럽게 하지 아니함은 우리에게 주신 성령으로 말미암아 하나님의 사랑이 우리 마음에 부은 바 됨이다"(롬 5:5)고 하였다. 성령께서 하늘 가나안땅에 도달하고자하는 그리스도인들의 소망을 확실히 이루실 것이라는 것이다.

바울과 히브리서 저자는 "기업" 혹은 "유업"이라는 표현을 자주 썼는데, 이 말의 뜻은 "장차 올 세상"(히 2:5, 13:14) 곧 하나님의 나라 혹은 하늘 가나안땅의 상속을 말한다. 그리고 "기업" 혹은 "유업"이란 말은 야훼께서 히브리인들에게 약속하신 지상 가나안땅에서 가져온 말이다. 바꿔 말하면, 지상 가나안땅은 하늘 가나안땅의 모형과 그림자였던 것이다. 그 땅은 하늘 가나안땅이든 지상 가나안땅이든 약속의 땅이다. 그러므로 바울은 에베소서 1장 13-14절에서 "… 너희의 구원의 복음을 듣고 그 안에서 또한 믿어 약속의 성령으로 인치심을 받았으니, 이는 우리 기업의 보증이 되사…."라고 하였다. "약속의 성령으로 인치심"이란 말은 "기업을 얻을"(행 26:18; 엡 5:5) 자 혹은 "유업을 이을 자"(갈 3:29, 4:1, 30)와 하나님 사이에 맺은 약정서에 성령님이 인감(도장)이 되셨다는 뜻이다. 또 "우리 기업의 보증이 되사"는 우리와 하나님사이에 맺은 약정에 따라 성령님이 은혜로 값없이 우리를 위해 보증금(선수금)이 되셨다는 뜻이다. 이는 성령님이, 마치 구름 기둥이 히브리인들을 가나안땅으로 이끌었듯이, 우리의 구원을 확실히 보장하시고 기필코 성취시키신다는 뜻이다. 같은 맥락에서 고린도후서 1장 21-22절, "우리에게 기름을 부으신 이는 하나님이시니, 그가 또한 우리에게 인치시고 보증으로 우리 마음에 성령을 주셨느니라."에서 "인치시고"(set his seal of ownership on us [NIV])는 "우리를 자기의 것이라는 표로 인을 치시고"(새번역) 혹은 "우리를 당신의 사람으로 확인해 주셨고"(공동)로 번역되기도 하고, 하나님의 나라의 시민권자로 혹은 하나님의 자녀로 확증하는 "도장을 찍으시고"라는 뜻이다. 또 "보증으로 우리 마음에 성령을 주셨다."(put his Spirit in our hearts as a deposit, guaranteeing what is to come [NIV])는 "그의 영을 우리 마음에 두어 장차 올 것을 보증해 주셨다."는 뜻으로 번역되기도 한다. 여기서 "보증"은 역시 장차 우리의 것이 될 것에 대한 보증금(선수금)을 의미한다. 또 고린도후서 5장 5절, "곧 이것을 우리에게 이루게 하시고 보증으로 성령을 우리에게 주신 이는 하나님이시니라."에서 "이것"은 부활 혹은 영생을 의미하고 그것을 보증하기 위해서 하나님께서 우리에게 은혜로 값없이 성령님을 임재 내주 동거하게 하셨다는 뜻이다. 여기서 부활 혹은 영생은 "장차 올 것"(what is to come)을 말한다.

"장차 올 세상"은 히브리어로 '올람 하바'(Olam Ha-Ba)이고, '올람 하바'는 유대인들이 그토록 오랫동안 희망해온 제2모세시대 곧 '모쉬아크'시대를 말한다. 반면에 그리스도인들에게는 주의 재림이후 시대를 말한다. 유대교인들이 생각하고 믿는 '올람 하바'(Olam Ha-Ba)는 장차 예루살렘 시온성에 세워질 신정국가를 말한다. 유대교인들은 이 때 흩어졌던 모든 유대인이 본향에 돌아오게 되고, 토라(Torah)와 성전중심의 유대교예배가 재건되며, 유대인들이 그토록 바라던 안식을 얻게 된다고 믿는다. 반면에 바울과 히브리서 저자는 유대교인들의 '그 희망'을 그리스도교의 독특한 희망에로 재해석한다. 이 재해석의 핵심은 '하늘의 것'과 '땅의 것', '무한한 것'과 '유한한 것', '영원한 것'과 '일시적인 것', '실체와 그림자', 혹은 '원형과 모형'으로 명확하게 구분 짓는 것이다. 유대교인들이 바라는 '그 희망'의 내용들은 땅의 것이고, 유한한 것이며, 일시적인 것이고, 장차올 좋은 것들의 그림자와 모형에 불과한 것이라면, 그리스도인들의 희망은 하늘의 것이고, 무한한 것이며, 영원한 것이고, 장차올 좋은 것들의 원형과 실체라는 것이다.

2. 성령님과 오순절

이집트 세대 히브리인들은 첫 유월절(레 23:5, 민 9:5) 다음날(민 33:3) 이집트의 고센 땅 라암셋을 출발하여 45일 째가 되는 날 시내광야에 도착하였다. 그리고 5일간의 준비 끝에 50일째 되는 첫 오순절 날(시반 6일)[58] 가나안 땅을 얻고 나라를 세우기 위해 시내산에 강림하신 야훼 하나님과 언약식을 치렀다(출 24장). 유대교인들은 이 날 토라(율법)을 받았다고 믿기 때문에 오순절(Shavuot)을 기도회나 밤샘 토라공부 등으로 지킨다.

오순절은 토라를 기반으로 문자적인 이스라엘 나라와 유대교가 동시에 탄생한 날이다. 그 나라의 헌법이 되는 토라(율법)를 받은 날인 것이다. 이렇듯 문자적인 이스라엘이 첫 유월절 날 어린양의 희생에서 시작되어 첫 오순절 날 토라 언약식에서 비롯되었듯이, 하나님께서 그리스도인들이 하늘 가나안 땅을 얻을 수 있도록 영적 이스라엘인 그리스도의 교회를 세우신 날도 오순절 날(주후 30년 5월 28일)이었다. 이날 아침 9시경에 성령님이 초기 그리스도인들에게 임하셨고, 베드로가 최초로 복음을 선포하였다. 이후 사도들과 선지자들이 선포한 말씀들(케뤼그마)과 기록된

---

[58] 레위기 23장 5절의 니산 14일 저녁의 의미를 15일의 시작으로 보아야한다. 15일부터가 명절이라는 성구(민 28:17) 때문이다. 히브리인들이 라암셋을 떠난 날을 민수기 33장 3절이 니산 15일로 밝히고 있지만, "유월절 다음 날"은 16일이기 때문에 오늘날 유대인들은 오순절을 이날로부터 50일째 되는 시반 6일부터 7일까지 지킨다.

말씀들(신약성경)이 새 언약(신약)이다. 히브리인들이 첫 유월절 날 양의 피를 집 좌우 문설주와 인방에 발라 목숨을 건진 것처럼 "세상 죄를 지고 가는 하나님의 어린양" 예수님께서 유월절 날(주후 30년 4월 7일)에 인류를 죽음에서 구원하시려고 십자가에 못 박히셨다. 그리고 히브리인들이 홍해를 건넌 것처럼 예수님은 죽고 부활하심으로 죽음이란 바다를 건너셨고, 그리스도인들은 침례를 받음으로 죽음의 바다를 건넌다. 또 히브리인들이 40년간 광야에 머물렀던 것처럼, 또 홍해를 건넌지 40여일 만에 시내 산에 당도했던 것처럼, 예수님은 부활하시고 나서 40일간 사람들에게 보이신 후에 승천하셨다. 승천하시고 10일간은 교회공동체가 출범되기 위한 준비 기간이었다. 히브리인들이 시내 산에 당도하여 5일간 언약식을 준비했던 것과 같다. 이런 점에서 오순절 날은 옛 언약(구약)과 새 언약(신약)이 체결된 의미가 큰 날이다. 첫 오순절 날 구약공동체(이스라엘)가 탄생될 때 하나님의 쉐키나가 히브리인들에게 친히 임하였듯이, 주후 30년 5월 28일 오순절 날 신약공동체(그리스도교)가 탄생되던 날에 성령님이 강력히 임하셨다. 또 히브리인들이 이집트를 떠나 약속의 땅으로 향할 때에 야훼의 쉐키나인 구름 기둥이 그들을 인도하였듯이, 그리스도인들이 장망성(將亡城)을 떠나 천성(天城)을 향할 때에 성령님께서 인도하신다. 다만 구름 기둥이 히브리인들을 집단으로 인도하였다면, 성령님은 임마누엘로서 그리스도인들 개개인의 심령에 임재 내주 동거하시면서 개별적으로 인도하고 계시다는 점이 다르다. 성령님은 죄인을 개별적으로 복음에로 인도하시고, 죄인이 "성령 안에서 씻음과 거룩함과 의롭다하심을 얻게"(고전 6:11) 하시며, "영생의 소망을 따라 후사가 되게"(딛 3:7) 하신다. 따라서 성령님과 함께 사는 곳은 개인이든 가정이든 공동체이든 천국이며, "비침을 얻고, 하늘의 은사를 맛보고, 성령에 참여한 바 되고, 하나님의 선한 말씀과 내세의 능력을 맛보며"(히 6:4-5) 사는 것이다.

이와 같은 맥락에서 오순절 날 성령님의 임재사건은 그 이전 곧 주후 30년 5월 28일 이전의 성령의 역사들과는 크게 다르다. 왜냐하면 그 이전에는 삼위일체 하나님에 관한 개념이 없었기 때문이다. 그리스도인의 침례도 오순절 사건 이전에 침례들과는 확연히 다른 의식이다. 유대인들의 정결침례나 개종침례는 그리스도인의 침례와 근본적으로 다르다. 따라서 세례 요한이 베푼 침례는 그리스도인의 침례가 아니다. 또 예수님께서 받으신 침례도 그리스도인이 되기 위한 침례, 회개를 위한 침례 혹은 정결을 위한 침례가 아니었다. 예수님이 받으신 침례는 그리스도로 기름부음을 받는 의식이었다. "성령이 비둘기 같이 하늘로부터 내려와서 그의 위에 머물렀고"(요 1:32) 또 "하늘로부터 소리가 나기를 너는 내 사랑하는 아들이라. 내가 너를 기뻐하노라."고 한 이유가 거기에 있다. 여기서 "하늘로부터"는 유대인들이 그리스도이심을 중명하는 표적으로 구하던 것이었다(막 8:11; 눅 11:16).

또 예수님께서 부활하신 날(일요일) 밤(월요일의 시작)에 제자들이 모인 곳에 나타나셔서 "… 아버지께서 나를 보내신 것 같이 나도 너희를 보내노라. 이 말씀을 하시고 그들을 향하사 숨을 내쉬며 이르시되 성령을 받으라. 너희가 누구의 죄든지 사하면 사하여질 것이요, 누구의 죄든지 그대로 두면 그대로 있으리라."(요 20:21-23)고 하신 것은 엘리야와 엘리사 사이에 있었던 이취임사건에서처럼 예수님과 제자들 사이에 치러진 이취임식(離就任式)이었다. 그리고 이 사건은 오순절 사건이 있기 49여일 전의 일이었다. 신약성경에는 이때 "성령을 받으라."고 하신 말씀 이외에 단 한 곳에서도 "성령을 받으라."고 말한 곳이 없다. 그리고 예수님께서 제자들에게 "성령을 받으라."고 하신 성령은 인격신 성령님을 말한 것이 아나라, 사도직을 수행할 하나님의 능력을 말한 것이다. 인격신 성령님의 임재사건은 그로부터 49여일 후인 오순절 날에 솔로몬행각에 모인 예수님을 따르는 제자들에게 처음 있었다. 그 사건이 그리스도의 나라를 출범시킨 사건이었다는 것은 이미 앞에서 밝힌 그대로이다. 이때로부터 성경이 말한 마지막 시대가 출범한 것이고 하나님(그리스도)의 나라가 이 땅에 시작된 것이다.

3. 성령님과 아버지의 약속

성령님의 능력과 성부 하나님의 능력에 어떤 구분이나 차이가 있을 수는 없을 것이다. 두 인격이 같은 한 분 하나님의 속성이시고, 구약시대의 야훼 하나님 또한 성령이시기 때문이다. 이 하나님의 능력과 권능이 특정인에게 역사하신 것은 분명한 사실이다. 모세, 사사들, 예언자들, 엘리야, 엘리사와 같은 분들에게 임하신 하나님의 신은 특별하였다. 그런데 그분들이 행한 권능의 역사는 인격신 성령님에 의한 역사가 아니라, 야훼 하나님께서 능력을 덧입히심 때문이었다. 그 권능은 인격적인 것이 아니라 물리적인 혹은 초월적인 어떤 힘이었다. 거기에는 시무엘 선지생도들과 사울 왕이 행한 방언(예언)도 포함이 될 수 있다. 그 같은 것들은 하나님의 일을 수행하는데 필요한 능력이었지, 그것들을 행한 하나님의 종들이나 수혜자들의 내면적 변화나 체험 혹은 그들의 영적 구원과는 아무런 관련이 없다. 그 같은 것들을 '은사'(gifts)라고 부른다면, '은사'는 구약시대나 신약시대 모두에 있었던 것이므로 신약시대만의 독특한 것이 전혀 되지 못한다.

사도행전 1장 4절에서 주님께서 제자들에게 "예루살렘을 떠나지 말고 내게서 들은 바 아버지께서 약속하신 것을 기다리라."고 명령하신 것과 2장 33절에서 베드로가 설교 중에 "그가 약속하신 성령을 아버지께 받아서 너희가 보고 듣는 이것을 부어 주셨다."고 한 말씀에서 "아버지께서 약속하신 것"과 "약속하신 성령"은 바벨론유배(586 BC) 이후 예언자들을 통해서 하나님 아버지께서 유대인들에게 약속하신 것들로써 크게 세 가지였다. 첫째가 제2모세(재림 모세)로 일컫는 그리스도(메시아)의 오심이었고; 둘째가 이스라엘 나라(다윗왕국)의 회복이었으며; 셋째가 임마누엘 곧 성령의 내주동거하심이었다. 유대인들은 재림 모세의 오심에 대한 기대를 제2모세를 예언한 신명기 18장 15-18절, 새 율법과 새 언약시대를 예언한 예레미야 31장 31-33절, 새 성전시대를 예언한 에스겔 37장 25-28절, 새 하늘과 새 땅의 시대를 예언한 이사야 65장 17-18절에서 찾는다. 반면에 그리스도인들은 이 같은 유대인들의 기대가 십자가에 못 박힌 그리스도와 그분이 세운 교회 안에서 온전히 성취되었다고 믿는다. 누가복음 24장 49절은 "볼지어다. 내가 내 아버지께서 약속하신 것을 너희에게 보내겠다."고 하였다. 특히 성령과 관련해서 예레미야 선지자는 31장 31-33절에서 옛 언약과 같지 아니한 새 언약을 언급하면서 "곧 내가 나의 법을 그들의 속에 두며 그들의 마음에 기록하여 나는 그들의 하나님이 되고 그들은 내 백성이 될 것이라."는 야훼의 말씀을 전했고, 에스겔 선지자는 36장 26-27절에서 "또 새 영을 너희 속에 두고 새 마음을 너희에게 주되 … 너희로 내 율례를 행하게 하리니."라고 하였다.

개개인의 심령에 임재 내주 동거하시는 성령님은 구름 기둥에서 보듯이 구약시대에는 없었던 신약시대를 위해 특별히 약속된 은총이었다. 이 특별한 은총을 일컬어 성령세례(침례)라고 한다. 그런데 많은 그리스도인들이 은사와 권능을 성령세례로 잘못 알고 있다. 은사와 권능은 전혀 새

로운 것이 아니므로 "아버지께서 약속하신 것"과 "약속하신 성령"에 해당
될 수 없다.

4. 성령세례(침례)의 정의

이제까지는 "아버지께서 약속하신 것"과 "약속하신 성령"이 성령께서
그 뜻대로 주시는 은사가 아니라, 성부와 성자 하나님이 그리스도인들에
게 값없이 선물로 주시고 그들의 마음속에 임재 내주 동거하시는 인격신
이신 성령님이란 사실을 말하였다. 이제부터는 무엇이 성령세례이고 무
엇이 성령세례가 아닌지를 박스터(Ronald E. Baxter)[59]의 도움을 받아 소개
하고자 한다.

1) 성경이 아니라고 말하는 부정적인 측면의 성령세례

(1) 성령세례는 개개인의 삶 속에서 반복되는 경험이 아니다(고전 3:16, 12:13; 갈 3:2-5; 롬 5:5, 8:15).

(2) 성령세례는 회심후의 경험이 아니다(고전 6:11, 12:13; 딛 3:5).

(3) 성령세례는 성령 충만과 같지 않다. 첫째, '세례 받다'(baptistheto)는 동사에는 계속적인 동작의 뜻이 없다. 반면에 '충만하다'(plerousthe)는 동사에는 계속적인 뜻이 담겨 있다. 둘째, 성령세례는 명령이 아니지만, 충만은 명령이다. 셋째, 성령세례는 배치(配置)적이지만, 충만은 경험적이다.

---

[59] Ronald E. Baxter, The Charismatic Gift of Tongues(Grand Rapids: Kregel Publications, 1981), 19-28.

(4)성령세례는 어떤 일에 선택된 특정인만을 위한 것이 아니다. 고린도전서 12장 13절은 구원받은 모든 사람이 다 성령세례를 받았다고 분명히 말하고 있다. 비록 모든 그리스도인이 다 방언을 말하지는 않지만(고전 12:30), 그리스도인들 가운데 성령세례를 받지 아니한 사람은 없다(고전 3:16; 6:19, 12:13; 고후 6:16).

(5)성령세례는 고통스런 기도에 대한 응답이 아니다.

(6)성령세례는 영성에 대한 어떤 증거도 아니다. 성령에 관한 언급이 가장 많은 고린도서가 영적으로 신앙적으로 가장 문제가 많은 교회에 쓰였다. 고린도전서에서 교인들은 분파적이었고(1-2장), 육체적이었으며(3-4장), 부도덕하였고(5장), 사랑이 없었으며(6장), 결혼 파괴자들이었으며(7장), 성별되지 못했으며(8-10장), 주의 만찬을 경홀히 여기는 자들이었으며(11장), 예배가 훈련되지 못하였으며(12-14장), 말씀으로 가르침을 받지 못하였다(15-16장). 그런데도 그들은 씻음 받고, 성결 되고, 칭의 함을 받은 성도들이었다(고전 6:11). 게다가 그들은 성령으로 세례를 받았다(고전 12:13). 거기에다가 그들은 "모든 은사에 부족함이 없는 자들"(고전 1:7)이었다. 고린도 교회 교인들로 볼 때 확실한 것은 성령세례가 영성에 대한 어떤 증거도 아니라는 점이다.

2) 성경이 말하는 긍정적인 측면의 성령세례

(1)성령세례는 은사가 아니라 성령님이 요소가 되는 성령님으로의 세례이다.

(2)성령세례는 예수 그리스도의 사역이다.

(3)성령세례는 근본적으로 지역교회와 연결된다.

(4)성령세례는 보편적이다. 구약에서는 몇몇 사람만이 특별한 때에 특

별한 목적을 위해서 하나님의 능력을 덧입은 반면, 하나님의 약속에 의한 종말론적인 성령세례는 범우주적인 성격을 띠고 있다. 고린도전서 12장 13절에서 바울은 "… 다 한 성령으로 세례를 받아 한 몸이 되었고 또 다 한 성령을 마시게 하셨다"고 말한다. "다"(pantes)라는 말은 모든 고린도 교인들이 성령으로 세례를 받았다는 말인데, 고린도 성도들의 신앙상태를 고려해 볼 때 충격적인 선언이 아닐 수 없다.

(5) 성령세례는 성령의 임재·내주·동거하심이다. 앞에서 언급하였듯이 예레미야 선지자는 31장 31-33절에서 옛 언약과 같지 아니한 새 언약을 언급하면서 "곧 내가 나의 법을 그들의 속에 두며 그들의 마음에 기록하여 나는 그들의 하나님이 되고 그들은 내 백성이 될 것이라."는 야훼의 말씀을 전했고, 에스겔 선지자는 36장 26-27절에서 "또 새 영을 너희 속에 두고 새 마음을 너희에게 주되 … 너희로 내 율례를 행하게 하리니."라고 하였다. 바울도 로마서 8장 9-11절에서 "너희 속에 하나님의 영이 거하시면 … 예수를 죽은 자 가운데서 살리신 이의 영이 너희 안에 거하시면 그리스도 예수를 죽은 자 가운데서 살리신 이가 너희 안에 거하시는 그의 영으로 말미암아 너희 죽을 몸도 살리시리라"고 하여 성령의 내주 동거하심을 입증하고 있다. 또 고린도전서 3장 16절, 6장 19절, 고린도후서 6장 16절, 에베소서 2장 22절은 믿는 성도의 심령이 성령님의 성전임을 입증하고 있다. 고린도후서 1장 22절과 5장 5절은 구원의 "보증으로 성령을 우리 마음에 주셨다."고 하였다. 바울의 글들에 "성령을 쫓아 행하라."(갈 5:16, 25), "성령을 소멸치 말라."(살전 5:19), "성령을 근심케 하지 말라."(엡 4:30)는 권면들은 있어도 성령을 받으라는 말씀이 없는 것은 성령님의 내주 동거를 생각지 않고서는 이해 될 수 없는 것이다.

3) 성령세례의 근원, 수단, 시간, 목적

많은 사람이 '오직 믿음'으로 구원받는다는 생각 때문에 더 이상 구원에 관련된 시간이나 목적에 대해서는 연구해 보려고 하지 않는다. 그렇기 때문에 많은 사람이 구원의 근원이 무엇인지조차 모른 채 막연하게 구원은 믿음으로 받는다고만 말한다. 에베소서 2장 8-10절과 골로새서 2장 11-13절의 말씀을 종합해 보면, 우리가 '은혜로 인하여', '믿음으로 말미암아', '침례 가운데서', '선한 일을 위하여' 구원받는다는 것을 알 수 있다. 같은 맥락에서 성령세례도 많은 사람들이 중생과 별개의 시간에 후속적으로 많은 기도의 대가로 받는 방언이라고 생각하기 때문에 그 이상의 성경적인 가르침에 관심을 갖으려고 하지 않는다. 그러나 사도행전 2장 38절과 갈라디아서 3장 2-5절의 말씀을 종합해 보면, 성령은 '선물로', '믿음으로', '침례 가운데서', '성화'를 위해서 주시는 것임을 알 수 있다. 이는 우리의 구원의 바탕이 은혜요, 수단이 믿음이요, 시간이 침례요, 목적이 선행인 것 같이, 성령세례도 그 바탕이 은혜의 선물이요, 믿음을 수단으로, 침례 가운데서 수여되며, 성화를 목적으로 주어진다는 사실을 성경은 가르치고 있다.

5. 성령님의 사역

하나님께서 성령님을 이 땅에 보내신 것은 이 땅에 하나님의 나라인 교회를 세우고, 그리스도인들의 구원과 성화를 위한 것이다. 성령님의 사역들에는 그리스도인들의 구원을 보증하시고 실현시키시고 또 하나님의 나라에 통합시키시는 포괄적인 사역이 있고, 죄인의 심령 속에서 작용하시고 구원을 일으키는 내적구원사역과 복음이 전파되게 하는 은사

(권능)로 나타나는 외적증거사역이 있다. 성령님의 포괄적인 사역에 관해서는 구름 기둥과 관련해서 어느 정도 설명이 되었으므로 이곳에서는 구원사역과 증거사역에 관해서만 설명하고자 한다.

사람들은 현실적이기 때문에 내적으로 구원을 일으키는 사역보다는 외적으로 기적을 일으키는 권능 사역에 관심을 갖는다. 사람들은 눈에 보이는 현상에 관심하기 때문에 그것을 성령사역 그 자체나 본질로 오해한다. 그러나 성령님은 권능이 아니며, 인격이시고 하나님의 본체이시다. 이 성령님을 하나님이 선물로 예수님을 그리스도와 하나님의 아들로 믿는 그리스도인에게 구원을 일으키는 내적 사역을 위해서 주신다. 또 성령님은 주의 종들을 택하여 권능을 일으키게 하여 복음이 전파되게 한다. 그러나 권능은 그것을 보고 듣는 이들로 하여금 심령의 변화를 받아 구원에 이르게 하는 수단이지 목적이 아니다.

1) 성령님의 구원사역

성령께서 하시는 구원사역은 회심 이전, 회심 중, 회심 이후의 사역으로 나눠서 생각할 수 있다. 회심 이전의 사역은 하나님께서 미리 뽑으신 자들을 부르시는 인도자의 일이고, 회심 중의 사역은 부름에 응한 자들을 치유하시고 거듭나게 하시는 의사의 일이며, 회심 이후의 사역은 거듭난 자들을 돌보시는 보혜사의 일이다.

우리는 로마서 8장 28-30절, "우리가 알거니와 하나님을 사랑하는 자 곧 그의 뜻대로 부르심을 입은 자들에게는 모든 것이 합력하여 선을 이루느니라. 하나님이 미리 아신 자들을 또한 그 아들의 형상을 본받게 하기 위하여 미리 정하셨으니, 이는 그로 많은 형제 중에서 맏아들이 되게 하려 하심이니라. 또 미리 정하신 그들을 또한 부르시고, 부르신 그들을 또한 의롭다 하시고, 의롭다 하신 그들을 또한 영화롭게 하셨다."에서 우리의 구원이 전적으로 하나님께서 '미리 정하신' 일, '부르신' 일, '의롭다 하신' 일, '영화롭게 하신' 일에서 비롯되었다는 것을 알 수 있다. 여기서 '미리 정하신' 일과 '의롭다 하신' 일은 성부 하나님께서 행하신 일이고, '부르신' 일과 '영화롭게 하신' 일은 성령께서 행하신 일이다. 그리고 미리 정하시고, 부르시고, 의롭다 하시고, 영화롭게 하신 이 모든 일의 근거는 성자 예수 그리스도님의 대속의 죽음에서 비롯된 것이다. 그리스도를 통해서 그리스도 안에서 그리스도를 인해서 예수를 그리스도와 하나님의 아들로 믿을 자로 우리를 미리 정하시고, 미리 정하신 우리를 또한 부르시고, 부르신 우리를 또한 의롭다 하시고, 의롭다 하신 우리를 또한 영화롭게 하셨다. 이 일에 성령님께서 깊이 관여하셨고 주도적으로 일하셨다.

(1) 뽑으신 자들을 부르시는 인도자 사역

성령께서 하시는 첫 번째 구원사역은 하나님께서 미리 정하여 뽑으신 자들을 부르시는 인도자의 일이다. 성령은 진리의 영이시다. 진리의 성령께서 하나님이 미리 정하여 뽑으신 자들을 부르신다. 진리의 성령께서 하나님이 미리 정하여 뽑으신 자들을 가르치신다. 진리의 성령께서 하나님이 미리 정하여 뽑으신 자들에게 그리스도를 증거하신다(요 15:26). 진리의 성령께서 하나님이 미리 정하여 뽑으신 자들을 모든 진리 가운데로 인도하신다(요 16:13). 성령은 이와 같이 하나님이 미리 정하시고 뽑으신 자들을 부르시고 가르치시고 증거 하시고 진리 가운데로 인도하신다. 따라서 "하나님의 영으로 말하는 자는 누구든지 예수를 저주할 자라 하지 않고 또 성령으로 아니하고서는 누구든지 예수를 주시라 할 수 없다"(고전

12:3). 이 일이 성령께서 하시는 회심 이전의 구원사역이다.

(2)인간을 치유하시는 의사 사역

성령께서 하시는 두 번째 구원사역은 죄로 인해서 중병에 걸린 인간을 치유하시고 살리시는 의사의 일이다. 성령은 죽은 자를 살리시는 이의 영이시다. 죽은 자를 살리시는 이의 영이 우리 죽을 몸을 살리신다(롬 8:11). 이 일이 성령께서 행하시는 일 가운데 가장 중요한 일이다. 하나님의 역할과 성령의 역할을 구분지어 말할 때에 흔히 하나님을 재판장에, 그리고 성령을 의사에 비교한다. 재판장이신 하나님은 인간의 법적 문제와 관련해서 믿는 자에게 무죄를 선포하신다. 이를 우리는 칭의라고 부른다. 그리고 의사이신 성령은 인간의 본질 문제와 관련해서 병들고 썩은 곳을 도려내고 수술하신다. 이를 우리는 초기성화라고 부른다. 하나님의 칭의 하심은 믿는 자의 죄 문제를 일시적이고 순간적이며 영구적으로 해결해 버린다. 성령의 성화는 죽음에 이르게 하던 죄인의 병을 수술로 치유하신다. 이를 우리는 중생 또는 거듭남이라고 부른다. 중생 또는 거듭남의 사역이 바로 성령님께서 죄인 가운데서 행하시는 회심 중의 사역이다.

회심 중의 성령의 사역에 관해서 디도서 3장 5-7절은 다음과 같이 말한다. "우리를 구원하시되 우리가 행한 바 의로운 행위로 말미암지 아니하고 오직 그의 긍휼하심을 따라 중생의 씻음과 성령의 새롭게 하심으로 하셨나니, 우리 구주 예수 그리스도로 말미암아 우리에게 그 성령을 풍성히 부어 주사 우리로 그의 은혜를 힘입어 의롭다 하심을 얻어 영생의 소망을 따라 상속자가 되게 하려 하심이라." 또 고린도전서 6장 11절은 "주 예수 그리스도의 이름과 우리 하나님의 성령 안에서 씻음과 거룩함과 의롭다 하심을 얻었다."고 말한다. 이 두 곳의 말씀을 통해서 우리는 성령님께서 하시는 일이 '중생의 씻음'과 '거룩함'과 '새롭게 하심'이라는 것을 알 수 있다. 또 우리가 받은 구원이 매우 특별한 분들의 집중적인 관심과 특별한 대접으로 이루어졌다는 것을 알 수 있다. 우리가 죄의 병에 걸려 죽어가고 있을 때에 성자 하나님께서 십자가에 대신 죽어 주셨고, 성부 하나님께서 무죄를 선언해 주셨으며, 성령 하나님께서 물로 씻고 수술해서 거듭나게 하여 주셨다.

많은 사람이 구원에 관해서 말할 때에 믿음을 강조한다. 그러나 믿음과 구원의 관계를 분명히 알지 못한다. 믿음은 구원의 수단이지 능력은 아니다. 구원의 능력은 오직 성령이시다.

사람을 죽음에 이르게 하는 죄를 편두통이라고 생각해 보자. 편두통은 의사에게 찾아가 진찰을 받고 처방을 받으면 치유될 수 있다. 이 사실을 믿고 어떤 환자가 의사를 찾아가 치료를 받았다. 의사가 처방한 대로 시간에 맞춰서 약을 복용했다. 그러자 편두통이 사라졌다. 여기서 환자가 의사를 찾아간 것은 그의 믿음 때문이었다. 그러나 병이 치료된 것은 그의 믿음 때문이 아니라, 의사가 처방한 약 때문이었다. 환자에게 믿음이 있었다 할지라도 의사가 처방한대로 물과 함께 약을 먹지 않았다면 그의 편두통은 사라지지 않았을 것이다. 여기서 의사는 성령님을 말하고, 물은 침례를 말하며, 약은 성령님의 치유 능력을 말한다. 이와 같이 죄로 병든 인간을 구원하시는 분은 성령님이시다. 성령님의 활동 가운데 가장 중요한 역할이 바로 죄로 병든 인간을 치유하며 살리는 일이다.

(3)거듭난 자들을 돌보시는 보혜사 사역

성령님께서 하시는 세 번째 구원사역은 거듭난 자들을 돌보는 보혜사의 일이다. 이 일이 성령님께서 하시는 회심 이후의 구원사역이다. 성령님은 우리 영혼의 주치의(主治醫)이시다. "또 미리 정하신 그들을 또한 부르시고 부르신 그들을 또한 의롭다 하시고 의롭다 하신 그들을 또한 영화롭게 하셨다." 는 로마서 8장 30절의 말씀과 "우리로 그(성령)의 은혜를 힘입어 의롭다 하심을 얻어 영생의 소망을 따라 상속자가 되게 하려 하심이라."는 디도서 3장 7절의 말씀처럼, 성령님의 사역은 우리를 죄의 병으로부터 살려내는데서 끝나지 않는다. 성령님은 죄의 병으로부터 살려낸 우리를 거룩하게 하시고 영화롭게 하신다. 이 과정을 우리는 점진성화라고 부른다. 이 점진성화의 과정은 마치 죽을병을 수술로 고친 의사가 환자가 완치될 때까지 계속해서 돌보듯 성령님께서 거듭난 자들을 천국 문에 이를 때까지 책임지고 끝까지 돌보는 것을 의미한다. 이런 맥락에서 성령님은 우리 모든 신자들의 주치의(family doctor)이다.

성령님은 우리 영혼의 변호사이시다. 검사에 해당되는 고소자 마귀로부터 우리를 보호하시고 재판장이신 하나님께 쉼 없이 우리를 변호하신다. "성령이 친히 우리 영과 더불어 우리가 하나님의 자녀인 것을 증언하신다" 는 로마서 8장 16절의 말씀과 "이와 같이 성령도 우리 연약함을 도우시나니, 우리가 마땅히 기도할 바를 알지 못하나 오직 성령이 말할 수 없는 탄식으로 우리를 위하여 친히 간구하신다" 는 로마서 8장 26절의 말씀처럼, 회심 이후의 성령님의 사역은 변호사처럼 우리를 사탄의 고소로부터 보호하며, "하나님의 뜻대로 성도를 위하여 간구하시는" 일이다 (롬 8:27).

2) 성령님의 증거사역

지금까지 우리는 성령님의 개인적이며, 내적이며, 보편적이며, 항구적인 구원의 사역에 관해서 살펴보았다. 이제 성령님의 공적이며, 증거적이며, 제한적이며, 도구적인 사역에 관해서 살펴보고자 한다. 성령님의 증거사역에 관해서 성경은 여러 곳에서 "큰 권능과 기사와 표적"이란 매우 독특한 표현을 쓰고 있다(행 2:22; 롬 15:18; 고후 12:12; 히 2:4). 이들 성구들에서 "권능"(power, dunamesi)은 기적의 근원 즉 성령님의 역사인 큰 능력 행함을 말한다. "기사"(wonders, terasi)는 기적의 결과 즉 성령으로 나타난 큰 능력을 본 사람들의 마음에 일어나는 결과들, 예를 들면, 놀람, 경악, 기이함 등을 말한다. "표적"(signs, semeiois)은 기적의 목적 즉 성령의 큰 능력 행함으로 얻어진 확증 또는 입증을 의미한다. 성령의 큰 능력 행함은 바로 이 표적을 위한 것이다.

성령님의 큰 능력 행함은 예언자가 전한 하나님의 뜻의 진실성을 입증, 증거, 또는 확증하는 표적이다. 하나님의 뜻을 전하는 예언자와 전해지는 말씀이 하나님으로부터 온 것임을 입증하는 것이다. 성경적인 사례들을 살펴보면, 첫째, 모세의 기적은 이스라엘 민족의 해방을 위한 표적들이었고, 엘리야의 기적은 야훼가 참 하나님이심을 입증하는 표적이었다(왕상 17:24). 둘째, 예수님께서 행하신 능력들은 그가 그리스도이심과 하나님의 아들이심을 입증하는 표적이었다(행 2:22). 셋째, 사도들의 방언과 능력 행함은 교회 창립과 신약성경의 완성을 위한 표적이었다. 베드로전서 4장 10절의 "각각 은사를 받은 대로 하나님의 여러 가지 은혜를 맡은 선한 청지기 같이 서로 봉사하라."는 말씀과 고린도전서 12장 7절의 "각 사람에게 성령을 나타내심은 유익하게 하려 하심이라."는 말씀처럼 성령님의 은사는 공적이며, 증거적이며, 제한적이며, 도구적이며, 봉사를 위한 선물 즉 자신을 위한 것이 아니라, 남을 위한 선물이다. 그러므로 우리는 성령님으로 나타나는 큰 권능 행함을 일컬어 증거적인 사역이라고 말한다.

성령님의 증거사역들 가운데 교회 창립과 관련해서 나타난 가장 대표적인 기적이 바로 주후 30년 오순절 아침 9시경에 성전에서 있었던 제자들의 방언 사건이다. 오순절 아침 9시란 시간은 오순절 사건을 이해하는 바로미터(barometer)와 같은 것이다. 오순절은 유대인들이 지키는 삼대 명절 중의 하나였고, 성전은 단 한 곳 예루살렘에만 있었기 때문에 유월절이나 오순절과 같은 명절에 성지인 예루살렘 성전에서 예배드리는 것이 경건한 유대인들의 간절한 희망사항이었다. 따라서 오순절을 지키기 위해서 국내에 거주하는 유대인들은 말할 것도 없고, 심지어 외국 여러 나라에 흩어져 사는 유대인들과 유대교에 개종한 이방인들까지도 예루살렘을 찾아오는 매우 혼잡스런 날이다. 더욱이 아침 9시는 모든 유대인들이 오전 기도를 드리는 시간이었다. 초기교회시대에 유대인들은 아침 9시, 낮 12시, 오후 3시 정한 시간에 기도를 드렸다. 지금은 오전기도, 오후기도, 저녁기도로 나뉜다. 따라서 오순절 아침 9시 기도시간에 성전 영내의 여성의 뜰과 이스라엘의 뜰은 몰려든 사람들로 바늘세울 자리도 없었을 것이다. 그 때문에 제자들은 솔로몬행각에 모여 18개의 베라코트(berakoth)로 이뤄진 '쉐모네 에스레이'(Shemoneh Esrei, 혹은 Amidah)로 알려진 기도문을 낭송했을 것으로 추정되는데, 이 장소에서 "그들이 다 성령의 충만함을 받고 성령이 말하게 하심을 따라 다른 언어들로 말하기를 시작하자"(행 2:4) 이를 보고 놀란 사람들이 제자들을 에워쌌고 베드로는 이들을 향해서 담대하게 부활 승천하신 예수님을 그리스도로 전파할 수 있었던 것이다. 배움의 기회를 갖지 못했을 것 같은 시골 사람들이 자기들의 언어로 말하는 큰 권능을 보고 듣고 베드로의 설교를 믿지 않을 수 없었던 사람들의 수가 삼천 명(souls)이나 되었다. 이 같은 것이 성령님께서 하시는 증거사역이다. 이렇게 성령님은 우리 구원을 위해서 안내자로써 의사로써 변호사로써 도우실 뿐 아니라, 하나님의 나라의 확장을 위해서 기적과 권능으로 우리 가운데서 일하신다.

6. 성령님의 충만

앞에서 성령세례의 근원, 수단, 시간, 목적에 대해서 언급한 바가 있다. 성령세례는 하나님께서 주시는 선물이다. 하나님께서 약속하신 구원과 함께 구원을 인치시고 보증하시며 미리 맛보고 누릴 수 있도록 하게 하기 위해서 값없이 믿음으로 침례의 때에 성화의 삶을 위해서 모든 그리스도인들에게 주신다. 그것은 성령 충만과 질적으로 다르다. 성령 충만은 성령님께서 "그의 뜻대로 각 사람에게 나누어 주시는" 선물이기 때문이다(고전 12:11). 그러므로 여기서는 성령 충만에 관해서 간략히 살펴보려고 한다.

1) 신앙성숙과 다른 성령 충만

성령 충만은 신앙 성숙하고 다르다. 모든 그리스도인은 하나님으로부터 은혜로 값없이 구원과 성령님을 선물로 받는다. 이 점에 있어서는 모든 그리스도인이 성별 연령 신분 빈부 열심에 상관없이 공평하다. 그러나 성령 충만이나 성결이나 신앙 성숙의 성취 정도는 사람마다 제 각기 다르다. 또 성령 충만은 성령세례하고도 다르고, 신앙 성숙하고도 다르다.

바울 서신을 보면, 그리스도인들 중에는 "온전한 사람이 되어 그리스도의 충만하심의 경지에까지"(엡 4:13) 이른 사람이 있는가하면, "그리스도 안에서 어린아이"(고전 3:1; 엡 4:14)와 같은 사람도 있고, "영에 속한 사람"(고전 2:15; 3:1)이 있는가하면, "육에 속한 사람"(고전 2:14; 3:3)이 있고, "주께 합당이"(골 1:10) 행하는 사람이 있는가하면, "사람을 따라"(고전 3:3) 행하는 사람도 있다. 여기서 '온전한 사람이 되어 그리스도의 충만하심의 경지에까지 이른 사람', '영에 속한 사람', 그리고 '주께 합당이 행하는 사람'은 성령 충만한 사람이기보다는 신앙적으로 성숙한 사람을 말한다. 그러나 '그리스도 안에서 어린아이와 같은 사람', '육에 속한 사람', 그리고 '사람을 따라 행하는 사람'은 구원받지 못한 사람이기보다는 신앙적으로 미성숙한 사람을 말한다.

신약성경을 보면, 빌립보교회가 신앙적으로 성숙한 교회였고, 고린도교회가 미성숙한 교회였던 것을 알 수 있다. 빌립보서 1장 3-5절을 보면, "내가 너희를 생각할 때마다 나의 하나님께 감사하며 간구할 때마다 너희 무리를 위하여 기쁨으로 항상 간구함은 너희가 첫날부터 이제까지 복음을 위한 일에 참여하고 있기 때문이라."고 칭찬한 반면, 고린도전서 3장 1-3절에서는 "형제들아 내가 신령한 자들을 대함과 같이 너희에게 말할 수 없어서 육신에 속한 자 곧 그리스도 안에서 어린 아이들을 대함과 같이 하노라. 내가 너희를 젖으로 먹이고 밥으로 아니하였노니, 이는 너희가 감당하지 못하였음이거니와 지금도 못하리라. 너희는 아직도 육신에 속한 자로다. 너희 가운데 시기와 분쟁이 있으니 어찌 육신에 속하여 사람을 따라 행함이 아니리요."라고 책망하고 있다.

이와 같이 그리스도인들 중에는 '영에 속한 자'도 있고, '육신에 속한 자'도 있고, '젖을 먹는 사람'도 있고, '그리스도의 장성한 분량에까지 자란 사람'도 있지만, 그리스도인으로서 얼마나 성장했느냐가 곧바로 성령 충만의 정도를 결정짓는 것은 아니다. 신앙적으로 성숙한 사람이 성령 충만한 경우가 적지 않지만, 그렇지 못한 경우가 더 많다. 신앙 성숙은 오래 믿을수록 성경을 많이 배울수록 점진적으로 자라 갈 수 있지만, 성령 충만은 오히려 그 반대인 경우가 적지 않다. 그 이유는 첫째, 성숙이 점진적인데 비해서 충만은 일시적이기 때문이다. 둘째, 성숙은 성장과 일치하고, 충만은 건강과 일치하기 때문이다. 어린아이는 미성숙할지라도 건강할 수 있고, 노인은 성숙할지라도 병약할 수 있듯이, 동일한 은혜로 값없이 구원과 성령으로 세례 받고 선민이 된 사람들 가운데에는 어린아이와 같이 신앙은 미성숙하지만 성령 충만한 사람이 있고, 어른과 같이 신앙은 성숙하지만 성령 충만하지 못한 사람이 있다. 신앙 연륜이 짧은 사람이 긴 사람보다, 성경 지식이 짧은 사람이 많은 사람보다, 많이 배운 사람보다 덜 배운 사람이, 나이 많은 사람보다 어린 사람이, 높은 직급의 사람보다 낮은 직급의 사람이 더 성령으로 충만할 수 있다.

그러나 성령 충만은 구원을 받았느냐 받지 못했느냐를 판가름하는 잣대가 아니다. 성령 충만은 성령을 받았느냐 받지 못했느냐를 판가름하는 저울이 아니다. 성령 충만은 성령의 은사를 받았느냐 받지 못했느냐를 판가름하는 시험대가 아니다. 성령 충만은 큰 권능의 은사를 받았느냐 하찮은 은사를 받았느냐를 판가름하는 척도가 아니다. 성령의 은사를 더 많이 받았거나 더 유용한 은사를 받았다고 해서 성령이 충만한 것이 아니다. 예수님의 달란트 비유 가운데서 한 달란트 받은 사람, 두 달란트 받은 사람, 다섯 달란트 받은 사람의 차이는 은사의 차이이지 충만의 차이는 아니다. 은사의 크기가 충만의 크기를 결정하는 것은 아니다.

성령 충만의 정도는 성령님과 얼마큼의 친분을 갖고 있느냐, 성령님과 얼마나 자주 교제하며, 순종하며, 기쁘시게 하느냐에 달려 있다. 꽃꽂이용 스펀지가 물을 충분히 머금고 있는가의 문제는 스펀지의 모양과 크기가 결정하는 것이 아니듯이, 성령 충만도 은사의 크기나 종류에 있지 아니하며, 성경 지식의 많고 적음에 있지 아니하며, 신앙의 성숙도에 따라 결정되지 아니하고, 얼마나 자주 성령님의 음성에 귀 기울이며 순종하는가에 달려 있다. 모닥불이 충분히 잘 타고 있는가의 문제는 불을 지피는 나무의 종류가 결정하는 것이 아니듯이, 성령 충만도 사람의 배움이나 소유나 신앙 연륜에 따라 결정되지 아니하고, 얼마큼 성령님의 뜻을 따라 사는가에 달려 있다. 컴퓨터를 얼마나 잘 다루는가의 문제는 컴퓨터의 종류나 기종이 결정하는 것이 아니듯이, 성령 충만도 사람의 능력이나 지능에 따라 결정되지 아니하고, 성령님을 얼마큼 깊이 알고 사귀고 있는가에 달려 있다.

이와 같이 성별 연령 신분 빈부 열심에 관계없이 어떤 사람은 성령의 충만함을 받고 '예언하며'(눅 1:67), '성령에게 이끌리며'(눅 4:1), '성령이 말하게 하심을 따라 다른 방언으로 말하며'(행 2:4), '담대히 하나님의 말씀을 전하며'(행 4:31), '칭찬을 들으며'(행 6:3), '환상'(행 7:55)을 보는가 하면, 한편 다른 사람은 '성령을 소멸하며'(살전 5:19) '성령을 근심하게'(엡 4:30) 한다. 그러므로 사도 바울은 에베소서 5장 18-21절에서 성도들에게 권면하기를 "술 취하지 말라. 이는 방탕한 것이니, 오직 성령으로 충만함을 받으라. 시와 찬송과 신령한 노래들로 서로 화답하며 너희의 마음으로 주께 노래하며 찬송하며 범사에 우리 주 예수 그리스도의 이름으로 항상 아버지 하나님께 감사하며 그리스도를 경외함으로 피차 복종하라."고 하였던 것이다.

2) 성령세례와 다른 성령 충만

성령 충만은 성령세례와 다르다. 성령세례와 성령 충만이 몇 가지 다른 이유를 살펴보고자 한다. '세례받다'(baptistheto)는 말은 계속적인 동작의 뜻이 없다. 그러나 동사 '충만하라'(plerousthe)는 말은 계속적인 뜻이 담겨 있다.

성령세례는 명령이 아닌 반면, 충만은 명령이다. 에베소서 5장 18절의 말씀, "오직 성령의 충만을 받으라."는 '성령에 의해서 가득 채워져라'는 뜻이다. 꽃꽂이용 스펀지가 물에 충분히 젖어 있어 꽃의 수명을 연장하듯이, 충전용 배터리가 전력이 충만하여 힘차게 기계를 돌리듯이 성령의 생수와 능력으로 충만 하라는 뜻이다.

성령세례는 경험이 한번으로 끝나지만, 성령 충만은 경험이 반복된다. 출생은 한번뿐이지만, 생일은 반복되는 것처럼, 성령은 구원과 함께 침례의 때에 값없이 은혜의 선물로 받지만, 성령 충만의 체험은 반복된다. 중생의 거듭남은 단 한 번의 경험이지만, 거듭남의 기쁨은 반복해서 경험될 수 있고, 성령세례는 한번으로 지속되지만, 성령 충만은 반복된다. 성령 충만은 마치 온돌방에 불을 넣듯이, 관상용 화분에 물을 주듯이, 배터리를 충전하듯이 성령 충만의 경험은 언제나 반복된다. 우리가 성령을 다시 받을 필요는 없지만 성령 충만은 반복해서 받아야 한다. 말라비틀어진 스펀지처럼 메마른 영혼이 되면 안 된다. 전력이 소모된 축전지처럼 능력 없는 영혼이 되면 안 된다. 시들어 가는 초목처럼 목마른 영혼이 되면 안 된다. 냉랭한 온돌방처럼 차가운 영혼이 되면 안 된다. 우리는 우리 안에 계신 성령의 불을 반복해서 지펴야 한다. 우리 안에 계신 성령의 생수가 반복해서 넘쳐흐르게 해야 한다. 우리 안에 계신 성령의 능력이 반복해서 힘껏 발휘되게 해야 한다.

3) 성령 충만하기 위한 조건들

성령 충만하기 위해서 다음과 같은 세 가지 조건을 충족시켜야 한다.

첫째, 데살로니가전서 5장 19절의 말씀대로 성령을 소멸치 않는 것이다. 우리는 성령을 소멸치 말아야 한다. 성령을 소멸하는 것은 방문을 열어 놓아 온기를 빼는 것과 같다. 물 꼭지를 열어 놓아 식수를 흘리는 것과 같다. 자동차의 미등을 켜놓아 배터리를 방전시키는 것과 같다. 우리 가슴에 냉기가 돌게 해서는 안 된다. 우리 가슴을 메마르게 해서는 안 된다. 우리 자신이 방전된 배터리처럼 힘없는 인간이 되어서는 안 된다. 성령의 불을 지펴 식어진 가슴을 데워야 한다. 메마른 가슴에 성령의 생수를 채워 시원하게 해야 한다. 성령의 능력으로 충전하여 힘차게 살아가야 한다.

둘째, 에베소서 4장 30절의 말씀처럼 하나님의 성령을 근심시키지 않는 것이다. 우리는 성령을 근심시키지 말아야 한다. 하나님은 우리의 구원을 약정하시고 성령으로 도장 찍어 보증하신다. 이렇게 성령이 우리 구원을 이루시기 때문에 에베소서 4장 30절은 "하나님의 성령을 근심하게 하지 말라. 그 안에서 너희가 구원의 날까지 인치심을 받았다."고 말씀하신다. 이는 성령님의 인도하심을 거역하지 말라는 것이다. 성령님은 우리 인간의 연약함을 도우시며(롬 8:26), 말할 수 없는 탄식으로 우리를 위하여 친히 간구하시며(롬 8:27), 우리 구원을 이루기 위해서 하나님의 뜻을 따라 모든 일에 최선을 다하여 좋은 결말을 지어 주신다(롬 8:28). 우리가 성령님의 이와 같은 일들을 거절할 때, 우리의 구원은 점차 멀어지게 되고, 이로 인해서 성령님은 근심하지 않을 수 없게 된다. 우리는 착한 하나님의 자녀답게 모성을 가진 성령님에게 효도하고, 착한 하나님의 자녀답게 성령님의 말씀에 순종해야 한다.

셋째, 갈라디아서 5장 16절의 말씀처럼 성령을 좇아 행하는 것이다. 우리는 성령을 좇아 행해야 한다. 갈라디아서 5장 16-23절은 우리가 성령을 좇아 행하면, 성령을 거슬리는 육체의 욕심을 극복할 수 있고, 성령의 열매를 맺게 된다고 하였다. "음행과 더러운 것과 호색과 우상 숭배와 주술과 원수 맺는 것과 분쟁과 시기와 분냄과 당 짓는 것과 분열함과 이단과 투기와 술 취함과 방탕함"과 같은 육체의 욕심은 우리가 하나님의 나라에 들어가는 것을 가로막지만, "사랑과 희락과 화평과 오래 참음과 자비와 양선과 충성과 온유와 절제"와 같은 성령님의 열매는 우리를 하나님의 나라로 인도한다고 하였다. 사람은 성령님의 도움으로 구원의 길에 접어들게 되고, 성령님의 도움으로 하나님의 나라에 도달하게 된다. 성령님의 도움이 없이는 아무라도 구원에 도달할 자가 없다. 그러므로 우리는 성령님을 좇아 행해야 한다. 성령세례는 영구적이지만, 성령 충만은 거듭해서 받지 않으면 안 된다. 성령 충만한 사람은 먼 길을 자동차로 여행하는 자와 같아서 심령에 기름을 채우는 사람이다.

7. 역사적 관점에서 본 오순절 은사주의

성령님의 임재 내주 동거는 하나님의 선물이고, 신령한 은사들은 성령님의 선물이다. 성령님이 선물로 주시는 은사들이 그리스도교의 출범과 신약성경의 완성을 시점으로 그쳤다는 주장과 성령님이 선물로 주시는 은사들이 지금도 지속되고 있다는 주장이 대립되어왔다. 필자는 그 같은 주장들의 분수령을 미국 수정헌법 제1조가 채택된 1791년 12월 15일로 보고자 한다. 이 수정헌법이 채택되기 이전까지는 모든 그리스도교가 국가종교 내지는 시의회 종교였고 신앙의 자유가 없었다. 국가종교 혹은 시의회 종교의 사슬을 끊은 것이 미국 수정헌법 제1조였다. 수정헌법 제1조의 내용은 특정 종교를 국교로 정하거나 종교, 언론, 출판, 집회 등의 자유를 제한하는 법제정을 금지한다는 것이다.

그리스도교는 392년에 로마제국의 국교가 되면서 국가 시스템의 틀 속에서 제도화가 되었다. 국민은 국가교회 시스템 속에서 태어가 의무적으로 유아 침례/세례를 받고 다람쥐쳇바퀴 돌듯이 성당을 들락거리다가 죽으면 성당묘지에 묻히는 형식이었다. 거기에는 복음을 듣고 믿고 회개하고 신앙고백하고 침례/세례를 받는 자기결정에 의해서 하나님을 만나고 회심하며 거듭나는 체험의 필요를 느끼지 못했고 사람들 속에 그런 의식들이 거의 없었다. 국가와 교회가 하나였기 때문이다. 이런 제도에 만족하지 못한 사람들은 사막으로 들어가 개인 영성을 추구하였다.

로마제국에 종교의 자유를 선포한 인물은 주후 313년에 밀라노칙령을 발표한 콘스탄티누스와 리키니우스였다. 그리스도교가 합법종교가 되고 더 이상의 박해가 사라지게 되자 개인 영성을 쌓기 위해서 사막으로 떠나는 사람들이 생기기 시작하였다. 사막에서의 고행은 지난 세기들에서 그리스도인들이 겪었던 피의 순교를 대신할 수 있는 대안으로 여겨졌고, 금욕과 고행을 통한 개인경건과 신비주의 및 수도원운동으로 이어졌다. 그러나 이들 사막교부들은 은사주의자들은 아니었다.

16세기의 종교개혁가들 곧 루터, 츠빙글리, 칼뱅 등은 본래 가톨릭교회의 사제들이었고, 국가종교시스템을 지지하고 선호하는 인물들이었다. 따라서 그리스도교(개신교)들에서조차 신앙의 자유는 허락되지 않았고, 국가종교 또는 시의회 종교의 시스템 속에서 뜨뜻미지근한 매너리즘에 빠진 그런 신앙생활을 지속해야했다. 그 속에 오순절 은사주의가 설 자리는 없었다. 예를 들어서 루터는 죄 용서, 죄의식에서의 자유, 하나님과의 화해, 은혜의 복음과 말씀의 회복에 주력한 반면, 잊힌 원시교회의 원형과 전통 회복(환원)에는 적극 반대하였고, 가톨릭 전통을 최대한 지켜내면서 타락한 교회의 개혁을 추구하였다. 츠빙글리는 원시교회의 질서(신약성경교회의 의식, 형식, 구조)를 회복(환원)하고자 하였고, 신약성경의 침묵을 금지로 보았으며, 악기사용, 성화 및 성상 사용을 금하였다. 반면에 국가의 모든 사람을 품는 국교와 교구제도에 대한 충성심 때문에 유아세례를 포기하지 못하였고, 성인 침례자들만을 교인으로 인정하는 것에 반대하였다. 또 '주의 만찬'의 횟수를 연 4회로 줄여놓았다. 츠빙글리의 후계자인 하인리히 불링거 역시 "교회는 주님과 사도들에 의해 전수되고 확립된 것 외에는 그 어떤 것도 붙잡아선 안 되고 그것들을 변화시키지 말고 잘 유지해야 한다."며 환원을 주장하였다. 프랑스와 독일의 접경지인 알자스 지방 출신인 마르틴 부처(Martin Bucer)는 가톨릭 사제출신으로 하이델베르크 논쟁에서 루터를 만난 후 종교개혁가가 된 자로서 콘스탄티누스와 국교체제에서 그리스도인 황제들에 의해서 보호되고 감독되던 시대의 교회를 회복하고자 하였다. 그는 칼뱅-츠빙글리와 루터의 중간쯤에서 모든 믿음과 실천을 성경적 원천 곧 본래적 순수함으로 되돌려놓으려 하였다. 이들 종교개혁가들은 자신들이 환원주의자들이었음에도 불구하고, 국교에 반대하는 분리주의자들(환원주의자들)을 중형 또는 사형으로 다스렸다.[60] 츠빙글리와 칼뱅으로 이어지는 개혁주의 노선에서는 예배 중에 악기사용을 반대하였고, 초기 신영국(New England) 환원주의적 청교도를 이끈 존 코튼(John Cotton, 1584-1652)은 "영적인 찬송"이 "엄숙한

---

[60] C. 레오나르드 알렌, 리처드 T. 휴스, 《환원 운동의 뿌리》, 백종구, 서요한 공역(서울: 쿰란출판사, 2010), 44-59.

교회 집회에는 맞지 않는다."고 생각하여 반대하였다. 게다가 신영국은 법을 제정할 때 "구약에 있는 모세의 법에 큰 비중을 두었다."[61] 이 같은 상황에서는 신앙 양심대로 살 수 없었을 뿐 아니라, 은사주의가 설자리는 더더욱 없었다.

17세기 이후에 신비주의 및 경건주의운동이 나타났고, 18세기에 기적, 동정녀탄생, 성육신 등과 같은 초자연적인 능력을 부인하는 계몽주의(독일)와 이신론(영국)이 등장하였으며, 대각성운동 시기에 옛 빛파와 새 빛파로 분열하였다.[62] 19세기에 이르러 무신론, 진화론, 공리주의, 실용주의가 등장하였고, 미국에서 채택된 수정헌법으로 인해서 미국산 그리스도교 교파들이 다수 탄생하였다. 이들 신흥 교파들은 대개가 '성경으로 돌아가야 한다'는 데서 출범되었다. 그러나 각 교파가 추구한 환원의 목표는 각기 달랐다. 미국 수정헌법 제1조가 그리스도인들에게 제공한 가장 큰 가치는 "신자 개인이 자신을 위해 성경의 진리를 찾을 자유"[63]를 준 것이었다. 게다가 이 무렵의 미국은 자유와 이성과 실용과 후천년설적인 개척자 정신이 충만하던 곳이었다. 그러므로 유럽사회의 전통과 관습은 미국사회에서 그 빛을 잃을 수밖에 없었다. 이런 분위기 속에서 기존의 교회들 곧 가톨릭교회와 정교회, 16세기에 종교개혁으로 인해서 탄생된 루터교회, 개혁교회(스위스, 프랑스, 스코틀랜드), 영국교회, 스코틀랜드교회와 같은 전통을 중시하는 교회들과 침례교, 형제교, 후스파, 메노나이트, 모라비안, 퀘이커교, 셰이커교, 왈도파와 그 밖의 교회들 이외에도 미

---

[61] 《환원 운동의 뿌리》, 83-89.
[62] 《환원 운동의 뿌리》, 102.
[63] 《환원 운동의 뿌리》, 7(서문).

국 수정헌법 제1조가 그리스도인들에게 제공한 "신자 개인이 자신을 위해 성경의 진리를 찾을 자유"에 힘입어 그리스도의 교회들/그리스도인의 교회들/그리스도의 제자들, 감리교회, 성결교회, 오순절 교회, 안식일교회, 여호와증인, 모르몬교회 등이 탄생하였다. 이들 가운데 16세기에 시작된 그리스도교들은 대체로 개혁주의 성령론의 입장에 서왔고, 예배가 엄숙하였으며, 오순절 은사주의에 부정적이었다. 신약교회의 본래성, 순수성, 그 능력과 침례와 매주 주의 만찬 예배의 복원에 힘썼던 합리적이고 이성적인 그리스도의 교회들/그리스도인의 교회들/그리스도의 제자들도 은사주의에 부정적인 개혁주의 성령론의 입장을 취하였다. 반면에 미국의 감리교회, 미국의 성결교회, 오순절 교회들은 환원의 목표를 성결과 성령의 은사, 특히 방언과 치유의 은사 회복에 두었다.[64] 또 안식일교회, 여호와증인, 모르몬교는 구약성경에 환원의 목표를 두었다. 특히 모르몬교회는 환원의 최우선적인 목표를 신구약 모든 시대의 질서, 특히 하나님과의 직접 교제를 되찾는데 두었다.[65] 따라서 모르몬교회는 계시의 지속성을 가장 강하게 강조하였다.

8. 스톤-캠벨운동과 오순절 은사주의

오순절 은사주의의 핵심은 성령임재의 직접적인 체험과 사도시대를 재현하려는 열망에 있다. 이 운동의 역사적 배경에 주후 156-172년 사이에 소아시아에서 일어난 몬타누스주의(Montanism)가 있다. 그로부터

---

[64] 《환원 운동의 뿌리》, 207.
[65] 《환원 운동의 뿌리》, 143.

1580여년이 지난 1738년에 성령체험을 한 감리교의 창시자 존 웨슬리(John Wesley, 1703-1791), 초기 웨슬리의 성령운동과 근대 오순절 운동의 다리역할을 한 장로교 목사 찰스 피니(Charles Finney, 1792-1876), 회중교회 목사였던 R. A. 토리(Reuben Archer Torrey, 1856-1928)와 하나님의 성회 목사였던 윌리엄 시모어(William Seymour, 1870-1922) 등이 있다. 흑인목사 시모어는 미국 로스앤젤레스 아주사(Azusa) 가(街) 모임을 주도하였는데 1906년 4월 9일 방언이 터지면서 1900년대 오순절 운동에 불을 붙였다. 이후 이 운동은 주류 교단들에 영향을 끼쳤고 오늘에 이르고 있다. 오순절 운동은 회심 후 성령 충만을 강조하고, 방언을 성령 임재의 초기 증거로 믿으며, 절대적인 순종과 믿음을 필수 조건으로 삼는다. 이 같은 주장들은 오랜 그리스도교 믿음과 전통에 대한 도전이자 분열의 원인이 되었다. 스톤-캠벨운동권도 이 도전과 분열을 피해가지 못하였다.

스톤-캠벨운동은 은사적 현상에 대해서 부정적인 입장을 취해왔다. 특히 알렉산더 캠벨(Alexander Campbell)과 월터 스코트(Walter Scott)의 성령론은 이성적이고 합리적이었으며, 개혁주의에 가까웠다. 《환원 운동의 뿌리》의 공동저자인 C. 레오나르드 알렌은 "그리스도의 교회들이 뉴잉글랜드 청교도의 계열에 서 있다는 것과 환원(복고)의 비전에 매우 헌신된 청교도라도 원시교회의 성격과 형태에 대해 서로 의견이 일치하지 않을 수 있다는 것"[66]을 인식하였다. 따라서 스톤-캠벨운동권도 성령의 은사 등으로 내부 몸살을 겪어왔다.

시드니 리그돈(Sidney Rigdon)은 1825년 초에 캠벨의 〈그리스도인 침례자〉에 실린 32개의 시리즈 기사, "옛 질서에로의 회복"(Restoration of the

---

[66] 《환원 운동의 뿌리》, 6(서문).

Ancient Order of Things)에 영향을 받고 캠벨의 신약교회 운동에 합류하여 큰 힘을 보탰다. 그러나 성령의 은사의 지속성과 공산주의식 공동체를 주장함으로써 캠벨과 충돌하였다. 결국 그는 1830년 10월 계시의 지속성을 주장하는 네 명의 모르몬교 선교사들을 만난 후 1844년까지 조셉 스미스(Joseph Smith)의 가장 영향력 있는 측근이 되었고, 여러 회중들을 모르몬교에 가입시켰다.67

1832년 1월 1일부터 스톤의 서부지역 그리스도인들(Christians)이 오하이오 밸리의 캠벨-스코트 개혁가들(Reformers)과 연합이 시작되었을 때, 동부지역의 오켈리와 존스-스미스 운동의 그리스도인들(Christians)은 참여하지 않았다. 이들 동부지역 그리스도인들은 성령의 은사(회심) 체험, 연4회 주의 만찬 시행, 반(反)삼위일체를 강조하였기 때문에 캠벨-스코트 운동과 갈등을 빚었다. 같은 이유로, 스톤의 그리스도인들 중에 약 절반 정도가 캠벨과의 합류에 동참하지 않았다.68

일찍이 알렉산더 캠벨과 월터 스코트의 이성적이고 합리적인 성령론에 동료 로버트 리처드슨(의사)은 실망을 금치 못하였고, 그의 베다니대학의 제자 러셀(W. S. Russell)은 성령사역의 중요성을 강조하면서 캠벨을 비판하여 비난을 산바가 있었다. 전통적으로 스톤-캠벨운동은 은사적 현상에 대해서 부정적인 입장을 취해왔다. 그럼에도 불구하고, 캘리포니아주를 시작으로 1960년대를 휩쓴 은사적 현상들은 1960년대 말에 이르러 그리스도의 교회들(무악기)과 그리스도인의 교회들/그리스도의 교회들(유

---

67 더글라스 A. 포스터 외 3인, 《그리스도의 교회들 운동 대사전》, 정남수 외 3인 역(서울: 대한기독교서회, 2015), s.v. "리그돈, 시드니(Rigdon, Sidney, 1793-1876)."
68 《그리스도의 교회들 운동 대사전》, s.v. "그리스도인 연맹(Christian Connection)."

악기)의 젊은이들에게까지 관심을 갖게 하였다. 1960년대 중반에, 그리스도의 교회들의 소속 젊은이들은 내슈빌, 휴스턴, 로스앤젤레스, 에빌린기독대학(ACC), 네브래스카의 요크(York)대학, 아칸소 주 서시(Searcy)에 있는 하딩대학 등에서 방언의 은사를 주장하였다. 1970년대 초 그리스도의 교회들의 가수 팻 분(Pat Boone)은 은사에 관심을 갖게 됐고, 돈 핀토(Don Finto)가 설교했던 내슈빌 소재 벨몬트(Belmont) 그리스도의 교회에 출석하는 다양한 사람들도 팻 분과 마찬가지였다. 이런 움직임들은, 비록 전체 성도들의 약 5퍼센트 정도 밖에 되지 않았지만, 교회 지도자들과 대학관계자들의 비판에 직면하게 되었고 결국 그들 대부분은 새롭게 부상하고 있던 은사주의자 교회로 떠나갔다. 일부 대학생들은 오랄 로버트대학교(Oral Roberts University)나 리전트대학교(Regent University)로 전학하였다.[69]

그리스도의 교회들에서와 마찬가지로 그리스도인의 교회(그리스도의 제자들)와 그리스도인의 교회들/그리스도의 교회들에서도 성령의 은사들에 관한 운동이 일어났다. 필자는 1980년대 전반기에 성령운동을 하는 펠로쉽 그리스도인의 교회(Fellowship Christian Churches)에 몇 차례 출석한 적이 있었다. 다른 그리스도인의 교회들과 달리 손을 높이 들고 통성기도를 하였고, 예배당 여러 곳에 상이 놓여있었으며, 그곳에 떡과 포도주가 담긴 잔이 한 개씩 놓여 있었다. 전체 교인이 한 컵을 쓴 것은 아니지만, 7-8명 정도가 한 컵으로 포도주를 돌려 마시는 주의 만찬을 시행하였던 것이다. 성도들은 상 주변에 둘러 앉아 각자 기도한 후에 참여하였다. 이들 교회가 1988년에 오하이오 주 신시내티에서 조직된 '그리스도의 교

---

[69] 《그리스도의 교회들 운동 대사전》, s.v. "은사주의자(Charismatics)."

회 친교회'(Christ's Church Fellowship, CCF)의 창립교회들이었던 것으로 여겨진다. CCF의 창립 멤버 대부분이 스톤-캠벨운동에 속한 그리스도인들이었다. 링컨기독대학, 밀리건대학, 산호세기독대학의 일부 학생들이 이 운동에 참여하였다. 본부는 신시내티에 있으며, 링컨기독대학원(LCS)을 졸업한 톰 스미스(Tom Smith)가 이끌었다. CCF는 치유와 다른 은사들을 강조하며, 《보혜사》(Paraclete)라는 정기간행물을 발행하였다.

CCF는 결신자들에게 구원의 필수적인 요건으로 간주하지는 않았지만, 침례를 시행하고 매주일 주의 만찬을 행하는 등 스톤-캠벨운동의 관행들과 신념들을 인정하였다. 하지만 처음부터 이론적인 은사와 권위를 강조하면서, 자신들을 소위 성령의 제3의 물결에 속한 집단으로 구분하였다. CCF는 또 에베소서 4장 11절에 기록된 사도, 예언자, 전도자, 장로목사, 교사의 다섯 가지 직분이 오늘날의 교회에서도 원래대로 수행되어야 한다고 주장한다. 교단의 행정은 모든 지 교회 대표들이 반년마다 모이는 장로 대회(General Presbytery)에서 선출된 지도부(leadership presbytery)에 의해 주도된다. 이 지도부는 사도들, 장로목사들, 예언자들, 장로들로 구성된다. 이 교단의 조직 체계에서는 사도가 특정 지역에서 회중들을 감독하는 영적인 지도자로 인정받고 있다. 행정적으로, 지도부는 회장을 선출하게끔 되어 있고, 선출된 회장은 교단 전체의 행정과 연락 사무를 총괄한다. 미국과 해외에 CCF 교회가 약 100여개 되는 것으로 보고되고 있다.[70]

---

[70] 《그리스도의 교회들 운동 대사전》, s.v. "그리스도교회친교회(Christ's Church Fellowship, CCF)."

9. 한국 그리스도의 교회들에서의 성령론 논쟁

서울성서신학교(현 서울기독대학교)와 신화신학 성경연구회 사이의 이견은, 이미 테일러가 한국에 들어오기 이전, 1950년대 초 존 J. 힐 선교사 때부터 있어 왔다. 이견의 핵심은 성령론이었고, 교단 조직의 필요성에 대한 것이었다. 충청이남 지역에 세워진 대부분의 교회들은 선교사들의 영향으로 세워진 교회들이 아니라 성령의 카리스마를 강조하는 김은석, 이신, 최요한의 영향 하에 세워진 교회들이었다. 충청이남 지역에 기반을 둔 김은석과 이신 등은 성령운동을 하는 목회자들인 데다가 선교사들(존 채이스, 존 힐, 해롤드 테일러)의 영향을 거의 받지 아니한, 자생적이고 토착적인 그리스도의 교회 목회자임을 자긍하는 자들이었다. 그들은 채이스를 만나 교류한 적이 없고, 1947-1948년 사이에 미 공군 군목 할 마틴(Hal Martine), 1949년 이후 존 J. 힐, 그리고 1956년 이후부터는 해롤드 테일러와 집회 때 또는 도움을 청하려고 갔을 때 얼굴을 보는 정도였다. 그러므로 그들은 선교사들의 지시를 받는 데 익숙하지 않았고, 오히려 어떤 면에서는 배타적이었다. 이들은 자신들이 신화신학 성경연구회에서 가르치는 것과 서울성서신학교에서 가르치는 것 사이에 교리적으로 일치하지 않는 것이 있다는 사실에도 불편해했다. 1950년대 초 이런 불편을 참지 못하여 정찬성 목사, 김상호 목사(오산리금식기도원 주임목사로 섬김), 최요한 목사(몇 년 후 돌아와 목포그리스도의 교회를 세움), 김교인 장로(부강교회 창립 멤버, 함평 석성리 신생교회를 순복음교회로 바꿈) 등이 그리스도의 교회를 떠나 순복음교회로 넘어갔다.[71]

그러나 오늘날에는 성령론의 문제로 인해서 더 이상 논쟁이 심하게 일

---

[71] 백종구, 조동호, 《한국 그리스도의교회의 역사》(서울: 쿰란출판사, 2018), 209, 211.

어나거나 분열이 일어나지는 않는다. 신학이 전반적으로 많이 성숙해졌기 때문이기도 하고 오순절 운동권이 그만큼 성장했기 때문일 것이다. 사람마다 성향이 다르고 신학적 입장도 다른 만큼 상호존중하고 이해하며 사랑으로 감싼다면 스톤-캠벨운동의 두 축인 일치(unity)와 환원(restoration) 또는 진리 안에서의 일치(unity in truth)를 능히 이뤄나갈 수 있을 것이다. 필자는 개인적으로 소년시절의 10년을 수도권에 소재한 순복음교회에서 신앙생활을 하였고, 미국에서는 그리스도인의 교회들에서 신앙생활을 하였으며, 오순절 운동에 신학적인 문제들이 분명히 있음을 깨달은바가 있다. 하지만《환원 운동의 뿌리》의 공동저자인 C. 레오나르드 알렌이 "환원(복고)의 비전에 매우 헌신된 청교도라도 원시교회의 성격과 형태에 대해 서로 의견이 일치하지 않을 수 있다는 것"을 인식하였듯이 필자도 알렌의 인식에 공감해왔다. 또 미국에서 1791년에 채택된 수정헌법으로 인해서 미국에서 그리스도교 교파들이 다수 탄생하였고, 이들 신흥 교파들은 대개가 성경으로 돌아가야 한다는 데서 출범되었지만 추구한 환원의 목표가 각기 달랐다는 점에도 공감해왔다. 신학적으로 은사주의가 본질문제일 수도 있고, 비본질일 수도 있는 것은 해석적 문제를 떠나서 같은 하나님을 믿고 같은 성경을 읽어도 다 같은 이해에 도달하지 못하고, 다 같은 체험을 하는 것이 아니기 때문일 것이다. 이 다름을 포용한다면 일치할 수 있지만, 배척한다면 분열을 피하기 어려울 것이다.

제5장
교회

 신약성경에 '교회'란 말이 100번 이상 쓰였다. '교회'는 고대 코이네 헬라어 '에클레시아'(ecclesia)를 번역한 말이다. 이 말은 '불러냄을 받은 회중'(the called out ones) 또는 '뽑힌 사람들의 공동체'란 뜻이다.
 우리나라에는 입법기관인 국회가 있고, 각 도에는 도의회가 있고, 각 시에는 시의회가 있다. 이들 의회는 국민이나 도민이나 시민들로부터 뽑힌 사람들로 구성된다. 그리고 이들이 모이는 장소를 의사당이라고 부른다. 그러나 의회와 의사당은 다르다. 의회는 뽑힌 사람들로 구성된 단체를 말하고, 의사당은 의회가 모이는 장소를 말한다. 이와 마찬가지로 교회와 예배당은 다르다. 교회는 하나님으로부터 뽑힌 선민을 말한다. 그리고 예배당은 하나님의 선민이 모이는 장소를 말한다. 따라서 교회는 건물을 두고 하는 말이 아니라, 교인들을 두고 하는 말이다. 그래서 베드로전서 2장 9절은 "너희는 택하신 족속이요, 왕 같은 제사장들이요, 거룩한 나라요, 그의 소유가 된 백성이니, 이는 너희를 어두운 데서 불러내어 그의 기이한 빛에 들어가게 하신 이의 아름다운 덕을 선포하게 하려 하심이라."고 하였다. 스데반은 구약의 이스라엘 백성을 하나님의 회중 또는 광야 교회로 언급하였다(행 7:38). 이스라엘 또한 하나님의 선민이 되어 그분의 뜻을 받들기 위해서 이집트에서 불러냄을 받았다. 이것이 오늘날 그리스도의 교회의 모형과 그림자이며 예표였다.

신약성경에서 교회는 예루살렘교회, 안디옥교회, 에베소교회 등과 같이 지역교회 곧 개개의 회중을 말할 때가 있고 하나님의 교회 혹은 그리스도의 교회와 같이 보편적(catholic) 교회를 말할 때가 있다. 보편적 교회는 국가가 다르고 언어가 다르고 지역이 다르고 민족이 달라도 교회는 근본적으로 하나라는 뜻이다. 이 점에 대해서 토마스 캠벨은 1809년에 발표한 《선언과 제언》에 기술한 첫 번째 명제에서 "지상의 그리스도의 교회는 본질적으로 의도적으로 구조적으로 하나이다."[72]고 하였다.

1. 교회의 명칭

스톤-캠벨운동권의 그리스도의 교회들에서는 성경적 명칭으로 믿는 세 가지 이름 곧 '그리스도의 교회들'(Churches of Christ), '그리스도인의 교회들'(Christian Churches), '그리스도의 제자들'(Disciples of Christ)을 쓴다. 알

---

[72] Thomas Campbell and Thomas Acheson, *Declaration and Address of the Christian Association*(Washington, Pa: Brown & Sample, 1809), reprinted by Lincoln Christian College Press, Lincoln, Illinois in 1983, 22; 조동호,《환원운동사》(그리스도의 교회 연구소, 2017), 199. http://kccs.info/rh13lessons_Teaching_Materials.pdf

렉산더 캠벨(Alexander Campbell)이 '제자들'이란 말을 선호했고, 발톤 W. 스톤(Barton W. Stone)과 제임스 오켈리(James O'Kelly), 애브너 존스(Abner Jones, 의사)와 엘리아스 스미스(Elias Smith)는 '그리스도인'(Christian)과 '그리스도인의 교회'(Christian Church)를 선호하였지만, 스톤-캠벨운동(Stone-Campbell Movement)의 그리스도인들은 흔히 '그리스도의 제자들'(Disciples of Christ) 혹은 줄여서 '제자들'(Disciples)로 불렸다. 예를 들어, 미국의 백악관자료는 20대 대통령 제임스 가필드의 종교를 '그리스도의 제자들'로 명기하였는데, 이는 가필드가 현재의 '그리스도인의 교회(그리스도의 제자들)' 소속이란 뜻이 아니다. 그는 알렉산더 캠벨과 동시대를 살았던 인물(목사, 교육자, 북군지휘관, 정치인)이기 때문이다. 알렉산더는 개인적으로 '제자들'(Disciples)을 선호하였으나 '그리스도인 침례'(Christian Baptism), '그리스도인 침례자'(Christian Baptist), '그리스도인 체계'(Christian System)에서 보듯이 공식적인 호칭에서는 '그리스도인'(Christian)을 썼다. 스톤-캠벨운동은 시작된 지 100년 만인 1906년에 '그리스도의 교회들'(Churches of Christ)과 '그리스도의 제자들'(Disciples of Christ)로 나뉘었다. 이후 '그리스도의 제자들'(Disciples of Christ)은 '그리스도인의 교회(그리스도의 제자들)'[Christian Church(Disciples of Christ)]와 '그리스인의 교회들/그리스도의 교회들'(Christian Churches/Churches of Christ)로 1968년까지 완전히 갈라섰다.

교회의 설립자는 예수 그리스도이시다. 그분의 제자들인 사도들과 선지자들은 교회의 기초를 놓은 분들이다. 마태복음 16장 16절을 보면, "주는 그리스도시요 살아계신 하나님의 아들이십니다."라는 베드로의 신앙고백이 나온다. 이 신앙고백 위에, 바꿔 말하면, 예수님은 자신에게서 보고 듣고 배운 것을 전한 사도들과 선지자들의 가르침 위에 자신의 교회를 세우셨다. 예수님은 베드로의 신앙고백을 듣고 마태복음 16장 18-19절에서 이렇게 말씀하셨다. "너는 베드로라. 내가 이 반석[=베드로의 신앙고백] 위에 내 교회를 세우리니, 음부의 권세가 이기지 못하리라. 내가 천국 열쇠를 네게 주리니, 네가 땅에서 무엇이든지 매면 하늘에서도 매일 것이요, 네가 땅에서 무엇이든지 풀면 하늘에서도 풀리리라." 이 같은 맥락에서 바울도 에베소서 2장 20절에서 "너희는 사도들과 선지자들의 터 위에 세우심을 입은 자라. 그리스도 예수께서 친히 모퉁잇돌이 되셨다."고 하였다

"내 교회"라는 말에서 알 수 있듯이, 교회는 그리스도의 소유 곧 그리스도의 교회(Church of Christ)이다. 그런데 교회는 그리스도인들의 모임이다. 그 구성원들이 그리스도의 소유란 점에서 볼 때 교회는 그리스도인들의 교회(Christian Church) 곧 그리스도인들의 모임(회중)이다. 이 두 가지 곧 소유권자와 그 구성원들을 함축한 이름이 '그리스도교'라는 말에 담긴 뜻이다. 그러므로 교회를 '~ 그리스도의 교회' 혹은 '~ 그리스도인의 교회'라 부르는 것이 성경적이고 옳은 것이다. 이것은 또 하나님의 교회 또는 그리스도의 교회가 하나란 점에서 볼 때도 옳다. 게다가 전 세계 모든 주님의 교회들이 '그리스도의 교회'(Church of Christ) 또는 '그리스도인의 교회'(Christian Church)란 통일된 이름아래서 하나가 될 수 있고, 전 세계 모든 주님의 백성들이 '그리스도인'(Christian, 행 11;26)이란 통일된 이름아래서 일체가 되는 모범을 전 세계 모든 사람들에게 드러내 보일 수 있기 때문에도 옳다.

이 모범을 바르게 나타내 보이기 위해서 스톤-캠벨운동권에서는 두 가지 운동을 펼치고 있는데, 첫째는 '그리스도인 운동'(Christian Movement)이요, 둘째는 '신약성경교회 운동'(New Testament Christianity Movement)이

다. 이 운동은 신약성경 곧 그리스도교의 '기본(표준)으로 돌아가는 것'(Ad Fontes)이므로 지난 3세기에 걸쳐 '환원운동'(Restoration Movement)이라고 불려왔다.

반면에 그리스도교의 대다수 교단들이 구성원들을 함축한 이름들을 쓰고 있음에도 불구하고, 뭔가 본질에서 벗어나 있다는 느낌을 주는 이유가 무엇인가? 구성원들을 함축한 이름을 가진 교단들에는 **장로교회**(평신도 장로대의제를 도입한 자들의 교회, Presbyterian Church), **감리교회**(그리스도교 신앙을 방법적으로 혹은 체계적으로 수행하는 자들의 교회, Methodist Church), **침례교회**(침수세례를 행하는 자들의 교회, Baptist Church), **루터교회**(루터의 사상을 따르는 자들의 교회, Lutheran Church), **안식교회**(제칠 안식일과 재림을 주장하는 자들의 교회, Seventh-day Adventist Church), **여호와의 증인**(삼위일체를 부정하고 여호와만을 인정하고 전하는 증인들의 회중, Jehovah's Witnesses), **메노나이트 교회**(유아세례를 인정하지 않고 재침례를 주장한 메노 시몬스의 신학을 따르는 자들의 교회, Mennonite Church) 등 많이 있다. 그런데 '그리스도인'(Christian, 행 11:26)이라는 성경적인 좋은 이름이 있음에도 불구하고 이것을 쓰지 않고 오히려 교단 구성원들의 성격을 드러내는 이 같은 비성경적인 이름들을 고집하는 것은 그리스도교가 갈기갈기 찢겨져 있다는 것을 세상에 널리 알리는 것이므로 교회의 머리되신 그리스도께서 크게 슬퍼하시는 일일 것이다.

'기독교회'란 한자(漢字)에서 온 말로써 '그리스도의 교회' 혹은 '그리스도교'란 뜻이다. 그래서 스톤-캠벨운동이 일본과 한국에 처음 소개된 때의 이름이 '기독교회'였다. 1900년대 초기는 한문과 한자가 대접을 받던 시대였기 때문이다. 그 때문에 조선총독부 학무국 사회과에 의무적으로 계출되어 관보에 실린 '그리스도의 교회들'의 명칭들은 첫째, '동경사곡선교회 기독교회'(포교관리자: 성낙소·이인범, 1932.06.11.-1936.07.08., 요츠야

선교회); 둘째, '기독교회 조선선교회'(포교관리자: 이인범, 신신근, 1936.07.08.-1946.12.10., 요츠야선교회); 셋째, '기독교회'(포교관리자: J. 마이클 쉘리, 존 T. 채이스, 김요한, 1935.04.25.-1944.06.26., 그리스도의 교회 협의회/총회); 넷째, '기독의 교회'(基督の教會, 포교관리자: 동석기, 1937.05.12.-?, 교역자회)였다. 이들 교회들은 신사참배, 동방(궁성)요배, 교단통합(일본기독교조선교단), 기미가요합창, 전사장병묵도, 황국신민서사낭독, 천황폐하만세삼창 등을 거부하여 강제로 해체되었다가 해방 후 복원되면서 '그리스도의 교회'로 바꿨다.

2. 교회의 출범 일자와 장소

주후 30년은 5월 28일 일요일이 오순절이었을 것으로 여겨진다. 이날 오전 9시경에 예루살렘 성전에서 성령강림사건이 있었다. 주후 30년 유월절 명절은 4월 7일 금요일(목요일 해진 후부터 금요일 해지기 전까지)이었는데, 이날은 유대월력으로 니산월 15일이자 큰 안식일이었고 다음 날 토요일은 보통의 안식일이었다. 따라서 금요일과 토요일 모두가 안식일이었기 때문에 안식일 다음 날인 일요일부터 50일째날인 주후 30년 5월 28일 일요일이 오순절이었다. 공교롭게도 예수님이 부활하신 날이 안식 후 첫날 곧 일요일이었고, 성령강림과 함께 교회가 출범한 날인 오순절도 일요일이었다. 이런 이유 때문에 그리스도교에서는 주일(주님의 날, 곧 일요일)의 예표와 모형과 그림자였던 유대교의 안식일(금요일 해진 후부터 토요일 해지기 전까지)을 지키지 않고, 부활주일과 성령강림주일을 기념하여 일요일에 모여 예배를 드린다.

그리스도의 교회를 출범시킨 성령강림사건은 주후 30년 5월 28일 일요일 아침 9시 기도시간에 성전 뜰(미문 안쪽 여성의 뜰과 이스라엘의 뜰)이나 솔로몬행각에서 일어났다. 경건한 유대인들은 하루에 100개 정도의 '베라코트'(berachot)를 암송한다. 이 가운데 54개는 하루 세 번 기도시간에 일어서서(amidah) 암송하는 '쉐모네 에스레이'(Shemoneh Esrei)라 불리는 18(예루살렘 멸망이후에는 19)개의 기도문이다. 이 기도문은 예루살렘 성전에서 바쳐졌던 하루 세 번의 희생제사를 대신하는 것이기 때문에 성전제사가 바쳐졌던 오전 9시, 12시, 오후 3시경에 암송하였다(시 55:17; 단 6:10; 행 2:15, 3:1, 10:9. 오늘날에는 오전기도, 오후기도, 저녁기도로 나뉘며, 보통 오전기도회는 조식 후 8시 혹은 9시에 회당에서 모이고, 오후기도와 저녁기도는 주로 일터나 집에서 행한다). 주후 30년 5월 28일 오순절 날 예수님의 제자들 역시, 그들도 유대인들이었기 때문에, 아침 9시경 기도시간에 성전 뜰이나 솔로몬행각에 모여 이 18개의 기도문을 낭송하고 있었을 것이다. 명절 때 성전 뜰은 입추의 여지가 없었으므로 성전 뜰에 들어가지 못한 사람들은 행각에 모였을 것이다. 초기 그리스도인들의 집회 장소는 예루살렘 성전 동편 뜰 가에 세워졌던 솔로몬 행각이었다(행 3:11, 5:12).

사도행전 초반부를 잘 살펴보면, 마가의 이층 방이 언급된 날짜와 120명이 모여 가룟 유다 대신에 맛디아를 뽑아 사도의 반열에 합류시킨 날짜가 다르고, 또 이날들과 오순절 성령강림의 날찌가 다르다는 깃을 알 수 있다. 마가의 이층 방이 언급된 날짜는 예수님께서 부활하신 지 40일째 되는 승천하신 날이고, 성령님이 강림하신 오순절은 예수님께서 부활하신 지 50일째 되는 날이었다. 그리고 120명이 모여 가룟 유다 대신에 맛디아를 뽑아 사도의 반열에 합류시킨 날짜는 40일째와 50일째 사이에 있는 어느 한 날짜이다. 분명한 것은 제자들이 숙식장소인 마가의 이층 방에 올라간 날짜와 오순절까지에는 열흘의 차이가 있다는 점이다. 그리고 제자들이 다 같이 모인 장소는 성전 뜰과 솔로몬 행각이었다는 점이다(눅 24:53; 3:11; 5:12).

오순절 날 성령님이 강림한 시간은 아침 9시 기도시간이었다(행 2:15). 예수님의 제자들도 기도 시간에 기도한 것을 찾아 볼 수 있다. 예를 들면, 요한과 베드로는 기도시간에 성전에 올라갔다가 성전 미문에서 구걸하는 앉은뱅이를 고쳤다(행 3:1). 또 베드로는 기도 시간에 기도하다가 환상을 보았고 고넬료 가정에 초대를 받았으며, 고넬료 가정이 구원을 받았다(행 10:9). 주후 90년경에 쓰인 〈열두 사도들의 가르침〉은 그리스도인들에게 유대인들이 하루 세 번하는 기도문 대신에 주기도문을 하루 세 번 암송하도록 권면하고 있다.[73]

오순절은 유대인의 3대 명절 가운데 하나이다. 따라서 외국에 거주하는 교포(디아스포라) 유대인들과 전국의 유대인들이 성지인 예루살렘을 찾는 대 명절이다. 이날 아침 9시경 기도시간에 성전 뜰에는 전 세계와 전국각지에서 몰려든 수많은 사람들로 인산인해를 이루었다. 이 기도시간에 신실한 유대교인들이었던 제자들이 숙식장소인 마가의 이층 방에 머물러 있었으리라고는 상상하기 어렵다. 또 성령님이 강림하시고 방언(여러 나라의 언어들)의 역사가 있었던 때와 즉각적으로 일어난 청중들의 반응을 보면 그 장소가 많은 사람들이 운집한 장소였지 숙식장소인 마가의 이층 방은 아니었다. 그리고 이 시간에 성령님이 강림하시고 여러 개의 언어를 말하는 놀라운 기적이 일어난 것은 교회창립을 위한 하나님의 위대한 섭리였다. 지중해를 끼고 있는 모든 나라들에서 성지순례를 위해서 모여든 많은 사람들에게 일시에 복음이 전파되었기 때문이다. 이 많은 사람들 속에 있었던 예수님의 제자들에게 "홀연히 하늘로부터 급하고 강

---

[73] 정양주 역주, 《열두 사도들의 가르침: 디다케》(왜관: 분도출판사, 1993), 63.

한 바람 같은 소리가" 들리면서 "마치 불의 혀처럼 갈라지는 것들이" 임하였고, 그로 인해서 제자들이 "다 성령의 충만함을 받고 성령이 말하게 하심을 따라 다른 언어들로 말하기를 시작"하였다. 이 사건이 수많은 사람들에게 일시에 목격되었다. 그러므로 이 사건은 골방에서 일어난 작은 사건이 아니라, 많은 유대인들이 모인 성전 뜰이나 솔로몬행각에 모인 많은 사람들이 지켜보는 가운데서 일어난 대 사건이었다.

이 사건으로 인해서 비로소 예수님이 그리스도와 하나님의 아들로 선포되었고, 이후 예수님을 그리스도로 믿는 사람들을 '그리스도인'으로, 또 그들의 모임을 '그리스도의 교회'로 부르게 되었다. 진정한 하나님의 공동체인 교회가 이 땅에 세워지고, 하나님의 나라의 복음이 전파되기 시작한 것이 바로 이 날의 사건 때문이었다. 그것은 마치 주전 1446년 첫 오순절 날 시내산에서 이스라엘 나라가 세워지고 야훼로부터 헌법을 수여받고 하나님의 선민이 된 것과 같다(출 24장). 이 첫 오순절사건은 주후 30년 그리스도교의 첫 오순절사건의 예표요, 그림자요, 모형이었던 것이다.

3. 교회의 설립자와 머리

교회는 신성한 설립자와 신성한 머리를 갖는다. 예수님은 사도들에게 "내 교회를 세우리라"고 말씀하셨다. 그것은 그분의 교회이다. 그분은 설립자이시다. 그분은 교회의 머리이시다(골 1:18). 바울은 그것을 "살아 계신 하나님의 교회"(딤전 3:15)라고 부른다. 교회는 그분 자신과 연합하기 위해서 그분에 의해서 구원되어지고 성화되어지는 그리스도의 교량이다(엡 5:25이하). 교회는 또한 그리스도의 몸으로 언급된다(엡 1:22-23;

골 1:18). 몸으로써 교회는 만물 안에서 만물을 충만케 하시는 그리스도의 충만함이다(엡 1:23). 교회는 또한 그리스도에게 속한다. 그분이 그것을 자신의 보배로운 피로 사셨기 때문이다. 바울은 에베소교회 장로들에게 "하나님이 자기 피로 사신 교회를 치도록"(행 20:28; 벧전 1:18-19) 지시한다.[74]

첫째, 교회의 머리는 예수 그리스도이시다. 교회는 특별히 뽑힌 사람들의 공동체이다. 그러나 이 공동체의 머리는 인간이 아니다. 목사도 아니고, 장로도 아니다. 권사도 아니고, 집사도 아니다. 교회의 머리는 오직 예수 그리스도이시다. 목사나 장로나 권사나 집사가 아무 것도 아니란 뜻이 아니다. 조직체로써의 교회는 질서를 위해서 반드시 집사 권사 장로 목사와 같은 직책과 제도를 가져야 한다. 그러나 교회는 단순히 인간들의 집단이 아니라, 거룩한 하나님의 집단이기 때문에 이 조직의 우두머리는 인간이 아니라 그리스도이시다. 이 자리를 탐내는 자는 적그리스도이다. 적그리스도가 멀리 있지 않다. 그리스도를 자기 머리보다 높은 곳에 세우지 아니하는 자는 적그리스도요, 우상숭배자이다. 흔히들 교회를 방주에 비교한다. 방주에 탄 사람들은 특별히 뽑힌 사람들이다. 그러나 방주의 선장은 인간이 아니다. 또 교회를 구원열차에 비교한다. 구원열차에 올라탄 사람들은 특별히 뽑힌 사람들이다. 그러나 구원열차의 기관사는 인간이 아니다. 노아의 여덟 식구가 탄 방주를 움직인 분은 하나님이셨다. 방주에는 기관실이나 키나 돛대가 없었다. 방주를 움직인 사람은 노아의 여덟 식구가 아니라 하나님이셨다. 이와 마찬가지로 교회

---

[74] Denver Sizemore, *Thirteen Lessons in Christian Doctrine*(Joplin, Missouri: College Press Publishing Company, 1991), 51-52.

의 최고 책임자는 예수 그리스도이시다.

둘째, 교회의 주인은 하나님이시다. 하나님이 자기 피로 값 주고 산 하나님의 것이다(행 20:28). 교회는 예수님의 목숨만큼이나 특별한 것이다. 외아들의 목숨과 맞바꾸어 얻은 것인 만큼 매우 고귀한 것이다. 교회가 특별하면 할수록 교회는 인간들의 것이 아니다. 교회는 하나님의 것이다. 교회당의 주인은 인간일 수 있다. 교회당이 세워진 땅주인은 인간일 수 있다. 그러나 교회의 주인은 인간이 아니다. 교회는 하나님의 것이다. 하나님이 주인이시다. 따라서 하나님의 거룩한 백성 위에 군림하면서 주인 행세하는 자는 적그리스도이다.

셋째, 교회는 그리스도의 몸이다. 이 몸의 주인은 그리스도이시다. 내 몸이 아니라 그리스도의 몸이다. 우리의 몸이 아니라 그리스도의 몸이다. 그리스도인은 '그리스도에게 속한 자' 또는 '그리스도 예수 안에 있는 자'이다. 그리스도인은 더 이상 자신이 주인이 아니다. 그리스도인의 주인은 예수 그리스도이시다. 그래서 바울은 자신을 '종'에 비교했다. '종'이란 말은 '얽매인 자' 즉 '노예'란 뜻이다. 바울 당시에 노예의 신분은 자기 운명에 대한 결정권이 없는 자였다. 그럼에도 불구하고 바울은 자신의 신분을 그리스도 앞에서 노예로 낮추었다. 이뿐 아니라, 바울은 그리스도인을 일컬어 '하나님의 종', '순종의 종', '의의 종'이라 하였다. 그리스도인은 더 이상 자기 자신에게 대하여 주인이 아니기 때문이다. 종은 능동적이든 수동적이든 주인의 명령에 따라야 한다.

초대교회가 실제로 왕이 아니었던 예수님을 만왕의 왕으로 인정했던 것도 이런 맥락에서 이해될 수 있다. 성경에 보면, 예수님은 유대인의 왕으로 태어나, 동방박사들의 경배를 받았고, 민중으로부터 왕으로 환영 받았다. 예수님은 로마 총독 빌라도로부터 "당신이 유대인의 왕이냐?"는 심문을 받았고, 예수님은 "네 말이 옳도다." 또는 "내가 왕이다."(요 18:37)라고 대답하셨다. 또 십자가 위에 '유대인의 왕'이라는 명패를 달고 고난을 받으셨다. 그러나 실제로 예수님이 유대인의 왕이었던 적은 없다. 예수님 당시 유대지방은 분봉왕 헤롯대왕의 아들 아켈라오가 죽은 주후 6년부터 41년까지 왕 없이 로마의 총독에 의해서 지배를 받았다. 비록 민중이 예수님을 유대인의 왕으로 세웠다고 해도 왕들의 왕이자 주(主)들의 주인 로마황제가 이를 허락하지 않았을 것이다.

이런 정황 속에서 초기 그리스도인들이 예수님을 유대인의 왕으로 고백한 것은 매우 의미 있는 일이다. 예수님은 결코 유대인들이 바라는 정치 군사적 메시아가 아니었고, 유대인들이 원하는 왕도 아니었다. 그럼에도 불구하고 초기 그리스도인들은 예수님을 메시아로, 왕으로, 또 대제사장으로 인정했다. 왜 그랬는가? 예수님의 나라는 이 세상이 아니었다. 요한복음 18장 36절에서 예수님은 "내 나라는 이 세상에 속한 것이 아니다."라고 말씀하셨다. 따라서 예수님의 나라는 문자적인 유대인의 나라가 아니라, 영적인 하나님의 나라이다. 이 나라가 바로 교회이다. 그러므로 예수님은 유대인의 왕이나 메시아가 아니라 교회의 머리요, 진리의 왕이요, 구세주이시다. 예수님을 자신의 왕으로 인정하는 사람이 참 예수님의 제자요, 거룩한 하나님의 나라의 백성이다. 자기 자신을 왕으로 삼는 사람은 예수님을 대항하는 적그리스도이다. 그러나 예수님께 굴복하고 예수님을 자신의 왕으로 인정하는 사람은 참 그리스도인이다.

4. 교회의 기초와 모퉁잇돌

교회는 사도들과 선지자들의 가르침 위에 세워졌다. 에베소서 2장 19-22절은 교회의 기초에 관해서 잘 말씀해 주고 있다. "그러므로 이제부터 너희는 외인도 아니요 나그네도 아니요 오직 성도들과 동일한 시민이요 하나님의 권속이라."는 19절의 말씀은 '그리스도인이 외국인도 아니오, 나그네도 아니오, 오히려 거룩한 하나님의 나라의 시민이오, 가족이라'고 정의하고 있다. 이 말씀은 교회와 교인의 신분을 분명히 밝히고 있다. 그리스도인은 하나님의 나라의 시민이오, 하나님의 가족의 일원이라는 놀라운 사실을 밝히고 있다. 또 "너희는 사도들과 선지자들의 터 위에 세우심을 입은 자라."는 에베소서 2장 20절의 말씀은 교회가 사도들과 선지자들의 기초 위에 세워진 공동체라고 말한다. 사도행전 2장 42절에 "그들이 사도의 가르침을 받아 서로 교제하고 떡을 떼며 오로지 기도하기를 힘썼다."는 말씀이 있듯이, 이 말씀은 지상에 세워진 최초의 교회가 사도들의 가르침에 기초했다는 것을 밝히는 것이다.

신약성경이 기록되어 정경으로 확정되기까지 교회는 유대인 에비온파와 영지주의와 같은 이단에 도전을 많이 받았다. 이 때 정통과 이단을 식별하는 방법으로 권장된 것이 사도들이 세운 교회였다. 사도들이 가르친 대로 가르치고, 사도들이 행한 대로 행하는 것이 정통교회요, 사도들이 가르치지 아니한 것을 가르치고, 사도들이 행하지 아니한 것을 행하는 자들은 이단자였다. 사도들의 가르침과 전통 위에 세워진 교회가 바른 교회였고, 사도들의 가르침과 전통 위에 서지 아니한 교회는 잘못된 교회였던 것이다. 그리고 신약성경 27권이 그리스도교의 정경으로 책정된 잣대도 그와 같았다. 그러므로 신약성경은 사도들의 가르침과 전통을 담고 있는 그리스도교의 기초요 표준이며 그리스도교의 믿음과 실천에 대해 옳고 그름을 판단하는 유일한 잣대이다. 신앙고백서들이나 교리서들은 그리스도교의 믿음과 실천에 대해 성경을 해석해 놓은 것들이므로 참고해볼만한 자료일 뿐이지 잣대나 표준이 아니다.

성경은 하나님의 백성들의 삶의 자리에서 필요에 의해서 기록되었다. 특히 신약성경은 박해자들에게 그리스도교를 변호하고, 박해를 견디지 못해서 믿음을 버리는 배교자를 막고, 이단자들의 감언이설에서 그리스도인들을 보호하고 지키며, 교회의 정체성을 확립시키고, 늘어나는 교인들을 교육하며, 예배 때에 사용할 자료들의 필요를 공급하기 위해서 쓰였다. 선교현장에서 요구되는 이런 필요들 때문에 예수님께 배운 사도들과 그 후계자들은 글을 써서 교회에 보냈으며, 후대에 이 글들이 모아져 신약성경을 이루었다. 이런 점에서 성경은 교회 그 자체이고, 교회가 세워진 터이며, 반석이고, 그리스도교의 복음이다.

"그리스도 예수께서 친히 모퉁잇돌이 되셨느니라. 그의 안에서 건물마다 서로 연결하여 주 안에서 성전이 되어 가고, 너희도 성령 안에서 하나님이 거하실 처소가 되기 위하여 그리스도 예수 안에서 함께 지어져 가느니라."는 에베소서 2장 20절 후반 절부터 22절까지의 말씀은 교회의 기초와 관련해서 예수님과 성령님의 역할을 설명하고 있다. '모퉁잇돌'은 고대 이스라엘에서 건물을 지을 때에 모서리에 놓았던 큰 돌들로서 모퉁잇돌을 중심으로 건물의 방향과 각도가 결정되었다. 모퉁잇돌 가운데는 세로 2미터, 가로 4미터나 되는 큰 돌도 있었다. 모퉁잇돌이 건물을 세우는데 있어서 가장 중요한 역할을 했다는 점에서 예수님은 교회의 모퉁잇돌이 되신다. 따라서 교회는 모퉁잇돌이신 예수님을 중심으로 사도들의 가르침 위에 세워졌음을 알 수 있다. 마태복음 16장 18절에서 예수님은 "또 내가 네게 이르노니, 너는 베드로라. 내가 이 반석 위에 내 교회를 세

우리니, 음부의 권세가 이기지 못하리라."고 말씀 하셨다. 여기서 반석은 베드로가 16절에서 예수님께 대답한 "주는 그리스도시요, 살아 계신 하나님의 아들이시니이다."라는 신앙고백을 말한다. 따라서 교회는 베드로의 사도직이나 사도권 위에 세워진 것이 아니라, 베드로의 신앙고백 위에 세워진 것이다. 베드로의 신앙고백은 신약성경 27권의 말씀을 요약한 핵심에 지나지 않는다. 그러므로 교회는 성경의 가르침 위에 세워진 공동체이다.

5. 교회의 헌법

하나님의 나라인 교회의 헌법은 성경이다. 성경은 거룩한 하나님의 나라의 시민이 무엇을 믿고, 어떻게 살아야 하는가를 정하는 유일한 규범이다. 유대교에게 있어서 구약성경이 그렇듯이, 그리스도교에게 있어서는 특히 신약성경이 그렇다. 유대인들은 하나님께서 첫 오순절 날 시내산에서 첫 기록 토라를 주셨고, 그 이후로도 지속적으로 장로들을 통해서 구전 율법을 주셨다고 믿는다. 이를 연대기적으로 살펴보면, 출애굽 직후 처음 100년간 하나님은 모세와 여호수아 및 장로들을 통해서 말씀하셨고, 그 이후로 주전 200년까지 약 1000년간은 선지자들과 학자들을 통해서 말씀하셨으며, 주전 200년부터 예수님 때까지 약 200년간은 학문과 견해에 있어서 쌍벽을 이뤘던 다섯 쌍(Zugot)의 가문들을 통해서, 그리고 주후 첫 200년간은 교사들(Tana'im)을 통해서, 그리고 주후 200-500년까지 약 300년간은 해석자들(Amora'im, 낭송자들)을 통해서 말씀하셨다고 믿고 있다. 초기 그리스도교 직전 세대인 힐렐과 샴마이가 마지막 '주고트'이고, 주후 70년 예루살렘 멸망 전후의 '나시'(Nasi)들이었던 힐렐의 손자 가말리엘1세, 증손자 시메온 벤 가말리엘1세, 요하난 벤 자카이 그리고 시메온 벤 가말리엘2세(주후 132-135년, 유대-로마 전쟁 때 갈릴리 우샤로 피신) 및 그의 아들 예후다(유다) 하나시(Yehudah Ha-Nasi, 주후 217년 사망)가 '타나임'에 속한다. 예후다는 갈릴리 우샤(Usha)에서 주후 200년경에 구전 토라를 수집하여 편찬하였는데 이것이 '미슈나'(Mishnah)이다. 이후 주후 500년경까지 이 책 '미슈나'에 아람어 주석(Gemara)이 달리기 시작하였는데 이것이 '탈무드'(Talmud)이다.

반면에 그리스도인들이 믿는 특별한 대언자는 그리스도 예수님이시다. 히브리서 1장 1절은 하나님이 "옛적에 선지자들을 통하여 여러 부분과 여러 모양으로 우리 조상들에게 말씀하셨다"는 선언은 그리스도교가 구약성경(Tenach)을 인정한다는 뜻이다. 그리스도교는 토라(Torah)와 선지서(Neviim)와 성문서(Ketuvim)를 지금도 인정하고 있다. 그러나 그리스도교는 유대교가 발전시켜온 구전 전승을 인정하지 않았고, 유대교에서처럼 토라를 선지서와 성문서보다 더 우위에 두지도 않았다. 반면에 히브리서 1장 2절 "이 모든 날 마지막에는 아들을 통하여 우리에게 말씀하셨다"에서 보듯이, 그리스도교는 하나님께서 "옛적에 선지자들을 통하여 여러 부분과 여러 모양으로 우리 조상들에게 말씀하신" 내용이 총체적으로 예수 그리스도님에 관한 것이고, 그분 안에서 오롯이 성취되었으며, 유대교가 희망하는 메시아보다 월등히 뛰어난 분이심을 선포하였다. 그분의 우월성 또는 탁월성이 히브리서 1장 2-3절에 선언적으로 압축되었다. "이 모든 날 마지막에는 아들을 통하여 우리에게 말씀하셨으니, 이 아들을 만유의 상속자로 세우시고, 또 그로 말미암아 모든 세계를 지으셨느니라. 이는 하나님의 영광의 광채시오, 그 본체의 형상이시라. 그의 능력의 말씀으로 만물을 붙드시며, 죄를 정결하게 하는 일을 하시고, 높은 곳에 계신 지극히 크신 이의 우편에 앉으셨느니라." 이 말씀에서 히브리서 저자는 자기 시대를 "옛적에"에 대조되는 종말론적인 메시아시대로, 예수님을 "선지자들"에 대조되는 하나님의 "아들"로, "만물의 상속자"로, 세계창조의 중재자 또는 참여자로, "하나님의 영광의 광체"로 하나님 "본체의 형상"으로, "또한 자신의 능력의 말씀으로 만물을 붙드시고, 죄를 정결케 하는 일을 하시고," 하나님의 "우편" 보좌에 앉으신 분으로 선언하였다. 그러나 유대교는 이 같은 그리스도교의 선언을 받아드리지 못한다. 이런 점 때문에 유대교와 그리스도교는 전혀 다른 신념체계이다. 유대교는 구약성경을 유대민족의 흥망성쇠가 담긴 경전으로 믿고 그 내용을 문자적으로 실천하는 민족종교인 반면, 그리스도교는 구약성경을 그리스도교의 신념체계 속에서 영적(구속사적)으로 해석한 신약성경을 경전으로 삼는 세계종교이다.

히브리서 1장 2-3절에는 유대인들이 믿는 하나님의 대언자들, 특히 유대인들이 희망하는 메시아의 특성에 대조되는 그리스도인들이 믿는 하나님의 특별한 대언자로서 예수님의 특성이 잘 드러나 있다. 첫 번째로 유대인들이 희망하는 메시아가 율법을 준수하는 모세와 같은 선지자, 혹은 다윗의 후손이라면, 예수님은 하나님의 아들이시다. "그분께서는 본래 하나님의 형상이면서도 하나님과 동등 되심을 취하려 하지 않으시고, 도리어 자신을 비워 종의 형체를 취하여 사람들과 같이 되신"(빌 2:6-7) 분이시다. 두 번째로 유대인들이 희망하는 메시아가 지상 가나안땅의 상속자, 곧 이스라엘에 토라(Torah) 정부를 세울 자라면, 예수님은 세상 만물의 상속자로서 하늘과 지상에 그리스도의 나라를 세우신 분이시다. 세 번째로 유대인들이 희망하는 메시아가 빼앗긴 지상 가나안땅을 되찾을 자라면, 예수님은 세계창조의 중재자이시다. 하나님은 아들 예수님을 통해서 세계를 만드셨다. 네 번째로 유대인들이 희망하는 메시아가 사람의 형상이라면, 예수님은 하나님 본체의 형상이요, 하나님 임재의 광채이시다. 다섯 번째로 유대인들이 희망하는 메시아가 칼로써 지상 가나안땅을 회복시킬 자라면, 예수님은 자신의 능력의 말씀으로 만물을 붙드시는 자이시다. 여섯 번째로 유대인들이 희망하는 메시아가 모세와 같은 유대인들의 구세주라면, 예수님은 인류의 구세주로서 죄를 정결케 하는 일을 하시는 분이시다. 일곱 번째로 유대인들이 희망하는 메시아가 지상 이스라엘나라의 왕좌에 앉을 왕(Nasi, Prince)이라면, 예수님은 하나님의 우편 보좌에 앉으신 평화의 왕, 만왕의 왕, 만주의 주이시다. 유대인들이 구약성경(Tenach)을 실체에 관한 또는 실체 그 자체인 하나님의 말씀 또는 하나님의 대언자들이 전한 말씀으로 본다면, 그리스도인들은 실체이신 예수 그리스도에 관한 예표와 그림자 또는 모형에 관한 하나님의 말씀으로 본다는 것을 아는 것이 유대교와 그리스도교의 차이를 바르게 아는 핵심이다. 또 유대교가 구약성경의 말씀들을 문자적으로 실천하는 종교라면, 그리스도교는 신약성경에 진술된 예수 그리스도에 관한 내용들을 믿고 고백하는 종교이다. 그리고 모든 그리스도인들은 이 신앙의 고백자들이다. "바로 이 점이 기독교가 유대교를 이어가지 않고 별개의 것으로 독립하게 된 원인이었다. 혹은 유대교가 기독교라는 이름으로 계승되지 않고 별개의 집단을 존속하는 이유이다."[75]

모든 인간 공동체에는 그 공동체를 움직이는 법규가 있고, 각 나라마다 헌법이 있다. 몇 사람이 모이는 작은 단체에도 회칙이라는 것이 있다. 마찬가지로 교회도 사람이 모이는 공동체이기 때문에 회칙이나 헌장

---

[75] 정훈택, 《신약개론》(대한예수교장로회총회, 1998), 14.

이 필요하다고 생각하는 사람들이 있다. 그래서 각 교회는 교회대로 운영방침을 적은 회칙이나 헌장을 만들어 운영하고, 교단은 교단별로 총회를 조직하고 총회 헌법을 만들어 운영하고 있다. 그리고 각 교회나 교단이 정한 법규들은 지방자치단체의 법규에 해당될 수 있을 것이다. 지자체의 법규들이 국가가 정한 모법에서 벗어날 수 없듯이 각 교회나 교단의 법도 모법인 성경에서 벗어나서는 안 될 것이다. 교회는 오직 하나이다. 이 교회는 하나님의 나라이다. 하나님의 나라 곧 교회의 유일한 헌법은 오직 성경뿐이다. 성경은 그리스도인이 무엇을 믿고, 어떻게 살아야 하는가를 정한 유일무이한 규범이다. 따라서 각 교회나 교단에서는 성경에서 벗어난 법규나 교리를 만들어 내지 않도록 성경연구에 충실해야 하며, 해석상의 차이를 충분히 고려해야 할 것이다. 또 사람이 만든 어떠한 법도 성경의 권위를 위협해서는 안 된다. 성경대로 믿고 행하지 아니하는 것은 분명히 이단이다.

하나님의 나라 곧 교회의 헌법은 하나님이 만드셨다. 성경은 하나님의 계시와 성령의 영감으로 기록되었다. 물론 성경은 사람의 손에 의해서 사람의 언어로 역사의 현장에서 기록되었다. 어찌 보면 성경은 인간의 글이다. 그러나 성경은 하나님을 믿었고, 하나님을 만났고, 하나님의 뜻을 깨달은 사람들이 기록한 특별한 글이다. 그러나 성경은 인간의 손만으로 완성되지 아니하고 하나님의 관여와 간섭 하에서 이루어졌다. 그것은 마치 무대에 펼쳐지는 한 편의 드라마와 같아서, 관객들은 연기자들의 몸동작과 대사를 듣고 울기도 하고 웃기도 하면서 드라마에 빠져들지만, 결국은 그 드라마를 쓴 작가의 말을 듣고 울기도 하고 웃기도 하는 것과 같다. 또 그것은 마치 관현악 연주와 같아서, 청중들은 많은 연주자들이 제각기 다른 악기로 연주되는 음악을 듣고 깊은 감동에 빠져들지만, 결국은 작곡자가 의도한 한 가지 주제 음악을 듣게 되는 것과 같다. 성경은 수많은 사람들과 천년의 역사 속에서 기록되었지만, 일관된 주제와 동일한 사상과 신앙을 유지하고 있다. 그 이유는 성경이 하나님의 관여와 간섭 하에서 기록되었기 때문이다.

하나님은 인간에게 세미한 음성으로 말씀하실 뿐 아니라, 여러 가지 모양으로 활동하신다. 또 하나님은 자신의 활동들을 선택된 사람들을 통해서 해석하고 설명할 수 있도록 감동하신다. 해석이나 설명이 없이는 하나님의 행동을 아무도 이해할 수 없기 때문이다. 이스라엘 민족의 출애굽 사건이나 예수님의 십자가의 사건이 아무리 중요한 사건들이라 할지라도, 성경이 그 사건들을 설명해 놓지 않았다면, 가공되지 아니한 원석같이 아무런 의미도 가치도 없을 것이다. 그러나 다행히도 성령님의 감동을 받은 주의 종들이 이 사건들 속에 감춰진 하나님의 비밀과 구원의 뜻을 알아듣고 이해될 수 있는 글로 설명해 놓았기 때문에 가공된 보석처럼 빛나게 되는 것이다. 그러나 보석이 아무리 귀중해도 서랍 속에 묻혀 있다면, 아무 가치가 없고, 사람들이 착용하여 빛을 발할 때에 그 진가가 발휘되듯이, 성경도 읽혀지고 삶 속에서 적용될 때에 살아 있는 하나님의 말씀으로 그 진가가 발휘된다. 하나님은 성경을 통해서 우리에게 말씀하시기 때문이다.

구약성경과 구약교회(유대교)는 신약성경과 신약교회의 예표요 모형이며 그림자라는 것이 신약성경 저자들의 한결같은 입장이다. 물론 구약성경은 하나님의 말씀이고 신약성경이해의 뿌리이며, 예표와 모형 또는 그림자 그 이상이다. "그러나 유대교는 예수님을 믿지 않는다. 따라서 신약성경을 인정하지 않고 가지고 있지도 않다. 우리 그리스도인들은 예수님에게서 구약성경의 모든 예언들이 성취되었다고 믿는다. 바로 이 점이 기독교가 유대교를 이어가지 않고 별개의 것으로 독립하게 된 원인이었다. 혹은 유대교가 기독교라는 이름으로 계승되지 않고 별개의 집단을 존속하는 이유이다."76 이런 이유들 때문에 그리스도(그리스도인)의 교회들은 지난 3세기에 걸쳐 신약성경교회의 본래성과 순수성과 능력이 회복되기를 바라서 힘써왔다. 사도들의 가르침과 전통을 존중하고, 사도들의 예배전통을 따르고자 힘써왔다. 그리고 하나님이 제정하여 놓으신 신약성경의 명칭만을 사용하려는 마음을 가져왔다. 사람들이 만든 교리나 견해를 따르지 않고, 신약성경의 명령들을 지키려는 정신을 가져왔다. 오직 성경만을 그리스도인의 믿음과 실천의 표준으로 삼고자 하였다. 오직 하나님이 제정하여 놓으신 규정만을 지키려고 노력해왔다. 그렇다고 해서 우리만이 그리스도인이라고 고집하지는 않는다(We are not the only Christians). 다만 그리스도인뿐(but Christians only)이라고 생각한다. 구약성경은 그리스도 중심으로 사도들의 전통대로 해석하며, 신약성경이 명령하는 것을 지키고, 사도들의 전통을 따르며, 성경이 말하지 아니하는 일들은 사랑으로 그리스도인들의 견해의 차이를 피차에 인정하려고 한다.

그리스도(그리스도인)의 교회들은 예수님께 배운 사도들의 가르침과 예배전통에로 돌아가 그 본래성과 순수성과 능력을 회복하려는 운동을 펼친다. 이 운동을 '환원운동' 혹은 '스톤-캠벨운동'이라고 말한다. 이 운동권에 속한 교회들이 한국에는 대략 400개 교회와 동서대학교, 경남정보대학교, 부산디지털대학교, 강서대학교, 서울기독대학교가 있고, 학교법인 동서학원의 설립자이신 장성만 목사께서 5공화국 때 국회부의장을 지내셨다. 미국에는 대략 3만개 교회와 670만 성도가 있다. 이 가운데

---

76 정훈택, 《신약개론》, 14.

는 출석성도가 1천명이상 5,000명까지 모이는 교회들이 200여개가 넘고, 5,000명이상 30,000명까지 모이는 교회들도 10여개에 이른다. 미국의 20대 대통령 제임스 가필드, 36대 대통령 린든 존슨, 40대 대통령 로널드 레이건 등이 이 운동권에 속했던 대통령들이다. 그리스도(그리스도인)의 교회가 추구하는 최종 목표는 바른 교회이다. 이것이 진정한 의미의 개혁주의 정신이요 신본주의 정신이다.

6. 교회의 구성원

첫째, 교회를 구성하는 것은 '그리스도인들'이다. 교회를 그리스도의 몸이라고 할 때, 그 몸에 딸린 각 지체들 곧 구성원들이 그리스도인들이다. 사람이 하나님의 나라인 교회의 지체 곧 구성원이 되기 위해서는 먼저 그리스도인이 되어야 한다.

'그리스도인'이란 이름은 아름다운 이름이다. 야고보서 2장 7절에 "그들은 너희에게 대하여 일컫는 바 그 아름다운 이름을 비방하지 아니하느냐?"란 말씀이 있다. 이 말씀에서 "너희"란 말은 유대인 그리스도인들을 말한다. 그리고 "그들은"이란 말은 그리스도인들을 억누르고 법정(회당)으로 끌고 가는 부자(아마도 고리대금업자)들을 말한다. 그리고 이 말씀의 전체적인 뜻은 부자에게 아첨하지 말고 가난한 자를 멸시하지 말라는 것이다. 사람을 외모만 보고 편애하는 것은 죄를 짓는 행위일 뿐 아니라, 부자들은 그들의 아첨을 고맙게 생각하기는커녕 오히려 그들을 멸시하고, 그들을 일컫는 "그 아름다운 이름을 비방"한다는 것이다. 그러면 "아름다운 이름"이란 무엇을 말하는가? 그것은 바로 '그리스도인'을 지칭하는 말이다. 야고보서 2장 7절의 "너희에게 대하여 일컫는바"란 글의 뜻은 "너희가 그 이름으로 불리는"이란 뜻이다. 그런데 그들은 야고보서 2장 1절에 "영광의 주 곧 우리 주 예수 그리스도를 믿는 자들"이라고 되어 있다. 그렇다면 그들은 '그리스도를 믿는 자들' 곧 그리스도인들이었던 것이다. 실제로 그들은 성경시대에 그리스도인으로 호칭되었다. 이 이름을 야고보서 2장 7절은 "아름다운 이름"이라고 했다. 여기서 "아름다운"이란 말은 '그럴만한 가치가 있는' 또는 '고상한'이란 뜻이다. 우리는 이 말을 '신성한'이란 단어로 바꿔서 쓸 수도 있다. 그 이유는 이 이름이 "여호와의 입으로 정하실 새 이름으로" 구약성경 이사야서에 예언되어 있기 때문이다.

'그리스도인'이란 호칭은 예언되어진 이름이다. 이사야 62장 2절에 "너는 여호와의 입으로 정하실 새 이름으로 일컬음이 될 것이다"는 말씀이 있다. 이 말씀에서 "새 이름"은 '그리스도인'을 의미한다. 이 그리스도인은 이사야 62장에서 몇 가지 특징으로 설명되고 있다. 3절은 하나님의 손에 들린 아름다운 면류관과 왕관으로, 4절에서는 "헵시바"라 하였는데, 이는 '내 기쁨이 그 나라 안에 있다'는 뜻이다. 그리고 5절에서는 신부로, 12절에서는 거룩한 백성, 구속받은 자, 찾은바 된 자, 더 이상 버림받지 아니한 성읍으로 설명되고 있다. 이 이사야 62장의 말씀이 장차올 교회와 그리스도인들을 두고 한 예언의 말씀인 것은 베드로전서 2장 9절의 말씀을 보아서 알 수 있다. 베드로전서는 교회와 우리 그리스도인들을 "택하신 족속이요, 왕 같은 제사장들이요, 거룩한 나라요, 그의 소유된 백성"이라고 적고 있다.

'그리스도인'이란 이름은 구약의 예언이 성취된 이름이다. 사도행전 11장 26절에 "제자들이 안디옥에서 비로소 그리스도인이라 일컬음을 받게 되었다"고 적고 있다. 이사야 62장 2절에 예언된 "새 이름"이 신약시대에 이르러 비로소 안디옥교회 성도들을 통해서 성취된 것이다.

'그리스도인'이란 이름은 사용된 이름이다. 사도행전 26장 28절에 아그립바 왕이 바울의 설교를 듣고 "네가 적은 말로 나를 권하여 그리스도인이 되게 하려 하는도다."라는 반응을 보였다. 이는 이 시기에 벌써 '그리스도인'이란 말이 널리 사용되고 있었다는 증거이다.

'그리스도인'이란 이름은 천거된 이름이다. 베드로전서 4장 16절에 "만일 그리스도인으로 고난을 받으면 부끄러워하지 말고 도리어 그 이름으로 하나님께 영광을 돌리라"고 되어 있다. 이와 같이 교회의 지체들은 다름 아닌 그리스도인들이다. 침례교인도 아니고, 감리교인도 아니고, 장로교인도 아니고, 성결교교인도 아니고, 안식일교인도 아니고, 여호와중인도 아니다. 성경에는 이런 이름이 하나도 없다. '그리스도인'이란 이름 말고 다른 호칭들이 있다면, 그것들은 "성도"(롬 1:7), "형제들"(약 1:2), "자녀들"(갈 3:26), "제자들"(요 15:8), "친구들"(요 15:15)이다. 그러나 이들 호칭들은 전혀 새로운 이름들이라고 말할 수 없다. "여호와의 이름으로 정하실 새 이름" 그리고 "아름다운 이름," 그 이름은 '그리스도인'이다. 그래서 교회의 지체들은 오직 그리스도인일 뿐이다.

둘째, '그리스도인'은 '기름을 부음 받은 자'이다. '그리스도인'(Christian)이란 말은 그리스도의 사람, 그리스도를 믿는 사람, 그리스도를 따르는 제자란 뜻인데, 예수님을 그리스도와 하나님의 아들로 또 하나님을 그분을 죽은 자 가운데서 살리신 분이심을 믿고 회개하고 신앙고백하고 침례 받고 성령님의 임재 내주 동거를 선물로 받은 자를 일컫는 말이다. 또 '그리스도'란 말이 '기름 부음을 받은 자'란 뜻인데, 침례를 받은 자는 그리스도의 이름으로 '기름 부음을 받은 자'이다. 따라서 히뽈리뚜스의 〈사도전승〉을 번역하고 해제를 쓴 이형우 신부는 이를 일컬어 "제2의 그리스도

(alter christus), 즉 그리스도인(christianus)으로 탄생되는 것이다"77고 하였다.

예수님께서 그리스도로 기름 부음을 받은 것은 구약성경의 방법인 올리브유를 통해서가 아니라 신약성경의 방법인 침례를 통해서였다. 초대교회는 침례를 하나님의 기름부음의 예식으로 이해했다. 구약시대에는 기름부음을 받은 자에게 성령의 외적인 능력의 임재가 있어서 기름부음을 확증했던 반면, 신약시대에는 침례를 받은 자에게 성령의 내적인 구원과 성화의 임재가 있어서 기름부음을 확증했다. 구약성경에 보면, 기름부음을 받은 자들이 성령의 외적인 능력의 임재를 경험하고 있는 것을 발견하게 된다. 한 예로 사무엘상 16장 13절에 보면, "사무엘이 기름 뿔 병을 가져다가 그의 형제 중에서 그에게 부었더니, 이 날 이후로 다윗이 여호와의 영에게 크게 감동되니라."는 말씀이 있다. 예수님께서도 요단강에서 침례를 받으시고 물위로 올라오셨을 때에 "이는 내 사랑하는 자요 내 기뻐하는 자라"는 음성이 하늘로부터 있었고, 이내 비둘기 같은 성령이 임하셨다. 또 사도행전 19장 5-6절을 보면, 바울이 에베소에서 12명에게 침례를 베풀고 안수하였을 때에 성령의 임재와 은사를 체험하고 있다. 이런 전통 속에서 초대교회는 침례 직후에 기름을 찍어 이마에 바르며 십자가를 그어주었고 안수하였다. 이는 성령님의 임재를 기원하는 성스런 견신례의 전통이었다. 이 전통이 말씀과 은혜사모에 치중하는 그리스도교(개신교)에서는 점차 사라져 가고 있고, 일부 교단에서만 입교예배를 통해서 유아세례를 받은 자에게 견신례를 행할 뿐이다. 어찌 보면, 애석한 일이 아닐 수 없다. 사도행전 2장 38절은, "너희가 회개하여 각각 예

---

77 이형우 역주. 《히뽈리뚜스 사도전승》(왜관: 분도출판사, 1992), 54.

수 그리스도의 이름으로 세례를 받고 죄 사함을 얻으라. 그리하면 성령을 선물로 받으리라."고 말씀하고 있다.

기름부음과 침례는 결국 성령의 임재를 가져오는 성례였고, 성령의 임재와 증거는 그리스도인을 그리스도직의 수행자가 되게 하는 "제2의 그리스도"(alter christus) 또는 그리스도를 믿고 따르며 그리스도의 직 곧 왕과 제사장과 예언자의 직책을 수행하는 작은 그리스도란 점을 알 수 있다. 우리가 다 알다시피 신약성경은 예수님과 초대교회 신앙인들에게 임했던 성령의 임재는 물론이오, 성령의 임재로 나타난 헤아릴 수 없이 많은 표적들을 소개함으로써 이를 증언하고 있다. 또 베드로전서 2장 9-10절, "너희는 택하신 족속이요, 왕 같은 제사장들이요 … 이는 너희를 어두운 데서 불러내어 그의 기이한 빛에 들어가게 하신 이의 아름다운 덕을 선포하게 하려 하심이라."는 말씀은 그리스도뿐 아니라, 그리스도인들도 기름부음 받은 자요, 뽑힌 자란 사실을 잘 말해주고 있다.

'그리스도'는 왕과 제사장과 예언자의 직책을 모두 수행하는 특별한 사람을 말한다. 그런데 예수님은 예언자의 직책을 수행했을 뿐이지, 왕과 대제사장직은 유대인의 관점에서 볼 때 실제로 수행하지 않으셨다. 예수님은 다윗 왕의 혈통을 타고나셨지만, 당시의 정치적 상황은 예수님이 유대인의 왕이 되는 것을 허락하지 않았다. 예수님 당시에는 로마당국이 임의로 점령지역에 왕과 총독을 임명하고 있었고, 심지어 대제사장까지도 말 잘 듣는 허수아비로 임명했던 때였다. 또 이스라엘 민족이 고대했던 메시아는 가장 이상적인 위대한 통치자로서 정치, 군사, 종교에서 매우 탁월한 능력을 발휘해야할 특별한 인물이라는 점에서 이런 인물을 기대한다는 것 자체가 당시의 상황으로써는 매우 비관적이었다. 이러한 역사적 상황에도 불구하고, 초대교회 때로부터 예수님은 왕으로서, 대제사장으로서, 대예언자로서 높임을 받고 있다. 여기서 우리는 초대교회 성도들이 예수님을 어떻게 이해했고, 또 어떻게 신앙고백 했는가를 알아야 한다. 그들이 이해한 그리스도는 그 당시의 유대인들이 이해한 방법과 전혀 달랐다. 유대인들은 메시아를 로마제국의 압제로부터 유대인들을 해방시키며, 하나님께서 아브라함에게 약속하신 땅과 다윗 때에 누렸던 영광을 되찾아 줄 정치적 지도자로 여겼다. 그러나 초대교회 성도들은 예수님을 죄와 사망의 권세와 사탄의 세력을 이기시고 승리하신 만왕의 왕으로서 또 친히 십자가 위에서 하나님과 인간 사이에 또 인간과 인간 사이에 있었던 불편함을 제거시키는 화목제물이 되심으로써 중보자와 구세주의 사명을 완수하시고 화해의 길을 열어 주신 대제사장으로서, 또한 인류에게 하나님의 구원의 계획과 하나님의 나라를 선포하신 대예언자로서 이해했다. 그리스도는 또한 교회의 머리로서, 만왕의 왕으로서, 온 우주를 통치하시는 만유의 주로서(엡 4:6; 골 3:11), 장차 나타날 새 하늘과 새 땅의 주인으로서, 우리 인간의 연약함을 친히 담당하신 대제사장으로서(히 4:15), 하나님의 숨은 비밀과 구원의 소망을 친히 드러내신 대예언자로서 고백되어지고 있다(히 1:1-3).

모든 그리스도인은 죄악과 자아와 유혹을 다스리는 왕 같은 삶을 살아가는 자들이며, 역사 속에 개입하시고, 섭리하시는 하나님의 구원의 사역을 신앙과 행동으로 고백하는 예언자의 삶을 살아가는 자들이며, 하나님과 인간 사이에, 인간과 인간 사이에, 인간과 자연 사이에서 디딤돌이 되는 헌신적인 제사장적 삶을 살아가는 특별한 사람들이다.

이밖에도 그리스도인은 주되신 예수 그리스도의 이름을 부르는 자이다(고전 1:2). 그리스도인은 예수님의 피로 인해서 죄 사함을 받은 자이다. 그리스도인은 교회의 머리되신 그리스도를 "살아 계신 하나님의 아들"

로 믿고(마 16:16), 그 분을 생명의 구세주로 자신의 중심에 모신 자이다(롬 8:9). 이렇게 마음으로 또는 "입으로 예수를 주로 시인하며, 또 하나님께서 그를 죽은 자 가운데서 살리신 것을"(롬 10:9) 믿는 자이다. 그리스도인은 예수 그리스도 안에서 거룩하여진 자이다. 그리스도인은 성도라 부르심을 입은 자이다. 그리스도인은 하나님으로부터 의인의 칭호를 받은 자이다. 그리스도인은 하나님께서 미리 작정하시고 뽑으시고 부르셔서 의롭다고 칭하시고 영화롭게 하신 자이다. 그리스도인은 하나님께서 "자기 피로 사신" 그분의 자녀이다(행 20:28). 그리스도인은 하나님의 나라의 시민권자이다. 그리스도인은 그리스도의 사람, 그리스도의 소유, 그리스도에게 속한 자, 그리스도 안에 있는 자(롬 8:1)이다. 그리스도인은 그리스도의 몸의 속한 자이다(고전 12:27; 엡 1:23, 4:12, 5:30). 그리스도인은 "다 한 성령으로 침례를 받아 한 몸이 되었고 또 다 한 성령을 마신"자이다(고전 12:13). 그리스도인은 구원받은 거룩한 백성이요, 성스런 그리스도의 몸의 각 부분이며, 자기 사명을 감당하는 그리스도의 일꾼이다.

셋째, 교회의 구성원들은 회중이요 공동체이다. 교회는 하나님으로부터 뽑힌 사람들의 모임 곧 회중 또는 공동체이다. 베드로전서 2장 9-10절은 "그러나 너희는 택하신 족속이요, 왕 같은 제사장들이요, 거룩한 나라요, 그의 소유가 된 백성이니, 이는 너희를 어두운 데서 불러내어 그의 기이한 빛에 들어가게 하신 이의 아름다운 덕을 선포하게 하려 하심이라. 너희가 전에는 백성이 아니더니, 이제는 하나님의 백성이요, 전에는 긍휼을 얻지 못하였더니, 이제는 긍휼을 얻은 자니라."고 하였다. 이 구절에서 "택하신 족속", "소유가 된 백성", "불러내어" 그리고 "하나님의 백성"이란 단어에 주목할 필요가 있다. 이 단어들은 교회가 하나님으로부터 뽑힌 사람들의 공동체라는 것을 명백하게 밝히는 것들이다. 의회가 뽑힌 사람들의 모임인 것같이 교회도 뽑힌 사람들의 모임이다. 그런데 의회원은 사람들로부터 뽑힌 자이지만, 그리스도인은 하나님으로부터 뽑힌 자이다. 우리 그리스도인들이 자긍심을 가져야 할 이유가 바로 여기에 있다. 우리는 하나님으로부터 뽑힌 자들이기 때문이다. 의회원은 자기를 뽑아 준 사람들의 권한을 대행할 뿐이지만, 그리스도인은 하나님에게 뽑혀서 죄를 이기고 평화를 누리며, 죽음을 이기고 영생을 누린다. 온 세상 사람들이 모두 다 깊은 늪 속에 빠져서 죽어가고 있다고 가정해 보자. 그리스도인은 그들 가운데서 하나님의 특별한 사랑과 은총으로 건짐을 받고, 영생을 약속 받고, 하나님의 아들과 딸로 입양되고, 새로운 삶과 소명으로 부름을 받은 소수의 사람들이다. 이런 점에서 의회원과 교인사이에는 근본적인 차이가 있다. 우리 그리스도인들이 자긍심을 가져야 할 이유가 바로 여기에 있다. 우리는 하나님으로부터 뽑힌 자들이기 때문이다.

교회는 하나님의 거룩한 나라이다. "택하신 족속", "소유가 된 백성", "불러내어" 그리고 "하나님의 백성"이란 단어들에서 보듯이, 교회는 하나님의 거룩한 나라이고, 교인은 하나님의 거룩한 나라의 백성이다. 이 나라는 성부 하나님에 의해서 계획되었고, 성자 하나님에 의해서 창설되었으며, 성령 하나님에 의해서 운영되고 있는 신성한 조직체이다. 사도행전 1장 4-6절을 보면, 예수님께서 승천을 앞두고 제자들을 모아놓고, 성령님으로 세례를 받기까지 "예루살렘을 떠나지 말고 내게서 들은 바 아버지께서 약속하신 것을 기다리라"고 마지막 부탁의 말씀을 남기고 있다. 그 때 제자들은 "주께서 이스라엘 나라를 회복하심이 이 때입니까?"라고 물었다. 이 질문에 예수님께서는 "때와 시기는 아버지께서 자기의 권한에 두셨으니 너희가 알 바 아니요, 오직 성령이 너희에게 임하시면 너희가 권능을 받고 예루살렘과 온 유대와 사마리아와 땅 끝까지 이르러 내 증인이 되리라."고 말씀하셨다. 예수님과 제자들이 마지막 순간에 나눈 이 짤막한 대화 속에서 우리는 아주 중요한 사실을 발견할 수 있다. 예수님께서 말씀하신 "아버지께서 약속하신 것"은 '성령님의 임재 내주 동거'를 염두에 두고 하신 말씀이었고, 제자들은 그 말씀을 '이스라엘 나라의 회복'으로 이해했다는 점이다. 이때의 이스라엘 나라의 회복은 문자적인 회복이 아니라 영적인 회복을 말한다. 따라서 이 나라는 유대인들을 위한 유대인의 나라가 아니다. 오히려 이 나라는 온 인류를 위한 하나님의 나라이며, 거룩한 나라이며, 영적인 나라이다. 이 나라가 바로 교회이다. 그리고 그리스도인들은 이 나라의 시민이다. 교회는 세상나라가 아니다. 교회는 육적인 나라가 아니다. 교회는 하나님의 나라이다. 교회는 신령한 나라이다. 이 나라의 시민은 아무나 될 수 없다. 원하는 대로 될 수 없다. 오직 뽑힌 사람만이 될 수 있다. 하나님이 선택한 사람만이 이 하나님의 나라의 시민이 될 수 있다. 그런데 우리는 아무런 공로 없이 하나님의 사랑과 은혜로 값없이 하나님의 나라의 시민으로 뽑혔다. 얼마나 감사한 일인가?

 교회는 하나님의 제사장 나라이다. 베드로전서 2장 9-10절은 "왕 같은 제사장들이요 … 이는 너희를 어두운 데서 불러내어 그의 기이한 빛에 들어가게 하신 이의 아름다운 덕을 선포하게 하려 하심이라."고 하였다. 이 말씀은 '교회가 하나님의 제사장의 나라'라는 것을 명백히 밝히는 것이다. 이 사실에서 우리는 하나님과 그의 선민과의 관계가 어떤 성격을 갖는가를 발견할 수 있다. 하나님께서 선민을 택하시는 이유를 알 수 있다. 선민의 사명과 목적이 무엇인지를 알 수 있다. 선민의 성격, 선민의 사명, 선민의 목적은 한마디로 하나님의 제사장의 나라가 되는 것이다.

다시 말하면, 하나님의 선교의 도구가 되는 것이다. 하나님의 봉사의 도구가 되는 것이다. 하나님의 교육의 도구가 되는 것이다.

하나님께서 성도를 세상에서 뽑아내시고 하나님의 거룩한 백성으로 삼으신 것은 모여서 하나님께 예배하며, 제자의 훈련을 받으며, 성도의 교제를 통하여 하나님의 나라의 일을 도모코자 함이다. 교회는 세상 속에 세워진 하나님의 신령한 나라이기 때문에 세상과 분리되어 격리될 수 없다. 세상 속에 세워진 하나님의 나라의 일꾼들은 세상 속으로 들어가 빛과 소금의 역할을 해야 한다. 그래서 하나님의 나라의 백성들은 세상 속으로 흩어져 전도하며, 봉사하며, 구제의 일을 해야 한다. 그렇게 함으로써 하나님의 나라를 확장시켜 나가야 한다.

제사장의 하는 일이 무엇인가? 제사장의 하는 일은 사람과 하나님 사이를 연결하는 일이다. 이 일을 가장 위대하게 해낸 분이 예수님이시다. 그래서 성경은 예수님을 "큰 대제사장"이라고 칭하고 있다(히 4:14). 출애굽기 19장 5-6절에 " 세계가 다 내게 속하였나니, 너희가 내 말을 잘 듣고 내 언약을 지키면 너희는 모든 민족 중에서 내 소유가 되겠고, 너희가 내게 대하여 제사장 나라가 되며 거룩한 백성이 되리라."고 하나님께서 이스라엘 민족에게 시내산 계약 때에 말씀하셨다. 이 계약으로 인해서 이스라엘 민족은 하나님으로부터 뽑힌 민족이 되었고, 하나님의 거룩한 나라가 되었지만, 제사장 나라의 사명을 충실히 해내지 못함으로 인해서 그 배턴(baton)이 교회로 옮겨지게 되었다. 하나님께서 우리를 뽑아 선민으로 삼으신 것은 제사장 나라의 사명을 주시기 위함이다. 하나님께서 우리를 뽑아 하나님의 거룩한 나라와 백성으로 삼으신 것은 전도와 봉사와 구제의 도구로 삼기 위함이다. 고린도후서 5장 18-19절은 "그가 그리스도로 말미암아 우리를 자기와 화목하게 하시고 또 우리에게 화목하게 하는 직분을 주셨으니, 곧 하나님께서 그리스도 안에 계시사 세상을 자기와 화목하게 하시며 그들의 죄를 그들에게 돌리지 아니하시고 화목하게 하는 말씀을 우리에게 부탁하셨느니라."고 하였다. 여기서 "화목하게 하는 말씀을 우리에게 부탁하셨다"는 말은 제사장 나라의 사명을 말하는 것이다. 이 사명을 받은 공동체가 바로 교회이다.

7. 교회의 리더십

교회의 창립자와 머리는 예수 그리스도이시다. 그러므로 그 권위가 절대적이다. 또 교회의 헌법은 성경전서이다. 그러나 구약성경은 신약성경 속에 새롭게 해석되어 있다. 그러므로 신약성경은 교회에 대해서 독보적인 권위를 갖는다. 예수 그리스도의 절대적 권위와 신약성경의 독보적인 권위 때문에 교회정치는 절대군주제이다. 반면에 개 교회들의 정치는 예수 그리스도의 절대적 권위와 신약성경의 독보적인 권위아래에서 제한된 자치권을 갖는 회중제이다.

그런데 예수 그리스도의 권위는 사도들에게 위임되었다. 사도들의 권위는 신약성경 속에 담겨 오늘날까지 전해지고 있다. 예수님은 마태복음 16장 19절에서 "내가 천국 열쇠를 네게 주리니, 네가 땅에서 무엇이든지 매면 하늘에서도 매일 것이요, 네가 땅에서 무엇이든지 풀면 하늘에서도 풀리리라."(마 18:18)고 하셨고, 요한복음 20장 23절에서는 "너희가 누구의 죄든지 사하면 사하여질 것이요, 누구의 죄든지 그대로 두면 그대로 있으리라."고 하셨다. 이 말씀들에 근거하여 가톨릭교회는 사도직계승을 주장하고 있고, 사도들의 권위가 장로사제(신부)들에게 위임되었다고 주장하고 있다. 그래서 그들은 사죄권이 장로사제들에게 있고, 로마교회의 초대 감독이었다고 주장되는 베드로의 천국열쇠권이 교황에게 있다고 주장하고 있다. 게다가 가톨릭교회는 부제(집사) 위에 사제(장로), 사제 위에 주교(감독), 주교 위에 대주교, 대주교 위에 추기경, 추기경 위에 교황이라는 리더십을 세우고 있다. 정교회들에는 대주교 위에 총대주교들을 두고 있다.

그러나 그리스도교(개신교)에서는 사도직계승을 인정하지 않고, 사도들의 가르침과 전통만을 계승한다. 그리고 사도들의 가르침과 전통은 신약성경에 담겨있다. 예수 그리스도의 권위는 사도들에게 위임되었고, 사도들의 권위는 신약성경에 위임되었다. 그 같은 맥락에서 그리스도교에서는 성경전서만이, 특히 교회와 구원에 관해서는 신약성경만이 믿음과 실천의 규범이다. 그러므로 교회의 조직은 신약성경의 가르침에 따른다. 또 교회의 리더십의 권위는 신약성경에서 비롯된다. 회중은 디모데전서 3장 1-7절과 디도서 1장 5-9절 등에 근거하여 목회자와 장로와 집사들과 같은 교회 지도자들을 뽑을 수 있지만, 믿음과 실천에 관한 규범을 만들거나할 권한이 아무에게도 없다. 그 권한은 오직 성경만이 갖기 때문이다.

그러나 회중이 오직 성경만을 외친다고 할지라도 여전히 해석상의 문제는 남는다. 그러므로 스톤-캠벨운동권의 전통에서는 신학적 해석을 절대시 하지 않는다. 그 같은 맥락에서 필자의 이 글도 결코 그리스도의 교회들이나 그리스도인의 교회들의 교리로 못 박지 못하고, 절대시될 수 없으며, 성경말씀의 참 뜻을 알아 가는데 있어서 참고로 삼을 수 있을 뿐이다.

여기서는 교회의 리더십의 역사적 발전에 대해서 간략히 살펴보고자 한다. 성경시대에 유대교 회당에는 설교자가 따로 정해져 있지 않았다. 회당에는 복수(3명)의 장로들이 있었는데 이들이 회당장들이었다. 또한 이들은 회당의 관리와 민원을 해결하는 공회원들이었다. 이들은 예배와 교육의 책임은 물론이고, 율법규정에 따라 곤장을 치게 하거나 파문을 시키는 등의 결정권을 갖고 있었다"(마 10:17; 막 5:22; 눅 7:3, 21:12; 행 22:19). 예수님, 바울, 바나바 등이 회당에 들어가서 설교할 수 있었던 것도 설교자가 따로 없었기 때문이다(막 1:21; 눅 6:6; 행 13:15, 19:8). 회당에서는 안식일, 월요일, 목요일 오전기도회 때 해당 주의 '파르샤'(Parshah, 모세오경의 일부)와 '하프타라'(Haftarah, 역사서와 예언서 가운데 파르샤와 관련된 몇 구절)를 낭독자들이 읽는다. 설교는 이 부분을 해설해 주는 것으로써(행 28:23) 필요할 경우 회당장들로부터 지명을 받은 자나 자원자가 나서서 할 수 있었다.

유대교 회당에 설교자가 따로 정해져 있지 않았던 이유는 유대교가 교리종교가 아니고 실천종교이기 때문이었고, '쉐모네 에스레이'(일명 '아미다')라 불리는 18개의 베라코트(Berakhot)을 낭송하기 위한 집회의 특성상 전담 설교자가 필요치 않았기 때문이다. 회당에 설교자가 따로 없었고 회당장이 여러 명이었다는 증거는 신약성경에 많다. 대표적인 구절이 사도행전 13장 14-15절이다. 바울과 바나바가 "비시디아 안디옥에 이르러 안식일에 회당에 들어가 앉으니라. 율법과 선지자의 글(파르샤와 하프타라)을 읽은 후에 회당장들이 사람을 보내어 물어 이르되 형제들아 만일 백성을 권할 말이 있거든 말하라 하니." 오늘날에는 신학교육을 받은 랍비들이 목회자로 사역하고 있다.

초기 그리스도교에도 복수(3명)의 장로들이 있었는데, 이들이 지역교회의 당회장(감독자와 치리자)들이었다. 초기 예루살렘교회의 장로들은 베드로, 요한, 야고보였다. 사도 야고보가 주후 44년에 참수를 당하자 그의 빈자리를 예수님의 형제인 야고보가 메웠다. 사도들은 순회전도를 위해서 자리를 지키지 못하였으므로 예루살렘교회의 수장은 야고보의 몫이 되었다(행 15:4, 6, 13; 고전 15:7; 갈 1:19, 2:12). 바울이 선교지에서 교회를 설립한 후 복수의 장로들을 선출하여 장립한 것은 바로 유대교 회당의 회당장들에 필적한 것이었다. 개개의 회당에 3명의 회당장 장로들이 있었던 것과 마찬가지로 선교지 교회들에도 3명의 장로들을 세웠을 것으로 추정된다. 사도행전 14장 23절은 바울이 "각 교회에서 장로들을 택하여 금식 기도하며 그들이 믿는 주께 그들을 위탁하였다"고 전하고 있다. 개교회의 장로들은 지역교회의 목자(목사)와 감독자로서 그 역할과 임무가 신약성경에 분명히 명시되어져있다. 특히 사도행전 20장 28절에서 바울은 에베소교회의 장로들에게 그들의 직책이 양무리를 보살피는 목자(목사)와 감독자임을 주지시켰다. 동일한 맥락에서 야고보서 5장 14절은 "너희 중에 병든 자가 있느냐? 그는 교회의 장로들을 청할 것이요. 그들은 주의 이름으로 기름을 바르며 그를 위하여 기도할지니라"고 하였다. 동일한 맥락에서 베드로와 요한은 스스로를 일컬어 '장로'라고 하였다(벧전 5:1; 요이 1:1; 요삼 1:1).

개교회의 장로들이 반드시 설교자일 필요는 없었다. 초기 그리스도교에서 말씀을 선포하고 가르치는 자들이 지역교회를 감독하고 목양하는 장로들만의 몫이 아니었기 때문이다. 1세기 말까지는 사도, 전도자, 선지자(예언자), 교사들이 말씀을 선포하고 가르치는 순회 목회자들이었다. 성례를 집례하고 예배를 인도하며 설교를 맡아하는 장로 설교자는 2세기 초 이그나티우스에 의해서 처음 언급되었다. 이그나티우스가 서머나교회에 보낸 서신에서 언급한 주교/감독의 직무는 다수 장로들의 으뜸 곧 오늘날의 담임 목사에 필적하는 것이었다.

2세기 무렵부터는 설교와 복음전파를 전담했던 떠돌이 순회사역자들이 교회들에서 사라지게 되었다. 그 이유는, 첫째, 예수님을 개인적으로 알거나 증언할 수 있었던 사람들이 모두 죽었고; 둘째, 이미 교회들은 사도들이 살아서 활동하던 때로부터 영지주의 경향을 띤 삼위일체를 부인한 유대인 에비온파의 심각한 도전에 직면해 있었으며, 사도들이 죽은 이후 교회들은 순회사역자들에 대해서 이단성이 없지 않은지 먼저 의심부터 하지 않을 수 없었다. 결국 교회들은 국교가 된 4세기말까지 장로들의 지도와 감독아래 지속되었다.

　313년 박해시대가 끝나자 교회는 삼위일체와 단일신론으로 심각하게 분열하였다. 종교의 자유를 선언했던 콘스탄티누스 황제는 325년 주교(장로감독)들을 니케아에 모이게 하여 이 문제를 토론하게 하였고, 삼위일체파들이 단일신론파를 누르고 만들어낸 최초의 신앙고백서가 바로 '니케아신조'였다. 이후로도 논쟁이 지속되었으나 380-90년대에 테오도시우스 대제, 밀라노의 주교 암브로시우스, 히포의 주교 아우구스티누스(어거스틴)가 지지한 삼위일체신앙이 보편적(catholic) 신앙으로 굳어졌고, 392년 그리스도교가 제국종교가 되면서 개인의 신앙의 자유가 제한되었으며, 라틴어 성경과 라틴어 미사만 허용하는 미사의 제사화 곧 봉헌신학과 성체신학의 발전으로 인해서 장로들이 제사장으로 둔갑되어 계급화 되었고, 사람들이 알아듣지 못하는 라틴어로 해야만 했던 설교와 대표기도가 순서에서 빠지게 되었다. 이런 배경 때문에 지역교회 공동체들에서 떠돌이 순회 목회자 개념의 전도자, 선지자, 교사가 자취를 감추게 되었다.

　오늘날의 그리스도교 장로들은 16세기에 칼뱅과 존 녹스의 평신도 장로 대의제 도입에서 비롯되었다. 원칙은 회중에 의해 선출된 회중의 대표가 치리회를 구성한다는 것이었다. 그러나 이 무렵 그리스도교는 신앙의 자유가 허락되지 않은 국가교회체제였기 때문에 제네바에서는 20인, 60인, 200인의 시의회들에서 전통에 따라 배정된 인원수대로 치리 장로들을 선출하였고, 칼뱅은 이들의 임기를 1년으로 제한한바가 있다. 존 녹스 역시 칼뱅이 제네바에 확립시킨 개혁교회 장로회 제도를 도입하여 스코틀랜드 의회의 승인을 받아 스코틀랜드 개혁교회에 정착시켰다. 스코틀랜드에서 회중이 선출한 치리 장로들과 사제(장로)들로 구성된 당회(session)가 스코틀랜드에서 시작된 것은 1563년부터였다. 이때 치리 장로의 임기는 제네바에서와 마찬가지로 1년이었으나 인적자원의 부족을 이유로 1578년부터는 종신직으로 바꿨다. 그러나 중요한 것은 국가교회체제 아래에서조차 16세기이후 그리스도교의 장로들은 임기가 제한된 평신도 선출직이었다. 그리고 그와 같은 대원칙이 미국에서는 정치와 종교의 분리와 개인의 신앙의 자유를 보장하는 연방수정헌법(1791년 12월 15일)이 채택된 이후에 더욱 명확히 드러나기 시작하였다.

유대교에서는 대제사장 또는 제사장들을 통해서만 하나님께 나아갈 수 있었다. 지성소의 하나님의 보좌(법궤) 앞으로 나아갈 수 있는 사람은 오직 대제사장 한 사람 뿐으로써 대속제일 날 하루 두 차례 정도 자신의 죄를 위해서와 백성의 죄를 위해서 하나님의 보좌 앞에 나아갈 수 있었다. 성막시대에는 백성이 출입할 수 없는 문(성막휘장, 성소휘장, 지성소휘장)이 세 곳이나 되었고, 성전시대에는 이방인들이 출입할 수 없는 미문(민족의 담), 13세 이상의 유대인 남성 곧 계명의 아들들만이 출입하는 니카노르문(성별의 담), 제사장들만이 출입하는 제사장의 문(신분의 담), 대제사장만이 출입하는 지성소의 문(계급의 문)이 존재하였다. 신약성경은 예수님이 하나님의 보좌에 출입하는 유일한 문이시라는 점과 문이 그분의 육체임을 강조하고 있다(요 10:9; 히 10:20). 예수님은 문(門)인 자신의 육체를 십자가에 못 박아 깨뜨리시고 하나님과 사람사이를 가로막는 모든 담을 상징하는 지성소휘장을 갈라놓으심으로써 남녀노소 빈부귀천 민족색깔에 상관없이 누구나에게 "예수의 피를 힘입어 [지]성소에 들어갈 담력을 얻게"(히 10:19) 하였고, "긍휼하심을 받고 때를 따라 돕는 은혜를 얻기 위하여 은혜의 보좌[법궤] 앞에 담대히 나아갈"(히 4:16) 또 "참 마음과 온전한 믿음으로 하나님께 나아갈"(히 10:22) "새로운 살 길"(히 10:20)을 열어주셨다. 이것이 만인사제의 의미이다. 모든 그리스도인들은 문자적인 의미의 사제들은 아니지만, 영적으로 의미적으로 실천적으로 사제들이란 것이다.

대제사장을 통하지 않고, 마치 자신이 대제사장인 것처럼, 직접 하나님의 보좌 앞으로 나아갈 길을 열어 주신 분이 예수 그리스도이시다. 그런데 '그리스도의 대리자'임을 주장하는 교황과 사도직 계승을 주장하는 사제(장로)들로 인해서, 곧 가톨릭교회의 유대교화로 인해서, 개인들이 직접 하나님께 나아가는 이 길이 다시 막혀 버렸다. 그리고 그 길을 다시 연 사람들이 그리스도교 인문주의자들과 종교개혁가들이었다. 그리스도교 인문주의자들은 "근원(뿌리)으로부터"(Ad Fontes) 곧 성경으로 돌아가자고 주장하였고, 고대 사본들을 찾기 위해 유럽의 도서관들과 수도원들을 조사하였으며, 성경의 원본을 복원하고 이를 모국어로 번역하였는데, 이 운동이 종교개혁가들에게 영향을 끼쳤다. 종교개혁가들은 라틴어 성경과 라틴어 미사만 허용되던 시대에 모국어로 성경을 읽거나 특히 예배 중에 모국어로 읽어 주는 성경말씀들을 들을 수 있도록 해주었다. 그러나 종교개혁운동의 영웅들인 루터, 츠빙글리, 칼뱅, 부처, 녹스는 본래 가톨릭교회의 사제출신들이었고, 국가종교를 신봉하는 자들이었다. 따라서 루터교회, 개혁교회, 영국교회가 다 국가종교였으며, 국가종교에 반대하여 정교분리를 주장한 재침례파와 청교도들을 이단으로 정죄하였고, 이를 근거로 시의회나 국가는 이들을 익사나 화형으로 다스렸다. 칼뱅이 제네바에 세운 장로제도는 평신도 대의제라는 장점에도 불구하고, 평신도들의 신앙생활을 감시하고 징계하는 제도였다.

'목사'라는 호칭은 '사제'(장로 곧 목양자)라는 말을 '목사'로 바꾼 종교개혁가 마르틴 부처에서 비롯되었다. 그는 '미사'를 '주의 만찬'으로 '제단'을 '주의 만찬상'으로 바꾼 개혁가였다. 이로써 그리스도교에서는 구약시대나 가톨릭미사에서처럼 희생제물을 바치는 제사도 제단도 사제도 인정하지 않게 되었다. 게다가 만인사제의 의미는 사제체제를 엄히 배격한다는 의미를 담고 있다.

정규신학교육을 받고 목사로 안수를 받은 사람들이 장로(리더십)냐 혹은 아니냐는 논쟁이 미국에서 1850년대에 격화되었다. 어떤 사람들은 목사가 장로들의 리더십 아래에 있는 목회자(설교자, 전도자)일뿐이라고 했고, 다른 사람들은 목사가 장로들의 한 사람일뿐 아니라, 으뜸(당회장)이라고 주장했다. 이런 각기 다른 주장으로 말미암아 교단이 갈라서기도 하였다.

8. 교회의 목적

'교회는 하나님의 제사장 나라이다'에서 살펴보았듯이. 하나님께서 그리스도인들을 부르신 목적은 "… 어두운 데서 불러내어 그의 기이한 빛에 들어가게 하신 이의 아름다운 덕을 선포하게 하려 하심이다." 교회가 '하나님의 제사장의 나라'라는 뜻은 교회가 하나님의 선교의 도구라는 뜻이다. 하나님께서 성도를 세상에서 뽑아내시고 하나님의 거룩한 백성으로 삼으신 것은 모여서 하나님께 예배하며, 제자의 훈련을 받으며, 성도의 교제를 통하여 하나님의 나라의 일을 도모코자 함이다. 교회는 세상 속에 세워진 하나님의 신령한 나라이기 때문에 세상과 분리되어 격리될 수 없다. 세상 속에 세워진 하나님의 나라의 일꾼들은 세상 속으로 들어가 빛과 소금의 역할을 해야 한다. 그래서 하나님의 나라의 백성들은 세상 속으로 흩어져 전도하며, 봉사하며, 구제의 일을 해야 한다. 그렇게 함으로써 하나님의 나라를 확장시켜 나가야 한다.

제사장의 하는 일이 무엇인가? 제사장의 하는 일은 사람과 하나님 사이를 연결하는 일이다. 이 일을 가장 위대하게 해낸 분이 예수님이시다. 그래서 성경은 예수님을 "큰 대제사장"이라고 칭하였다(히 4:14). 출애굽기 19장 5-6절에 " 세계가 다 내게 속하였나니, 너희가 내 말을 잘 듣고 내 언약을 지키면 너희는 모든 민족 중에서 내 소유가 되겠고, 너희가 내게 대하여 제사장 나라가 되며 거룩한 백성이 되리라."고 하나님께서 이스라엘 민족에게 시내산 계약 때에 말씀하셨다. 이 계약으로 인해서 이스라엘 민족은 하나님으로부터 뽑힌 민족이 되었고, 하나님의 거룩한 나라가 되었지만, 제사장 나라의 사명을 충실히 해내지 못함으로써 그 배턴(baton)이 교회로 옮겨지게 되었다. 하나님께서 우리를 뽑아 선민으로 삼으신 것은 제사장 나라의 사명을 주시기 위함이다. 하나님께서 우리를 뽑아 하나님의 거룩한 나라와 백성으로 삼으신 것은 전도와 봉사와 구제의 도구로 삼기 위함이다. 고린도후서 5장 18-19절은 "그가 그리스도로 말미암아 우리를 자기와 화목하게 하시고 또 우리에게 화목하게 하는 직분을 주셨으니, 곧 하나님께서 그리스도 안에 계시사 세상을 자기와 화목하게 하시며 그들의 죄를 그들에게 돌리지 아니하시고 화목하게 하는 말씀을 우리에게 부탁하셨느니라."고 하였다. 여기서 "화목하게 하는 말씀을 우리에게 부탁하셨다"는 말은 제사장 나라의 사명을 말한 것이다. 이 사명을 받은 공동체가 바로 교회이다.

유대교인들은 "안식일을 기억하여 거룩하게 지키라"(출 20:8)는 계명을 철저히 지키기 위해서 '멜라코트'(Melachot)라 불리는 39가지 범주의 안식일 법 곧 안식일에 해서는 안 될 창조의 일들을 39가지 범주로 분류하여 수백 가지의 안식일 법들을 엄격히 지키고 있다. 그런데 이토록 중요하고 엄격한 안식일 법을 무시해 버리고 대부분 유대인들이었던 초대교회는 일요일에 모여 예배를 드렸다. 사도행전 20장 7절, 고린도전서 16장 2절, 그리고 계시록 1장 10절과 교부들의 글을 보아서 알 수 있다. 사도행전 20장 7절을 보면, "안식 후 첫날에"(안식일이 7일째 날이므로 매주 첫날은 일요일) 성도들이 모여 주의 만찬 예배와 말씀의 예배를 드리고 있다. 고린도전서 16장 2절에는 "매주일 첫날에" 실시하는 헌금에 관해서 언급하고 있다. 그리고 계시록 1장 10절을 보면, "주의 날에" 요한이 성령에 감동되어 여러 환상들과 큰 음성들을 보고 듣고 있다. 성경에 쓰인 "안식 후 첫날," "매주일 첫날," 그리고 "주의 날"은 모두가 일요일을 나타내는 유대-기독교적 표현이다. 성경시대에 유대인들에게는 우리나라와 같이 원래 월명(月名)이나 요일명(曜日名)이 없었다. 그래서 안식일을 기준으로 안식 후 첫날, 안식 후 둘째 날 등으로 요일을 구별하였고, 니산월(3월과 4월 사이)을 기준으로 첫째 달, 둘째 달, 셋째 달 등으로 달을 구별하였다.

성경에 포함되지 아니한 교부들의 문헌에도 일요일 예배가 강력하게 추천되고 있다. 주후 70년경에 쓰인 〈바나바 서신〉 15:8이하는 이사야 1장 13절을 근거로 다음과 같이 적었다. "게다가 하나님은 유대인들에게 말씀하시기를, '너희 월삭(月朔)들과 안식일들을 참을 수가 없다.'라고 하셨다. 여러분은 하나님이 어떻게 말씀하고 계신지를 보십시오. '나는 너희가 지금 지키는 안식일들을 받을 수 없다. 그러나 내가 만든 안식일은 받을만하다. 그 속에서 나는 모든 일에서 쉬면서 나는 또 하나의 세상의 시작인 8일째 날을 시작할 것이다.'고 하셨습니다. 그러므로 우리(그리스도인들)는 기쁨으로 8일째 날을 지킵니다. 그 날에 또 예수님은 죽은 자들 가운데서 살아나셨고, 제자들이 지켜보는 가운데서 하늘로 올라가셨습니다."[78] 주후 90년경에 기록된 〈디다케: 열두 사도들의 가르침〉에 "주님의 주일마다 여러분은 모여서 빵을 나누고 감사드리시오."라고 했고[79] 안디옥 교회의 감독 이그나시우스는 주후 107년경에 로마로 끌려가는 도중에 마그네시아 교회에 보낸 편지에서 "그러므로 옛 관습을 따라 살았던 자들이 새 소망에로 나왔다면, 더 이상 안식일을 지키지 말고, 주님의 날에 따라 생활하십시오."라고 하였다.[80] 주후 150년경에 순교자 유스티아누스는 그가 쓴 〈첫 번째 변증서〉에서 "그리고 일요일이라고 부르는 날에는 도시나 시골에 사는 모든 사람들이 같은 장소에 함께 모임을 갖습니다."고 하였다.[81] 이밖에도 〈사도들의 서신〉(18), 〈베드로 복음서〉(9:34f, 12:50f), 〈베드로행전〉(1:1), 알렉산드리아의 클레멘트(Miscellanies V.xiv.106.2, VI.xvi.138.1, VII.xii.76.4), 테르툴리아누스(To the Nations I:13, On Idolatry 14:6, An Answer to the Jews 2:10, 4:1), 바르데사네스(On Fate) 그리고

---

[78] Barnabas, 15:8f. Everett Ferguson, *Early Christian Speak*(Abilene, Texas: Biblical Research Press, 1981), 67.
[79] 《열두 사도들의 가르침: 디다케》, 93.
[80] Ignatius, Magnesians 9. *Early Christian Speak*, 67.
[81] Justin, Apology, I,67. 〈트리폰과의 대화〉 10:1; 24:1; 41:4; 138:1. *Early Christian Speak*, 81-82, 67-68.

유세비우스(교회사, III.xxvii.5) 등이 주일 예배를 강조하고 있다.[82]

교부들의 문헌들을 살펴보면, 그리스도인들이 모여 예배한 시간이 주일 새벽이나 밤이었던 것을 알 수 있다. 낮 시간을 배제하고 새벽이나 밤에 예배한 이유는 그 당시에는 일요일이 공휴일이 아니었기 때문이며, 신자들 중의 상당수가 노예나 하류 계급이어서 일요일에도 일을 했기 때문이었다. 일요일이 법적 휴일이 되고, 예배당이 건축되기 시작한 것은 313년 콘스탄티누스 황제 때부터였다. 그 전까지는 주로 예배가 가정에서 행하여졌고, 부유한 사람의 집 넓은 방이나 예배당으로 개조한 집에서 이루어졌다. 성경도 가정교회들에 대한 증거를 갖고 있다(롬 16:4; 고전 16:19).

초대교회 성도들이 매우 엄격한 안식일 법을 어기고 일요일에 예배를 드렸다는 점은 범상한 일이 아니다. 왜 그랬는가?

첫째, 일요일은 예수 그리스도께서 부활하신 날이기 때문이다.

둘째, 일요일은 교회시대의 출범과 하나님의 나라의 시작을 가져온 성령께서 강림하신 날이다. 오순절 성령의 오심은 구약시대를 신약시대로, 율법시대를 은혜시대로, 이스라엘시대를 교회시대로, 임마누엘의 시대로 바꾸어 놓았다.

셋째, 일요일은 교회가 처음 시작한 날이다. 성령께서 강림하시고 베드로의 말씀 선포를 통해서 교회가 출범된 오순절 날은 '안식 후 첫날'인 일요일이었다.

넷째, 예수님이 부활하신 날과 교회가 창립된 날은 '안식 후 첫날' 곧 제8일째 날인데, '예수'란 이름은 숫자로 888이 된다. 제8일째 날을 주님의

---

[82] Early Christian Speak, 67-69.

날로 인식하게 된 데는 예수님께서 부활(재탄생)하신 날이어서 뿐만 아니라, 이름이 가진 '8'이란 숫자 때문이기도 하였다.

다섯째, 구약의 예언이나 의식들은 장차 오실 그리스도에게 그 초점이 맞춰져 있고, '장차 올 더 좋은 것들'의 예표와 모형이기 때문에 예수 그리스도를 통해서 안식일이 주일로 완성에 이르게 된 것이다.

성경이 말하는 안식은 점진적이다. 최초의 안식은 하나님께서 창조사역을 마치신 다음 날인 토요일이었고, 두 번째 안식은 세상 죄를 지시고 십자가에 못 박히심으로써 하나님의 구원사역을 마치신(요 1:29, 19:30) 다음 날인 토요일이었으며, 세 번째 안식은 성령님이 오시고, 성령님이 증거 하시며, 성령님이 성취하신 참 안식, 사람이 안식일을 위해서 존재하지 않고 안식일이 사람을 위해서 존재하는 진정한 안식을 주는 일요일인 '주의 날'이다. 이 세 번째 안식은 예수님이 죽음을 이긴 날이요, 성령님이 인간과 함께 하신 날이요, 하나님의 나라인 교회가 출범한 날이요, 온 세계에 구원의 복음이 선포된 날이다. 따라서 이 세 번째 안식의 의미는 유대교인들의 주장처럼 '창조의 일'(Melacha)을 멈추는 데 있지 않고, 생명을 살리고 죽음을 이기며 세상을 살리는 빛과 생명의 일을 함으로써 누리는 참 평안, 참 자유, 참 안식을 말한다.

이 세 번째 안식은 교회의 전도활동의 결과로 하나님의 무죄 선언과 예수님의 대속의 피와 성령님의 중생의 씻음으로 '이미' 시작된 그리스도인의 안식을 바탕으로 '지금 여기에서' 성취시켜 가는 현재 진행 중인 안식이다. 이 세 번째 안식은 예수님께서 재림하실 때까지 지속된다. 그러다가 예수님이 재림하시고 영원한 나라가 이루어지면, 그리스도인들은 완전하고 거룩한 쉼과 복을 누리게 된다. 이것이 네 번째 안식이다. 히브리서 4장 10절은 "이미 그의 안식에 들어간 자는 하나님이 자기의 일을 쉬심과 같이 그도 자기의 일을 쉰다."고 하셨다. 또 계시록 7장 15-17절은 "그러므로 그들이 하나님의 보좌 앞에 있고 또 그의 성전에서 밤낮 하나님을 섬기매 보좌에 앉으신 이가 그들 위에 장막을 치시리니, 그들이 다시는 주리지도 아니하며 목마르지도 아니하고 해나 아무 뜨거운 기운에 상하지도 아니하리니, 이는 보좌 가운데에 계신 어린 양이 그들의 목자가 되사 생명수 샘으로 인도하시고 하나님께서 그들의 눈에서 모든 눈물을 씻어 주실 것임이라."고 하였다. 이 쉼이 온전하고 거룩한 안식이다.

교회는 예수님께서 부활하신 날에, 성령님께서 강림하신 날에, 그리스도의 나라인 교회가 창립된 날에 모여 예배를 드린다. 예수님은 안식일 전인 금요일에 운명하셨고, 안식일 후인 일요일에 다시 살아나셨다. 이런 면에서 토요일인 안식일은 죽음과 생명을 갈라놓았다. 그리스도인들은 침례를 받음으로 죄로 죽고 새 생명으로 부활한 사람들이다. 그리스도인들은 내면의 부활을 경험한 사람들이요, 성령님의 임재를 경험한 사람들이요, 하나님의 나라의 삶을 시작한 사람들이요, 참 안식을 누리기 시작한 사람들이다. 그리스도인들이 안식일을 폐지하고 예수님께서 부활하신 일요일 곧 '주님의 날'에 모여서 예배를 통해서 부활의 축제를 갖는 것은 당연하고 합당한 일이다. 그러므로 우리 그리스도인들은 "모이기를 폐하는 어떤 사람들의 습관과 같이 하지 말고 오직 권하여 그 날이 가까움을 볼수록 더욱" 힘써 주일을 지켜야한다(히 10:25).

제6장
인간

그리스도교 신학이 하나님과 관련된 모든 것을 연구하는 학문이라면 그리스도교 신학에서 다루는 인간론(Christian Anthropology)은 하나님과 관련된 인간을 주제로 삼는다. 따라서 그리스도교 인간론은 생물(진화)적, 문화(종교)적, 유물(고고학)적, 언어적, 사회적 발전을 연구하는 인류학(anthropology)하고는 다르다. 그리스도교 신학의 인간론은 하나님으로부터 창조된 인간 곧 하나님의 형상(본성)과 구성요소(육체와 영혼)와 죄로 인한 타락 등을 다룬다.

1. 피조물

인간은 피조물이다. 지음을 받은 존재이다. 지음을 받은 존재는 영원하지 않다. 지음을 받은 존재는 반드시 죽는다. 그것이 자연의 법칙이고 열역학2법칙(엔트로피)이다. 지음을 받은 존재는 완전하지 않다. 지음을 받은 존재는 거룩하지 않다. 지음을 받은 존재는 죄와 허물에서 자유롭지 못하다. 그래서 인간은 필연적으로 죄인이 된다.

창조주이신 야훼 하나님 한분이외에 모든 것은 피조물이다. 지음을 받은 것이다. 지음을 받은 것은 절대적이지 않다. 지음을 받은 것은 예배와 섬김의 대상이 아니다. 지음을 받은 것은 평등하다. 그래서 인간은 예배와 섬김의 대상이 아니다. 자연은 예배와 섬김의 대상이 아니다.

신학자 하비 콕스(Harvey Cox)는 《세속도시》(The Secular City)란 책에서 출애굽 사건이 갖는 중요한 의미 가운데 한 가지가 하나님 한분이외에는 모두가 다 피조물이고 숭배의 대상이 아니란 사실을 일깨워준 것이라고 했다. 고대 이집트 왕 바로(Pharaoh)를 포함하여 거짓 신들은 두려움이나 숭배의 대상이 아니란 사실을 일깨워준 것이라고 했다. 자연은 숭배의 대상이 아니라 하나님의 피조물로써 관리와 보존의 대상임을 강조하면서 출애굽사건을 자연의 마력, 인간의 권력, 유한한 가치를 절대시하는 우상숭배에서 벗어난 사건이라고 하였다.[83]

고대 그리스로마와 근동세계에서는 각종 동물과 곤충들을 신으로 섬기고 있었다. 게다가 황제는 백성의 수호신(god)이었고 주인(lord)이었으며 구세주(saviour)였다. 황제들은 전쟁에 직접 참여하였고, 황제가 전쟁에서 패하면 백성이 도륙당하거나 노예가 된다는 점에서 전쟁에서 이긴 황제는 구세주였다. 신약성경시대의 로마의 황제들은 신성 또는 신의 아들 또는 신(神)과 주(主)였다. 바울은 데살로니가후서 2장 4절에서,

---

[83] 하비 콕스, 《세속도시》, 구덕관 외 옮김(서울: 대한기독교서회, 1993 개정신판), 25-46.

"그는 대적하는 자라. 신(神)이라고 불리는 모든 것과 숭배함을 받는 것에 대항하여 그 위에 자기를 높이고 하나님의 성전에 앉아 자기를 하나님이라고 내세운다."고 지적하였다. 요한이 밧모 섬에 유배되어 환상을 봤던 때의 황제인 도미티아누스(Domitianus AD 81 96년 재위)는 '주와 하나님'(DOMINUS ET DEUS)이란 이름을 참칭하였다.[84] 아우렐리아누스 (Aurelianus, AD 270-275년 재위)와 카루스(Carus, AD 282-283년 재위)와 같은 일부 황제들은 '신(神)과 주(主)'(Deo et Domino) 혹은 '주와 하나님'(Dominus et Deus)이란 표현을 자신들의 두상이 새겨진 주화에 새겨 넣기도 하였다.[85]

이것은 그리스-로마제국에서뿐 아니라, 고대 근동세계에서도 마찬가지였다. 황제의 신성이나 숭배가 가능했던 것은 당대에는 다신을 믿었기 때문이다. 신들의 숫자가 워낙 많다보니까 황제신(皇帝神)이 하나 더 추가됐다고 해서 문제될게 없었다. 당대에 발행된 주화들에 새겨진 문구들을 볼 때, 황제들은 국가와 시민의 보호자(PR VINDEX), 대중의 희망(SPES PVBLICA), 영원한 왕(PRINC PERP), 공정한 통치자(AEQUITAS AVG), 행복(FELICITAS)과 자유(LIBERTAS)와 풍요와 행운(TYCH)과 운명(FORTVNAE)과 평화(PAX, PACI)와 승리(NIKE)를 가져다주는 자, 국가와 백성의 수호신(THEOS, DEUS), 만왕의 왕(BASILEUS BASILEON), 만주의 주(KYRIOS KYRION), 평화의 왕(BASILEUS EIRENES), 신의 아들(DIVI FILIUS), 신의 현현(THEOU EPIPHANOUS)이었다.[86] 같은 맥락에서 야훼 하나님이나 그리스도 예수 하

---

[84] Suetonius, *Domitian*, 13:2; Dio, *Roman History*, 67:4:7
[85] http://kccs.info/사랑의 수고22: 그리스도의 강림(2)(살후 2:6-12)[검색: 구글].
[86] http://kccs.info/신행일치11: 말씀을 들음과 행함(3)(약 2:1-7)[검색: 구글].

나님이나 성령 하나님이 하나 더 추가되었다고 해서 그리스로마사회에서 크게 문제될 것은 없었다. 이런 이유로 그리스로마인들이 그들이 믿었던 신들에 대한 믿음 때문에 순교를 당했다는 기록을 읽기가 어렵다. 그것은 그들이 다신을 믿었기 때문이었고, 그런 그들이 굳이 자기 신(神)만을 고집하며 순교를 불사하지 않았기 때문이다. 그들은 3만이 넘는 신들을 믿었고, 셀 수 없이 많은 신들의 이름을 알고 있었으며, 심지어 알지 못하는 신들을 위한 제단까지 만들었기 때문에, 비록 황제가 인간이었을지라도, 그들은 황제숭배를 거부할 명분이나 실익을 찾지 못하였다. 문제는 그리스도교가 다른 신들을 우상으로 여겨 인정하지 않는다는데 있었다. 그리스도인들은 황제를 신으로 믿고 섬겨야하는 준엄한 시기에 "신은 한분뿐이요, 주도 한분뿐이다."를 주장했고, 각종 신상들과 신전들 및 제단들을 부정할 뿐 아니라, 황제숭배를 거부하였다. 그로 인해서 그리스도인들은 종종 '무신론자'로 오해를 받기도 했다. 특히 로마법에 의해서 십자가형을 받고 처형된 예수를 구주로 고백한다는 것은 황제의 권위를 찬탈하는 것이고 도전하는 것이었다.

고대 그리스 델포이 신전 입구 상인방에는 "너 자신을 알라"는 의미심장한 말이 새겨져 있었다. "너 자신을 알라"(Gnothi seauton)는 아폴론이 신전에 맡겨놓은 자신의 운명을 알아보려고 찾는 사람들에게 아폴론이 내린 경고였다. "너 자신을 알라"는 '너는 기껏해야 죽을 운명을 타고난 피조물에 불과함을 알라'는 것이었다. 인간은 유한한 피조물이므로 영원한 신들 앞에서 오만하지 말라는 뜻이었다. 당대의 헬라인들은 '너 자신이 죽을 운명을 타고난 피조물에 불과하다는 것을 알라'는 델포이 신전 상인방에 새겨진 교훈을 잘 알고 있었다. 그리스 신화가 주는 여러 교훈들 가운데 한 가지가 신들은 오만한 인간을 가장 혐오한다는 것이다. 신들이

혐오하는 인간은 죽을 운명을 타고난 피조물인 자기주제를 망각한 오만한 자란 것이 신화를 쓴 호메로스(Homeros)와 같은 시인들의 생각이었다. 그래서 인간의 '오만'(Hybris)은 '죽음에 이르는 병'이라고 하였다.

자기 자신이 피조물임을 일깨워주는 그리스도교의 창조신앙에는 많은 장점들이 있다.

첫째, 창조는 이 피조세계가 본래 좋은 것임을 말해준다. 하나님께서 우주 만물을 지으시고, 그 지으신 모든 것을 보시니, "보시기에 심히 좋았다"고 말하고 있다. 이 우주에 존재하는 모든 것이 본래 나쁜 것은 아니다. 만일에 나쁜 것이 있다면, 그것은 그것을 악하게 사용하는 피조물 인간에게 책임이 있다. 그러나 인간도 본시 악하게 만들어진 것이 아니다. 인간은 영성과 이성과 감성과 의지를 가진 인격체로서 만들어졌다. 인간은 본시 하나님과 인간과 물질과 함께 계약관계 속에서 살아가도록 만들어졌다. 그리고 계약은 언제나 선과 관련되어 있다. 이 계약이 이행되고 못되는 것은 인간의 선택의 의지에 달려 있다. 인간이 피조물이긴 하지만 이성적 동물이요 인격체라는 점은 인간이 책임적 존재라는 의미를 갖는다. 하나님은 인간에게 선한 일에 쓰일 도구로써 세상의 모든 것을 주셨고 허락하셨다. 그러나 책임적 존재인 인간이 선하게 쓰겠다는 약속을 파기하고 그것을 악하게 사용했을 때에 흉기로 변하여 악이 발생되고 죄가 인간세계에 유입되었다. 악은 하나님의 피조물의 좋은 것들을 악한 목적으로 사용하거나 욕망이 우상이 될 때 발생되었다. 그러므로 하나님이 만드신 이 세상의 모든 것은 악한 것이 없다. 그 모든 것들은 선하게 사용되기를 기다리는 중립적인 것(adiaphora: 선도 악도 아니고, 명령 받지도 금지되지도 않은 것)이다. 여기에 우리 그리스도인들의 삶의 자세가 있다. 우리는 고대 헬라세계의 영지주의자들처럼 성스러운 것과 속된 것을 나누어 이원론적으로 살지 않아야 한다. 근본적으로 이 세상에는 악한 것이 없다는 데서부터 출발해야 한다. 그리고 모든 것을 선용하는 자세로 살아가야 한다. 그리고 악한 것을 정죄하고 벌하기보다는 새롭게 하는 영으로 재창조해 가야 한다. 하나님은 죄와 허물로 인해서 죽어야 마땅한 인간들을 외아들 예수 그리스도의 희생을 통해서 새사람으로 재창조하셨고, 타락한 이 우주도 멸하시기보다는 구속하시고 새롭게 하실 것을 약속하셨다(사 65:17, 롬 8:18-23; 벧후 3:10-13, 계 21:1). 우리에게 필요한 것은 바로 이 재창조의 영이다.

둘째, 창조는 이 우주와 우주의 역사에 목적과 방향을 제시해 준다. 우연히 발생한 우주는 목적도 방향도 없다. 단지 죽음을 향해 달려갈 뿐이다. 그러나 인격자이시며 전지전능하신 하나님께서 이 우주를 의도적으로 만드셨다면, 피조물인 이 우주는 반드시 그 목적과 가는 방향이 있을 것이다. 성경은 이 우주가 하나님의 영광과 인간의 유익을 위해서 만들어졌다고 말하며(창 1:26-29), 머지않아 전개될 새로운 세계 또는 새 하늘과 새 땅을 바라보고 있다고 가르치고 있다(사 65:17; 롬 8:18-23; 벧후 3:10-13; 계 21:1).

셋째, 창조는 피조물인 인간의 삶에 목적과 의미를 부여한다. 인간이 우연히 이 세상에 왔다가 사라지는 진화의 부산물이라면 삶에 목적이나 의미를 기대할 수가 없다. 그러나 유일하신 야훼 하나님께서 인간을 만드셨다면, 인간은 자기의 존재이유를 물을 수 있을 것이다. 하나님께서 이 우주에 목적과 의미를 부여하셨고, 그것이 인간의 유익을 위한 것이라면, 인간은 마땅히 하나님께 경배와 영광을 돌려야 하며, 이 우주를 관리하고 보존할 책임적 존재가 된다. 또한 하나님께서 인간을 만드셨다면, 각 사람에게는 반드시 하나님의 부르심(召命)이 있다. 이 하나님의 부르심 속에 그 사람의 삶의 목적과 의미가 있다. 인간은 우연히 이 세상을 살아가는 운 좋은 혹은 운 나쁜 존재가 아니라, 선하신 하나님의 뜻에 따라 이 세상에 태어났고, 하나님이 주신 천직을 받고 있다. 우리 그리스도인들은 하나님의 미리 정하신 부르심을 받아 의롭다 하심을 받은 자들이요, 또 장차 영화롭게 될 자들이다(롬 8:30). "하나님의 은사와 부르심에는 후회하심이 없다"(롬 11:29). 하나님은 인간의 삶 속에 개입하고 계신다. 하나님은 우리 민족의 역사 속에 개입하고 계신다. 하나님은 전 인류의 역사 속에 개입하고 계신다. 그리스도인은 이것을 믿는다. 이것이 그리스도인의 역사의식이다. 하나님은 무에서 생명을 있게 하셨고, 흑암에서 빛을 있게 하셨으며, 혼돈에서 질서가 있게 하셨다. 이 하나님께서 혼돈한 인간의 역사를 바로 잡아 주실 것을 믿는다. 캄캄한 삶의 현실을 빛의 현실로 바꾸어 주실 것을 믿는다. 죽음의 권세를 부활과 새 생명의 현실로 바꾸어 주실 것을 믿는다. 이것이 창조신앙이다. 하나님은 나를 미리 아시고 정하셨다. 그리고 부르셨다. 의롭다고 간주하셨다. 장차 영화롭게 하시겠다고 약속하셨다. 삶의 목적과 소명의식을 주셨다. 이것이 자신이 피조물임을 일깨워 주는 창조신앙이다.

넷째, 창조는 과학과 학문을 가능케 한다. 이 피조세계는 계획하시고 설계하시고 만드신 분이 계시기 때문에 일정한 법칙이 존재하게 되고 문제에 대한 예측과 진단과 처방도 어느 정도 가능하다. 또한 만들어진 세계는 영원하지도 절대적이지도 않다. 열역학법칙은 이 우주가 영원하지 않다는 것을 말해준다. 또 열역학법칙은 이 우주가 만들어졌다는 것을 말해준다. 그러나 무엇보다도 하나님이 만드신 세상이기 때문에 인간이 믿고 의지하고 살 만한 곳이다. 창조주 하나님은 신실하시며 이성적인 분이시기 때문이다. 그러므로 그가 만드신 이 우주는 인간이 신뢰하고 살아 갈 만하며, 합리적이고, 예측이 가능하며, 과학과 학문이 가능한 곳이다. 이 우주에 질서와 법칙이 있다는 것은 곧 이 우주가 하나님에 의해서 만들어졌으며 하나님에 의해서 계획되고 운영된다는 것을 입증하는 것이기도 하다. 21세기를 살고 있는 인간이 누리고 있는 과학기술문명도 따지고 보면 모두가 이미 존재했던 것들을 발견해 낸 것에 불과하다. 과학과 학문이 발전되면 될 수록 만드신 이의 놀라운 창조의 솜씨가 함께 드러난다는 사실을 잊지 말아야 한다. 피조물인 인간이 만들어 낼 수 있는 것은 아무 것도 없다. 다만 발견하고 조립할 뿐이다.

다섯째, 창조는 윤리에 대한 기초를 제공한다. 오직 한 분 초월자이신 창조주 하나님만이 절대적인 법칙과 옳고 그름의 표준을 세울 권리를 갖고 계신다. 이 우주의 주인은 인간이 아니라, 만든 자이신 하나님이기 때문이다. 인간은 단지 청지기에 불과하다. 그러므로 하나님의 뜻이 인간의 뜻을 우선한다. 인간은 하나님의 뜻을 따라 살아야 한다. 그리고 하나님의 뜻은 성경에 담겨져 있다. 성경은 믿음의 조상들이 삶 속에서 하나님을 만나고 그분의 뜻을 발견한 삶의 고백이기 때문이다.

여섯째, 창조는 인간이 피조물임을 가르친다. 창조는 인간이 결코 신이 될 수 없음을 가르치며, 항상 하나님을 경외하는 위치에 서야 할 것을 요구한다. 이것이 예배를 위한 기초이다. 우리는 항상 경외심을 가지고 하나님을 대해야 한다. 인간이 피조물이라는 인식은 스스로의 한계를 인정하는 것이다. 그리고 누구에게나 인간으로서의 한계가 있다는 것을 인정하는 것이다. 창조는 인간이 부족한 존재임을 가르친다. 창조는 인간이 죄인임을 가르친다. 창조는 인간에게 겸손과 용서와 인내와 사랑을 가르친다. 창조는 또한 모든 인간이 스스로 노력해야 할 존재임을 가르친다. 인간은 채워가는 존재이지 채워진 존재가 아니기 때문이다.

일곱째, 창조는 인간에게 청지기에 지나지 않는다는 점을 가르친다. 하나님은 창조자의 권리로써 모든 것을 소유하신다. 우리가 소유한 것은 우리의 것이 아니다. 우리는 그것을 맡아 관리하는 청지기에 불과하다. 그러므로 우리가 소유한 것은 우리의 것이 아니며, 하나님의 것이다. 만일 우리가 무엇인가 하나님께 드린다면 그것은 하나님의 것을 되돌려 드리는 것에 지나지 않는다. 창조는 우리가 평생 하나님의 것을 관리하는 관리자라는 겸허한 자세로 살 것을 가르친다. 하나님께서 보이는 세계와 보이지 않는 세계를 말씀 한마디로 무에서 창조하셨다는 것은 하나님께서 우리의 주인이시고, 우리 삶의 본질적인 중심이 되신다는 것을 가르친다. 그러므로 피조물인 우리 인간은 통치자 되신 하나님께 영광을 돌리고 만물을 맡아 잘 관리해야하며 그분의 뜻대로 살아야 할 의무가 있다.

신앙은 우리 인간들의 삶의 방향을 결정짓는 중요한 존재 방식이다. 그리고 그리스도교 신앙은 창조신앙이란 큰 물줄기로 이어지고 있다. 성경시대를 살아간 믿음의 조상들은 이 창조신앙 속에서 부활의 신앙과 인간은 죄인이며 피조물이라는 인간론과 하나님이 우리와 함께 하신다는 임마누엘의 신앙을 갖게 되었고, 이 신앙 속에서 재창조의 정신과 확고한 역사의식과 소명의식을 갖게 되었다. 성경 속에 나타난 신앙인들은 또한 이 창조신앙 속에서 과학과 학문의 가능성을 발견하였고, 믿음과 실천의 규범을 발견하였다. 이 뿐 아니라, 성경 속에 나타난 신앙인들은 이 창조신앙 속에서 인간 본연의 모습과 임무와 책임을 발견하게 되었다. 그리고 그들은 이 창조신앙 속에서 주어진 환경을 극복하고 승리할 수 있었다.

2. 하나님의 형상

유대인 신비주의 카발라인(Kabbalist)들은 태초의 신 혹은 태초의 빛 혹은 영원한 무의 세계에 계셨던 유일하신 초월적 존재를 '아인 소프'(Ein Sof)라고 부른다. 그리고 이 아인 소프에서 유출(발산)된 '쉐키나'(Shekhinah) 곧 하나님의 속성과 계시의 빛 열 가지를 '세피롯'(Sefirot)이라 하는데, 아인 소프는 이 열 가지 세피롯을 통해서 우주와 상호작용한다고 말한다. 세피롯은 열개로써 태초의 신인 '아인 소프'(Ein Sof)의 형상(특성)을 갖는다. 아인 소프가 창조한 최초의 인간 '아담 카드몬'(Adam Kadmon)은 이 열개의 세피롯 곧 하나님의 형상을 담는 그릇이었다고 말한다. 아담이 선악과를 먹은 후 세피롯의 상위 세 개(왕관=Adam?, 지혜=Eve? 그리고 이해)는 부분적으로, 나머지 일곱 개(사랑, 능력, 영광, 승리, 존귀, 기초, 나라)는 완전히 깨져 버렸다고 말한다. 유대인들은 이것들을 원상회복시키는 일이 하나님과 언약을 체결한 자신들의 책무라고 생각한다. 따라서 유대인들은 언약의 내용인 율법을 지키는 것이 책무를 완수하여 세피롯 곧 하나님의 형상을 회복하는 길이라고 믿는다.[87]

하나님의 형상은 일차적으로 하나님사랑과 이웃사랑 및 자연사랑을 가능케 하는 영성(spirituality)과 인성(personality)을 말한다. 하나님은 지성과 감성과 의지로써 관계성 속에서 "하나님의 선하시고 기뻐하시고 온전하신 뜻"(롬 12:2)을 인간들에게 이루셨고 지금도 이루고 계신다. 그리고 "하나님의 선하시고 기뻐하시고 온전하신 뜻"은 빛과 질서와 생명의 일과 살림과 세움과 사랑의 일을 행하는 것이다. 이것들은 하나님과의 관계, 인간들과의 관계, 자연과의 관계 속에서 이뤄진다.

---

[87] https://www.jewfaq.org/kabbalah.htm

하나님의 형상은 이차적으로 하나님의 성품(characters)을 뜻한다. 하나님의 형상이 그리스도의 형상이고 그리스도의 형상이 성령의 형상이다. 삼위 하나님의 형상 곧 하나님의 성품이 가장 극명하게 드러난 사건들이 성부 하나님의 창조사건이고, 성자 하나님의 십자가사건이며, 성령 하나님의 중생의 씻음과 새롭게 하심(딛 3:5)의 사건이다. 이것들은 성삼위 하나님의 사랑의 극치 곧 빛과 질서와 생명과 세움과 살림과 구원을 주는 하나님의 능력과 지혜의 사건들이다.

바울은 로마서 1장 19-20절에서, "이는 하나님을 알 만한 것이 그들 속에 보임이라. 하나님께서 이를 그들에게 보이셨느니라. 창세로부터 그의 보이지 아니하는 것들 곧 그의 영원하신 능력과 신성이 그가 만드신 만물에 분명히 보여 알려졌다."라고 말한다. 이 말씀에서 우리는 두 가지 사실을 발견할 수 있다. 첫 번째는 사람 속에 하나님을 알만한 것이 있다는 것이고, 두 번째는 만물 속에 하나님의 특성들을 알만한 것이 있다는 것이다. 두 가지가 다 하나님에 관한 지식을 말하고 있다. 사람 속에도 만물 속에도 하나님에 관한 지식이 담겨 있다는 것이다. 단 여기서 말하는 하나님에 관한 지식은 성육신과 십자가 사건과 같은 특별계시가 아니라 신의 존재여부를 파악하는 수준의 자연계시 곧 일반계시를 말한다. 신학자 칼 바르트는 자연 계시로써는 우리가 믿는 그리스도교의 하나님이 누구신가를 알 수 없다고 밝혔다. 우리가 만물을 통해서 창조주 하나님의 존재를 확인할 수는 있지만, 우리 죄를 대신해서 십자가에 못 박히신 하나님은 알 수 없기 때문이다. 이것은 하나님의 형상의 한계성이고, 이 한계성은 죄로 인한 것이며, 하나님의 특별계시 곧 그리스도를 통하지 않고서는 신약성경을 통하지 않고서는 우리가 믿는 그리스도교의 하나님을 바르게 알 수 없다. 이것을 알 수 있는 방법은 오직 "전도의 미련한 것", 즉 십자가의 도에 관한 사도들의 설교(신약성경)뿐이라고 바울이 고린도전서 1장 21절에서 밝혔듯이 칼 바르트는 오직 예수 그리스도를 통해서만 우리가 믿는 그리스도교의 하나님이 어떤 분이신가를 알 수 있다고 하였다.[88] 로마서 1장 22-23절의 말씀대로, 인간들이 "하나님을 알되 하나님으로 영화롭게도 아니하며 감사치도 아니하고 … 스스로 지혜 있다 하나 우준하게 되어 썩어지지 아니하는 하나님의 영광을 썩어질 사람과 금수와 버러지 형상의 우상으로 바꾸는" 이유는 "이 세상이 자기 지혜로"는 사랑의 하나님 구원의 하나님을 알 수 없기 때문이다.

아무튼 피조물인 인간에게 제한적이긴 하지만 하나님의 은혜 곧 특별계시(초자연적인 기적들과 그 기적들을 설명한 성경말씀) 말고도 하나님을 알만한 것이 인간에게 있다는 말씀인데 그것이 무엇인가? 3차원의 보이는 물질세계에 갇힌 인간이 4차원 이상의 보이지 않는 영적세계를 자각할 수 있고, 경험할 수 있고, 말할 수 있는 특권이 있다는 것인데 그것이 무엇인가?

사람 속에 있는 무엇이 하나님을 알만한 것인가? 이 물음에 대한 해답을 얻기 전에 고려해야할 것은 하나님은 영이시고 인간처럼 육체를 입고 있지 않다는 점이다. 그런데 하나님은 창세기 1장 26절 〈새번역〉에서 말씀하시기를, "우리가 우리의 형상을 따라서, 우리의 모양대로 사람(히, '아담')을 만들자. 그리고 그가, 바다의 고기와 공중의 새와 땅 위에 사는 온갖 들짐승과 땅 위를 기어 다니는 모든 길짐승을 다스리게 하자."고 하셨다. 또 창세기 2장 7절 〈새번역〉은 "주 하나님이 땅(히, '아다마')의 흙으로 사람(히, '아담')을 지으시고, 그의 코에 생명의 기운을 불어넣으시니, 사람

---

[88] 김균진,《헤겔과 바르트》(서울: 대한기독교출판사, 1991 4판), 276-284.

이 생명체가 되었다."고 하였다. 이 두 구절을 통해서 알 수 있는 인간은 첫째로 만들어진 존재란 것이고, 둘째로 하나님의 형상과 모양을 따라 만들어진 만물의 으뜸이란 것이며, 셋째로 하나님께서 그 코에 생기(호흡)를 불어넣어 만든 육체와 영혼으로 된 영적인 존재란 것이다. 여기서 인간을 영적 존재로 보는 견해는 인간에게 영혼이 존재한다는 것을 인정하는 그리스도교가 구약성경을 새롭게 이해한데서 비롯되었다(참고: '3. 인간의 구성').

그렇다면, 여기서 말하는 형상과 모양은 어떤 것인가? 하나님과 인간에게 공통으로 있는 것을 찾아보면 답이 나올 수 있을 것이다. 하나님은 육체가 없으므로 눈에 보이는 것에서 찾을 수는 없다. 눈에 보이지는 않지만, 같은 것이 있다면, 무엇이겠는가? 그것이 바로 영성(靈性)과 인성(人性), 즉 지성(이성), 감성, 의지, 관계성이다. 영성과 인성은 인간 본성의 특질이면서 또한 하나님 본성의 특질이다. 이 특질, 곧 하나님의 형상 때문에 인간은 보이지 않는 영적세계를 자각할 수 있고, 경험할 수 있으며, 하나님에 대해서 알 수 있고, 그분과 특별한 관계를 맺을 수도 있다.

영성과 인성, 즉 지성(이성), 감성, 의지, 관계성은 신(神)과 천사와 인간만이 가진 공통적인 특질이다. 물론 동물에게도 다소의 지능과 감정과 의지와 사회성이 있지만, 인간처럼 지성으로 학문을 창출할 수 없고, 감성을 문화 예술로 승화시킬 수 없으며, 본능 말고는 의지적 결단을 기대할 수 없다. 관계성에 있어서도 마찬가지이다. 동물이나 일부 곤충들도 사회성을 갖고는 있지만, 인간들처럼 거대하고 복잡한 도시문명형태의 사회구조나 관계형성을 이룰 수 없다. 게다가 그들에게는 영혼이 없고 자기를 만드신 분과 영적인 교제를 나눌 영성이 없다. 그러므로 이 영성과 네 가지 인성의 요소는 사람을 사람 되게 하는 하나님의 형상의 형태라고 말할 수 있다. 이 영성과 인성의 네 가지 요소를 가지고 인간은 하나님에게는 예배자로서, 만물에게는 청지기로서, 예배와 찬양, 관리와 보전의 관계를 맺어갈 수 있다. 그리고 하나님의 예배자로서 인간이 관심하는 신학과 신앙은 지성과 감성보다는 결단과 관계회복에 비중을 둔다.

인간에게 하나님의 형상 즉 영성과 인성이란 그릇(형태)만 주어진 것이 아니다. 그 그릇에 채울 의(義)와 진리의 거룩함이 내용물로 주어졌다(엡 4:24; 골 3:9-10). 그러나 인간의 거듭된 죄와 허물로 인해서 의(義)와 진리의 거룩함이 더럽혀졌다. 이 더럽혀진 내용물이 음행, 더러운 것, 호색, 우상숭배, 술수, 원수 맺는 것, 분쟁, 시기, 분 냄, 당 짓는 것, 분리함, 이단, 투기, 술 취함, 방탕함(갈 5:19-21) 같은 것이며, 예수님을 믿고 성령님의 중생의 씻음과 새롭게 하심으로(딛 3:5) 회복된 내용물이 사랑, 희락, 화평, 오래 참음, 자비, 양선, 충성, 온유, 절제(갈 5:22-23)와 같은 것이다.

3. 인간의 구성

창세기 2장 7절 〈개역개정〉은 "여호와 하나님이 땅의 흙으로 사람을 지으시고 생기(히, Neshamah)를 그 코에 불어넣으시니, 사람이 생령(히, nephesh)이 되니라."고 하였다. 이 구절을 〈새번역〉은 "주 하나님이 땅(히, 아다마)의 흙으로 사람(히, 아담)을 지으시고, 그의 코에 생명의 기운을 불어넣으시니, 사람이 생명체가 되었다."고 하였다. 여기서 '생기, 생명의 기운'은 호흡을 뜻하고, '생령(혼), 생명체'는 살아있는 짐승"이란 뜻에 불과하지만, 하나님께서 사람이외에 다른 피조물들은 이와 같은 특별한 방법으로 만들지 않았기 때문에 '생기'는 단순한 호흡 이상의 것을 암시하는 것이고, '생령'혹은 '혼'은 단순한 짐승 이상의 것을 암시하는 것이다. 하나님께서 인간을 만드실 때 당신의 형상과 모양을 따라 만드셨기 때문이며, 하나님의 호흡은 하나님의 영의 분출과 파생을 뜻하기 때문이다. 이 말은 하나님의 영원하신 영에서 인간을 위한 유한한 영이 파생되는 것을 뜻한다. 그러므로 인간이 하나님으로부터 생기를 받고 생령이 되었다는 말씀은 영혼을 가진 존재가 되었다는 뜻이 되는 것이다. 또 인간이 하나님의 형상을 따라 하나님의 모양대로 지음을 받았다는 말은 하나님이 영이시기 때문에 인간을 영적인 존재로 만드셨다는 뜻이 된다. 그래서 인간은 영이신 하나님으로부터 다소의 신성을 부여받았다고 볼 수 있다(시 82:6-7; 요 10:34-35; 벧후 1:4). 이로 인해서 인간은 비록 피조물이지만 하나님과 영적인 교제를 가질 수가 있다.

반면에 성경바깥에서는 인간이 영혼을 가진 존재란 것을 거의 말하지 않는다. 아리스토텔레스는 인간을 '정치적 동물'로, 프로타고라스는 '만물의 척도'로, 호머는 '최약(最弱)의 존재'로, 세네카는 '사회적 동물'과 '이성적 동물'로, 소포클레스는 '신기한 존재'로, 셰익스피어는 '만물의 영장'으로, 파스칼은 '신과 동물의 중간적 존재'와 '생각하는 갈대'로, 엥겔스는 '관념의 생산자'로, 사르트르는 '자유의지의 행동인'으로, 하이데거는 '존재의 목동'으로, 오펜하이머는 '우주의 불량자'로 평가했다. 이밖에도 특성에 따라서 '웃는 동물', '옷을 입는 동물', '말을 하는 동물', '불을 이용하는 동물', '문자가 있는 동물', '세금을 내는 동물' 등으로 설명되고 있다.

인간에게 붙여진 학명(學名)도 참으로 다양하다. 최초로 붙여진 학명은 '호모 사피엔스'(Homo-Sapiens)로써 슬기로운 사람이란 뜻이다. 이후로 경제적 인간이란 뜻으로 '호모 에코노미쿠스'(Homo Economicus), 도구를 쓰는 인간이란 뜻으로 '호모 파베르'(Homo Faber), 손을 쓰는 기능적 인간이란 뜻으로 '호모 하빌리스'(Homo Habilis), 형이상학적 인간이란 뜻으로 '호모 메타피시쿠스'(Homo metaphysicus), 광포한 인간이란 뜻으로 '호모 데멘스'(Homo demens), 상징적인 인간이란 뜻으로 '호모 심볼리쿠스'(Homo symbolicus), 놀이하는 인간이란 뜻으로 '호모 루덴스'(Homo ludens), 야만적 인간이란 뜻으로 '호모 바르바리타스'(Homo Barbaritas), 사람다운 사람이란 뜻으로 '호모 후마누스'(Homo humanus), 그밖에도 여러 학명들이 쓰이고 있다. 최근에는 '호모 노에티쿠스'(Homo noeticus)라는 학명이 유행하고 있다. 불멸성을 지닌 신성한 정신적 충동에 의해서 자신의 의식이 우주 전체와 하나라는 사실을 깨달은 존재란 뜻이다. 인간에 대한 이런 모든 평가가 가능한 이유는 하나님께서 인간을 하나님의 형상과 모양을 따라 만드셨기 때문이다.

구약성경에서 히브리인들은 '네페쉬'(nephesh, 생령, 혼)라는 말을 사용할 때에는 언제나 일원론적인 입장에서 영혼과 육체의 구분 없이 '존재', '생명체', '사람', '생명', '호흡', '숨', '영혼', '짐승' 등을 의미하였다(창 1:20, 21, 24, 30; 2:7, 19; 9: 4, 5; 36:6). 구약성경 39권이 완성된 페르시아시대 때까지 근동세계에는 영혼 또는 영적 세계에 대한 개념이 없었다. 유대교는 하나님께서 주신 이스라엘 나라와 가나안 영토를 지키기 위해 혹은 빼앗긴 나라의 주권과 영토를 회복하기 위해서 율법을 문자적으로 실천하는 민족종교이다. 따라서 '네페쉬'는 일원론적인 개념이다. 영과 육의 세계, 빛과 어둠의 세계, 영혼과 육체와 같은 이원론 개념은 그리스에서 발전된 개념으로써 헬라시대에 근동세계에 알려졌고, 신약성경에서 강조되었으며, 신약성경을 이해하는 핵심이다. 다만 구약성경이 신약성경 이해의 또 다른 핵심이기 때문에 신약성경에는 구약성경의 일원론 개념과 헬라시대의 이원론 개념이 혼용되고 있다. 그 대표적인 사례가 '혼'으로 번역되는 '프쉬케'(psyche)란 말과 '음부'로 번역되는 '하데스'(Hades)란 말이다.

그리스신화에서 하데스는 낙원에 해당되는 '엘리시온'(Elysian Fields)과 지옥에 해당되는 '타르타로스'(Tartarus)가 함께 있는 깊은 지하세계, 음부의 세계 곧 죽음의 세계를 뜻한다. 그러나 구약성경에서 이것에 해당되는 '스올'(Sheol)은 '보이지 않는 세계' 혹은 '죽은 자들의 세계' 곧 '무덤'이란 뜻이다. 따라서 '스올'은 죄를 짓고 벌 받아 가는 곳이 아니라, 죽으면 누구나 다 가는 곳을 말한다.

반면에 '하데스'와 '스올'은 죽음의 세계란 점에서 신약성경에서 혼용되고 있다. 또 신약성경에서는 헬라인의 이원론적인 사고를 반영하여 육체와 영혼을 구분하기도 하고, 육체와 영혼의 구분 없이 '사람'을 '혼'으로 부르기도 하며(행 2:41), '영혼'을 '혼'으로 부르기도 한다(행 5:5, 10; 요삼 1:2). 이 경우에 혼과 영은 서로 같은 뜻이다(창 35:18; 왕상 17:21; 시 31:5; 눅 23:46; 행 15:26; 히 12:23; 계 6:9; 20:4). 신약성경은 사람을 '혼과 몸'(마 6:5, 10:28), '영과 몸'(롬 8:10; 고전 7:34; 약 2:26), '영과 육체'(마 26:41; 고후 7:1), '외적 사람과 내적 사람'(고후 4:16; 엡 3:16; 벧전 3:3-4)으로 이분(二分)한다. 사도행전 2장 41절, "신도의 수가 삼천이나 더하더라"에서 "삼천이나"는 헬라어 'psychai hōsei trischiliai'(대략 삼천 혼魂들)의 번역이다. 우리말 성경에서는 '혼(魂)들'(souls)이 빠져 있는데, 여기서 '혼(魂)들'이란 '사람들'이란 뜻이다. 반면에 사도행전 5장 5절과 10절에서 '혼이 떠나니'는 헬라어 'exepsyxen'의 번역이다. 여기서 '혼'은 '목숨', '생명' 혹은 '영혼'을 의미한다. 이렇게 '혼'은 '사람'을 말하기도 하고 '영혼'을 말하기도 한다. 그리고 요한삼서 1장 2절에 쓰인 "네 영혼이 잘됨 같이"에서 "영혼"은 헬라어로 'psyche'(혼)의 번역이다. 따라서 여기서 "영혼"은 사람의 본질 곧 영혼일 수도 있고, 사람(생명체) 그 자체일 수도 있으며, 영육 모두를 말한 것일 수도 있다. 프시케가 '혼', '영혼', '존재', '사람', '생명체' 등을 뜻하기 때문이다.

　이런 이유 때문에 워치만 니(Watchman Nee)가《영에 속한 사람》(The Spiritual Man)에서 주장한 삼분(三分) 즉 인간을 영, 육, 혼으로 나누는 견해는 비성경적이다. 혼과 영을 동일한 뜻으로 사용한 성구들은 매우 많다(눅 23:46; 행 5:5,10; 15:26; 히 12: 23; 계 6:9, 20:4; 창 35:18; 왕상 17:21; 시 31:5). 그리고 데살로니가전서 5장 23절, "너희의 온 영과 혼과 몸이 우리 주 예수 그리스도께서 강림하실 때에 흠 없게 보전되기를 원하노라."에서 '혼'(魂)은 성경적으로 볼 때 인간의 몸의 구성요소로 볼 수 없다. 동일한 단어나 비슷한 단어를 반복하거나 모두 열거하는 표현법은 유대인들이 흔히 쓰는 강조법이기 때문이다. 예를 들면, "창대하고 왕성하여 마침내 거부가 되다"(창 26:13), "~ 이에게 감사하라. 그 인자하심이 영원함이로다"(시편 136편에서 26회 사용), "헛되고 헛되며 헛되고 헛되니, 모든 것이 헛되도다"(전 1:2, 12:8), "거룩하다 거룩하다 거룩하다"(사 6:3; 계 4:8), "진실로 진실로"(요한복음에서 25회 사용), "혼과 영과 및 관절과 골수"(히 4:12)가 그 같은 문학적 표현들이다. 필자는 미국 그리스도(인)의 교회들(Christian Churches and Churches of Christ)에 소속된 한 대학에서 워치만 리가 쓴《영에 속한 사람》을 읽고 수업을 받았고, 대학원에 진학해서는 저명한 조직신학 교수로부터 워치만 리의 삼분론이 왜 비성경적인지에 대해서 공부한바가 있다. 그 때 필자는 같은 신앙을 공유한 교수들 사이에서조차 신학적 견해와 그 깊이가 다름을 알 수 있었다.

4. 죄

피조물은 필연적으로 부족한 존재이고, 성경에서는 부족을 죄로 간주한다. 그러므로 죄를 짓지 아니한 갓난아이라 할지라도 그가 피조물이란 관점에서 볼 때는 필연적으로 죄인이 될 운명을 타고 났거나 죄의 열매를 맺을 씨를 갖고 있다고 볼 수 있다. 신학자 아우구스티누스와 칼뱅은 "그러므로 모태로부터 저주를 갖고 태어난 유아들조차도 남의 것이 아닌 자신의 결함으로 말미암아 고통을 받는다. 비록 그들이 아직 그들 스스로 불의의 열매를 맺지 않았을지라도, 그들 속에 심어진 씨가 있기 때문이다."[89]고 말함으로써 이 운명이나 씨앗을 원죄란 개념으로 이해했고, 따라서 인간을 아예 타고난 죄인으로 간주해 버렸다. 또 아우구스티누스와 칼뱅의 생각과는 달리 원죄 따위가 존재하지 않는다할지라도, 참고로 유대교인들은 원죄개념을 거부한다, 인간은 피조물이기 때문에 스스로 범한 자범죄 때문에 죄인이 되는 것은 단지 시간의 문제일 뿐이고 피할 길이 없는 숙명이다.

인간에게 높은 이성과 지성이 있고, 감성과 감정이 있고, 의지와 결단력이 있고, 관계를 맺고 살 수 있는 관계성과 사회성이 있고, 신성한 영성이 있다는 점은 인간이 만물의 영장이 되게 하는 동시에 가장 잔인한 동물이 되게도 한다. 또 완전하지 못한 인간이 스스로의 결정으로 무언가를 할 수 있다는 것, 싫든 좋든 간에 계약관계 속에서 살아가야 하고 시시각각 부딪쳐 오는 문제들에 대해서 옳고 그른 것을 결정해야한다는 점이 인간을 최고 또는 최악의 걸작이 되게 하는 것이다. 게다가 인간에게

---

[89] John Calvin, *Institutes of the Christian Religion*(tran. Henry Beveridge; 2 vols.; Grand Rapids, Mich.: Wm. B. Erdman Publishing, reprinted 1983), II.1.8.

는 호기심이란 것이 있다. 이 호기심 또한 인간을 최고 또는 최악의 걸작이 되게 한다. 인간의 호기심은 선악을 알기 이전부터 있었던 사람의 타고난 특성들 가운데 하나이다. 동물에게도 호기심은 있지만, 그들은 그들의 호기심을 인간처럼 무한한 발전으로 승화시키거나 무언가를 철저하게 망가뜨릴 만큼의 지능이 없다. 이브로 하여금 선악과를 먹게 만든 것은 호기심이었다. 그녀의 호기심은 하나님과의 계약을 깨뜨릴 수 있을 만큼 강한 마력을 갖고 있었다. 그리스 신화에 나오는 '판도라(모든 선물)의 상자'도 인간의 강력한 호기심의 상징(symbol)이다.

사람에게는 본능이란 것이 있다. 물론 다른 동식물에도 본능은 있다. 그러나 사람의 본능은 이성과 교육 그리고 수양을 통해서 상당부분 통제와 조절이 가능하다는 점에서 동식물과 다르고, 선악을 구별할 수 있다는 점에서 동식물과 다르다. 동식물의 본능은 생존과 종족번식의 중립적 틀(adiaphora)에서만 이해되지만, 인간의 본능은 생존과 종족번식의 동물적 요소뿐 아니라, 선악을 구별하고 천사처럼 선한 사람이 될 수 있는가 하면, 마귀처럼 악한 사람이 될 수도 있다는 점에서 동식물과 다르다. 또한 인간에게는 기본적인 생리적 욕구이외에도 심리적 욕구 그리고 강한 자아실현욕구까지 있다는 점에서 인간을 최고 또는 최악의 걸작이 되게 하는 것이다.

인간의 기억, 감정, 판단 등을 연구하는 뇌신경학에 따르면, 본능은 시상하부에 있다. 시상하부는 입천장의 위쪽에 위치한 아몬드 크기의 조직으로써 자율신경계와 내분비계를 통제하고, 생존과 직결되는 식욕, 성욕, 자기방어기제의 본능적 행동들 곧 충동적인 감정과 행동을 무의식적으로 유발시키는 기관이다. 생존과 직결되는 감정자극들은 시상에서 시상하부와 본능적 공포를 기억하는 편도체를 경유하여 전전두엽에 보내진다. 본능의 뇌인 시상하부와 편도체는 이런 자극들을 즉각 처리할 수 있지만, 늘 이성의 뇌인 전전두엽의 감시와 통제를 받는다. 본능의 뇌인 시상하부는 길들여지지 않지만, 이성의 뇌인 전전두엽은 길들어진다. 전전두엽은 이마 쪽 가장자리 부분에 있는 대뇌피질을 말하며, 판단력, 추리력, 분별력, 상상력, 분석력 등이 도출되는 이성이 지배하는 부위이다.

뇌와 마음의 관계를 연구하는 신경심리학에 따르면, 성경의 가르침과 같은 규범의 역할이 매우 중요하다. 원초아(id)와 리비도(libido)는 본능적인 생체 에너지로써 뇌의 시상하부가 관장한다. 이 영역은 도덕, 선악, 논리적 사고가 존재하지 않는 DNA에 담긴 생존본능의 영역으로써 생존에는 절대적이지만, 정신에서는 최하위의 영역이다. 만일 인간에게 본능만 있고 그것을 통제할 이성이 없다면, 인간은 더 이상 인간일 수 없고, 동물에 불과하게 된다. 여기서 이성 곧 생각과 마음에 관련된 영역은 후천적인 경험과 학습으로 형성되는 자아(ego)와 초자아(superego)이다.

자아는 대신(對神) 대인관계에 관여하는 '나'(self)를 말한다. '나'를 만드는 생각(마음)과 감정은 기억으로 인해서 형성된다. 이 기억은 뇌의 해마, 편도 및 대뇌피질에서 관장한다. 해마는 단기 기억에, 대뇌피질은 장기 기억에, 편도는 본능적 공포기억에 관장한다. 자아의 원천은 생각이고 생각의 원천은 기억이다. 생각과 기억이 자아를 만든다. 그리고 자아는 의식을 지배한다. 그러나 '나'를 도덕적이고 이성적으로 만드는 일은 초자아가 맡아한다. 초자아에 해당되는 뇌는 전전두엽이다. 초자아와 전전두엽은 양심과 이성에 관여하며, 관습, 전통, 규범 등에 의해서 형성된다. 초자아가 원초아와 자아를 통제한다면, 이성의 뇌인 전전두엽은 본능의 뇌인 시상하부를 통제한다. 동물은 시상하부가 발달된 반면에 전전두엽이 발달되지 못해서 본능제어에 한계가 있지만, 만일 사람이 충동과 감정을 조절하지 못한다면, 전전두엽이 학습을 받지 못해서이다.

시상하부는 길들여지지 않지만, 전전두엽은 길들어진다. 전전두엽이 학습을 받지 못하거나 잘못된 학습을 받게 되면, 시상하부의 노예로 살게 된다. 이런 이유 때문에 그리스도인의 도덕적 가치기준으로써 성경과 절대규범의 가치는 깊이 숙고되어야 한다. 유용성이나 실용성과 같은 결과를 기준으로 삼는 무신론과 진화론에 기초한 공리주의, 실용주의, 자유지상주의로는 인간의 본능적인 권력(權力)에의 의지를 제어할 수 없고, 불의, 불평등, 갈등 같은 악행을 막을 길이 없다. 그러나 신약성경은 인간의 욕망을 제어하고, 정의, 평등, 사랑 같은 선행에 있어서 절대규범이 되기에 완벽한 하나님의 말씀임을 그리스도인들은 체험으로써 깊이 깨닫고 있다.

여기서 우리는 죄 또는 죄의식이란 것이 초자아와 전전두엽에 의해서 후천적으로 만들어진다는 것, 선천적인 것이 아니라는 것, 경전, 관습, 전통, 규범, 양심, 이성과 같은 도덕적 가치기준에 의해서 만들어진다는 것을 알 수 있다. 여기서 우리는 두 가지를 추론해 볼 수 있는데, 그 한 가지가 모든 피조물에는 타락이전 이후와 상관없이 본능의 뇌인 시상하부가 관장하는 원초아가 있다. 다른 한 가지는 본능의 지시에 따른 인간의 행동에 죄의식을 갖게 하는 것은 자아(ego)와 초자아(superego)이다. 그리고 이것들은 대신(對神) 대인관계에서 후천적으로 형성된다. 예를 들어 아담과 이브가 수치심, 불안감, 죄의식을 갖게 된 이유는 "동산 중앙에 있는 나무의 열매는" 먹지도 않고 만지지도 않기로 한 계약 곧 규범 때문이었다. 이런 이유 때문에 바울은 로마서 7장 8절에서 "그러나 죄가 기회를 타서 계명으로 말미암아 내 속에서 온갖 탐심을 이루었나니, 이는 율법이 없으면 죄가 죽은 것임이라."고 하였다. 그리고 이것은 모든 인간에게 동등하고 동일하게 적용되는 것이므로 아담과 이브 때문에 생긴 것으로 보기는 어렵다.

완전하지 못한 피조물은 죄와 허물에서 자유롭지 못하다. 그래서 규범은 그것이 하나님과 맺은 계약법이든, 사회공동체가 맺은 계약법이든 깨질 수밖에 없는 것이고, 그래서 형법이 있을 수밖에 없다. 법이 깨지면 관계가 깨지고, 관계가 깨지면 단절이 야기된다. 그리고 단절은 각종 악과 고통과 죄를 수반한다. 그래서 성경은 회개와 용서와 죄 사함을 통한 관계회복 즉 대신(對神)관계회복, 대인(對人)관계회복에 관한 책이다. '토라'(Torah)라 불리는 모세오경에는 613개의 계명들이 담겼다. 십계명 가운데 하나님과 관계된 것은 제1-4계명이고, 인간과 관계된 것은 제5-10계명이다. 613개의 계명들 가운데 248개는 "~을 하라"는 계명들이고, 365개는 "~을 하지 말라"는 계명들이다. 제 1-4계명을 포함하여 "~을 하라"는 248개의 계명들을 어겼을 때를 '죄'라고 부르고, 죄 사함을 받기 위해서는 속죄제(贖罪祭)를 바쳐야 했다. 제5-10계명을 포함하여 "~을 하지 말라"는 365개의 계명들을 어겼을 때를 '허물'이라 부르고, 허물의 사함을 받기 위해서 속건제(贖愆祭, 愆=허물)를 바쳐야 했다.

5. 부패(타락)

죄가 법적인 문제라면, 죄 해결은 하나님의 죄 사함의 선언, 무죄선언 곧 칭의(稱義)이다. 반면에 부패는 인간본성의 질병문제이다. 부패 해결은 "중생의 씻음과 성령의 새롭게 하심"(딛 3:5), 거듭남 곧 중생(重生)이다.

칼뱅은 인간의 완전부패(total corruption)와 완전타락(total depravity)을 주장하였다. 칼뱅은 1535년에 〈제네바 신앙고백서〉(Genevan Confession of Faith)를 초안하였는데, 이 신앙고백서에서 "본질적으로 인간은 하나님의 참된 지식을 이해함에 있어서 소경이며, 흑암에 가려져 있고, 심령이 부패와 뒤틀림으로 가득하다는 것을 인정한다. 그렇기 때문에 인간 자신은 하나님의 참된 지식을 바로 이해하며, 선한 일을 하는 데에 무능력하다."90고 하였다.

칼뱅은 원죄를 주장하였다. 칼뱅은 아담의 죄로 인해서 모든 인류가 하나님께 받은 모든 축복들을 상실했으며, 비참한 결과를 초래하게 되었다고 믿었다.91 칼뱅은 원죄를 "영혼의 구석구석에까지 퍼진 우리 본성의 유전적 부패와 타락"92이라고 기술하였다. 아우구스티누스도, 인간은 "저주(정죄)받은 불신자나 무죄선언(칭의)을 받은 신자나 모두 죄가 없는 자녀를 낳는 것이 아니라 저주받은 자녀를 낳는다. 왜냐하면, 자녀를 낳는 본성이 부패했기 때문이다"고 하였다.93 칼뱅은 "그러므로 정통파, 특히 아우구스티누스는 우리가 후천적인 사악함으로 부패(타락)한 것이 아니라 선천적으로 부패(타락)를 갖고 태어난다는 것을 보여주려고 애썼다."고 말함으로써 원죄를 주장하였다.94

칼뱅은 부패(타락)를 하나님의 예정으로 보았다. 칼뱅은 "인간이 죄로 더러워졌으므로 그 오염이 인간의 모든 씨(지손)에게까지 미쳤다. 따라서 썩은 뿌리에서 썩은 싹들이 나오고, 그 싹들의 부패는 어린 나무들로 옮

---

90 J. K. S. Reid, trans. and ed., *The Library of Christian Classics*, vol. 22, Calvin: *Theological Treatises*(Philadelphia: The Westminster Press, n.d.), 27.
91 *Institutes*, II.1.7.
92 *Institutes*, II.1.8.
93 *Institutes*, II.1.7.
94 *Institutes*, II.1.5.

긴다. 어린아이들은 부모로부터 부패를 물려받고, 그들은 또 그 오염을 그들의 자녀들에게 전달한다. 다시 말해서, 아담으로부터 시작된 부패는 대를 이어 모든 후손들에게로 전달되었다. 전염의 원인은 육체나 영혼의 본질에 있지 않고, 하나님께서 주신 그 은사들을 받은 첫 번째 사람이 자신뿐만 아니라 후손들을 위해서도 상실하도록 하나님이 기꺼이 정하신 데 있다."[95]고 말함으로써 아담의 타락을 예정된 것으로 보았다.

칼뱅은 "유아 유죄론"을 믿었다. 그는 유아들이 '불결한 씨앗'(impure seed)으로부터 태어난다고 믿었고 "죄의 전염을 가지고 오염된 세상에 온다."[96]며 유아들을 타고난 죄인으로 간주해 버렸다. 칼뱅은 또 "한편 유아들이 모태로부터 그들의 저주를 받아 나온다할지라도 유아들 자신들의 유죄는 다른 이로 인함이 아니요 자기 자신들의 잘못 때문이다. 왜냐하면, 그들의 죄악의 열매들이 아직 맺히지 않았다 할지라도, 그들 속에 그 씨앗을 가지고 있기 때문이다. 진실로 그들의 전체 본질은 죄의 씨앗(seed-bed of sin)이다. 때문에 그것은 하나님께 증오스런 것이며, 가증한 것이다. 그러므로 그것은 하나님이 보시기에 죄로 간주되어진다고 할 것이다. 왜냐하면, 범죄 함이 없이 정죄함이 없을 것이기 때문이다."[97]고 하였다.

칼뱅은 인간의 자유의지를 인정하지 않았다. 그는 "인간이 이성적 동물이며 짐승들과는 다르므로" 완전한 상실은 아니지만, 의지의 타락, 이성의 기형적 파멸, 하나님의 형상의 상실을 주장하였다.[98]

---

[95] Institutes, Ⅱ.1.7.
[96] Institutes, Ⅱ.1.5.
[97] Institutes, Ⅱ.1.8.
[98] Institutes, Ⅱ.2.12.

반면에 환원운동가들 곧 스톤-캠벨운동가들은 전반적으로 칼뱅주의에 반대하였다. 발톤 W. 스톤과 토마스 캠벨은 "부패"를 인정했지만, 완전부패와 완전타락을 거부하였다. 알렉산더 캠벨은 "죄성"(sin of nature)을 인정했지만 원죄를 거부하였다. 로버트 밀리건은 완전부패를 인정했지만, 유전죄를 거부하였다. 발톤 스톤, 토마스 캠벨, 알렉산더 캠벨, 월터 스코트 및 다른 환원운동가들도 원죄와 유전죄 및 거절할 수 없는 은혜(Irresistible Grace)에 반대하였다. 캠벨은 하나님의 형상의 상실을 인정하였으나 실제로 상실한 것은 "하나님의 형상에 대한 바른 개념"이고 "하나님의 형상으로 회복되는 감수성"을 결코 상실하지 않았다고 했다. 반면에 환원운동가들은 인간의 자유의지, 도덕적 책임, 구원을 이루는데 있어서 신인협력(cooperation of all the human faculties with divine grace in the realization of salvation)을 주장하였다.[99]

알렉산더 캠벨에게 있어서 침례는 원죄를 위함이 아니고 자범죄를 위한 것이기 때문에 유아는 사죄함을 받아야 할 죄가 없다고 보았다. 죄사함은 원죄나 미래의 죄를 위함이 아니라 침례 이전까지의 자범죄를 의미했다. 캠벨도 원죄에 대한 개념은 의식하고 있었으나 침례가 원죄로부터의 사함을 뜻한다고는 믿지 않았다.[100] 따라서 캠벨은 유아들이 구원을 받을 수 있는가 라는 질문에 "그들도 그리스도의 공덕과 구속에 의해서

---

[99] 더글라스 A. 포스터 외 3인, 《그리스도의 교회들 운동 대사전》, 정남수 외 3인 역(서울: 대한기독교서회, 2015), s.v. "인간론(Anthropology)."

[100] Alexander Campbell, *The Christian Baptism with Its Antecedents and Consequents*(Nashville: Gospel Advocate, 1951), 202.

[101] Alexander Campbell, *Millennial Harbinger*(1849)(Joplin, Missouri: College Press, reprint n.d.), 130.

구원을 받는다."[101]고 확신하였다.

6. 죄와 예정

하나님은 시작과 끝이 없다. 그러나 피조물은 유한하다. 시작이 있으면 끝이 있듯이 시작이 있었던 것들은 반드시 끝이 있다. 그래서 피조물은 모두 죽는다.

에덴동산에서의 삶은 주의 재림 후 나타날 새 하늘과 새 땅에서의 삶과 같았을 것이다. 그런데 에덴동산도 새 하늘과 새 땅도 다 피조물이다. 에덴동산의 아담과 이브도 피조물이었다. 마찬가지로 새 하늘과 새 땅의 부활한 그리스도인들도 피조물일 수밖에 없다. 피조물은 영원하지 않다. 그럼에도 불구하고, 만일 아담과 이브가 하나님과의 언약을 지켰더라면, 에덴동산에서 쫓겨나지 않았을 것이고 죽음을 보지 않고 천년만년 계속 살았을 것이다. 하나님께서 그들의 유한한 생명을 유지시켜주셨을 것이기 때문이다. 마찬가지로 부활한 그리스도인들의 생명도 주님께서 유지시켜주실 것이기 때문에 영생한다고 말할 수 있다. 에녹이 죽음을 보지 아니한 것도 하나님이 그분의 생명을 붙들어 주고 계시기 때문이다.

피조물은 완전하지 않다. 하나님이 만드신 것이 보시기에 좋았더라도 죄와 허물로부터 완전히 자유로울 수가 없다. 아담과 이브가 하나님의 계명을 어기고 선악과를 먹은 것은 인간의 타고난 본능과 호기심 때문이었다. 그렇다고 해서 선과 악의 중립 곧 갈림길에 선 피조물의 본능과 호기심을 그 자체로 악하다고 말할 수 없다. 그것들은 하나님이 만드신 것이고 보시기에 좋았던 것이며 피조물의 생명력이기도 하다.

다른 한편, 아담과 이브가 계명을 어긴 후에 에덴동산에서 쫓겨난 것은 하나님이 그같이 되도록 예정하셨기 때문이 아니다. 피조물의 속성상 그렇게 될 수밖에 없는 것이었다. 전지전능하신 하나님은 그런 결과를 미리 아셨을 것이고(예지와 예정이 크게 다르지 않지만), 그럼에도 불구하고 하나님은 당신의 형상을 따라 인간을 만드셨으며, 타락이후의 대책을 그리스도 안에서 마련하셨다. 구약성경에 그 대책이 예표(그림자와 모형)로 나타났고, 신약성경에 완전한 실체로 드러났다.

하나님은 이 세상에로 죄의 유입을 예정하신 것이 아니다. 죄의 유입은 피조세계의 속성상 피할 수 없는 결과물이다. 피조세계에 존재하는 물질과 반물질, 작용과 반작용, 음양(陰陽), 선악(善惡), 미추(美醜), 우열(優劣)은 하나님의 창조의 결과물들이지 하나님의 예정과는 관계가 없다. 우리가 말하는 자연법칙 또는 물리법칙과 같은 것들은 하나님의 창조의 결과물이다. 하나님은 창조의 결과물을 예정하신 것이 아니라, 그것들로 인해서 생긴 나쁜 결과에 대한 책임, 곧 그리스도를 통해서 인간과 피조세계를 구원하실 것을 예정하신 것이다. 하나님이 사랑이시고 구원이신 이유는 피조세계에서 예상되는 결과를 아셨음에도 불구하고 인간들의 유익을 위해서 세상을 만드셨고, 죄와 허물로 인해서 타락한 인간들과 그들로 인해 망가진 우주의 궁극적 구원을 예정하셨기 때문이다(행 3:20; 엡 1:5,9,11, 3:11; 롬 8:30; 고전 2:7).

창세기 1장 26-29절을 보면, 하나님이 세상을 지으신 것은 인간의 유익을 위한 것임을 알 수 있다. 하나님은 사람을 당신의 형상을 따라 당신의 모양대로 만드셨고, "바다의 물고기와 하늘의 새와 가축과 온 땅과 땅에 기는 모든 것을 다스리게" 하셨으며, "그들에게 복을 주시며 … 생육하고 번성하여 땅에 충만하라, 땅을 정복하라, 바다의 물고기와 하늘의 새와 땅에 움직이는 모든 생물을 다스리라"고 하셨고, "씨 맺는 모든 채소와

씨 가진 열매 맺는 모든 나무를" 주셨다.

반면에 고대근동에서는 신들과 신성을 주장하는 왕들에게 안식을 주기 위해서 사람을 만들었다고 했다. 1849년 오스틴 헨리 레야드 경(Sir Austen Henry Layard)이 발견한 주전 18세기경의 〈에누마 엘리쉬〉(Enuma Elish) 토판은 창조신 마르두크(Marduk)가 사람을 만든 목적을 "신들의 노역을 감당시키고, 신들로 하여금 안식을 취하게" 하려는데 있음을 밝히고 있다. 또 고고학자 호르무즈 라쌈(Hormuzd Rassam)이 1882년 바그다드 남서쪽 30킬로미터 지점 유프라테스 강변에서 발견한 주전 6세기 신바빌로니아시대의 토판은 사람이 창조된 목적이 "신들이 기쁜 마음으로 기거할 수 있게 하는데 있다"고 밝히고 있다. 그렇다면, 이 토판들이 말하는 신들은 누구인가? 신의 환생, 신의 현현, 신의 아들이라며 신성을 주장한 왕들이었을 것이다. 인간의 존재 목적을 이들 신들과 왕들을 위한 존재로 보았던 것이다. 따라서 고대근동에서의 안식은 신들과 왕들의 것이었고, 백성들은 그들의 노예였을 것이다. 고대근동 신화들에 따르면, 태초에 혼돈 속에 있던 담수를 다스리는 '아프수'(Apsu=Qingu)와 바다의 짠물을 다스리는 '티아마트'(Tiamat) 사이에서 '라흐무'(Lahmu), '라하무'(Lahamu), '안샤르'(Anshar) 등의 신들이 탄생하고, 이 신들이 다시 자신들을 닮은 자식들을 낳는 과정에서 훗날 신들의 왕이 된 '마르두크'(Marduk)가 태어난다. 마르두크는 태양신이자 폭풍신이며 바벨론의 수호신이다. 이후 자신의 뱃속을 폭풍으로 어지럽게 하는 마르두크를 멸망시키려고 바다용 곧 혼돈(흑암)과 바닷물의 여신 티아마트가 폭풍신인 마르두크와 한판 크게 붙는다. 이 싸움에서 이긴 마르두크는 티아마트의 시체를 둘로 쪼개어 하늘과 땅을 만들고, 티아마트의 자식이자 배우자였던 킨구(Qingu=Apsu)의 피를 흙에 섞어 인간들을 빚어서 신들이 담당했던 노역을 인간들이 대신하게 함으로써 신들에게 안식을 주었다고 한다. 또 마르두크는 인간들로 하여금 신들의 거처로 바빌론을 건설하게 하였다. 바빌론 왕은 태양신인 마르두크의 현신(계시)으로서 마르두크 신앙의 수호자였다. 이로써 인간은 왕의 노동자로서 안식을 취할 수 없고, 악신의 피로 선신이 만든, 선과 악을 함께 물려받은 존재라는 것이 바빌론 신화에 담긴 세계관이자 인간관이다. 성경에서 말하는 헌신적이고 희생적인 구원의 하나님하고 성경이 쓰인 당대 근동세계의 신화들이 말하는 인간을 노예 취급하고 착취하는 우상들(신성을 참칭한 왕들)과 얼마나 다른가를 알 수 있다.

7. 원죄와 죽음

"죄의 삯은 사망이다"(롬 1:32, 6:23)는 구절이 있듯이, 성경은 죽음이 죄로부터 왔다고 말한다. 그런데 이 말씀의 뜻은 영적인 의미를 내포하고 있다. 그렇더라도 아담과 이브의 죽음은 그 원인이 "선악을 알게 하는 나무의 열매는 먹지 말라. 네가 먹는 날에는 반드시 죽으리라"(창 2:17)는 계명을 어긴데 있다. 이 말씀은 피조물인 아담과 이브가 계명을 지키고 있는 동안은 하나님께서 그들의 생명을 보존해 주시지만, "선악을 알게 하는 나무의 열매를" 먹는 날에는 그들의 생명을 더 이상 보존하지 않겠다는 뜻이다. 인간이 수명을 다해 죽는 것은 필연적이고 자연적이지만, "선악을 알게 하는 나무의 열매를" 먹지 않는다는 약속이 지켜지는 동안은 하나님이 그들의 목숨을 초자연적으로 유지시키시겠다는 뜻이다. 그러므로 아담과 이브가 이 계명을 어기고 죽은 것이 원죄이고, 그 원죄가 후손들에게 유전된다는 해석은 옳지 않다. 에녹이 죽음을 보지 않고 영생하고 있는 것은 아담과 이브의 원죄가 에녹에게 유전되지 않았다는 증거일 것이다.

아담과 이브가 에덴동산에서 하나님의 은혜로 보호받고 있는 동안에 죽지 않았고, 에녹도 하나님과 동행함으로 죽지 않았다는 점에서 볼 때, 죄의 삯이 육체의 죽음과 무관하지 않지만, 보다 더 영적인 죽음에 연관된다. 유한한 피조물인 인간은 죄와 상관없이 필연적으로 죽지만, 하나님의 은혜로 그 죄를 사함 받은 자들은 영생하기 때문이다.

아담과 이브에게는 에덴동산에 살고 있을 동안에도 이미 죄를 지을 성질을 갖고 있었다. 그렇지 않고서는 계명을 어겼을 리 없기 때문이다. 아담과 이브는 만들어진 피조물이었고, 호기심을 갖고 있었으며, 하나님의 형상을 입고 있었다. 선악과나무를 보았을 때, "먹음직도 하고 보암직도 하고 지혜롭게 할 만큼 탐스럽기도 한 나무였다"(창 3:6)고 하였다. 본능이 작용하고 있었음을 알 수 있다. 죄의 성질이란 것이 타락이후에 생긴 것이 아니라 이미 타락이전에도 있었다는 것을 알 수 있다. 죄를 지을 씨를 갖고 있었던 것이다. 그렇다면 아담과 이브가 최초로 계명을 어겼기 때문에 우리가 죄인으로 태어나거나 죄를 짓는 것이 아니라, 아담과 이브처럼 죄와 허물로부터 자유롭지 못한 피조물이기 때문에 죄를 짓는 것이고 죄를 짓기 때문에 죄인이 된다. 그러므로 원죄는 그리스도인들에게 큰 의미가 없을 수 있다. 원죄를 굳이 고집한다면 피조물 그 자체 또는 본능이 원죄일 것이다. 본능은 그 자체로 악하거나 선한 것은 아니나 죄의 열매들을 맺을 잠재 씨앗이기 때문이다. 단지 아담과 이브는 인류 최초의 인간들이었고, 그 때문에 최초로 하나님의 계명을 어긴 자들이었을 뿐이다. 그들의 후손들이 모두 다 아담과 이브처럼 죽게 된 것은 원죄 때문이 아니라, 그들이 피조물이었기 때문이다. 그러나 그들에게는 에녹에게서 보듯이 영생할 기회가 있었는데, 그것이 하나님과의 관계를 어떻게 맺고 있는가에 있었다. 창세기는 야훼 하나님의 이름을 부르는 하늘에 속한 자손들의 계보, 곧 셋, 에노스(창 4:26), 에녹(5:24), 노아(6:8-9), 아브라함(12:8), 이삭(26:25) 그리고 야곱(28:16-22)과 그의 후손들과 가인(창 4:8), 라멕(창 4:23)으로 이어지는 땅에 속한 후손으로 나뉜다. 그들의 혈통은 영적인 의미에서 전쟁과 사냥과 살인과 같은 전사의 피가 흐르는 가인, 라멕, 야발(창 4:20), 유발(창 4:21), 니므롯(창 10:8-9), 함(창 10:6-20)으로 이어진다.

성경은 죽음이 죄의 삯이다(롬 1:32, 6:23)라고 말한다. 그런데 지은 죄가 있다고 단정하기 어려운 갓난아기들의 죽음이 적지 않게 많다. 그들의 죄 없는 죽음이 원죄 또는 유전죄 때문이 아닐까라는 추측은 해볼 수 있다. 죽음이 죄의 삯이란 말씀이, 앞에서도 언급하였듯이, 육체의 죽음과 무관하지 않지만, 보다 더 영적인 죽음에 연관된다는 점에서 갓난아기들의 죽음도 자연법칙에 따른 것일 수 있다. 그러나 이 갓난아기들에게 하나님께서 죄를 물으실 지는 미지수이다. 죽은 갓난아기들이 너무 어려서 하나님을 믿고 자기 죄를 회개할 기회를 가질 수 없기 때문이다. 그런데 아담과 이브가 하나님의 계명을 지속적으로 지켜나갔더라면, 에덴동산에서 쫓겨났을 리가 없고, 생로병사(生老病死)라는 고통이 진행되지 못했을 것이란 점에서는 분명 자연법칙의 본격적인 시작이 아담과 이브가 하나님의 계명을 어긴 때부터라고 추정해 볼 수도 있다. 그러나 생로병사의 자연법칙이 에덴동산 안에서만 적용되지 않고, 에덴동산 밖에서는 작용되고 있었을 것이 틀림없다. 아담이 계명을 어긴 후에 "여호와 하나님이 에덴동산에서 그를 내보내어 그의 근원이 된 땅을 갈게 하시니라. 이같이 하나님이 그 사람을 쫓아내시고 에덴동산 동쪽에 그룹들과 두루 도는 불 칼을 두어 생명나무의 길을 지키게 하시니라"(창 3:23-24)고 했기 때문이다. 에덴동산 안과 바깥 세계에 적용된 생로병사의 법칙이 전혀 달랐다고 볼 수 있다.

로마서 4장 15절과 5장 13절은 율법이 없이는 범함도 없고, 죄를 죄로 여기지 않는다고 말한다. 5장 14절에 따르면, 율법이 없이는 죄가 성립이 되지 못한다는 이 말씀에도 불구하고, 아담 때부터 모세가 율법을 전할 때까지 법 없이 살았던 사람들에게까지도 죽음이 왕노릇 하였다. 성경은 죽음이 죄의 삯이라고 말하기 때문에 법이 없었는데도 사람이 죽고 자연생태계가 죽음의 고통에서 빠져나오지 못한 것은, 마치 아담과 이브에게 "선악을 알게 하는 나무의 열매는 먹지 말라"(창 2:17)는 계명이 있었듯이, 모세의 율법이 부여되기 이전에도 죄를 규정할만한 법들이 있었고, 그 법들로 인해서 생긴 죄가 세상에 있었다는 것을 알 수 있다. 로마서 1장 18절부터 3장 20절은 율법이 없는 이방인들은 자연을 통한 일반계시로 그들의 죄악성이 드러났고(1:18-32), 도덕주의자들은 인간본성에 나타난 하나님의 법의 계시 즉 양심의 법에 의해서 그들의 죄악성이 드러났다(2:1-16)고 했다. 양심의 법은 관습법에 해당된다. 따라서 성문법인 모세의 율법이 부여되기 전에도 인간행위를 심판할 어떤 법이 있었다는 것을 알 수 있다. 만일 법이 없었다면, 죄도 없었을 것이고, 죽음도 없었을 것이기 때문이다. 결국 사망은 성문법이 없던 때의 사람들에게조차도 죄가 실재했었다는 것을 입증하고, 그 죄를 죄가 되게 할 어떤 법이 실재했었다는 것을 입증한다. 이 법은 하나님의 보편적인 계시를 이해할 만한 인간 이성의 법이나 인간본성의 양심의 법 곧 관습법에 이르기까지 다양할 것이다. 그리고 모든 사람은 죄를 범하게 되었고(롬 3:23), 그 대가로 사망에 이르게 되었다(롬 5;12)고 할 수 있다. 그러나 이러한 법들, 곧 이성의 법이나 양심의 법 곧 관습법의 실재와 성문법은 유전죄 곧 원죄를 입증해 주지를 못한다. 법이 있으면, 유한한 인간들에 의해서 법을 어기는 행위가 있게 되고, 그 대가로 죽음에 이르게 되었다는 식이 되기 때문에 원죄가 성립될 수 없게 된다.

고린도전서 15장 22절은 "아담 안에서 모든 사람이 죽은 것 같이 그리스도 안에서 모든 사람이 삶을 얻으리라"고 말한다. "아담 안에서 모든 사람이 죽었다."에서 "아담 안에서"가 아담처럼 피조물이기 때문이란 뜻인지, 아담이 지은 원죄 때문이란 뜻인지, 아담의 원죄가 유전되었기 때문이란 뜻인지가 명확치는 않다. 그러나 아담이 인류에 끼친 결과가 무엇이든지간에, 설사 그것이 생로병사를 출범시킨 원죄(유전죄)일지라도 그리스도께서 그 결과를 되돌려놓으셨다는 것이다. 설사 인간 아담의 죄의 결과가 인류에게 유전되고 있다할지라도, 아담보다 월등하게 위대하신 성자 하나님이신 그리스도의 순종의 결과는 인간 아담의 죄의 결과를 본래상태로 되돌려놓고도 넘치게 남을 만큼 월등하다는 것이다.

로마서 5장 12-21절은 아담의 의(義)와 그리스도의 의(義)를 대조시키고 있다. 그리스도의 모형(예표와 그림자)인 아담의 불순종으로 인해서 죄가 세상에 소개되었고, 죽음이 지배하였다면, 아담의 실체이신 그리스도의 순종으로 인해서 죄 사함의 은총이 세상에 소개되었고, 생명이 지배하게 되었다고 말한다. 그리고 첫 번째 아담으로 인해서 상실된 것은 무엇이든지간에 두 번째 아담이신 그리스도를 통해서 더욱 넘치게 보상되고 회복될 것이라고 말한다. 바울은 본문에서 '더욱 넘치게'(much more)란 말을 세 번 사용하였다. 예수 그리스도의 순종의 결과는 아담의 불순종의 결과와 비교될 수 없다고 하였다. 참고로 아담의 불순종과 그리스도의 순종의 비교로 보건데, 그리스도의 순종으로 인한 하나님의 구원의 은혜가 모든 사람에게 신자의 믿음(고백)과 회개(침례) 없이 자동으로 유전되는 것이 아니듯이, 그로 인해서 구원받지 못하는 사람들이 많이 있듯이, 아담의 불순종으로 인한 저주 곧 생로병사가 모든 사람에게 자범죄 없이, 갓난아기들을 죄인으로 간주하기 어렵듯이, 자동으로 유전된다고 이해되기 어렵다. 이 이해를 전제로 아래의 세 가지 비교를 살펴봐야한다.

첫 번째로 범죄와 은사(free gift)는 비교될 수 없다고 했다(15-16절). 한 사람 아담의 범죄로 많은 사람이 죽었지만, 한 분 예수 그리스도의 순종의 은혜로 하나님의 은혜의 선물이 많은 사람에게 더욱 넘쳤고, 한 사람 아담의 범죄로 인한 심판은 정죄를 가져왔지만, 많은 범죄로 인한 하나님의 은사는 의롭다함 곧 칭의를 가져오기 때문이라고 했다.

두 번째로 사망과 생명은 비교될 수 없다고 했다(17-19절). 한 사람 아담의 범죄로 말미암아 사망이 그 한 사람으로 인하여 왕노릇 하였지만, 한 분 예수 그리스도의 순종으로 말미암아 생명 안에서 그 한 분을 인하여 은혜와 의의 선물을 넘치게 받는 자들이 더욱 왕노릇 할 것이기 때문이라고 했다. 한 사람 아담의 범죄로 모든 사람이 정죄에 이르렀지만, 한 분 예수 그리스도의 의의 행동으로 모든 사람이 의롭다 하심을 받아 생명에 이르기 때문이다. 한 사람 아담의 불순종으로 많은 사람이 죄인 되었지만, 한 분 예수 그리스도의 순종으로 많은 사람이 의인되기 때문이다.

세 번째로 율법과 은혜는 비교될 수 없다고 했다(20-21절). 율법은 범죄를 더하게 하지만, 은혜는 죄가 더한 곳에 더욱 넘치기 때문이며, 죄는 사망 안에서 왕노릇 하였지만, 은혜도 의로 말미암아 왕노릇 하여 예수 그리스도로 말미암아 영생에 이르게 하기 때문이라고 했다.

여기서 우리가 알 수 있는 것은 설사 인간 아담의 범죄로 유전죄가 적용되고 모든 사람이 죽는다고 할지라도, 예수 그리스도의 순종은 더욱 더 모든 사람들에게 그 선물이 넘친다는 것이다. 예수 그리스도의 은혜와 의의 선물은 아담의 원죄의 결과보다 더욱 넘치고 생명 안에서 왕노릇 하며, 더 원대하고, 그 미치는 범위도 넓다는 것이다. 따라서 우리는 예수 그리스도의 보혈의 피가 원죄를 말살하여 그 범위가 아담에게까지 거슬러 올라간다고 볼 수 있다. 바꿔서 말하면, 설사 아담의 한 범죄가 모든 인간에게 전가되어 유전죄가 인정된다고 할지라도, 그리스도의 순종의 행위 또한 모든 인간에게 전가되어 유전죄를 말살할 뿐만 아니라, 그 은혜는 아담의 범죄의 결과보다도 월등하게 크다는 것이다. 그러므로 "첫 번째 아담 안에서 우리가 알게 모르게 상실한 것을 제 이의 아담이신 예수 그리스도 안에서 또한 알게 모르게 찾았고 또 찾을 것이다"는 것이다(What, without will or consent, we lost in the first Adam, we have regained or shall regain in the second Adam, without our will or consent).[102]

영적 죽음인 하나님과의 단절은 예수 그리스도의 은혜의 선물로 말미암아 믿음을 통하여 해결이 된다. 설사 유전죄를 인정한다할지라도, 유아들의 원죄는 그리스도의 순종의 결과로 말살됨으로써 자기 죄가 있기까지는 하나님과의 단절된 상태를 말할 수 없게 된다. 자범죄가 없는 유아들의 영혼의 죽음을 단정할 수가 없게 된다. 자기 죄도 없고, 하나님과

---

[102] A. I. Hobbs, 'Conversion: What Is It and How Produced?', in *The Old Faith Restated*, ed. by J. H. Garrison, 2 vols (St. Louis: Christian Publishing Company, 1891), 269; Brian David Smith, "The Historical Development of the Doctrine of Original Grace in Church History and Its Viability in the Context of Stone-Campbell Movement Soteriology"(Ph. D. dissertation, University of Exeter 2010), 80.

의 관계, 인간끼리의 관계가 전혀 없는 유아에게 하나님과 인간과의 원수 됨 즉 영혼의 죽음을 말할 수 없기 때문이다.

여기서 우리는 또 다른 물음을 던지지 않을 수 없는데, 예수님께서 십자가의 구속의 은혜로 아담의 죄의 결과를 말살하셨다면, 왜 육체의 죽음이 여전히 인간들과 생태계 속에서 계속되는가라는 것이다. 죄가 없는 갓난아기가 죽는 것과 예수님을 믿고 회개하고 신앙고백하고 침례를 받고 하나님의 자녀가 되고, 하나님의 나라의 시민이 되었어도, 중생과 칭의로 구원을 받았고, 하늘 가나안 땅을 약속받았다할지라도, 성령님의 보증과 인침으로 우리의 구원이 확고할지라도, 한번 약속하신 하나님은 오류와 실수가 없으므로 한번 약속받은 구원이 끝까지 지켜질지라도, 여전히 그리스도인들은 이 땅에서 죽는다. 예수님 믿고 죽음의 문제를 해결 받았는데도 불구하고, 그리스도인들은 여전히 죽는다. 원죄가 있었을지라도 그리스도를 통해서 다 말살됐는데, 자기 죄가 없는 사람들과 동식물들은 왜 여전히 죽는가?

이 물음에 대한 첫 번째 답은 인간이 아담의 원죄의 적용을 받지 않더라도 자기가 범한 죄 때문에 여전히 죽는다는 것이다. 물론 죄를 아는 청소년과 성인들에 국한된 이야기이다. 죄를 모르는 아이들이 하는 잘못된 행위들은 본능에 따라 충실하게 행동하는 것이다. 본능은 중립적인 것이어서 그 자체로 악한 것은 아니지만, 망가지고 죽는 자연법칙에 지배를 받기 때문에 버려두면 망가진다. 그래서 그리스도교 신앙 교육이 필요하다.

두 번째 답은 그리스도의 구원의 궁극적 성취의 시점이 재림의 때란 점이다. 고린도전서 15장 26절은 죽음을 "맨 나중에 멸망 받을 원수"라고 말한다. 여기서 우리가 알 수 있는 중요한 사실은 구원받은 성도들과 자기 죄가 없는 유아들, 그리고 자연생태계의 죽음은 이미 그리스도의 구속의 은총으로 해결이 다 되었으나 그것이 성취되는 시기는 그리스도의 재림과 함께 일어날 성도들의 부활과 대자연의 회복의 때란 것이다. 하나님께서는 이미 구원을 이룬 성도들에게, 비록 성도들이 여전히 죄 가운데 있고 생로병사의 고통 속에 살고는 있지만, 모든 구원이 이뤄질 재림의 때까지는 성도들에게 성령님을 선물로 주시고, 최후 승리의 때까지 구원의 사실을 보증하시고, 그 때에 주어질 축복들을 맛보게 하시며, 경험하게 하신다. 이미 그리스도인들은 죽음을 이긴 승리자들이다. 그러나 이 축복이 이뤄지는 카이로스의 때는 주님께서 재림하시고 모든 성도들이 부활하는 때이다. 그러므로 바울은 로마서 8장 18-21절에서 "생각하건대 현재의 고난은 장차 우리에게 나타날 영광과 비교할 수 없도다. 피조물이 고대하는 바는 하나님의 아들들이 나타나는 것이니, 피조물이 허무한 데 굴복하는 것은 자기 뜻이 아니요, 오직 굴복하게 하시는 이로 말미암음이라. 그 바라는 것은 피조물도 썩어짐의 종노릇 한 데서 해방되어 하나님의 자녀들의 영광의 자유에 이르는 것이니라."고 하였다.

제7장
구원

이 글은 죄인이 어떻게 구원을 받을 수 있는가에 대한 것이다. 죄인이 구원을 받는 근원(근거)도, 수단(방법)도, 내용도 모두 하나님의 은혜이다. 그러나 그 은혜에는 체계 곧 구원의 과정이 담겨 있다.[103] 그 과정에 대한 중요한 견해들을 정리해보고자 한다.

1. 구원의 의미: 유대교와 그리스도교의 비교

유대인들에게 있어서 구원의 의미는 문자적으로 지상 가나안땅에서 누리는 안식이다. 그 땅은 소위 우리가 말하는 낙원, 에덴동산, 새 하늘과 새 땅, 엘뤼시온(샹젤리제), 도솔천, 용화세계, 유토피아, 무릉도원, 아르카

---

[103] 잭 코츠렐, 《성서의 은총론》, 정남수 옮김(서울: 쿰란출판사, 2012), 47.

디아가 아니라도 상관없다. 실제로 가나안땅의 상당부분은 척박한 광야 곧 사막이나 다름없는 땅이었다.

유대인들에게 땅은 너무나 절실하고 절박한 것이었다. 그들은 조상 때부터 떠돌이였고 노예였다. 따라서 땅은 그들이 수천 년간 꿈꿔왔던 '하티크바'(Ha-Tikvah, '그 희망')였고, '올람하바'(Olam Ha-Ba, '다가올 세상')였다. 이 땅을 처음 희망한 사람이 아브라함이었고, 그의 꿈은 최소 430년(최고 645년) 후에 모세와 여호수아에 의해서 이뤄졌다. 출애굽기와 여호수아서는 야훼 하나님의 은혜로 노예와 떠돌이였던 소수민족 히브리인들이 이스라엘이란 나라를 만들고 그 나라가 들어설 땅

베스파시아누스의 유대정복기념 은화(AD 69-70, 데나리온) - 전면에 월계띠를 맨 베스파시아누스의 두상을 새겼고, 둘레에 IMP CAES VESPASIAN AVG(임페라토르 카이사르 베스파시아누스 아우구스투스)라고 새겼다. 뒷면에 대추야자나무 곁에서 베일을 쓰고 주저앉아 양팔이 뒤로 묶인 슬픔에 빠진 유대인 여성(유대를 상징)을 새겼고, 그 밑에 IVDAEA(유대)라고 새겼다.

티투스의 유대정복 기념주화(데나리온, AD 79) - 전면에 월계관을 쓴 티투스의 두상을, 둘레에 IMP T CAESAR VESPASIANVS AVG(임페라토르 티투스 카이사르 베스파시아누스 아우구스투스)라고 새겼다. 뒷면에 양손이 뒤로 묶인 채로 무릎을 꿇린 유대인 전사를 전리품들과 함께 새겼고, 둘레에 TR POT VIII COS VII(호민관 8회 집정관 7회)라고 새겼다.

을 차지한 성공스토리이다. 그리고 그 땅은, 북왕국 이스라엘의 경우, 최고 684년(1446BC-40년-722BC=684년)을 넘기지 못하고 아시리아에 넘어갔고, 남왕국 유다의 경우, 최고 820년(1446BC-40년-586BC=684년)을 넘기지 못하고 바빌로니아에 넘어갔다. 그리고 주후 70년까지 유다 마카비가 이

끈 유다-헬라 전투(167-164BC)의 승리로 단 한번 100년간 부분적으로 주권을 회복하였으나 총 556년(586BC-100년+AD70)간을 여러 제국들의 속주(Provincia) 백성으로 살아야했으며, 두 세 차례에 걸친 유다-로마전쟁의 패배로 주후 1948년 5월 14일 극적인 국가재건 때까지 최고 1878년간(AD1948-AD70) 최소 1813년간(AD1948-AD135) 속주의 권리마저 상실했고, 그로써 이스라엘이란 국가가 지도에서 완전히 지워져버린, 그래서 땅이 없는 떠돌이 소수민족으로 멸시와 천대 속에서 살아야했다. 이 긴 2534년간(586BC부터 AD1948까지) 주권이 없거나 땅이 없는 상태로 살아온 유대인들이 꿈꾸고 희망했던 나라, 유대교인들이 지금도 희망하고 있는 메시아 왕국이 바로 '올람하바'(Olam Ha-Ba) 곧 '다가올 세상'이다. 참고로 그리스도인들은 이 '올람하바'를 지상이 아닌 하늘 가나안땅(천국)으로 보았다.

유대교인들은 토라를 엄격히 준수해야 고토회복과 민족해방을 이룰 수 있다고 믿는 자들이다. 유대교 신비주의자 카발라인들은 '감춰진 일자' 곧 '아인 소프'(En Sof)이신 야훼 하나님으로부터 유출(발산)된 열 가지 '세피롯'(Sefirot)이 있었는데, 최초의 인간 아담 카드몬(Adam Kadmon)이 이 세피롯 곧 하나님의 형상, 속성, 쉐키나(Shekinah), 계시의 빛이라 말할 수 있는 열 개의 세피롯을 담는 그릇이었다고 말한다. 아담이 선악과를 먹기 전까지는 이 열 개의 세피롯을 아담과 이브가 갖고 있었다고 말한다. 그런데 아담과 이브가 하나님의 계명을 어기고 선악과를 먹은 이후 세피롯의 상위 세 개 곧 왕관(Keter 케테르, 아담?), 지혜(Chokhmah, 호크마, 이브?), 이해(Binah, 비나)는 부분적으로 깨졌고, 나머지 일곱 개 곧 사랑(Chesed, 헤세드), 능력(Geburah, 게브라), 영광(Tiferet, 티페레트), 승리(Netzach, 네짜흐), 존귀(Hod, 호드), 기초(Yesod, 예소드) 그리고 나라(Malkut, 말쿠트)는 완전히 깨져 버렸다고 말한다(대상 29:11). 유대인들은 이를 원상회복시키는 일, 특히 마지막 열 번째인 나라(Malkut)를 회복시키는 일이 하나님과 언약을 체결한 자신들의 책무라고 생각한다. 따라서 유대인들은 언약의 내용인 율법을 지키는 것이 책무를 완수하여 세피롯 곧 하나님의 형상, 속성, 쉐키나, 계시의 빛을 회복하는 길이라고 믿는다.[104]

유대인들의 땅에 대한 절박함은 율법준수의 엄격함으로 발전되었다. 히브리인들이 이집트를 탈출하지 50일째 되는 첫 오순절 날 시내 산기슭에서 하나님과 맺은 언약의 내용이 율법이고, 계명이며, 토라(Torah)이다. 첫 오순절 날 하나님과 맺은 언약은 십계명이었고, 십계명의 핵심은 하나님 사랑과 이웃 사랑이었다. 그 후 하나님의 계명은 총 613개로 늘어났고, 늘어난 계명의 상당 부분이 땅과 성막과 제사에 관련된 것들이었다. 게다가 후대의 랍비들은 수많은 울타리법들(Gezairoth)을 만들어 사람들이 계명을 어기는 일이 없도록 만들고자 하였다. 이 모든 하나님의 계명과 울타리법들은, 예수님 말씀대로, 하나님 사랑과 이웃 사랑이 핵심 골자였지만(마 22:40), 땅을 지켜내고자 한 저들의 절박한 노력의 산물이었다. 가나안땅이 보존되느냐 마느냐의 관건은 하나님과의 언약을 얼마나 충실히 지켜내느냐에 있다고 보았기 때문이다. 따라서 땅을 지켜내지 못한 것에 대한 예언자들의 냉정한 판단은 하나님과의 언약을 무시하고 배신한데 따른 응보(Nemesis) 혹은 사랑의 매였다.

유대교인들에게는 수난자 인자 메시아 개념이 없다. 유대인들은 '인자'가 민중의 슬픔과 수고와 고통에 마침표를 찍고, 그들에게 영광의 나라를 안겨줄 메시아이기 때문에 십자가에 못 박힌 수난자 인자란 개념

---

[104] https://www.jewfaq.org/kabbalah.htm

을 상상할 수조차 없다. 유대인들에게 장차 오실 메시아(Moshiach) 인자가 굴욕과 수난과 죽음을 당할 수 없는 것은 오히려 그가 세상을 심판해야 할 권능과 영광의 메시아 인자이기 때문이다. 그런데 이 유대인들의 심판주 메시아 인자사상이 그리스도교에서는 재림주 메시아에서 그대로 나타나고 있는 것이다. 그러니까 유대인들에게 없는 그리스도교만의 특징은 수난자 인자 메시아 개념인 셈이다.

유대교인들에게는 영혼구원사상이 없다. '수난자 인자' 사상에서 나온 것이 그리스도교의 영혼구원사상이다. 이 영혼구원사상은 현재구원 혹은 실현된 종말(realized eschatology)로써 미래구원 혹은 미래종말(futuristic eschatology)을 성령님의 도움을 입어 이 땅의 삶 속에서 약속받고, 인침(직인)받아, 미리 맛보고, 누리는 축복을 말하는데, 유대인들에게는 없는 사상이다. 유대인들에게는 '영광의 인자' 사상만 있는데, 이것은 육체구원, 이스라엘 민족구원, 이스라엘 나라 회복 사상으로써 아직 이뤄진 일이 없는 미래구원을 말한다. 우리 그리스도교에서 고대하는 주님의 재림이 바로 여기에 속하는 사상이다. 그런데 그리스도교가 실현된 종말을 주장한다고 해서 미래종말이 없지 않듯이, 유대교가 미래종말을 주장한다고 해서 실현된 종말이 전혀 없지 않다고 주장한 유대교 학자들이 있다. 그들은 20세기 전반기에 유대교와 그리스도교를 비교 연구한 오스트리아 출신의 유대계 종교 철학자 마르틴 부버(Martin Buber, 1878-1965)와 벨라루스 태생의 미국인 사회 철학자요 종교 사회학자이며 유대교 신학자였던 윌 헤르베르그(Will Herberg, 1901-1977)이다. 마르틴 부버는《두 형태의 신앙》(The Two Types of Faith)이란 책에서 "구약의 신앙과 성경 이후 유대교의 살아있는 믿음은, 비록 다른 주제와 다른 목적을 가지고 있긴 하지만, 바울뿐 아니라 산상수훈을 남긴 예수도 반대한다."[105]는 입장을 취한 한편, 1917년에 쓴 "Der Preis"(The Price)이란 글에서는 "하나님께서 자기를 이집트에서 인도해내셨다는 것을 스스로 기억하지 않는 자, 스스로 메시아를 기다리지 않는 자는 더 이상 참된 유대인이 아니다."[106] 고 했다. 이 점에 대해서 윌 헤르베르그는 마르틴 부버의 저술들을 선별하여 편집한 책에 쓴 긴 서문에서 "결국 그리스도인들이 그리스도의 '재림'(return)을 갈망하고 있고, 신약성경은 "주 예수여 오시옵소서!"(계 22:20)라는 강렬한 미래종말의 구호로 끝을 맺고 있다. 반면에 유대인들은 이스라엘이 이집트에서 '구출'되어 거룩한 백성(나라)으로 구성된 한 위대하고 독특한 구속행위가 이미 일어났음을 확증해야 한다."[107]고 말함으로써 유대교에도 실현된 종말이 있다는 점을 강조하였다. 그러나 유대교의 종말론이 항상 이 지상의 땅에 국한되는 반면, 그리스도교의 종말론은 이 땅과 내세 모두에서 이뤄지는 것을 의미한다는 점에서 크게 다르다고 말할 수 있다.

역대기상하, 에스라, 느헤미야를 쓴 엘리트들은 제2모세 곧 메시아가 와서 세울 '다가올 세상'(Olam Ha-Ba) 곧 미래종말을 '희망'(Ha-Tikvah)하며, 그 때까지 이스라엘이 생존할 수 있는 길이 무엇인지, 무엇이 참 이스라엘인지, 누가 참 이스라엘인지를 물었고 해답을 제시하였다. 그 해답은 유대민족혈통이 참 이스라엘이고, 토라를 철저히 준수하는 유대교신앙을 간직한 공동체가 참 이스라엘이며, 비록 지금 이스라엘은 망해서 제

---

[105] Martin Buber, The Two Types of Faith, Norman P. Goldhawk, trans.(New York: The MacMillan Company, 1951), 55.
[106] Martin Buber, "Der Preis," Der Jude, October 1917.
[107] Will Herberg, ed., The Writings of Martin Buber(Cleveland and New York: Meridian Books, 1956), 31.

국들의 속주 백성으로 살아가고 있지만, 유대민족혈통과 유대교신앙이 지속되는 한 이스라엘은 결코 멸망한 것이 아니고, 유대민족혈통이 보존되는 한 참 이스라엘은 살아남을 것이며, 토라를 철저히 준수하는 유대교신앙이 유지되는 한 참 이스라엘은 영원히 지속될 것이라는 것이다. 그리고 유대교인들이 이 역대기 역사관을 가지고 미래종말에 주어질 '그 희망'을 현재의 삶 속으로 앞당겨 맛보고 체험하며 현실화시키고자한다는 점에서는 유대교에도 일정부분 실현된 종말론이 존재한다고 볼 수도 있다. 다만, 그리스도인들이 "메시아는 이미 오셨고 그분을 통해서 구원받았다."고 말하고, 교회를 실현된 메시아의 나라로 확신하는 영적구원 곧 현재구원과 같은 현재종말론이 유대교에는 없다. 유대교인들은 "메시아가 오고 계시다"(Moshiach is coming)고 말할 뿐이다.[108]

유대교인들에게는 영적구원(현재구원)이 없고, 육적구원(미래구원)만 있다. 그리스도교에서는 예수 그리스도를 통한 영적구원과 재림 때에 육적구원의 완성이 이뤄질 것을 말하는데, 부버와 헤르베르그는 출애굽사건을 통해서 이스라엘에 대(大)구원이 이뤄졌고, 제2의 출애굽사건을 주도할 메시아(Moshiach)가 오심으로 그 구원이 완성된다고 본 것이다. 그리스도교에는 하나님의 아들 예수 그리스도의 대속을 통해서 이미 실현된 구원의 확신, 곧 종말에 주어질 축복을 성령님의 능력으로 이 땅에서 미리 맛보고 누리는 영적인 축복이 있는 반면, 유대교에는 그것이 없다. 그리스도인들은 '이미'(Already)와 '아직'(Not Yet)의 긴장 속에서 살아가는데,

---

[108] 유대교인들은 '메시아'(Messiah)란 호칭이 그리스도교에 의해서 왜곡되었기 때문에 사용하지 않는다고 말한다. 그 대신에 '모쉬아크'(Moshiach)란 호칭을 사용한다. 유대교인들은 '모쉬아크'가 곧 오실 것이고, 오고 계시며(Moshiach is coming!), 그것을 믿지 않는 자는 진정한 유대인이 아니라고 말한다.

유대교인의 '이미'는 2600(586BC)여 년 전에 실패로 끝났으므로 그 실패를 만회하거나 보다 큰 축복이 주어질 미래만 희망(Ha-Tikvah)하고 사는 것이다. 이점이 그리스도교가 유대교와 또 한 가지 다른 점이다. 다만 그리스도교나 유대교가 모두 미래구원에 대한 하나님의 약속을 강하게 믿고 희망한다는 점에서는 같다.

'이미'란 것은 메시아가 가져오실 하나님의 왕국이 교회와 그리스도인들 속에서 이미 이루어졌다는 말이요, '아직'이라는 말은 완성될 하나님의 왕국이 아직 소망 가운데 있다는 뜻이다. 따라서 그리스도인들의 삶은 현세적이면서 미래적이며, 세상 속에 살면서도 성령님의 능력으로 종말에 주어질 축복된 삶을 맛보고 누리고 있는 것이다. 이 복된 삶은 은혜로 말미암아 믿음을 통하여 침례 가운데서 선행을 위하여 모든 그리스도인들에게 주어진 삶이며, 성령님을 통해서 보증되고 인(印)쳐진 삶이다.

유대교인들은 2600여 년 전부터 두 가지를 희망하고 있었다. 첫 번째가 메시아가 나타나는 것이고, 두 번째가 그 메시아가 가져올 '올람 하바'(Olam Ha-Ba)이다. '올람 하바'란 '메시아 시대' 혹은 '다가올 세계'(World to Come)를 뜻한다. 이 '올람 하바' 곧 '다가올 메시아 세계'는 흔히 말하는 '종말시대' 또는 '마지막 시대'를 말하는 것이다.

그리스도교에서는 이 '다가올 마지막 세계'가 2천 년 전 하나님의 아들 예수님이 이 땅에 오신 성육신 사건에서 시작되었다고 본다. 그분이 십자가에 못 박혀 죽은 것은 인류의 대속을 위한 것이었고, 그분이 승천하시고 대신 보내신 보혜사 성령님의 활동은 다가올 마지막 세계의 실현을 위한 것이다. 성령님의 활동을 통해서 세워진 교회가 '올람 하바'이고, 예수 그리스도의 보혈의 은총을 힘입어 하나님의 '의롭다 하심'과 성령님의 '중생과 씻음과 거룩하게 하심'을 받은 사람은 이 '올람 하바'의 시민이 되는 것이다. 유대인들이 예수님이 오실 때까지 500여 년간 애타게 희망했던 그 마지막 세계 혹은 종말시대가 성령님의 활동을 통해서 '교회'라는 새 언약 공동체 속에서 '이미' 시작되었고, 영적으로 실현되었던 것이다. 그래서 그리스도교에서는 이 시대를 교회시대 혹은 성령시대라고 부른다. 또 이 시대를 다른 말로는 시작된 종말시대 또는 실현된 종말시대라고 부른다.

시작된 종말이나 실현된 종말이란 말은 영적인 종말을 뜻하는 것이고, 종말의 완성을 뜻하는 것은 '아직' 아니다. 그리스도교에서 말하는 '구원'이란 말, 혹은 '칭의'나 '중생'이란 말은 종말이 완성되는 때에 주어질 완전한 구원의 축복을 하나님으로부터 약속받고, 성령님으로 보증 받고, 인(印)침 받고, 그 축복들을 성령님의 인도하심과 가르치심과 보호하심과 변호하심과 치료하심 속에서 맛보고 누리며 경험하는 것을 의미한다. 그리스도인이 누리는 대표적인 축복은 하나님의 평강이다. 마음의 평화, 가정의 평화, 이 평화가 있는 곳에 만사가 형통하게 된다. 그러나 이것은 시작이지, 끝은 아니다. '끝'과 '완성'은 그리스도의 재림의 때에 이뤄진다. 하나님의 구원(몸의 부활)의 약속이 이뤄지는 시점이 그리스도의 재림의 때인 것이다. 그리스도인들이 주의 재림을 믿고 기다리는 것이 바로 이 때문이다. 사도 바울은 로마서 8장 23절에서 "우리 곧 성령의 처음 익은 열매를 받은 우리까지도 속으로 탄식하여 양자 될 것 곧 우리 몸의 구속을 기다린다."고 했고, 고린도전서 15장 51절에서 "마지막 나팔에 순식간에 홀연히 다 변화된다."고 하였으며, 26절에서는 "맨 나중에 멸망 받을 원수는 사망이다."고 했고, 로마서 6장 22절에서는 "그 마지막은 영생이다."고 하였다.

그런데 이런 축복이 유대교인들에게는 없다. 그들에게는 시작된 영적

종말이나 실현된 영적 종말의 축복이 없는 것이다. 그 첫 번째 이유는 그들이 예수님을 메시아로 믿지 않기 때문이다. 그들에게 있는 것은 조상들이 하나님으로부터 받은 약속과 '그 희망'뿐이고, 성령님으로 보증 받고, 인침 받고, 그 축복들을 성령님의 인도하심과 가르치심과 보호하심과 변호하심과 치료하심 속에서 맛보고 누리며 경험하는 것이 없다. 유대교인들에게 시작된 영적 종말의 축복이 없는 두 번째 이유는 그들이 말하는 '다가올 시대'란 그들 민족만의 축복이기 때문이다. '올람 하바'는 유대인의 제2의 출애굽 사건, 곧 유대인의 대 구원 사건을 말하는데, 이 사건은 영적인 사건이 아니고, 육적인 사건이다. 문자적인 이스라엘 왕국의 완전한 회복을 말하는 것이다. 1948년 5월 14일에 이스라엘 국가가 건국되었는데, 건국된 지 70여년이 넘었어도 다윗 왕국이 회복되었다고 믿는 유대인은 없다. 아직 메시아가 나타나지 않았기 때문이고, 세계를 통합할만한 여력도 없기 때문이다. 예루살렘의 성전산에 세워진 이슬람의 황금돔사원(Dome of the Rock)이 그것을 잘 말해주고 있다.

그리스도인에게 있어서 구원의 의미는 영적으로 하늘 가나안땅에서 누리는 참 안식이다. 그 땅은 소위 우리가 말하는 에덴동산, 낙원, 엘뤼시온(샹젤리제), 도솔천, 새 하늘과 새 땅, 용화세계, 유토피아, 무릉도원, 아르카디아와 같은 곳이다. 그렇다고 현실 세계를 포기하거나 절망적으로 살자는 것은 아니다. 그러한 주장을 말세론 또는 시한부 종말론이라고 하는데, 성경의 가르침을 오해하거나 왜곡한 데서 비롯된다. 오히려 성경은 세상을 보다 적극적으로 살기를 바라서 하나님께서 믿음으로 구원을 주시고 성령님을 선물로 붙이셔서 성령님의 인도하심과 능력을 힘입어 인간의 나라를 하나님의 나라로, 불의하고 불평등한 인간의 나라를 정의롭고 평화로운 하나님의 나라로 바꿔가도록 하신다. 다만, 그리스도인들은 이 땅에서의 삶을 종국적이고 영원한 삶으로 생각하지 않기 때문에 보다 더 궁극적이고 영원한 가치, '장차올 더 좋은 것'을 위해서 헌신할 수 있는 장점을 갖고 있다. 여기서 그리스도인들이 소망하고 추구하는 '장차올 더 좋은 것'은 영원하고 참되며 세계적인 것인데 반해, 유대교인들이 희망하는 '올람하바'(다가올 세계)는 현세적이고 일시적이며 민족적인 것이다.

히브리서 저자는 이러한 차이점을 알고 있었기 때문에 그리스도인들이 추구하는 것을 '구원에 이르게 하는 더 좋은 것'(히 6:9), '좋은 소망'(히 7:19), '더 좋은 언약'(히 7:22), '더 좋은 약속'(히 8:6), '장차 나타날 좋은 것'(히 10:1)이라고 말할 수 있었다. 히브리인들도 '더 좋은 것을 사모'하였지만, 그것은 지상의 것이었지, 영원한 하늘의 것이 아니었다. 그러나 하나님은 미리 세우신 '더 좋은 계획'에 따라(히 11:40) 더 좋은 것을 바라는 자들을 위한 '한 도시' 곧 하늘 가나안땅에 새 예루살렘을 마련해 놓으셨다(히 11:16)고 밝혔다.

바울도 '장차올 좋은 일'에 대해서 자주 언급하였다(엡 1:21). 고린도후서 5장 5절을 보면, "이것을 우리에게 이루게 하시고 보증으로 성령을 우리에게 주신 이는 하나님이시다"는 말씀이 있다. 우리 말 성경에는 제대로 표현되어 있지 않지만, 영어성경에서는 이 말씀이 "장차올 것을 보장하는 보증금으로써"(as a deposit, guaranteeing what is to come) 우리에게 성령님을 주신 분은 하나님이시다고 되어 있다. 여기서 성령님은 '장차올 좋은 것'에 대한 '약속'의 '보증금'과 '인감(印鑑)'으로써 설명되었다. 광야사막에서 구름기둥과 불기둥이 이스라엘 백성을 가나안 땅으로 확실하게 인도한 것과 동일한 개념이다.

사도행전 15장을 보면, 어떤 히브리파유대인 그리스도인들이 유대로부터 안디옥까지 와서 모세의 율법대로 할례를 받아야 구원을 받을 수 있다고 주장하였다. 이로 인해서 안디옥교회에 율법과 복음사이에 다툼과 변론이 일어났다. 히브리파유대인들의 이런 주장은 바울과 바나바의 가르침에 중대한 도전이었을 뿐 아니라, 그들의 권위와 이방인교회들에 치명적인 손상이 될 수 있는 매우 위험한 것이었다. 이에 안디옥교회는 시비를 갈려줄 예루살렘교회의 사도들과 장로들에게 의견을 묻기로 결정하고 바울과 바나바를, 선교보고도할 겸, 다른 몇몇 사람들과 함께 예루살렘으로 파송하였다.

바울과 바나바는, 예루살렘까지 15일 정도 걸리는 먼 길(480km)을 여행하는 동안, 교회들을 방문하여 이방인 선교결과를 전하였고, 그리스도인들은 모두 이 소식을 듣고 기뻐하였다. 그들은 예루살렘에 도착하여 "교회와 사도와 장로들에게 영접을 받고, 하나님이 자기들과 함께 계셔 행하신 모든 일을"(행 15:4) 보고하였다. 이때 "바리새파 중에 어떤 믿는 사람들이 일어나 말하되, 이방인에게 할례를 행하고 모세의 율법을 지키라 명하는 것이 마땅하다"(행 15:5)는 주장을 제기하고 나섰다. 이에 사도들과 장로들이 모여 오랜 시간 토론하였다. 토론 끝에 베드로가 일어나 말하였다. "형제들아, 너희도 알거니와 하나님이 이방인들로 내 입에서 복음의 말씀을 들어 믿게 하시려고 오래 전부터 너희 가운데서 나를 택하시고, 또 마음을 아시는 하나님이 우리에게와 같이 그들에게도 성령을 주어 증언하시고, 믿음으로 그들의 마음을 깨끗이 하사 그들이나 우리나 차별하지 아니하셨느니라. 그런데 지금 너희가 어찌하여 하나님을 시험하여 우리 조상과 우리도 능히 메지 못하던 멍에를 제자들의 목에 두려느냐? 그러나 우리는 그들이 우리와 동일하게 주 예수의 은혜로 구원 받는 줄을 믿노라"(행 15:7-11)고 호의적인 발언을 하였다. 이에 힘을 얻은 바나바와 바울이 일어나 선교지에서 있었던 하나님의 구원의 역사들을 말하였다. 그리고 최종적으로 교회의 수장인 야고보가 일어나 이방인 그리스도인들에게 유대교가 문의 개종자들에게 요구하는 노아의 법들을 지키도록 권하되, "이방인 중에서 하나님께로 돌아오는 자들을 괴롭게 하지 말자"(행 15:20)는 말로 회의를 종결시켰다.

이때가 예루살렘교회가 세워지고 20여년이 지난 주후 50년경이었다. 교회의 승인권을 가진 사도들이 그리스도교 복음을 이방인들에게 오픈하기로 공식 결정하고, 율법의 무거운 짐을 내려줌으로써 또 한 번의 큰 위기를 슬기롭게 극복하고 세계선교의 길을 열어주었다. 이에 힘입어 바울과 바나바는 다음과 같은 복음의 정수를 담대하게 선포할 수 있게 되었다.

옛 언약의 율법은 지상 가나안땅의 보존에 필요하고, 할례는 그 가나안땅 약속에 대한 증표에 유효하지만, 즉 옛 언약 백성인 유대인들에게 필요한 것이지만, 새 언약 백성인 그리스도인들이 하늘 가나안땅을 약속 받고 그 효력을 유지하는 데는 필요치 않다. 율법은 그리스도인들의 도덕적 삶과 윤리적 삶에 도움이 되지만, 하늘 가나안땅에 들어가는 데는 도움이 되지 않는다. 하나님은 유대인뿐만 아니라, 이방인의 하나님도 되시고, 민족성별 빈부귀천의 차별이 없으시다. 누구든지 예수님을 그리스도로 믿고, 죽은 자를 살리신 하나님을 믿으면, 은혜로 값없이 영생을 얻고, 하나님 가족의 식구가 되며, 하나님 나라의 상속자가 된다.

그리스도교 복음은 전적으로 새로운 것이다. 예를 들어서 하나님이 계시로 그의 거룩한 사도들과 선지자들에게 성령으로 그리스도의 비밀을 알게 하신 것은 이전 세대의 사람들에게는 알리지 아니하셨던 것들이다(엡 3:1-5). 다만 그 복음을 전한 방법에 있어서는 이전 것들을 재창조한 면이 없지 않다. 예들 들어서 유대교 에비온파들(Ebionites)은, 그들이 비록 한 분 하나님 야훼만을 믿기 때문에 예수 그리스도님의 신성을 부정하였지만, 예수님이 이전의 토라 곧 율법을 새로운 의미, 참된 의미, 본래적 의미를 밝힌 분이라고 믿었던 것과 같다. 예수님이 새로운 율법을 만든 것이 아니라, 기존의 율법을 재해석함으로써 율법의 본래적이고 참된 의미를 알게 하셨다는 것이다. 마찬가지로, 신약성경의 자자들도 새로운 것을 만들어 전하지 않고, 이전의 것, 옛 것, 구약을 재해석함으로써 옛 것의 본래적이고 참된 의미를 밝혀 주었던 것이다. 예수님이 그리스도 되심과 독생하신 하나님이 되심과 부활승천하심과 하나님의 우편보좌에 앉으심에 대한 것과 복음의 진수들은 옛 것들을 재해석하여 전한 것들이다. 다만 이 해석은 문자적으로 이뤄지지 않고 예표와 모형과 그림자의 실체로써 영적으로 이뤄졌다.

구조적으로 보면, 이전 것들 곧 옛 것들은 병든 것들이고 불완전한 것들이며 일시적인 것들이고 잠정적인 것들이며 땅의 것들이다. 이것들은 건강한 것들, 완전한 것들, 영원한 것들, 항구적인 것들, 하늘의 것들이 나타나면 사라질 것들이다. 그것은 마치 밤에는 달빛이 유용하지만, 햇볕이 나타난 낮에는 무용한 것과 같다. 한국 그리스도교 초기 신학자였던 최병헌(崔炳憲, 1858-1927) 목사가 "성산유람긔"(聖山遊覽記)에서 지적한 바와 같이 먹을 것이 없고 가난했을 때에는 풀죽도 마다하지 않지만, 먹을 것이 풍부하고 부유한 때에는 풀죽이 필요 없어지는 것과 같다. 율법시대가 달빛시대라면 복음시대는 햇빛시대인 것이다. 율법시대보다 더 뛰어나고 완벽한 복음시대가 도래함으로써 율법시대가 필요 없게 된 것이다.

율법시대가 나빴거나 악한 것이 아니다. 율법시대는 하나님이 허락하신 시대로써 당대에는 그보다 더 좋은 것이 없었다. 그리스도교 복음이 전파되기 이전의 고대 근동세계와 고대 그리스로마세계에 이스라엘의 율법과 유대교보다 더 뛰어난 성문법이나 윤리적이고 도덕적이며 유일신만을 섬기는 종교는 없었다. 그 세계는 다신 세계였고, 제왕을 포함한 각종 동물과 같은 피조물을 신들로 섬겼던 시대였다. 그렇기 때문에 영국의 역사학자 아놀드 토인비 교수는《역사의 연구》'제4편 문명의 쇠퇴'에서, 당대의 유대인들이 천부적 재능으로 유일신사상이란 정신적 보물과 탁월성에 도달하였다고 인정하였다. 그러나 그것은 과도적 단계에 불과한 것이었다는 점을 강조하였다. 그런데도 유대인들은 그것을 절대시하고 우상화함으로써 하나님이 나사렛 예수의 강림을 통하여 자기들에게 제공한 한층 더 큰 보물을 거절하였다고 하였다. 그리고 그 응보로써 유대인들은 자기 나라에서 쫓겨나 2천년 가까운 세월을, 한때 그들이 괴롭혔던 그리스도교가 국교인 나라들에서, 방랑자처럼 떠돌았다.[109]

신약성경은 옛 것들, 문자적인 것들, 땅의 것들, 일시적인 것들, 잠정적인 것들을 새 것들, 영적인 것들, 하늘의 것들, 영원한 것들, 항구적인 것들의 그림자와 모형으로 보고 참되고 진실한 실체가 무엇인지를 밝혀주었다. 예수님이 오시기 전 400여년에 이미 플라톤은 지상의 것 곧 현존하는 것은 하늘의 것 곧 보이지 않는 것의 그림자요 모형에 불과하다고 하였다. 이 같은 맥락에서 구약은 신약의 그림자요 모형이었다.

바울은 고린도전서 13장 10절에서 "온전한 것이 올 때에는 부분적으로 하던 것이 폐하리라"고 했고, 또 그리스도께서 육체를 십자가에 못 박히심으로써 모든 담을 허시고 하나로 통합하시기 위해서 에베소서 2장 15

---

[109] 토인비,《역사의 연구 I》, 노명식 역(서울: 삼성출판사, 1990), 361.

절에서 "법조문으로 된 계명의 율법을 폐하셨다"고 했다. 히브리서 저자는 7장 18절에서 "전에 있던 계명은 연약하고 무익하므로 폐하였다"고 했고, 10장 9절에서는 "그 첫째 것을 폐하심은 둘째 것을 세우려 하심이라"고 하였다.

히브리서 저자는 구약에 관련된 것들을 나쁘다거나 악하다고 말하지 않았다. 그가 즐겨 쓴 "더 좋은 것"이란 표현은 '그냥 좋은 것'과 비교해서 '더욱 좋은 것'이란 뜻이다. 저자의 이 비교는 총체적으로 '더 좋다'가 아니라 최소한 '구원에 속한 것에서 더 좋다'는 뜻이다. 따라서 신약의 것들이 구원에 속한 것에서 한층 더 큰 보물로 새로 부각된 것이라면, 구약의 것들은 구원에 속한 것에서 이전시대에 일시적으로 좋은 것에 불과하였다는 뜻이다. 여기서 구약의 것들이 좋은 것이었다는 뜻은 흠이 없거나 완전하였다는 뜻이 아니라 주변의 다른 것들에 비교해서 탁월했다는 뜻이다. 그리고 이전 것보다 더 좋은 것이 나타나면 이전에 좋았던 것이라도 더 이상 이전 것을 고집하지 않게 되듯이 새 것으로 인해서 옛 것은 자연스럽게 폐기되고 만다.

옛 것의 상징이었던 세례 요한은, 요한복음 3장 30절에 따르면, "그는 흥하여야 하겠고, 나는 쇠하여야 하리라"고 하였다. 세례 요한이 왜 "그분은 흥하여야하고 나는 쇠하여야한다"고 말했는가? 여기서 "그분은" 예수님을 지칭한 것으로써 예수님은 그리스도교를 세우신 분이다. 따라서 "그분은 흥하여야한다"는 그분이 세우신 그리스도교가 흥하여야한다는 뜻으로 이해될 수 있다. 그리고 "나는"은 세례 요한 자신을 지칭한 것으로써 신약시대의 관점에서 볼 때 구약시대의 마지막 예언자이다. 따라서 "나는 쇠하여야한다"는 세례 요한의 쇠함과 더불어 유대교가 쇠하여야한다는 뜻으로 이해될 수 있다. 세례 요한의 이 유명한 말은, 유대교 입장에서는 정말 터무니없는 말이겠지만, 그리스도교 입장에서는 정말 의미심장한 말이다. 그리고 세례 요한의 유언과도 같은 이 말은 그대로 성취되었다.

2. 가톨릭교회의 구원론

가톨릭교회의 구원론을 이해하는 데 있어서 꼭 필요한 자료는 두 가지로써 그 첫 번째가 가톨릭교회가 그리스도교(개신교)의 종교개혁운동에 대한 반(역)종교개혁(counter reformation)의 일환으로써 1545년부터 1563년까지 이탈리아 북부 트렌토와 볼로냐에서 개최한 트리엔트 공의회(Council of Trient)가 반포한 교령이다. 두 번째는 1986년 교황청이 12명의 추기경과 감독들로 '교리서 위원회'(Commission of Cardinals and Bishops)를 구성하고 7년 만에 발간한 총 4부(제1부 신앙고백, 제2부 그리스도 신비의 기념, 제3부 그리스도인의 삶, 제4부 그리스도인의 기도), 2,865조항, 1320쪽으로 구성된 《가톨릭교회교리서》(Catechismus Catholicae Ecclesiae)이다.

1) 원죄, 대죄, 소죄, 자유의지 및 세례에 대해서

가톨릭교회는 아우구스티누스(어거스틴), 루터, 칼뱅, 웨슬리와 마찬가지로 원죄를 주장하나, 인간의 노예의지를 주장한 루터와 칼뱅과는 달리 자유의지와 선(先)은혜(prevenient grace)를 인정한다. 웨슬리도 자유의지와 선(先)은혜를 인정하였다. 아우구스티누스, 루터, 칼뱅, 웨슬리가 전적타락(완전부패)을 인정한 반면, 가톨릭교회는 전적타락을 부정하고 하나님의 은혜에 대한 인간의 협력을 강조한다. 웨슬리는 원죄를 인정하였으나 선(先)은혜로 인하여 원죄가 말살된다고 보았고, 죄의 삯인 사망은 원죄 때문이 아니라 의도적으로 지은 자범죄 때문이라고 하였다.[110] 스톤-캠벨운동의 개혁가들은 원죄와 전적타락을 부정하고 자유의지와 선(先)은혜를 인정하였다.

1546년 6월 17일에 속개된 트리엔트 공의회 제5회기에서 원죄가 다뤄졌다. 원죄에 관한 교령에 따르면, 아담의 원죄가 아담뿐 아니라 후손에게 상해를 입혔고, 하나님께서 주신 거룩함과 공의를 상실케 하였으며, 아담의 불순종의 죄가 인류의 육체의 죽음과 고통뿐 아니라, 영혼의 죽음까지 초래하였다는 것을 인정하지 않는 자는 파문 받아야 한다고 하였다.[111] 이처럼 가톨릭교회는 원죄를 인정하지만, 동시에 인간의 자유의지를 인정하여 전적부패 혹은 전적타락을 부정한다. 《가톨릭교회교리서》 405조는 "원죄는 비록 각자에게 고유한 것이기는 하지만 … 원초적 거룩함과 의로움은 잃었지만, 인간 본성이 온전히 타락한 것은 아니다. … 세례는 그리스도 은총의 생명을 줌으로써 원죄를 없애고 인간을 하느님께 돌아서게 하지만, 약해지고 악으로 기우는 인간 본성에 미친 결과는 인간 안에 집요하게 남아서 영적 싸움을 치르게 한다."[112]고 하였다. 반면에 420조는 "그리스도께서 획득하신 죄에 대한 승리는, 죄가 우리에게서

---

[110] 웨슬리의 견해는 성기호, '칼빈의 예정론과 웨슬리의 자유의지론,'《목회와 신학》 1992년 7월호, http://www.kirs.kr/data/calvin/calvin046.pdf; 장기영, '자유의지와 노예의지, 그 분기점으로서 웨슬리의 선행은총론,'《신학과 선교》(서울신학대학교 기독교신학연구소, 2014), https://www.theosnlogos.com/search/웨슬리의 선행은총.
[111] Philip Schaff, ed. and David S. Schaff, revised, *The Creeds of Christendom with a History and Critical Notes*, vol. II(Grand Rapids, Michigan: Baker Book House, 1985 reprinted), 83-88(제5회기).
[112] 주교회의 교리교육위원회 번역,《가톨릭교회교리서》(*Catechismus Catholicae Ecclesiae*)(서울: 한국천주교중앙협의회, 2008), 181(405조), 184-185(416조).

빼앗아 간 것보다 더 좋은 것을 우리에게 준다."113고 하였다. 가톨릭교회는 이 원죄뿐 아니라 본죄와 그 죄벌까지 세례를 통해서 온전히 사해지고 하나님의 자녀가 된다고 믿는다. 트리엔트 공의회의 원죄에 대한 교령은 "세례가운데서 베푸시는 우리 주 그리스도 예수의 은혜로 원죄가 사해진다는 것을 부인하거나 또 심지어 죄의 참되고 고유한 본성을 지닌 전체가 제거되지 않는다고 주장하거나 그것은 단지 삭제될 뿐 전가되지 않는다고 말하는 자는 파문 받아야 한다고 하였다."114고 하였다.

가톨릭교회는 본죄(자범죄)를 대죄(죽을 죄)와 소죄(용서받을 죄)로 나눈다.115 대죄는 "죽을 죄"116를 말한다. "대죄는 사랑의 상실과 성화은총의 박탈, 곧 은총 지위의 상실을 초래한다. 만일 대죄가 뉘우침과 하느님 자비로 속죄되지 않는다면, 하느님 나라에서 추방되고 지옥의 영원한 죽음을 당한다.… 소죄는 하느님과 맺은 계약을 파기하지는 않는다. 소죄는 하느님의 은총으로 인간적으로 속죄할 수 있다. 소죄는 성화은총, 하느님과 이루는 친교, 사랑과 영원한 행복을 박탈하지는 않는다."117고 하였다.

2) 구원의 근원에 대해서

가톨릭교회는 구원의 근원(근거)을 값없이 받는 은혜 곧 하나님의 선

---

113 《가톨릭교회교리서》, 185(420조).
114 The Creeds of Christendom with a History and Critical Notes, vol. II,5, 87(제5회기).
115 《가톨릭교회교리서》, 690-693(1854-1864조).
116 《가톨릭교회교리서》, 695(1874조).
117 《가톨릭교회교리서》, 692(1861, 1863조).

물로 본다. 하지만 하나님의 은혜로 구원을 받는다는 구원의 근거보다는 구원의 수단(통로) 곧 일정 수준의 행위와 성례(성사)를 더 강조하는 경향이 있다. 은혜를 강조한 글들이 《가톨릭교회교리서》 1996-9조에 담겨 있다. 1996조는 "우리는 하느님의 은총으로 의화(義化)된다. 은총은 하느님의 자녀 곧 양자가 되고 신성과 영원한 생명을 나누어 받는 사람이 되라는 하느님의 부름에 응답하도록 하느님께서 우리에게 베푸시는 호의이며 거저 주시는 도움이다."고 하였고, 1997조는 "은총은 하느님의 생명에 대한 참여이다. 곧 은총은 우리를 성삼위의 내적 생활 안으로 이끌어 준다."[118]고 했으며, 1998조는 "영원한 생명에 대한 이러한 부름은 초자연적인 것이다. 이 부름은 스스로 거저 베푸시는 하느님께 전적으로 달려 있는 것이다. 하느님께서만 당신을 제시하시고 당신을 주실 수 있기 때문이다. 이 부름은 인간 지성의 능력과 의지의 힘을 초월하며, 어떤 피조물의 능력과 힘도 초월한다."고 하였다. 그리고 1999조는 "그리스도의 은총은 무상의 선물이며, 하느님께서 우리 영혼을 죄에서 치유하여 거룩하게 하시려고 성령을 통해서 우리의 영혼 안에 불어넣어 주시는 당신의 생명이다."[119]고 하였다.

3) 구원의 수단에 대해서

1547년 1월 13일에 속개된 트리엔트 공의회(Concilium Tridentinum) 제6회기에서 의화(justification)가 다뤄졌는데, "우리는 믿음으로 의롭다함을 받는다고 말하는 이유는 믿음이 인간 구원의 시작이요, 모든 의롭다

---

[118] 《가톨릭교회교리서》, 729-730(1996, 1997조).
[119] 《가톨릭교회교리서》, 730(1998, 1999조).

함의 기초요 뿌리이기 때문이다.… 우리는 값없이 의롭다함을 받는다고 말하는 이유는 믿음이건 행위이건 의롭다함(칭의)에 선행하는 어떤 것도 의롭다함의 은혜 자체에 합당하지 않기 때문이다."고 하였다.[120] 또 "만일 누가 사람의 본성의 가르침으로 하든, 율법의 가르침으로 하든, 예수 그리스도로 말미암아 하나님의 은혜를 받지 아니하고 자기 행위로 하나님 앞에서 의롭다 하심을 얻을 수 있다고 말한다면, 그는 파문 받아야 한다."[121]고 하였다. 가톨릭교회는 "신앙은 구원을 위해 필요하다."[122] 또 "믿는다는 것은 성령의 은총과 내적인 도움으로만 가능하다. 그렇지만 믿는 것이 참으로 인간적 행위라는 것 또한 사실이다. 하느님을 신뢰하고 그분께서 계시하신 진리를 따르는 것이 인간의 자유나 지성에 반하는 것은 아니다."[123]고 했다. 또 "'신앙'은 하느님께서 주시는 초자연적인 선물이다. 믿기 위해서는 성령의 내적인 도움이 필요하다."[124]고 했다.

여기서 드러난 사실은 "믿는 것이 참으로 인간적 행위라는 것 또한 사실이다."라는 말에서 보듯이 가톨릭교회가 구원을 받는 수단(통로)으로써 '오직 믿음'만을 강조하지 않는다는 것이다. 하나님의 선(先)은혜에 대한 인간의 조력과 세례성사나 고해성사 등을 믿음보다 더 많이 강조하기 때문이다. 인간은 자유의지를 가진 존재이므로 "신앙 안에서, 인간의 지성과 의지는 하느님의 은총과 협력한다."[125]고 했고, "'믿는다는 것'은 의

---

[120] The Creeds of Christendom with a History and Critical Notes, vol. II, 97(제8장).
[121] The Creeds of Christendom with a History and Critical Notes, vol. II, 110(On Justification, Canon I).
[122] 《가톨릭교회교리서》, 100(183조).
[123] 《가톨릭교회교리서》, 90(154조).
[124] 《가톨릭교회교리서》, 99(179조).

식적이고 자유로운 인간 행위로써, 인간의 존엄성에 부합한다."[126]고 했다. 또 "의화(의롭다하심)는 하느님의 은총과 인간의 자유 사이에 협력 관계를 이룬다."[127]고 했고, 선(先)은혜(prevenient grace) 교리를 통해서 신인협력을 강조한다.[128] 게다가 가톨릭교회가 "'믿는다는 것'은 교회의 행위이다."[129] "그리스도인은 세례로 신비체의 머리이신 그리스도의 은총을 받는다."[130] 또 "우리는 문서와 구전으로 전해진 하느님의 말씀에 포함된 모든 것과 교회가 거룩한 계시로 제시하는 모든 것을 믿는다."[131]고 한 것은 구전(口傳)과 인위적인 전통을 인정하지 않고 '오직 믿음'과 '오직 성경'만을 주장하는 그리스도교(개신교)의 주장이나 믿음과 회개가 오직 선택된 자들에게만 주어지는 하나님의 전적인 은혜라고 주장한 칼뱅과 크게 다르다.

가톨릭교회는 하나님의 은혜를 두 종류로 나눠 설명하는데, 한 가지는 "무상의 선물"인 "세례로써 받는 성화은총(聖化恩寵, gratia sanctificans)"이다. 이를 "성사은총"이라고 한다. 다른 하나는 예수 그리스도를 통한 하나님의 선(先)은혜(prevenient grace), 곧 하나님이 부르시고 격려하시고 도우시는, "은총을 받아드리도록 인간을 준비시키는 … 회개의 시작이나 성화 활동의 과정에서 하느님의 개입을 가리키는 조력은총(助力恩寵, gratia actualis)"이다. 그리고 이 하나님의 조력은총은 "인간의 자유로운 응

---

[125] 《가톨릭교회교리서》, 90(155조).
[126] 《가톨릭교회교리서》, 99(180조).
[127] 《가톨릭교회교리서》, 728(1993조).
[128] The Creeds of Christendom with a History and Critical Notes, vol. II, 92(제5장).
[129] 《가톨릭교회교리서》, 100(181조).
[130] 《가톨릭교회교리서》, 730(1997조).
[131] 《가톨릭교회교리서》, 100(181, 182조).

답을 요구한다." 또 조력은총을 "회개의 시작이나 성화 활동의 과정에서 하느님의 개입을 가리킨다."¹³²고 하였다. 자유의지를 가진 인간(죄인)은 이 하나님의 조력은혜 곧 성화은총에로의 부르심에 기꺼이 응답(협력)할 수도 있고 또한 거절할 수도 있다는 것이다.

성화은총은 구원에 절대적으로 필요한 것이고, 무죄한 어린 아기라도 이 성화은총이 없이는 영원한 생명을 얻을 수 없으며, 자유의지를 가진 인간(죄인)은 이 하나님의 조력은혜 곧 성화은총에로의 부르심에 기꺼이 응답(협력)할 수도 있고 또한 거절할 수도 있으며, 잃어버린 성화은총은 고해성사나 완전한 통회(사랑의 통회, contrition)로써 회복할 수 있다고 가르친다. "성령의 은총이 작용하여 내는 첫 결실은 회개"¹³³이고, "회개는 보통 고해성사로써 이루어지진다."¹³⁴고 하며, "하느님을 모든 것 위에 사랑하는 마음에서 나오는 통회를 '완전한' 통회(사랑의 통회)라 한다. 이 통회는 소죄를 용서해 주며, 가능한 한 속히 고해성사를 받겠다는 굳은 결심이 포함된 경우 죽을죄도 용서받게 해 준다."¹³⁵고 가르친다.

무죄한 어린 아기라도 성화은총이 없이는 영원한 생명을 얻을 수 없고, 자유의지를 가진 인간의 협력의 필요성을 강조하면서도 너무 어려서 아직은 자신의 자유의지로 하나님의 은총에 협력할 수 없는 유아에게 가톨릭교회가 세례를 베푸는 근거는 '사효성'교리 때문인 것으로 보인다. 가톨릭교회는 성례 집례자(執禮者)의 태도나 수례자(受禮者)의 자격에 상관없이 교회에 의해서 베풀어진 성례(opus operatum=행해진 행위 혹은 ex opere

---

132 《가톨릭교회교리서》, 730-732(1999-2003조).
133 《가톨릭교회교리서》, 727(1989조).
134 《가톨릭교회교리서》, 690(1856조).
135 《가톨릭교회교리서》, 564(1452조).

operato=수행된 행위로부터) 자체가 하나님의 은혜를 실어오는 효력(virtus operativa)을 일으킨다고 주장해왔다.¹³⁶ 반면에 루터, 츠빙글리, 칼뱅, 부처, 녹스와 같은 16세기의 개혁가들이 유아세례를 포기하지 아니한 이유는 그들이 가톨릭교회의 사제출신들이었을 뿐 아니라, 국가종교 또는 시의회 종교를 신봉하는 자들이었기 때문이다. 루터교회, 개혁교회, 영국교회가 다 국가종교였으며, 츠빙글리와 칼뱅이 시의회종교 교리에 반대한 재침례파를, 영국교회가 국가종교의 교리에 반대한 청교도들을 이단으로 정죄하고, 화형이나 익사로 다스렸던 것은 교리적 신념 때문이 아니라 국가종교 또는 시의회 종교의 정치적인 이유 때문이었다. 루터가 농민전쟁에서 약자인 농민들이 아닌 귀족(영주) 편에 선 이유도 "전통을 최대한 지켜내고 싶었기"때문이다.[137]

루터는 가톨릭 전통을 최대한 지켜내면서 타락한 교회의 개혁을 추구하고자 했기 때문에 원시교회의 전통과 원형 회복(환원)에 적극 반대하였다. 반면에 신약성경의 침묵을 금지로 보았을 만큼 원시교회의 질서(신약성경교회의 의식, 형식, 구조)를 철저히 회복(환원)하고자 했던 츠빙글리와 칼뱅은 국가의 모든 사람들을 품는 국교와 교구제도에 대한 충성심 때문에 유아세례를 포기하지 못하였고, 성인 세례자들만을 교인으로 인정하는 것에 반대하였다. 게다가 선택과 유기(버림)를 하나님의 절대주권(무조건적인 선택)으로 보고 하나님의 은혜(그리스도의 대속, 성령의 조명, 믿음과 회개 등)가 오직 선택된 자들에게만 주어진다고 주장한 칼뱅이 모든 유아들에게

---

[136] 박도식, '[상식교리]33. 사효성, 인효성,' 〈가톨릭신문〉, 제1240호 2면, [입력: 1981.02.01], https://m.catholictimes.org.
[137] C. 레오나르드 알렌, 리처드 T. 휴스, 《환원 운동의 뿌리》 백종구, 서요한 공역(서울: 쿰란출판사, 2010), 49.

세례를 베풀게 한 것은 자기모순이 아닐 수 없다. 아무튼 츠빙글리, 칼뱅, 루터는 국가종교의 틀에 갇혀있었고, 이 틀 안에서 "기존질서의 성직자로서 누리던 특권과 권력"과 "국가교회라는 것에 태생적으로 내재된 타협과 거룩하지 못한 연합"을 포기하지 못하였다.[138]

유럽에서는 가톨릭교회뿐 아니라, 그리스도교(개신교)들에도 신앙의 자유가 없었다. 츠빙글리와 칼뱅은 유아세례를 반대하고 정교분리를 주장한 재침례인들을 이단으로 정죄하였고, 시의회는 이들을 익사(침례를 조롱할 목적)나 화형 등으로 처형하였다. 그러나 성속(聖俗)분리 평화주의자들이자 무저항주의자들이었던 재침례인들은 그 어떤 저항이나 반항도 하지 않았다. "츠빙글리는 개혁가로서 처음에는 유아세례 반대를 고려하기도 했지만, 결국 국교에 대한 충성과 교구제도가 그의 길을 막았다. 그에게 있어 교회는 하나의 배타적인 교파가 아닌 넓게 포용하는 조직이었다. 이러한 이유로 그는 교회가 세례 받은 사람들만 받아들이고 성인 신자들만 이루어지는 것에 반대했다." 이런 이유 때문에 츠빙글리는 "신약이 명확히 인정하는 것 외에는 아무 것도 하지 않겠다는 그의 철석같은 주장을 깨뜨렸다.… 츠빙글리에게 있어 유아세례는 시민의 질서와 교회의 안정을 뒷받침해 주는 것이었다."[139]

4) 구원의 시간에 대해서

가톨릭교회는 하나님의 은혜와 신자의 믿음이 성직제도와 교회의 행위인 성사를 통해서 이뤄지고, "성사은총"을 통해서 의화(칭의)은혜를 입

---

[138] 《환원 운동의 뿌리》, 51-54.
[139] 《환원 운동의 뿌리》, 53-54.

는 것이므로 세례를 받고 견진례를 받은 후 처음 성체(성찬떡)를 영하는 시간이 구원의 시간이라고 말할 수 있다. 그것이 "세례성사를 통해 새로운 생명으로 태어난 신자들은 견진성사로 굳건하게 되며, 성체성사로 영원한 생명의 음식을 받는다.… 우리는 세례를 통하여 죄에서 해방되어 하느님의 자녀로 다시 태어나난다.… 이를 통하지 않고는 아무도 '하느님 나라에 들어갈 수 없다(요한 3:5)."140고 한 이유이다. 가톨릭교회는 이같은 성례들(7성사의 의식)에 '사효성'(opus operatum=행해진 행위 혹은 ex opere operato=수행된 행위로부터) 곧 성례 집례자(執禮者)의 태도나 수례자(受禮者)의 자격에 상관없이 교회에 의해서 베풀어진 성례 그 자체로써 하나님의 은혜를 입으며 작용하는 능력(virtus operativa)을 갖는다고 믿어왔다.141

가톨릭교회는 7성사(Sacraments) 곧 세례성사(Baptism), 견진성사(Confirmation), 성체성사(Eucharist), 고해성사(Penance/ Reconciliation), 병자성사(Anointing of the Sick/ Extreme Unction), 성품성사(Holy Orders), 혼인성사(Matrimony)를 일컬어 은혜를 받는 통로(channels)라고 주장해왔다.142 이들 성례들은 그리스도의 옆구리에서 흘러 성모의 손을 거쳐 전달되는 은혜의 통로이자 그리스도의 구원의 열매로 인하여 고인 은혜의 저수지로부터 은혜의 유입을 받는 수로(水路)라고 주장해왔다. 가톨릭교회가 1300여년이나 지속되어온 침수세례의 사도전통을 약식세례로 변개(變改)하고서도 가책을 느끼지 못했다면, 그것은 아마도 이 사효성 교리 때문

---

140 《가톨릭교회교리서》, 487-8(1212-1215조).
141 Richard A. Muller, *Dictionary of Latin and Greek Theological Terms*(Grand Rapids: Baker House, 1986), s.v. "ex opere operato."
142 John A. O'Brien, *Finding Christ's Church*(Notre Dame: Ave Maria Press, 1950), 46.

이었을 것이다.

가톨릭교회는 교회를 "교계 조직으로 이루어진 단체인 동시에 그리스도의 신비체"로 본다. 가톨릭교회는 교회를 "인간과 하느님의 결합의 신비"와 "구원의 보편적 성사"로 본다. "그리스도께서는 하느님 계획의 목적인 당신의 신비를 교회 안에서 완성하고 계시하신다.… 교회는 그리스도 안에서 성사와 같다."[143] "교회는 이 세상에서 구원의 성사이고, 하느님과 인간이 이루는 친교의 표지이자 도구이다."[144] "성사인 교회는 그리스도의 도구이다. 그리스도께서는 이 백성을 또한 모든 사람을 위한 구원의 도구로 삼으시고, 구원의 보편 성사로 세우시어 인간을 위한 하느님의 사랑의 신비를 보여 주며 실천하신다."[145] 따라서 "교회 밖에는 구원이 없다." 이것은 "머리이신 그리스도의 모든 구원이 당신의 몸인 교회를 통해 주어진다는 의미이다."[146] 구원은 교회가 베푸는 "죄의 용서를 위한 유일한 세례"[147] 성사를 통해서 이뤄진다고 말한다. 또 "'성사'는 '신비'가 가리키는 구원의 감추어진 실재에 대한 표징을 더 가시적으로 표현한다. 이러한 의미에서 그리스도 자신이 구원의 신비이다… 거룩하시며 또 거룩하게 하시는 그분의 인성이 이루신 구원의 업적은 교회의 성사들 안에서 드러나고 작용하는 구원의 성사이다. 일곱 가지 성사는 성령께서 그리스도의 몸인 교회 안에 그 머리이신 그리스도의 은총을 펼치시는 표지이며 도구들이다. 그러므로 교회는 자신이 의미하는 보이지 않는 은총을

---

[143] 《가톨릭교회교리서》, 329-331(771, 772, 774, 775조).
[144] 《가톨릭교회교리서》, 333(780조).
[145] 《가톨릭교회교리서》, 332(776조).
[146] 《가톨릭교회교리서》, 359(846조).
[147] 《가톨릭교회교리서》, 402(977조).

간직하고 이를 나눈다. 이러한 유비적인 의미에서 교회를 '성사'라고 부른다."148고 말한다.

5) 구원의 목적에 대해서

인간은 믿음(신앙)으로 의롭게(의화) 되지만, "이 믿음은 선행을 통해서 활성화되어야 한다. 왜냐하면 선행은 믿음을 실천하는 일이기 때문이다. 또한 최후의 심판 때에 인간은 자신의 행업에 따라 심판받을 것이다."149라는 것이 가톨릭교회의 입장이다.

박도식 신부는 '공로(功勞)란' 글에서 자연공로와 초자연적 공로가 있다고 하였다. 그 가운데 초자연적 공로는 "우리가 하느님 앞에 가서 영원한 생명을 얻을 수 있는 권리를 뜻한다."고 하였다. 또 "이 공로 없이는 우리에게 영혼구원은 있을 수 없다. 그러므로 초자연적 공로는 우리 구원의 필수조건이다."고 하였다. 초자연적 공로를 세우는 방법에 세 가지가 있는데, "의지적인 노력으로 스스로 하는 착한 행동"이 있고, "하느님을 위한 초월적 지향"이 있으며, 은총상태나 은총지위에서 선행을 베푸는 방법이 있다고 하였다.150 《가톨릭대사전》은 "사실 의화는 오로지 은총 만에 의하여 이루어지되 인간 없이는 이루어지지 않으며, 오로지 신앙만이 의화시키나 진정한 신앙에는 선행이 없지 않다. 의화는 유일회적(唯一回

---

148 《가톨릭교회교리서》, 331(774조).
149 양종규, '선행을 둘러싼 오해와 진실,' 〈가톨릭 디다케〉, [입력: 2008년 1월], http://didache.eduseoul.or.kr/magazine/view.asp?cpage=9&yy=2008&mm=1&cnum=1520&idx=&wt=
150 박도식, '[상식교리]63. 공로(功勞)란?,' 〈가톨릭신문〉, 제1279호 4면, [입력: 1981.11.08], https://m.catholictimes.org.

的) 사건이면서도 일생에 걸친 과정이다."[151]고 하였다.

이와 같이 가톨릭교회는 의화 곧 구원의 결과로써 선행을 강조한다. 그러므로 트리엔트 공의회 의화교령 제16장은 의화의 구체적 결실과 열매로써 선행과 공로를 다음과 같이 언급하였다.

> 영생은 끝까지 일 잘하는 사람들과 하나님께 소망을 두는 사람들에게, 예수 그리스도로 말미암아 하나님의 자녀들에게 긍휼히 여김으로 약속하신 은혜가 제안된 것이고, 또 하나님 자신이 약속에 따른 상급으로 그들의 선행과 공로에 신실하게 갚아 주실 것이다.… 예수 그리스도 바로 당신께서 지체들의 머리로서, 그리고 가지들을 위한 포도나무로써 상기한 의롭다함을 받은 자들에게 지속적으로 당신의 효력(virtue)을 불어넣어 주신다. 이 효력은 항상 그들의 선행을 이끌고 함께하고 따르는데 그 효력 없이 선행만으로는 결코 하나님 앞에서 기쁘고 공로가 될 수 없다.[152]

가톨릭교회는 성화은총을 입은 그리스도인이 참된 공로를 세울 수 있는 힘에 대해서 세 가지를 말한다.

첫째, 참된 공로는 하나님의 선물이다. "엄밀히 말해서, 하느님 앞에서 공로를 내세울 수 있는 사람은 아무도 없다.… 우리 선행의 공로는 하느님 선의의 선물이다."[153] "하느님의 자녀가 된 우리에게 하느님께서 거저 베푸시는 이로움의 결과,… 공로는 우선 하느님의 은총에 속하고,… 인

---

[151] 《가톨릭대사전》, s.v. '의화.' https://maria.catholic.or.kr/dictionary/term/term_search.asp
[152] The Creeds of Christendom with a History and Critical Notes, vol. II, 107-8(제 16장).
[153] 《가톨릭교회교리서》, 734(2007, 2009조).

간의 공로 역시 하느님께 속한 것이다."¹⁵⁴고 하였다.

둘째, 참된 공로는 그리스도의 사랑이 원천이다. "사랑은 우리가 하느님 앞에서 세우는 공로의 원천이다."¹⁵⁵ "그리스도의 사랑은 우리가 하느님 앞에서 세우는 모든 공로의 원천이 된다. 은총은 적극적인 사랑으로 우리를 그리스도와 결합시킴으로써 우리 행위에 초자연적 성격을 부여하여 결과적으로 하느님과 인간들 앞에서 공로가 되게 해준다."¹⁵⁶

셋째, 참된 공로는 성령님의 은혜요, 인도하심의 결과이다. 그러므로 "인간의 선행들은 그리스도 안에서, 성령의 주도와 도움에서 비롯되는 것이기 때문이다.… 최초의 은총을 받은 뒤 우리는 성령과 사랑의 인도를 받아, 우리 자신과 다른 이들을 위해, 우리의 성화를 위해, 은총과 사랑의 성장을 위해, 나아가 영원한 생명을 위해 필요한 은총을 받을 수 있게 하는 공로를 세울 수 있다."¹⁵⁷

이 모든 기술에도 불구하고, 가톨릭교회는 죄인이 하나님께 은혜를 입기위해서는 일정한 공로를 쌓아야 한다고 주장해왔다. 인간은 죄 때문에 하나님 앞에 완전히 순종할 수 없지만, 하나님은 인간에게 올바로 순종할 수 있는 어떤 도움(은혜)을 주신다고 믿었기 때문이다. 루터 시대에 프란체스코 수도승 신학은 죄인일지라도 이 은혜를 받아 낼 능력이 있다고 믿었고, 마르틴 루터가 속했던 아우구스티누스(어거스틴) 수도승 신학에서는 인간이 완전히 무능하기는 하지만 하나님께서 '선(先)은혜'(prevenient grace)를 부여하심으로써 성화케 하는 은혜(성화은총)를 받을 수 있는 일

---

154 《가톨릭교회교리서》, 739(2025, 2026조).
155 《가톨릭교회교리서》, 739(2026조).
156 《가톨릭교회교리서》, 735(2011조).
157 《가톨릭교회교리서》, 734(2008조), 735(2010조).

정한 공로를 쌓도록 한다고 믿었다. 여기서 선(先)은혜란 '작용하는 은혜'(operating grace) 또는 조력은총(助力恩寵, gratia actualis)을 말하고, 의지를 새롭게 하고 이해를 조명하기 위해서 성령께서 주시는 믿음이나 회개를 말하며, 이로써 죄인은 하나님의 복음을 수용하여 하나님께서 요구하시는 일정한 수준에 도달하게 된다. 또 여기서 말하는 '일정한 공로' 또는 '일정한 수준'이란 중세교회가 가르쳤던 '재량공로'(載量功勞, meritum de congruo)를 말한다.[158]

재량공로는 하나님의 성화은총으로 의화(칭의)된 자의 행위가치를 일컫는 '적정공로'(適正功勞, meritum de condigno)와는 달리 의화(칭의) 되지 않은 자의 자연적 행위가치 곧 성화은총을 받기 위한 일정수준의 행위의 가치를 일컫는다. 가톨릭교회는 죄인이 하나님께 부여받은 자유의지 즉 선과 악을 분별하여 행할 수 있는 선택의 의지를 가지고 있다고 보았다. 그러므로 성화은총이 없이도 죄인은 적어도 하나님을 두려워하는 마음과 형벌을 피하기 위해서라도 마음에서 우러나는 진정한 회개(contrition)는 아닐지라도 하나님을 두려워하는 마음과 형벌을 피하기 위한 회개(attrition)를 할 수가 있고, 하나님의 뜻대로는 아니지만 하나님이 주신 율법도 순종할 수 있다고 가르쳤다. 이렇게 함으로써 인간은 하나님의 성화케 하는 은혜 곧 성화은총을 받을 수도 있고, 이기심 없이 하나님을 사랑할 수도 있다고 가르쳤다. 그러므로 재량공로란 하나님께서 은혜로 보상할 수 있는 지점에까지 죄인이 스스로의 힘과 노력으로 도달하는 것을 말한다. 이를 가톨릭교회는 "자신 속에 있는 것을 행하는 자에게 하나님

---

[158] Louis Berkhof, *The History of Christian Doctrines*(Carlise, Penn.: The Banner of Truth Trust, 1985), 211-216. See also Richard A. Muller, s.v. "meritum, gratia."

께서 은혜 주기를 거절하지 아니하신다."(Facienti quod in se est, Deus non denegat gratiam=To the one who does what is in him, God does not deny grace.) 라는 말로써 표현한다. 그러므로 하나님의 은혜는 인간의 예비행위에 대한 열매이다. 인간은 일정수준의 공로를 먼저 행하여야 비로소 하나님의 은혜를 부여받는다.[159]

가톨릭교회는 죄인이 재량공로로 입은 성화은총을 입고 의화(칭의)된 자가 쌓는 공로를 적정공로라 일컫는다. 성화은총은 죄인을 성화시킬 수 있는 능력 즉 선행을 가능케 할 수 있는 능력이다. 이 능력이 영혼에 수급되어 죄를 사하고 죄를 제거한다. 죄가 선행을 방해하기 때문이다. 이 은혜를 입고 의화된 자는 혼자만의 노력이나 수고로써가 아니라, 성령님의 성화케 하는 능력에 힘입어 전보다는 수월히 실질적인 의에 도달할만한 공로를 쌓음으로써 비로소 영생에 이르게 된다. 그리고 가톨릭교회가 의화를 칭의(稱義/justification)와 동일시한 면이 있지만, 실제로는 그리스도교(개신교)에서 말하는 점진성화(聖化/sanctification)와 많이 닮았다. 이것이 가톨릭교회가 '칭의'(稱義)라 말하지 않고 '의화'(義化)라고 말하는 이유일 것이다.[160] 그리스도교에서의 점진성화는 가톨릭교회의 의화가 의미하는 것처럼 구원을 받기 위한 것이 아니라, 이미 구원을 받은 자가 상급을 받기 위한 것이므로 차이점이 매우 크다.

가톨릭교회는 그리스도의 공로만을 온 인류를 위한 충족한 행위로 보지 않았고, 그리스도의 공로는 물론 성인들의 공로 그리고 개개인의 공로와 병합하여 구원의 교리를 주장하였다. 그리스도나 성인들은 자신들

---

[159] Ibid.
[160] Ibid.

을 구원하고도 남은 공로들을 행하였으므로 이 여분의 공로를 쌓아 둔 창고(treasury of merits)가 있다고 주장하여 면죄부 판매의 당위성을 주장하였다.[161]

가톨릭교회 사제(장로)들의 면죄특권은 요한복음 20장 23절인 "너희가 뉘 죄든지 사하면, 사하여 질 것이요. 뉘 죄든지 그대로 두면 그대로 있으리라"는 예수님의 말씀에 근거하고 있다. 그리고 이 면죄(indulgence)는 '이미 사함 받은 죄'에 대한 일시적 형벌(temporal punishment)을 교회로부터 면죄 받는 것을 말한다. 바꿔서 말하면, 고해성사를 통해서 죄 사함을 받지만, 죄로 인한 상처는 그대로 남기 때문에 일시적 형벌을 통해서 치유 받는다고 말한다. 그리고 이 일시적 형벌을 받는 곳이 연옥(purgatory)이다. 그러므로 연옥은 믿고 구원받은 자들만이 가는 곳이요. 완전하지 못한 것을 완전케 하고, 죄로 인한 불결을 정화하며, 죄로 인한 상처를 치유하는 곳이다. 따라서 면죄(indulgence)는 형벌을 사하는 것이요. 연옥에서의 정화과정을 면케 하는 것이다.

그리고 이 면죄특권은 교회의 영적 창고(spiritual treasury of the church) 즉 그리스도의 완전한 율법의 요구충족, 성모와 성인들의 완벽한 삶, 순교자들의 잉여공로(supererogatory merit) 창고에 근거하고 있다. 교황의 면죄특권은 바로 이 잉여공로 창고에 쌓인 성인들의 공로를 희사함으로써 연옥에서의 일시적 형벌을 면하게 한다는 것이다.[162]

---

[161] Walter A. Elwell, ed., *Evangelical Dictionary of Theology*(Grand Rapids: Baker Book House, 1985), s.v. "indulgences."
[162] Ibid., s.v. "purgatory."

6) 가톨릭교회의 의화와 그리스도교의 칭의의 차이점

(1)가톨릭교회의 의화(義化/justification)

의화는 의롭다고 만드는 것을 의미한다. 의화는 선(先)은혜의 유입으로 이루어진다. 신자 속에 있는 성화케 하는 은혜(성화은총)는 신자를 하나님께 받으실 만하게 만든다. 인간은 자신의 실질적인 의에 의해서 의화 된다. 하나님께서는 오직 중생한 자만을 의화 하신다. 의화는 인간 속에 있는 하나님께서 중생 시키는 행위이다. 죄인은 전가된 의에 의해서만 의화 될 수 없고, 그의 심령 속에 부어진 의에 의해서만 의화 될 수 있다. 의화는 죄인이 실제로 의롭게 만들어지는 것을 의미한다. 신자는 은혜의 성령께서 신자를 의롭게 만드셨기 때문에 의롭다고 선포된다. 의화는 인간 자신 속에 있는 실재성에 대한 선언이다. 중생케 하는 은혜는 하나님께서 신자를 의롭게 하도록 한다. 의화는 죄를 전체적으로 제거한다. 오직 정욕과 연약함만이 남는다. 성화케 하는 은혜(성화은총)는 신자 속에 있는 것과 함께 연합하여 하나님께서 받으실 만한 선행을 행한다. 성화케 하는 은혜(성화은총)는 신자 속에 있는 것과 함께 연합하여 신자를 하나님께 받으실 만하게 만든다.

(2)그리스도교의 칭의(稱義/justification)

칭의는 의롭다고 간주하는 것을 의미한다. 칭의는 그리스도의 의(義)의 전가(轉嫁)로 이루어진다. 하나님의 은혜는 그리스도를 믿는 신자를 받으실 만하게 하며, 하나님 보시기에 기쁘시게 한다. 인간은 오직 믿음을 통하여 칭의 된다. 하나님께서는 아직 구원받지 못한 신자를 칭의 하신다. 칭의는 그리스도의 인성 속에 있는 인간에 대한 하나님의 무죄선언이다. 죄인은 하나님의 전가된 의에 의해서만 칭의 된다. 칭의는 하나님께서 죄인을 마치 의인처럼 취급하게 하신다. 신자는 대속자이신 그리스도께서 하나님 앞에 의롭게 드러나셨기 때문에 의롭다고 선포된다. 칭의는 인간의 자리에 대신 서신 예수님께서 의롭다는 사실에 대한 선언이다. 칭의는 하나님께서 신자의 심령에 중생(거듭남)과 성화(聖化)를 가져오게 하신다. 죄는 칭의와 중생 후에도 인간의 본성에 여전히 남는다. 신자는 하나님의 가능케 하는 은혜로 말미암아 이루어진 선행에 대해서 어떠한 공로도 주장할 수 없다. 선행은 그리스도의 전가된 의의 중보를 통해서만 받으실 만하며, 그리스도의 전가된 의는 신자의 선행에서 나타나는 모든 인류의 행함의 부족을 충족시킨다. 신자는 언제나 대속자이신 그리스도의 인성 속에서 받아드려진다.

7) 그리스도교에서의 칭의와 성화의 차이점

그리스도교에서는 칭의를 법적문제로, 성화를 우리의 상태 즉 본질 문제로 취급한다. 따라서 칭의는 위법에 따른 유죄성에 문제로, 성화는 위법의 결과인 부패성의 문제로 취급한다. 칭의는 외적, 객관적, 선포에 의한 의로써 하나님은 재판장으로서의 역할을 담당하시며, 성화는 내적, 개인적, 만들어진(보상된) 의로써 성령은 치유자로서의 역할을 담당하신다. 물론 그리스도는 대속자로서 우리의 죄를 친히 담당하시고 화목제물이 되신 중보자이시다. 이는 하나님께서 친히 계획하시고 실천하신 지극하신 하나님의 사랑의 표현이며, 하나님의 의로움이다. 하나님의 의는 하나밖에 없는 독생자로 하여금 친히 원수 된 인간들과 화목하기 위해서 제물로 삼으신 하나님의 사랑 속에서 나타나고 있다. 이 하나님의 의 즉 그리스도의 대속의 공로가 전가된 의를 칭의라고 부르며, 하나님 앞에서 오직 믿음으로써 의롭다 하심을 받는다. 이는 죄인에게 절대적으로 필요한 것이고, 칭의의 순간에 모든 죄가 사하여지며, 침례 가운데서 성령에 의한 중생의 씻음과 새롭게 하심을 입는다. 이를 초기성화라고 한다. 여기서 믿음은 구원하는 믿음을 말하며 행위가 수반되는 순종의 믿음을 두고 말하지 않는다. 구원하는 믿음은 예수님을 그리스도로, 하나님의 아들임을 동의하는 것이요, 또 그를 구세주로 신뢰하는 것을 말한다. 한편, 성화는 이미 하나님 앞에서 무죄선언을 받고 구원함을 입는 자가 그리스도와 함께 날마다 육과 정을 십자가에 못 박는 생활을 말하며 점진적으로 성화 되어 가는 삶을 말한다. 이것은 만들어진 의 또는 보상된 의라고 불리는 실질적인 의이다. 가톨릭교회의 의화와는 달리 그리스도교에서는 성화가 상급의 문제는 될 수 있어도 구원의 문제는 될 수 없다고 가르친다. 가톨릭교회가 하나님의 은혜를 입는 방법으로 믿음과 일정 수준의 행위를 동시에 말해온 반면에 그리스도교에서는 오직 믿음만을 강조해 왔다.

3. 루터의 구원론

원죄와 유아들의 죄에 대해서 유대교와 스톤-캠벨운동권 교회들이 인정하지 않는 반면에 가톨릭교회, 루터와 칼뱅은 인정한다. 부패(타락)에 대해서 루터와 칼뱅이 완전 부패(타락)를 주장한 반면에 가톨릭교회와 스톤-캠벨운동권은 인간의 부패(타락)를 인정하지만 완전부패를 부정한다. 하나님의 은혜를 입는 방법에 대해서 유대교는 율법준수를 절대조건으로 강조하여왔고, 가톨릭교회, 웨슬리, 스톤-캠벨운동권에서는 인간의 자유의지와 신인협력 곧 선(先)은혜를 주장하였으며, 루터는 "노예(속박)

된 의지"를, 무조건적인 선택과 거절할 수 없는 은혜를 강조한 칼뱅은 "오직 성령의 '특별한 은총: gratia specialis(=special grace)'으로 주어진 거듭난 자(만)의 자유의지를"말함으로써 죄인으로서 구원에 이를 자유의지를 거부하였다.[163] 침례는 유대교에서 그것이 개종을 위한 것이든 부정을 씻기 위한 것이든 물속에 완전히 잠기는 정결례에 해당된다. 개종침례가 일회성인 반면에 정결례는 수시로 반복된다. 가톨릭교회는 침례든 세례든 구원을 받기위한 성례로 본다. 스톤-캠벨운동권도 대체로 침례를 구원에 필수과정으로 봐왔으나 최근에는 초기 구원(칭의와 초기성화)이 이뤄지는 시간개념으로 보기 시작하였다. 루터도 침례를 초기 구원이 이뤄지는 시간개념으로 보았다. 반면에 칼뱅은 조직교회에 편입되는 과정으로 보았다.

루터(Martin Luther, 1483-1546)에게는 두 가지 큰 고민이 있었다. 한 가지는 어떻게 하면 하나님 앞에 의롭다하심을 얻을 수 있을까라는 것이었다. 루터에게는 행위로써는 인간이 아무리 노력하여도 하나님 앞에 완벽하게 설 수 없다는 강박관념이 있었다. 또 다른 고민은 설사 모든 율법의 요구 조건들을 다 지켰다고 해도 하나님의 은혜를 받기에 족한 내적 변화가 일어나겠는가라는 문제였다. 성화케 하는 은혜(성화은총)를 소유한 사람은 자신의 죄를 진정으로 뉘우치며, 하나님과 올바른 관계를 유지할 수 있는 온전한 회개(total contrition)를 할 수 있다고 중세교회는 주장하였고, 어렵기는 하지만 하나님께서 우리를 자원하셔서 사랑하시는 것과 같이 우리도 상당한 정도는 마음에서 우러나서 하나님을 사랑할 수 있다고

---

[163] 김재진, "칼빈과 루터신학 유사성에 관한 일고: 노예(속박)된 의지와 선택의 자유를 중심으로," 〈한국개혁신학〉 제27호(2010), 188.

가르쳤다. 그러나 루터는 자신할 수가 없었다. 이러한 가르침 속에서는 그의 행위로나 태도로 볼 때, 구원에 대한 소망을 가질 수가 없었다. 노력하면 할수록 오히려 실망과 좌절을 겪게 되었고, 하나님은 사랑이 아니라 진노의 하나님으로 비추어지게 되었다.[164]

루터는 비텐베르크(Wittenberg) 대학에서 박사학위를 받고 1513-1515년에 시편, 1515-1516년에 로마서, 1516-1517년에 갈라디아서, 1518년에 다시 시편을 강의하였는데, 이 강의와 연구를 통해서 복음에 대한 새로운 사실들을 깨닫게 되었다. 그의 깨달음은 "탑 속 경험"(tower experience)으로 불리는데, 비텐베르크의 아우구스티누스 수도원에 있는 탑 속에서 복음에 대한 새로운 사실들을 깨달았기 때문이다.[165]

종교개혁으로 인한 루터의 공헌은 하나님의 의(righteousness of God)에 대한 성경적 의미의 재발견이다. 일반적으로 중세교회는 하나님의 의를 하나님의 정의 즉 반드시 죄인과 불의한 자를 처벌하시는 정의로 그 뜻을 풀고 있었다. 그 때문에 루터는 하나님의 의를 미워하였다. 그러나 그가 하나님의 의를 믿음으로 얻는 하나님의 선물로 발견하였을 때, 그는 하나님의 의를 사랑하게 되었다. 이때부터 루터는 하나님의 의를 근본적으로 하나님의 자비로써 이해하게 되었다. 루터의 이러한 극적인 깨달음

---

[164] Roland H. Bainton, *A Life of Martin Luther: Here I Stand*(Nashville: Abingdon Press, 1983), 40-45; Hans J. Hillerbrand, ed., *The Reformation: A Narrative History Related by Contemporary Observers and Participants*(Grand Rapids: Baker Book House, 1982), 25-26; Owen Chadwick, The Reformation(New York: Penguin Books, 1982), 45.

[165] Roland H. Bainton, 45-50; John Dillenberger, ed., "Introduction," *Martin Luther: Selections from His Writings*(Garden City, New York: Anchor Books Doubleday & Company, Inc., 1961), xvi-xvii.

은 세 가지 단계로 설명될 수 있다.[166]

중세교회가 하나님의 의를 반드시 불의한 자들과 죄인들을 처벌하시는 정의로써 풀이할 때, 문제는 어떻게 인간이 그와 같은 하나님 앞에 바로 설 수 있겠느냐는 것이었다. 중세교회도 물론 자기 자신의 의로써 하나님 앞에 바로 설 수 있다고 믿지는 않았다. 오히려 인간은 진지한 의도와 성화케 하는 은혜(성화은총)를 받기 위한 재량공로(載量功勞, meritum de congruo)와 출생부터 죽음까지 관련을 맺는 일곱 가지 성례들을 통해서 하나님의 의로우심 앞에 서기를 바랐다. 이것이 첫째 단계인 중세교회의 상황이었다.

둘째 단계는 이해의 단계이다. 시편강의나 로마서 강의를 통해서 깨달은 바는 하나님의 의는 더 이상 불의한 자를 벌하시고 징계하시는 엄격한 심판의 의가 아니었다. 오히려 믿음을 통해서 우리를 의롭다고 칭하시는 하나님의 자비요, 변화시키는 은혜요, 거저 주시는 선물이었다. 하나님의 의는 율법의 요구가 충족되어야 하는 그래서 죄 값에 대한 처벌이 선행되어야 하는 거래행위가 더 이상 아니었다. 따라서 인간의 행위는 인간의 운명에 대한 하나님의 결정에 어떠한 영향도 미치지 않는다. 오직 은혜만이 인간으로 하여금 하나님 앞에 설 수 있도록 하게 한다. 물론 중세시대에도 아우구스티누스의 전통을 대표하는 인물들에 의해서 이러한 견해는 어느 정도 공유되었다. 그러나 루터에 의해서, 이 견해는 좀 더 성경적이고 복음적인 교리로 재천명되었다.

셋째 단계에서 루터는 하나님의 의와 하나님의 은혜를 완전히 동일시하였다. 하나님의 은혜는 더 이상 인간을 의롭게 만드는 성화케 하는 은

---

[166] Hans J. Hillerbrand, 27-28.

혜(성화은총)가 아니었다. 오히려 하나님의 의는 인간이 어떠한 상태에 있든지 간에 그 인간을 의롭다고 취급하시고 간주하시고 선포하시는 하나님의 은혜였다. 인간이 의로우신 하나님 앞에 설 수 있는 것은 오직 이 하나님의 은혜뿐이었다.[167]

은혜에 대한 이 깨달음이 종교개혁을 탄생시켰고, 중세교회의 성례들이 도전을 받기에 이르렀다. 인간과 의로우신 하나님과의 관계에 있어서 행위나 실질적 의의 유입에 의존하는 경향이 사라지고 오직 은혜만이 우뚝 서게 되었다.

1) 마르틴 루터의 〈95개조의 의제〉

루터의 의인론은 그가 면죄교리에 대해서 토론의 기회를 마련키 위해서 1517년 10월 31일 비텐베르크 대학에 있는 캐슬(Castle)교회 문에다 라틴어로 쓴 〈95개조의 의제〉(The Ninety-five Theses)를 붙일 때만해도 걸음마 수준이었다. 제1조에서 루터는 예수님이 마태복음 4장 7절에서 "회개하라"고 말씀하셨을 때, "그분은 신자들의 전 생애가 회개의 삶이되기를 요구하셨다."고 했고, 제2조에서는 "이 말씀이(회개하라) 사제(장로)들이 집행하는 고해성사 즉 고백(confession)과 고행(satisfaction)을 말하는 것으로 적절히 이해될 수 없다"고 하였다. 회개는 단 한 번의 행위이기보다는 거룩하시고 자비로우신 하나님의 임전에서 갖는 일종의 계속적인 심정이며 마음에서 우러나는 결단이다. 그러므로 루터는 〈95개조의 의제〉를 통해서 중세교회의 면죄교리의 잘못된 주장이나 실행을 공격하였다.[168]

---

[167] John Dillenberger, "Introduction," xvii-xix.
[168] John Dillenberger, "Ninety-Five Theses," 490-500.

가톨릭교회에서 말하는 면죄(indulgence)는 죄는 이미 사함 받았지만 하나님께 죄 값을 치러야하며(satisfaction), 이 일시적 형벌을 면하기 위해서 그리스도와 성인들의 잉여공로를 적용하는 방법이다. 선한 행위와 함께 교회에 일정한 액수의 돈을 바치면, 모두는 아니더라도 상당한 양의 연옥에서의 일시적 형벌은 면하게 된다고 가르쳤다. 이 면죄를 보증하는 증서가 교황의 대사에 의해서 발급되었다. 이를 면죄부라고 한다. 이와 같이 교황의 면죄특권은 살아있는 자신에게 뿐만 아니라, 이미 죽은 자를 위해서도 유익하다고 믿었다. 역사적으로는 이 면죄특권이 십자군에 참여한 용사들에게 적용되었고, 나중에는 교회에 바치는 기부금에 적용되었다.

루터가 〈95개의 의제〉를 캐슬 성당문(게시판) 앞에 부착한 것도 도미니칸 수도승 요한 테젤(Johann Tetzel)이 면죄부 구입을 촉구하는 설교를 하였기 때문이다. 로마에 있는 성 베드로 성당 건립에 필요한 재원을 충당키 위해서 로마당국은 성직매매를 공공연히 자행하였고, 성직을 구입한 자들은 매입자금을 충당키 위해서 면죄부 판매를 허락 받고 있었다. 테젤은 그의 설교에서 면죄부를 구입한 자는 죄 사함은 물론 형벌을 면하게 된다고 약속하였다. 그러나 〈95개조의 의제〉에서 루터는 "교황 자신은 죄를 사할 수 없다"(6조). "그러므로 면죄부를 구입하도록 설교하는 자들이나 교황의 면죄부에 의해 사람이 모든 형벌에서 사함 받고 구원받는다고 말하는 것은 잘못이다"(21조). "동전이 연보함 바닥을 땡그랑하고 때리자마자 영혼이 연옥으로부터 날아오른다는 설교는 하나님께서 그 당위성을 인정치 않고 있다"(27조). "면죄부 구입으로 구원함을 받는다고 확신하는 자들은 그들의 교사들과 함께 영원토록 저주를 받을 것이다"(32조). "진정으로 회개하는 그리스도인이라면 누구라도 형벌과 죄로부터 완전한 사함을 누리며, 이 축복은 면죄부 없이 주어진다"(36조). 그러므로 "면죄부에 따른 구원에 의존하는 것은 헛된 것이다"(52조)라고 강력하게 주장하였다.[169]

2) 마르틴 루터의 〈하이델베르크 논의를 위한 의제〉

1517년 10월 31일의 〈95개조의 의제〉가 중세교회의 면죄부 판매를 바로 시정하려는 데서 그 의의를 찾는다면, 1518년 4월 열린 하이델베르크 아우구스티누스 수도승 독일 총회를 위해서 마련한 〈하이델베르크 논의를 위한 의제〉(Theses for the Heidelberg Disputation)는 죄, 자유의지, 은총과 같은 신학문제에 초점을 맞춘 최초의 그리스도교(개신교) 사상이란 점에서 그 의의를 찾을 수 있다.[170]

여기서 루터는 "하나님의 율법은 가장 건전한 생활 교리이긴 하지만 인간을 의로움에 인도할 수 없을 뿐만 아니라, 오히려 방해가 된다"(1조)고 하였다. "인간의 행위는 언제나 매력적이고 좋아 보이지만 결국 그것들은 치명적인 죄로써 둔갑한다"(3조). 그러나 "하나님의 사역은 언제나 매력도 없고 나빠 보이지만, 그 결국은 진실로 영생을 위한 공로이다"(4조)고 말하였다.[171]

자유의지에 대해서 중세교회가 "자신 속에 있는 것을 행하는 자에게 하나님께서 은혜 주시기를 거절하지 아니하신다."고 주장하는 것에 반하여 루터는 "자신 속에 있는 것을 행하는 한 그것은 치명적인 죄를 범할 뿐

---

[169] John Dillenberger, "Ninety-Five Theses," 490-500.
[170] John Dillenberger, "Introduction," ⅹⅹ-ⅹⅺ.
[171] John Dillenberger, "Theses for the Heidelberg Disputation," 500-503.

이며, 타락후의 '자유의지'는 말뿐이다"(13조)라고 주장하였다. "타락후의 '자유의지'는 선행에 대해서 오직 실현할 수 없는 능력으로써의 가능성을 가지며, 악행에 대해서는 그러나 언제나 실현할 수 있는 능력으로써의 가능성을 가진다"(14조). "자유의지는 무죄의 상태를 실현할 수 있는 가능성으로써 남아 있을 수 없다"(15조). "자신 속에 있는 것을 행하므로 의로움에 이르고자 하는 자는 죄에 죄를 더할 뿐이며, 이중으로 유죄하게 된다"(16조). "율법은 또한 하나님의 진노를 야기한다. 그것은 그리스도 안에 있지 아니한 모든 것을 죽이며, 욕하며, 정죄하며, 심판하며, 저주한다"(23조). "행함이 많은 자가 의로운 자가 아니라, 행함은 없지만, 그리스도를 믿는 믿음을 많이 가진 자가 의로운 자이다"(25조). "율법은 '이것을 행하라'고 하지만, 결코 행하여지지 않으며, 은혜는 '이것을 믿어라'고 하지만, 즉시 모든 것이 행하여진다"(26조). "그리스도의 사역은 마땅히 능동적 사역이라고 불리어져야 할 것이다. 그리고 우리의 행위는 수동적이며, 행하여진 자는 그리스도의 능동적인 사역 때문에 하나님께 기쁘시게 된다"(27조)고 주장하였다.[172]

이후 1521년 보름스에서 열린 왕정회의(Diet at Worms)에 소환될 때까지 특별히 1519년 열린 요한 에크(John Eck)와의 라이프치히(Leipzig) 토론을 통해서 얻은바 확신은 그리스도인의 삶의 규범이 될 수 있는 것은 오직 성경뿐이라는 것이었다. 때문에 로마교황은 믿음의 문제에 있어서는 과오를 범할 수 없다는 주장이나 교황만이 성경을 해석할 수 있다는 주장을 반박하였다. 뿐만 아니라, 루터는 종교회의에서 얻어지는 결론들이 서로 다르다는 점을 들어 종교회의 자체도 신뢰할 수 없다는 결론에 도

---

[172] Ibid.

달하였다. 따라서 보름스 왕정회의가 루터에게 그 자신의 저술들을 잘못된 것으로 인정하라고 촉구했을 때에 그는 다음과 같이 말하였다.

> 존엄하시고 주되신 각하께서 간략한 답변을 요구하시므로 담담하게 답변을 드리겠습니다. 성경이 증거 하는 바가 아니거나, 분명한 이유가 있지 않은 한 (왜냐하면, 본인은 교황도 종교회의도 신뢰하지 않기 때문입니다. 교황이나 종교회의들은 종종 과오를 범하였으며, 상호 모순되기 때문입니다.) 본인은 본인이 인용한 성경말씀에 매이며, 하나님의 말씀에 사로잡혀 있으므로, 아무 것도 취소할 수도 취소하지도 않을 것입니다. 양심을 거슬려 가는 것은 안전하지도 옳지도 못하기 때문입니다.… 하나님 도우소서. 아멘.[173]

1520년 교황청에서 내려진 교서에서는 루터의 모든 저술들을 저주하고 60일 이내에 루터가 자신의 주장을 모두 취소할 것을 명령하였다. 그러나 루터는 이 해에 많은 글을 발표하였다. 〈선행에 관한 논문〉(The Treatises on Good Works), 〈로마 교황권〉(The Papacy at Rome), 〈독일 국적의 지배계급에 보내는 호소〉(An Appeal to the Ruling Class of German Nationality), 〈교회의 이교적 예속〉(The Pagan Servitude of the Church), 그리고 〈그리스도인의 자유〉(The Freedom of a Christian)와 같은 내용의 글들이 1520년에 발표되었다.[174]

---

[173] John Dillenberger, "Introduction," xxii-xxiii; Roland H. Bainton, 144. 이 인용구에서 생략된 부분은 매우 유명한 루터의 기도문이어서 소개한다. "제가 여기 서 있습니다. 저는 달리 아무 것도 할 수 없습니다."(Here I stand; I can do no other.)
[174] John Dillenberger, "Introduction," xxiii.

3) 구원의 근원에 대해서

완전 타락과 노예의지를 믿었던 루터에게 있어서 구원의 근원은 두 가지였다. 그 가운데 한 가지는 '오직 은혜'(Sola Gratia)였다. 루터의 고민은 죄인이 어떻게 준엄하시고 공의로우신 하나님 앞에 바로 설 수 있겠느냐 이었고, 그의 코페르니쿠스적 발견은 오직 하나님의 은혜만이 죄인이 살 길임을 깨닫고, 하나님의 은혜를 의존해야한다는 것이었다. 자신의 의를 통해서는 구원에 이를 수 없음을 깨닫고 하나님의 의(righteousness of God)를 의존해야한다는 것이었다. 은혜의 독특성은 죄인을 향한 하나님의 은혜로우신 태도와 그분의 자비로우신 행동에 있다. 하나님은 스스로 하나밖에 없는 외아들 예수 그리스도를 화목제물로 삼으심으로써 진노하심에서 인류를 구원하셨다. 하나님의 스스로 취하신 태도와 외아들을 화목제물로 삼으신 행동은 하나님의 은혜의 속성에 근거하고 있다. 그러므로 '오직 은혜'는 모든 인간의 공로와 행위를 배제하고 전적으로 하나님의 은혜로우신 구원의 사역에 의존해야한다는 구원의 원인적 근원에 대한 그리스도교의 슬로건이 되었다.

루터에게 있어서 구원의 근원의 또 다른 한 가지는 '오직 그리스도'(Sola Christo)였다. 그리스도만이 오직 죄인과 하나님 사이에 존재하는 유일한 중보자이시다는 것이었다. 그리스도의 구원의 사역은 죄인을 구원하기에 100퍼센트 충분하며, 죄인의 구원을 위한 공로의 근원이다. 성모와 성인들의 중보는 사족에 불과하며, 사제들의 중보 역할도 그 필요성이 전무하다. 따라서 루터이후 그리스도교는 인간의 공로체제로써의 성례들을 부정하고, 미사의 피없는 희생제사 제도를 배격해왔다. 오직 그리스도만이 십자가에 죽으심을 통해서 단번에 모든 율법의 요구를 충족시키셨고, 인류구원을 위해 족한 화목제물이 되셨다. 오직 그리스도만이 인간구원의 소망이다.

4) 구원의 수단에 의해서

완전 타락과 노예의지를 믿었던 루터에게 있어서 구원의 수단은 두 가지였다. 그 가운데 한 가지는 '오직 믿음'(Sola Fide)이었다. "오로지 믿음만이 하나님의 말씀의 구원하는 그리고 효력 있는 이용이다"고 했고,[175] "오로지 믿음만이 행위 없이 의롭게 하며 자유하게 하며 구원한다."[176] 또 "오직 믿음과 하나님의 말씀만이 영혼에서 다스린다."[177] 또 "오로지 믿음만이 우리를 의롭게 하며 율법을 완성한다."고 하였다.[178] 이는 중세교회의 공로나 성례들의 사효성(opus operatum=행해진 행위 혹은 ex opere operato=수행된 행위로부터) 개념을 반박하고 인효성(ex opere operantis=행위자의 행위에 의하여)을 주장한 것이었다. 사효성은 성례 집례자(執禮者)의 태도나 수례자(受禮者)의 자격에 상관없이 교회에 의해서 베풀어진 성례 자체가 하나님의 은혜를 실어오는 효력을 일으킨다는 것을 말하고, 인효성은 성례를 집행하는 자나 그 성례를 받는 자의 정성, 마음자세, 도덕상태, 믿음의 정도에 따라 그 은혜가 다르다는 것을 말한다.

루터에게 있어서 구원의 수단의 또 다른 한 가지는 '오직 성경'(Sola Scriptura)이었다. 가톨릭교회가 교령이나 교회전통에 성경과 동등한 권위를 부여하여 그리스도인의 믿음과 실천의 규범으로 삼는 것에 반대한 것이었다. 또한 사제들만이 절대적이고 오류 없는 권위로써 성경을 해석

---

[175] John Dillenberger, "Freedom of a Christian," 55.
[176] Ibid., 57.
[177] Ibid., 57.
[178] John Dillenberger, "Preface to Romans," 22.

할 수 있다는 가톨릭교회의 주장을 배격하고, 오직 성경만이 그리스도인의 믿음과 실천의 유일한 규범임을 주장한 것이었다.

믿음은 성경말씀 곧 하나님의 약속을 신뢰하고 의뢰하는 것이다. 예를 들어 "믿고 침례를 받는 사람은 구원을 얻을 것이요."(막 16:16)라는 말씀은 구원을 주시겠다는 하나님의 확실한 약속이자 근거이다. 하나님의 약속은 변함이 없으므로 이 약속에 대한 믿음이 구원의 수단이 되는 것이다. 하나님의 약속을 믿는 믿음이 없이는 결코 구원이란 있을 수 없기 때문이다. 중세교회가 행위와 의식에 치중하여 믿음이 없이도 성례만으로 하나님의 은혜를 실어온다는 사효성을 주장함으로써 그 제도적 모순성을 들어냈을 때, 루터는 과감하게 이것을 교회의 바벨론의 포로상태라고 지적하였다. 성례에 행위만 있고 신앙이 없다면 그것에 아무 효력이 없다. 성례가 구원하는 능력을 가지는 것은 하나님의 약속과 그 약속(성경말씀)을 믿는 신앙에 있으며, 그 약속을 실현시키는 성령의 능력에 있다.[179] 그러나 루터가 말한 믿음은 가톨릭교회가 주장한 재량공로와 성령님의 선(先)은혜와 비슷하였다.

5) 구원의 시간에 대해서

루터는 "침례에 관한 설교에서"(On Baptism)에서 "그리스도께서는 침례에 구원을 두신다"(Christ puts salvation into baptism)고 하였다.[180] 또 루터는 "두 종류의 의"(Two Kinds of Righteousness)란 설교에서 "외인에 의한 의"(外人義, alien righteousness)를 설명하면서 외인(그리스도)에 의한 그리스도의

---

[179] John Dillenberger, "Pagan Servitude of the Church," 291-314.
[180] John Dillenberger, "Sermons on the Catechism," 230.

의를 "그리스도께서 믿음으로 의롭다고 하시는 의이다."고 했고, "그러므로 이 의는 침례 가운데서 사람들에게 주어진다."(This righteousness, then, is given to men in baptism)고 하였다. 또 "그러므로 그리스도를 믿는 믿음을 통해서 그리스도의 의가 우리의 의가 되고, 그분이 가진 모든 것이 우리의 것이 된다."고 하였다.[181]

루터에게 있어서 침례의 표지는 물속에 잠기는 행위를 말한다. 〈교회의 바벨론 감금〉에서 루터는 "침례는 오히려 죽음과 부활의 상징이다. 이러므로 나는 침례를 받으려고 하는 사람들을 완전히 물속에 잠기게 하고 싶다."고 하였다.[182] 침례의 의의는 죄인이 그리스도와 연합하여 죄에 대하여 죽고 의(義)에 대하여 새 생명으로 부활하는 것을 말한다. 그러나 침례의 의의가 이 현세적 삶 속에서는 완성되지 않음으로 그리스도와 함께 죄에 대하여 죽은 신자는 육체가 무덤에 갈 때까지 지속적으로 죄와 싸워야 한다고 했고, "마지막 날에 하나님은 침례 받은 모든 신앙인을 온전히 새롭게 하여 주실 것이다"고 하였다.[183] 이는 영적으로 구원을 받았다 할지라도 죄된 인간의 본성이 육체와 함께 그대로 살아 있다는 것을 확인한 것이고, 육체의 본성을 사멸시키기 위한 노력을 태만히 하거나 소홀히 할 수 없다는 것을 강조한 것이다. 루터는 침례를 받은 사람은 전적으로 하나님 앞에서 의인이다. 그러나 그는 하나님으로부터 간주된 의인이지 실질적인 의인은 아니다. 그러므로 신자는 의인이면서 동시에 죄인이다. 그가 침례를 받고 구원을 얻었다할지라도 아직 완성에 이른 것이

---

[181] John Dillenberger, "Two Kinds of Righteousness," 86-87.
[182] 지원용 편,《루터 선집 제 7권: 은혜의 해설자 루터》(서울: 컨콜디아사, 1986), 181.
[183] Ibid., 35.

아니기 때문에 자기 발전과 자기 개혁 및 성화를 위한 부단한 노력이 있어야 할 것을 강조하였다. 루터는 최종이고 궁극적인 구원을 말하기 위해서 희망이란 단어를 썼는데, "희망이란 죄로부터 해방되고, 죽고, 마지막 날에 다시 살아나므로 우리의 침례가 성취되는 희망이다"라고 하였다.[184]

침례에 있어서 루터가 가장 중요하게 생각한 것은 믿음이었다. 이 믿음은 세계가 의미하는 일을 시작하였고, 또한 성취될 것임을 믿는 신앙이다. 이 믿음은 또 죄에 대항하여 최후의 일각까지 투쟁할 것을 하나님께 약속하고 하나님의 신실하신 약속 즉 하나님의 나라의 도래를 믿는 신앙이다. 그렇기 때문에 침례는 죽을 때까지 죄에 대하여 싸울 것을 결심하는 자들에게 하나님께서 그들의 모든 죄를 사해 주시고 구원하실 것을 약속하는 계약이다. 그리스도께서 침례에 구원을 두시고, 믿음으로 의롭다고 하시는 의를 침례 중에 사람들에게 주시지만, 그리스도를 믿는 믿음을 통해서 그리스도의 의가 우리의 의가 되고, 그분이 가진 것이 우리의 것이 되는 것이므로 우리가 침례의 능력을 믿고 침례가 구원의 시간일지라도 하나님의 약속과 믿음을 떠나 성례의 효력을 구하는 것은 헛된 수고라고 하였다.

루터에게 있어서 침례는 인간의 사역이 아니라, 하나님의 사역이었다. 인간이 침례식을 거행하지만 하나님을 대행할 뿐이다. 따라서 침례는 하나님의 권위로 이루어지는 하나님의 능력에 의한 하나님의 구원의 사역이며, 인간 쪽에서는 헌신과 변혁과 개혁의 의지를 신앙으로 고백하는 것이다. 침례가 표지하는 죽음과 부활은 새 창조, 중생 및 영적인 출생을

---

[184] Ibid., 38.

의미한다. 그렇기 때문에 루터는 이것을 단순히 "우화적으로 죄의 죽음과 은혜의 생명으로만 이해 할 것이 아니라 실제적인 죽음과 부활로 이해하여야 한다. 그 이유는 침례가 하나의 거짓된 표징이 아니기 때문이다. 우리가 이생에서 가지고 다니는 죄된 몸이 파멸되기 전에는 죄가 완전히 죽지 않으며 은총이 완전히 주어지지 않는다."고 하였다.[185]

6) 구원의 목적에 대해서

루터에게 있어서 침례는 순간적인 구원의 문제가 아니고 영구적인 개혁과 변혁의 문제였다. 왜냐하면, 신자가 살아 있는 한 부단히 침례가 의미하는 바를 행해야하기 때문이다. 죄된 모든 것을 부단히 그리스도의 죽으심과 합하여 죽게 하고 하나님의 약속하신 나라를 향하여 그리스도의 부활하심과 함께 부단히 사는 작업을 해야 하기 때문이다. 루터는 다음과 같이 말하였다.

> 이와 같이 일단 성례의 침례를 받았으나, 당신은 부단히 죽고 부단히 살아나기 위하여 믿음으로 늘 침례를 받을 필요가 있다. 침례는 당신의 전신을 완전히 삼켰다가 다시 내놓는다. 이와 마찬가지로 침례의 뜻이 당신의 전 생명과 몸과 영혼을 완전히 삼켰다가 마지막 날에 영광과 불멸의 옷을 입혀 다시 내놓지 않으면 안 된다. 그러므로 우리는 결코 침례의 표징을 갖지 않고 또 침례가 뜻하는 것을 갖지 않는 때가 없다. 실로 우리는 마지막 날에 그 표징을 완전히 성취할 때까지 계속하여 더욱 더 침례를 받을 필요가 있다.···그러므로 우리의 전 생애는 침례이어야 하며, 침례의 표징이나 성례의 성취여야 한다. 왜냐하면 우리는 다른 모든 것으로부터 해방을 받고 홀로 침례, 곧 죽

---

[185] Ibid., 181.

음과 부활에 넘겨졌기 때문이다.186

이것은 구원의 목적이 하나님의 뜻을 따라 살며 '오직 하나님께 영광'(Soli Deo Gloria)을 돌리는 것임을 말한 것이다. 인간 구원의 모든 계획과 사역의 주체이신 하나님 한 분의 뜻을 따라 살면서 그분에게만 찬양을 돌리고 그 은덕에 감사하며 영광을 돌리는 것이다. 인간에게 값없이 은혜로 구원을 주시는 하나님은 마땅히 영광과 찬송을 받으실 분이시다. 루터는 "하나님이 그 안에 거하시고 사시는 사람의 선행은 오직 하나님께 찬송과 영예를 바치고 하나님께 모든 것을 돌리기 위해서만 도움이 될 뿐이다"고 하였다.187 또 루터는 "오직 하늘에 계신 아버지만 당신의 영광을 누리신다면 나는 기꺼이 가난과 질병을 견딜 것이다. 또 이것이 만일 하늘에서 전적으로 거룩하신 하나님의 이름이 우리 가운데서 또한 보배롭고 거룩하게 되는 결과라면 나는 기꺼이 궁핍을 겪을 것이다." 고 하였다. 또 "하나님의 이름은 결코 충분히 찬양되고 설파되지 않았다. 그러므로 주의 이름이 거룩히 여김을 받으시며 라고 우리는 기도한다." 고 하였다.188

7) 루터의 공헌에 대해서

마르틴 루터의 공헌은 오래도록 사장되었던 "믿음으로 의롭다 하심을 받는다"는 성경적 가르침을 재발견한데 있다. 1520년 11월 출판된 〈그리

---

186 Ibid., 182-183.
187 Ewald M. Plass, *What Luther Says*(Concordia Publishing House, 2006), 538.
188 John Dillenberger, "Sermons on the Catechism," 218-9.

스도인의 자유)에서 루터는 "오직 믿음이 행위 없이, 의롭게 하며, 자유케 하며, 구원한다."고 말하였다.[189] 이것은 이신칭의(以信稱義)로 불리는 것인데, 루터에게 이것은 어떤 의미였는가? 가톨릭교회의 재량공로, 완전공로, 성화케 하는 은혜(성화은총)의 개념은 루터에 의해서 믿음, 성령, 하나님의 은혜의 전가라는 개념으로 바꿨다. 그럼에도 불구하고 루터는 당대에 오늘날 우리가 생각하는 법정개념으로써의 칭의 또는 초기성화와 인간본질의 상태의 변화를 말하는 점진성화의 개념을 구분하지 못했으며 또 당연한 것이었는지도 모른다. 게다가 루터는 "힘닿는 대로 로마교회의 전통적인 체계 안에서 영적인 개혁을 도모하고자 노력했다. 몇 가지의 변화를 일궈냈지만, 전통을 최대한 지켜내려고 했다."[190] 그래서 루터가 생각한 칭의 개념은 오늘날 우리가 생각하는 법정개념의 무죄선언 즉 하나님께서 죄인의 믿음을 보시고 무죄로 선언하는 간주되고 칭의되고 선포된 개념의 칭의와는 꽤 차이가 있다. 루터가 성화라는 어휘를 쓰지는 않았지만, 그의 칭의론은 성화론과 흡사하며, 가톨릭교회의 구원론의 틀을 완전히 벗지 못하였기 때문이다.

　루터가 주장한 믿음은 율법의 요구를 성취하는 행위의 개념을 포함한다. 루터는 완전타락과 노예의지를 주장하였으므로 그의 믿음은 일정부분 (선택된 자만) 믿음과 회개를 선물로 받는다고 한 칼뱅과 비슷하였고, 일정부분은 재량공로와 성령님의 선(先)은혜를 주장한 가톨릭교회와 비슷하였다. 루터가 주장한 믿음은 연약하고 불완전한 것이며, 하나님의 전가된 의를 입기 위한 1단계의 의(義) 즉 외인(外人)에 의한 의(alien

---

[189] John Dillenberger, "Freedom of a Christian," 57.
[190] 《환원 운동의 뿌리》, 49.

righteousness)에 해당된다. 그리고 이 부족한 의를 채우고 보충키 위해서 가톨릭교회가 성화케 하는 은혜를 부여받게 된다고 가르친 바로 그 자리에 루터는 하나님의 의의 전가를 주장함으로써 궁극적으로는 인간구원의 모든 조건을 하나님의 선물로써 즉 은혜로써 설명하였다.

〈로마서 서문〉에서 루터는 로마서 2장의 유대인 정죄에 대한 부분을 설명하면서 자신의 믿음에 대한 개념을 피력하였다. 바울이 "오직 율법을 행하는 자라야 의롭다 하심을 얻는다"(롬 2:13)라고 해놓고, "율법의 행위로 그의[하나님] 앞에 의롭다 하심을 얻을 육체가 없다"(롬 3:20)고 한 점에 대해서 루터는 유대인들이 율법을 지키지 않은 것이 문제가 되는 것이 아니라, 마음에서 우러나와 진정한 마음으로 하지 못한 것이 문제가 된다고 말하였다. 형벌에 대한 두려움이나 보상에 대한 바람 때문에 겉모양으로나 행동으로는 율법을 지키지만, 자의(自意)나 율법에 대한 사랑에서는 아무 것도 하지 않으며, 오히려 마지못해서 억지로 한다는 것이다. 따라서 마음속 깊은 곳에서는 율법을 미워한다는 것이다.[191]

그러나 율법은 신령한 것이기 때문에 마음속 깊은 곳에서 우러나와서 하지 않은 것은 율법을 지키는 것이 아니라는 것이다. 만일 율법이 신령한 것이 아니라면, 우리의 행위는 율법의 요구를 충족시킨다는 것이다. 그러나 율법은 신령하며, 거룩한 것이기에 신령한 마음으로 또 진정한 마음으로 지켜야 하는데, 인간으로써 다소나마 거리낌이나 마지못함이 없이는 율법을 지킬 수 없다는 것이다. 따라서 이러한 율법의 행위는 가식이며, 위선이기 때문에 하나님께서 의로써 간주하실 수 없으며, 우리가 율법을 싫어하고 억지로 한다면, 우리의 행위는 헛되고 무의미한 것

---

[191] John Dillenberger, "Preface to Romans," 20.

이 된다는 것이다. 그러므로 가톨릭교회의 재량공로의 가르침은 율법의 행위로 구원에 이르고자 하는 율법주의적인 가르침이며 무의미한 것이라고 말하였다.[192]

같은 맥락에서 1525년 출판된 루터의 〈노예 의지론〉(The Bondage of the Will)도 이해될 수 있다. 이 책은 인문주의자인 에라스무스(Erasmus)가 〈자유 의지론〉을 쓴 후 그를 비판하기 위해서 쓴 글이다. 〈노예 의지론〉에서 루터는 노예의지를 인간이 중요하고 의미 있는 결정을 할 수 없다거나 또는 인간이 돌이나 짐승이나 또는 악당에 지나지 않는다는 뜻으로 쓰지는 않았다. 그러나 어떠한 의지의 행동이나 능력으로는 하나님과 적절하고 적당한 관계를 유지할 수 없다는 뜻으로 사용하였다. 바꿔 말하면, 인간 자신의 결정과 노력으로는 하나님으로부터 멀어진 관계를 극복할 수 없다는 것이다. 즉 칼뱅의 완전타락설과 같이 인간은 결정적인 존재문제에 이르러서는 완전히 무능하다는 것이다. 따라서 루터는 하나님의 은혜 없이는 자유의지는 전혀 자유하지 않으며, 죄악에 예속된 영구한 죄수이며, 노예라고 말하였다.[193] 은혜가 없이는 자유의지의 능력은 전무하며, 아무 것도 할 수 없는 무가치한 것이다. 때문에 자유의지는 오직 하나님께만 적용될 수 있는 용어이다. 왜냐하면, 하나님께서만이 하실 수 있고, 또 무엇이든지 그분이 원하시는 것은 다하시기 때문이다.[194] 다만 인간은 구원과 저주문제에 있어서 자유의지를 가지지 아니하며, 하나님의 의지에나 또는 사탄의 의지의 포로이며, 죄수이며, 예속된 노예일 뿐이라고

---

[192] Ibid., 21.
[193] John Dillenberger, "Bondage of the Will," 187.
[194] Ibid., 188.

하였다.[195] 이는 인간이 가식이나 위선이 없이는 하나님이 원하시는 일을 모두 다 해낼 수 없다는 뜻으로써 이해된다.

한편 율법이 요구하는 것을 행하는 것과 율법을 성취하는 것은 별개의 문제이며, 율법의 성취는 오직 인간이 자유의지와 선택으로 율법이 요구하는 바를 행할 수 있을 때 비로소 이루어진다고 하였다. 이 율법의 성취를 위해서 하나님께서는 오직 하나님의 말씀에서 나오는 믿음을 주시는데, 이 믿음에서 진실로 선한 행위가 나온다는 것이다. 율법을 기쁨으로 진실한 마음으로 지킬 수 있는 힘을 성령님께서 주시는데, 이 성령님은 율법의 요구와 우리를 동등하게 만드시기 때문에 우리는 율법을 지키고자 하는 진정한 욕구를 가지게 되며, 두려움이나 억지로 하지 않고, 원하는 마음으로 모든 것을 행하게 된다. 율법은 신령한 것이기에 신령한 심령들에 의해서 사랑 받는다. 따라서 우리 마음에 하나님의 영이 없으면 죄는 남게 되며, 율법에 대한 증오감이 남게 된다는 것이다.[196]

그러므로 오로지 믿음만이(faith alone) 우리를 의롭게 하며, 율법을 성취하며, 믿음 때문에 이것은 그리스도의 공로에 의해서 얻어진 영을 우리에게 가져오며, 이 영은 또한 율법이 목적으로 하는 행복과 자유를 우리에게 가져온다고 하였다.[197] 이로써 우리는 믿음은 수단으로써 구원을 성취하기보다는 주체로써 구원을 성취하며, 율법을 완성한다. 이렇게 볼 때, 루터의 믿음은 다분히 행위적 개념과 밀접한 관련을 맺게 되며, 가톨릭교회의 재량공로 개념을 믿음으로 대체(代替)시킨 결과를 보게 되는 것

---

[195] Ibid., 190.
[196] John Dillenberger, "Preface to Romans," 21.
[197] Ibid., 22.

이다. 이런 개념에서 루터는 "오로지 믿음만이 하나님의 말씀의 구원하는 그리고 효력 있는 이용이다"고 했고,[198] "오로지 믿음만이 행위 없이 의롭게 하며 자유하게 하며 구원한다."[199] 또 "오직 믿음과 하나님의 말씀만이 영혼에서 다스린다."[200] 또 "오로지 믿음만이 우리를 의롭게 하며 율법을 완성한다."고 하였다.[201]

따라서 루터가 주장한 믿음은 구원하는 믿음으로써 법정개념의 무죄 선언을 얻는다는 이신칭의의 개념보다는 순종의 믿음을 통한 점진적 성화의 개념이 두드러진다고 할 수 있다. 아래의 글에서 이러한 루터의 개념을 뚜렷이 발견할 수 있다.

믿음은, 그러나 하나님께서 우리 안에서 이루시는 어떤 것이다. 그것은 우리를 변화시키며, 요한복음 1장 13절의 말씀대로 우리는 하나님으로부터 다시 태어난다. 믿음은 옛 아담을 죽음에 처하고, 마음과 정신과 모든 능력 가운데서 사는 아주 다른 인간들로 우리들을 만든다. 그리고 그것은 성령에 의해서 동반된다.[202]

믿음은 살아있는 흔들리지 않은 확신이며, 하나님의 은혜 속에 있는 믿음은 매우 확실해서 인간이 그것을 위해서라면 천 번이라도 죽을 수 있는 것이다. 하나님의 은혜 속에 있는 이런 유의 확신은 또 그것에 대한 이런 유의 지식은 우리를 즐겁게 하며, 우리의 정신을 고양시키며, 하나님과 또한 모든 인류와의 관계 속에서 열심을 내게 한다. 그것은 성령이

---

[198] John Dillenberger, "Freedom of a Christian," 55.
[199] Ibid., 57.
[200] Ibid., 57.
[201] John Dillenberger, "Preface to Romans," 22.
[202] Ibid., 23-24.

믿음을 통해서 이루시는 것이다. 때문에 믿음을 가진 인간은 그 같은 은혜를 보여주신 하나님의 사랑과 영광을 위해서 쫓김이 없이 기쁘고 자원함으로 모든 사람에게 선을 행하고자 하며, 모든 사람을 섬기며, 모든 종류의 고난을 참는다. 진실로 믿음으로부터 행위를 분리시키는 것은 마치 불로부터 열과 빛을 분리시키는 것이 불가능하듯이 불가능하다.[203]

루터는 "두 종류의 의"(Two Kinds of Righteousness)란 설교에서 이제 살펴본 바의 믿음의 단계를 "외인(外人)에 의한 의"(alien righteousness)라고 부른다. 이 의(義)는 그리스도의 의이며, 침례 가운데서 주어지는 의이다. 이 그리스도의 의가 그리스도 안에 있는 믿음을 통해서 우리의 의가 되며, 이 의(義)는 곧 하나님의 의라고 한다. 그리고 이 의(義)를 믿음 그 자체로 생각한다.[204] 따라서 "이 의는 근본적이며, 그것은 우리 자신의 모든 실질적인 의에 대한 자료이다. 왜냐하면, 이것은 아담이 상실한 원래의 의를 대신해서 주어진 의이기 때문이다"라고 하였다.[205] 그리고 이 의는 하나님의 자비와 은혜로 말미암아 믿음을 통하여 우리의 의가 된다고 하였다. "그리스도는 날마다 그리스도에 대한 믿음과 지식이 자라는 데까지 일치하여 더욱더 옛 아담을 몰아내신다. 왜냐하면, 외인에 의한 의는 단번에 모든 것이 부여되지 않으며, 그것은 시작이요, 발전되며, 죽음을 통하여 마지막 때에 결국 완성되는 것이기 때문이다"라고 하였다.[206]

루터는 〈갈라디아서 주석〉에서 이 의를 형식적 의(formal righteousness)라고도 불렀다.[207] 이 형식적 의는 곧 믿음을 말하며, 이 의는 완전하

---

[203] Ibid., 24.
[204] John Dillenberger, "Two Kinds of Righteousness," 86-87.
[205] Ibid., 88.
[206] Ibid.

지 못해서 믿음을 가진 후에도 여전히 우리의 육체에는 죄의 잔존이 남게 된다. 따라서 이 의는 불완전한 의이며, 연약한 의이다. 그리고 이 의는 하나님의 전가된 의를 받기 위한 초보적인 단계의 의에 지나지 않는다.[208]

이러한 루터의 믿음에 대한 개념은 가톨릭교회의 재량공로 개념에서 나온 것으로 보이며, 가톨릭교회가 인간의 자유의지의 사용으로 하나님의 은혜 즉 성화케 하는 은혜를 받기 위해서 공로를 쌓아야 한다고 가르친 점을 미루어 볼 때, 노예의지를 주장한 루터는 이 공로 개념을 믿음으로 대치(代置)하였으며, 이 믿음은 곧 하나님의 전가된 의를 받는 발판으로 삼았다. 따라서 이 믿음은 하나님의 선물이긴 하지만 불완전하며, 약하며, 결국 하나님의 의의 전가로 완성되어야 할 의로써 설명하였다. 마치 가톨릭교회의 재량공로가 불완전한 공로였던 것과 같으며, 성화케 하는 은혜(성화은총)로 완전공로에 이르는 것과 같다.

따라서 루터는 그리스도의 의를 두 단계로 보았고, 두 종류의 의로써 설명하였던 것이다. 제1단계인 믿음의 단계는 성령의 첫 열매를 소유하고 있는 단계이지만, 아직 죄악이 남아 있는 단계이며, 불완전한 의의 단계라는 것이다. 하나님은 이 불완전한 우리의 의를 완전한 의로 간주하신다는 것이다. 따라서 우리의 죄악을 무죄로 간주하신다는 것이다.[209] 이것이 둘째 단계의 의이다.

이러한 루터의 개념은 오늘날 우리가 칭의와 성화의 단계로 나누어 설

---

[207] John Dillenberger, "Commentary on Galatians," 127.
[208] Ibid.
[209] Ibid., 129.

명하는 구원론과는 상당한 차이가 있으며, 칭의 개념이 아닌 가톨릭교회의 성화의 논리를 엿볼 수 있는 개념이다.

루터의 제2단계의 의인 실질적인 의는 "당연 의"(proper righteousness)라는 말로써 설명되었다. 이 의는 "우리만의 노력으로 그 의를 이루기 때문이 아니라, 첫째 의인 외인에 의한 의와 함께 행하기 때문"이라고 말하였다.[210] 이는 가톨릭교회가 성화케 하는 은혜와 함께 완전공로에 이른다고 가르친 것과 같다.

루터의 제2단계 의는 그리스도인의 성화의 의를 말하고 있다. 다만 이 의를 하나님의 전가된 의라고 말함으로써 오늘날 우리의 칭의 개념이 하나님의 전가된 의라고 말하는 점과는 큰 차이가 있다.

루터가 말하는 이 당연 의 또는 실질 의 또는 오늘날의 개념으로 성화의 의는 루터에 의해서 그리스도인의 삶 속에서 나타나는 세 가지에서 두드러지고 있다.

첫째는 갈라디아서 5장 24절의 "그리스도 예수의 사람들은 육체와 함께 그 정욕과 탐심을 십자가에 못 박았다"고 하신 말씀에 근거한다. 육체와 함께 정욕과 탐심을 십자가에 못 박아 가는 삶, 이것이 첫째이다. 둘째는 이웃을 사랑하는 것이며, 셋째는 하나님을 향한 온유함과 두려움 즉 경건의 삶이다.[211] 이 의는 첫째 의인 외인에 의한 의의 산물이며 실제적 열매이며 결과라고 한다.[212]

따라서 이 의의 열매는 갈라디아서 5장 22-23절의 성령의 아홉 가지

---

[210] John Dillenberger, "Two Kinds of Righteousness," 88.
[211] Ibid., 88-89.
[212] Ibid., 89.

열매이다. 그리고 이 의는 옛 아담을 멀리하고 죄의 몸을 멸함으로써 첫째 의를 이루려고 한다. 이 의는 죄를 미워하고 이웃을 사랑한다. 자기 자신의 유익을 구하지 아니하고, 다른 사람의 유익을 구한다. 이 의는 하나님의 뜻을 따라 살며, 자신에 대하여 근신하며, 이웃에 의로우며, 하나님께 대하여 경건한 삶을 살아간다.

이 의는 그리스도의 본을 따라 살며, 그의 형상으로 변화한다.[213] 이 의는, 루터에 의하면, 그리스도인의 의를 구성하는 "마음의 믿음"과 "하나님의 전가" 가운데 전가의 의를 말한다. 마음의 믿음이 불완전하기 때문에 이 의는 그 부족함을 채워 완전하게 한다. 그리스도인의 의는 믿음에서 시작되어 하나님의 전가로써 완성된다. 마치 가톨릭교회가 행위로 시작해서 성화케 하는 은혜로 완전공로에 도달함과 같다. 믿음은 약하기 때문에 하나님의 전가 없이는 완전하게 되지 못한다. 따라서 믿음이 의를 시작하고 하나님의 전가가 그리스도의 날까지 그것을 완성시킨다고 한다.[214] 그리스도인의 의는 하나님의 선물이다. 가톨릭교회가 인간의 공로를 주장한 것과 정반대가 된다. 이 단계에서는 불완전한 우리의 의가 완전한 의로 받아드려지고 죄의 잔존에도 불구하고 죄를 죄로 간주하지 않으신다.[215] 하나님은 죄의 잔존을 벌하시지 않을 것이다. 그것 때문에 저주하시지 않을 것이다. 오히려 그것을 덮으시며 거저 용서하실 것이다. "따라서 그리스도인은 의인이면서 동시에 죄인이며, 거룩하면서 불경스러우며, 하나님의 원수이면서 동시에 하나님의 자녀이다"라고 루

---

[213] Ibid.
[214] John Dillenberger, "Commentary on Galatians," 127.
[215] Ibid., 129.

터는 말하였다.[216] 그리고 선한 행위는 우리의 의가 믿음으로 된 의임을 입증하는 외적 표적이다. 선행은 믿음에서 나오며 좋은 열매가 좋은 나무에서 나오는 것과 같이 선행은 죄인이 하나님 앞에 의인된 사실을 입증하는 외적 표적이다.[217]

이상으로 루터의 구원론을 그가 처해있던 중세 가톨릭교회의 교리적 상황과 루터 자신의 고민과 갈등 속에서 알아보았고, 그의 구원론이 오늘 우리가 알고 있는 구원론과 어떻게 다른지를 살펴보았다.

하나님의 의에 대한 루터의 새로운 발견은 암흑시기의 인류에게 큰 빛과 소망이 되었으며, 인간 중심의 행위 신앙에서 신 중심의 은혜의 신앙으로 바꾸어 놓은 위대한 업적으로 인정되고 있다. 그가 외친 오직 성경, 오직 믿음은 중세교회로 하여금 흑암의 두꺼운 껍질을 벗고 새로운 진리를 발견토록 하는 안목을 열어 주었다.

그러나 그의 구원론은 중세교회의 구원론의 틀을 완전히 벗지 못한 아쉬움을 남겼으며, 오늘날의 법정개념으로써의 칭의 개념이 인간본질의 개념인 성화의 개념과 구분되고 못했고, 불신자의 구원하는 믿음이 신자의 순종의 믿음과 구분되지 않고 중첩되었다. 또한 가톨릭교회의 재량공로는 믿음으로, 성화케 하는 은혜와 연합으로 이루는 완전공로는 하나님의 전가로 대치시켰다. 그러나 루터는 가톨릭교회의 공로개념을 하나님의 은혜의 선물로 바꿔놓았으며, 구원을 하나님의 선물로 만들었다. 비록 루터에게서 무죄선언으로써의 칭의 개념은 없지만, 그의 이신칭의에 대한 확신은 결국 성경에 대한 주의력을 집중시켰고 성경으로 돌아가게

---

[216] Ibid., 130.
[217] John Dillenberger, "Preface to Romans," 27.

하는 위대한 업적을 남겼다.

　루터에게 있어서 구원의 근원은 하나님의 은총이며, 믿음은 그 구원에 이르는 도구이며, 침례는 구원을 받는 시간이며, 구원의 목적은 선행이다. 루터는 침수를 주장하였을 뿐 아니라, "그러므로 이 의는 침례 가운데서 사람들에게 주어진다."(This righteousness, then, is given to men in baptism)고 했고,[218] "그리스도께서는 침례에 구원을 두신다"(Christ puts salvation into baptism)고 주장하였다.[219] 또한 그리스도인의 참된 삶에 대해서 그는 "그리스도인은 모든 것에 대해서 완전하게 자유로운 주인이며, 아무에게도 예속되지 아니한다. 그리스도인은 모두에게 완전하게 의무를 가진 종이며, 모두에게 예속된다"고 했고,[220] "그리스도인은 자신 속에서 살지 아니하고, 그리스도 안에서 또 그의 이웃 안에서 산다. 그렇지 않으면 그리스도인이 아니다"고 하였다.[221] 이것이 바로 루터가 가르치는 구원받은 자의 참다운 모습이다.

　루터의 믿음은 모든 이에게 선을 행하는 믿음이요, 모든 사람을 섬기는 믿음이요, 모든 고난을 참아내는 믿음이었다. 루터의 의는 그리스도와 함께 인간의 정과 욕심을 십자가에 못 박아 가는 삶이요, 이웃을 사랑하는 삶이며, 하나님을 섬기는 경건의 삶이었다. 따라서 루터가 말하는 의인은 죄를 멀리하고 이웃을 사랑하며, 자신의 유익보다는 남의 유익을 구하며 하나님께 대하여는 경건하며, 모든 것에 자유 하면서 그 자유를 진정으로 누릴 줄 알고, 자신을 다스릴 줄 아는 왕이요, 모든 이의 종으로

---

[218] John Dillenberger, "Two Kinds of Righteousness," 86.
[219] John Dillenberger, "Sermons on the Catechism," 230.
[220] John Dillenberger, "Freedom of a Christian," 53.
[221] Ibid., 80.

써 자신 속에 살지 아니하고, 이웃 속에 살면서 그들을 섬기는 제사장이요, 썩고 병들고 부패된 교회, 성직이 매매되고 면죄부가 판매되고 부도덕이 자행되던 교회에 의연하게 맞설 수 있었던 예언자였다.

4. 칼뱅의 구원론

요한 칼뱅(Jean Calvin, 1509-1564)의 신학은 완전타락(Total Depravity), 무조건적 선택(Unconditional Election), 제한구속(Limited Atonement), 거절할 수 없는 은혜(Irresistible Grace), 성도의 견인(Perseverance of the Saints) 곧 튤립(TULIP)으로 축약될 수 있다. 이 다섯 가지 가운데서 첫 번째 완전타락이 인간본질에 관한 문제이고 칼뱅의 교리를 이해하는 핵심논제이다.

완전타락이란 말은 인간은 나면서부터 본질적으로 유죄하며, 부패하다고 보는 '결과론적' 인간론으로써 칼뱅의 사상은 《기독교 강요》(Institutes of the Christian Religion)와 신학논문들 그리고 그의 주석들에 잘 나타나 있다. 그러나 칼뱅의 인간 본질론은 아우구스티누스(Augustinus, 354-430)의 사상에서 그 전례를 찾을 수 있다. 많은 사람들이 완전타락설을 칼뱅이 만들어낸 것으로 생각하지만, 실제로 이 말은 아우구스티누스의 작품이다. 따라서 칼뱅의 인간 본질론은 아우구스티누스 사상의 확대 해석이라고 볼 수 있다.

앞에서 사용한 '결과론적'이란 말은 필자의 것으로써 원인을 분석하여 설명하는 귀납적 방식을 취하지 않고 결과물을 가지고 설명하는 연역적 방식을 말한다. 칼뱅은 주어진 결과를 보고 필연성의 입장에서 하나님 중심의 계시신학을 취하였기 때문에 인간의 자유나 우발성이 개입될 여지를 철저히 차단하는 약점을 갖고 있으나 구원받은 성도들에게는 큰 위로를 주는 강점을 갖고 있다.

  칼뱅이 인간의 자유나 우발성의 개입여지를 차단한 것을 약점이라 하였으나 생각하기에 따라서는 강점이 될 수도 있다. 하나님의 전지전능의 속성을 지지한다는 측면에서 보면 강점이지만, 인간의 모든 불행의 책임을 하나님께로 돌릴 수 있다는 점에서 보면 약점이다. 그러나 하나님의 전지전능하심 때문에 하나님이 결코 모든 것의 원인이어야 하는 것은 아니다. 하나님의 의지에는 하나님이 원하시고 하나님이 결정하시는 목적의지도 있지만, 하나님이 원하시고 인간이 결정하는 훈계의지도 있으며, 인간이 원하고 하나님이 허락하시는 허락의지도 있다. 하나님은 모든 것을 아시고 모든 것을 하실 수 있는 전적으로 자유로운 분이시지만, 당신을 낮추시고 제한하시는 분이시며, 피조물을 찾아와 관계하기를 원하시는 분이시다. 하나님께서 피조물을 만드신 그 자체가 하나님의 주권의 제한이다. 피조물은 만들어졌기 때문에 완전할 수 없다. 또 완전하지 못한 피조물은 필연적으로 죄인이 될 수밖에 없다. 완전하지 못함 그 자체가 곧 죄이다. 따라서 주권의 제한이 없이는 하나님께서 피조물 세계를 두실 수 없고, 특히 배반을 일삼는 이성적 동물인 인간을 두신다는 것이 불가능하다.

  피조물이 완전하지 못하다고 해서 그 책임이 하나님에게 있는 것은 아니다. 만일 피조물이 완전하다면 하나님과 무엇이 다르겠는가? 하나님을 모든 결과의 원인으로 책임을 전가하는 것은 옳지 못하다. 만일 우리가 인간에게 자유가 있다고 말한다면, 결과에 대한 책임은 하나님에게 있는 것이 아니라, 자유를 향유한 인간에게 있다.

  하나님은 완전하지 못한 피조물을 만드셨기 때문에 하나님이 전능하지도 전지하지도 않다고 말하는 것 또한 잘못이다. 하나님은 인간에게 자유를 주심으로써 그 책임을 인간에게 두시고도 자유에 따른 인간의 모든 우발적인 행동들을 미리 아시고 예정하신 분이시기 때문이다.

1535년 칼뱅은 〈제네바 신앙고백서〉(Genevan Confession of Faith)를 초안하였는데, 이 신앙고백서에서 칼뱅은 인간의 본질에 대해서 다음과 같이 기술하였다.

> 본질적으로 인간은 하나님의 참된 지식을 이해함에 있어서 소경이며, 흑암에 가려져 있고, 심령이 부패와 뒤틀림으로 가득하다는 것을 인정한다. 그렇기 때문에 인간 자신은 하나님의 참된 지식을 바로 이해하며, 선한 일을 하는 데에 무능력하다. 그러므로 인간의 본질 그대로 인간이 하나님께 버림을 당한다면, 그는 단지 무지 속에 살 수 있을 뿐이며, 모든 죄 중에 버림받게 된다. 그렇기 때문에 인간은 하나님의 조명이 필요하며, 이 조명하심을 통해서 인간은 비로소 구원을 위한 바른 지식에 도달할 수 있다.[222]

이 진술에서 칼뱅 신학의 핵심을 이루는 몇 개의 중요한 개념들에 주목할 수 있는 데, "소경", "부패", "뒤틀림", "무능력", 그리고 "무지"와 같은 어휘들이 그것들이다. 그리고 이와 상반되는 개념을 또한 주목하게 되는데, 그것은 "하나님의 조명"으로써 이 말은 "구원을 위한 바른 지식"을 얻는 유일한 수단으로써 제시되고 있다. 이로써 보건대, 칼뱅 신학의 핵심 어휘는 "부패"와 "하나님의 조명"이란 말로써 축약될 수 있다.

---

[222] J. K. S. Reid, trans. and ed., The Library of Christian Classics, vol. 22, Calvin: Theological Treatises(Philadelphia: The Westminster Press, n.d.), 27.

1) 구원의 근원에 대해서

칼뱅에게 있어서 구원의 근거는 하나님의 절대주권에 따른 예정, 하나님의 전적인 은혜, 하나님의 무조건적 선택에 있다.

인간구원을 위한 하나님의 예정과 선택은 하나님의 유일한 주권적 의지에 바탕을 둔다. 하나님의 예정과 선택은 인간의 의지에 관계없이, 죄인이 복음을 수용하든지 안하든지 관계없이 무조건적으로 하나님의 뜻에 따라 죄인의 구원이 결정된다. 하나님이 선택한 자들에게는 믿음과 회개를 선물로 주신다. 그러나 이러한 행위를 선택의 원인이라 하지 아니하고 결과라고 부른다. 또 하나님의 예정과 선택은 하나님의 예지나 인간의 도덕적 행위에 제한받지 않는다. 하나님의 선택은 절대적이다. 따라서 그리스도의 구속의 사역은 오직 선택된 자들을 위한 것이다. 그리스도의 대속의 죽음은 오직 선택된 죄인들만을 위한 것이다.

하나님이 복음전도를 매개로 사람들을 구원에로 부르시는 초청에 일반 혹은 외적 부르심이 있는데, 이 부르심은 거절될 수 있고, 또 그렇게 된다고 하는데, 초청을 받은 자들이 예정이나 선택을 받지 못했기 때문이다. 전도자의 수고가 헛된 수고였음을 말해준다. 반면에 하나님이 구원에로 부르시는 초청에 내적 부르심이 있는데, 이 부르심은 오직 선택된 자들에게만 적용되고 거절될 수 없다. 성령님은 오직 선택된 자들에게만 역사하셔서 조명하시고 믿음을 주시고 회개하게 하시며 그리스도께로 실수 없이 인도하신다. 하나님의 은혜는 결코 실패하지 않으며 반드시 구원키로 예정된 자들을 구원하신다.

반면에 칼 바르트는 예정이란 하나님이 예수 그리스도 안에서 인간의 모든 죄의 짐을 감당하시고 인간을 구원과 생명에로 선택하신 사건, 곧 은혜의 선택을 뜻한다. 따라서 모든 인간의 선택은 하나님에 의하여 선택된 자인 예수 그리스도 안에 있다. 예수 그리스도는 하나님에 의하여 모든 인간이 서야 할 그 자리에 대신 설 자로 "선택된 인간"인 동시에 모든 인간을 "선택하시는 하나님"이시다. "하나님의 영원한 의지이신 예수 그리스도의 선택에 있어서 하나님은 인간에게 … 선택을, 축복과 생명을 예정하셨고, 자기 자신에게는 … 버림을, 저주와 죽음을 예정하셨다." 저주와 죽음을 당할 수밖에 없는 인간에게 축복과 생명을 예정하신 한편, 자기 자신에게는 이 인간이 당해야 할 저주와 죽음을 예정하셨다. 그리고 인간에게는 하나님과의 사귐을 예정하신 한편, 자기 자신에게는 인간과의 사귐을 예정하셨다. 이와 같이 하나님은 인간의 몫을 자기가 취하는 대신 자기의 몫 곧 축복과 생명을 인간에게 주기로 결정하셨다. 그는 자신을 낮추심으로써 인간을 높이기로 결정하셨다. 그분의 희생과 죽음으로 우리는 살고 새 소망을 얻었다. 따라서 예정은 "완결되어 버렸고 더 이상 움직일 수 없는 존재의 개념"이 아니다. "그것은 영원히 시간 속에서 발생한다." 그것은 하나님의 말씀이 선포됨으로써 이스라엘과 교회의 역사를 통하여, 인간의 소명과 의인과 성화와 영화를 통하여, 우리의 믿음과 희망과 사랑을 통하여 발생한다. 공동체가 선포하는 예수 그리스도 안에서 하나님은 각 개인에 대하여 심판을 집행하시고 또 자비를 베푸신다. 각 개인은 예수 그리스도와 공동체 안에서 "그의 은혜의 선택의 대상"이다. 또한 공동체는 그들에게 예수 그리스도를 증거하고 그들을 예수 그리스도에 대한 신앙으로 부름으로써 바로 그들의 선택을 선포한다. 모든 인간은 하나님의 영원한 예정과 선택에 있어서 저주에로 예정된 것이 아니라 구원에로 예정되었다는 것, 인간은 저주된 자, 버림받은 자가 아니라 선택된 자라는 것, 그리고 인간은 선택의 약속을 듣고 받아들이는 사건과 결단이 있어야 한다는 것, 그는 선택되어 있지만 이 약속을 믿

지 않을 때 그는 선택되었음에도 불구하고 저주된 자로서 살게 된다는 것이다.[223]

2) 구원의 수단에 대해서

성령님의 조명하심이 구원의 수단이다. 인간에게는 구원받을 수단이 없다. 왜냐하면 믿음과 회개조차 하나님이 선택한 자들에게만 주시는 선물이기 때문이다. 인간은 완전타락(유죄와 부패)으로 복음을 수용할 능력이 전혀 없다. 죄인은 죽은 자요, 소경이요, 귀머거리이다. 죄인의 마음은 기만으로 가득 찼고, 완전히 부패하였다. 인간의 의지는 자유하지 않다. 왜냐하면, 그것은 인간의 못된 본성에 완전히 속박 당하였기 때문이다. 그러므로 인간은 영적 문제에 관한 한 선한 것을 선택할 수가 없다. 그래서 더 많은 성령의 도움 곧 조명이 필요하다. 그러나 그 조차도 선택된 자들에게만 허락된다. 인간은 믿음조차도 스스로 가질 능력이 없고, 성경을 읽어도 깨달을 수 없다는 것이다. 칼뱅에게 있어서 특별계시는 오직 선택(예정)된 자들에게만 열린다. 따라서 예수님은 선택된 자들에게만 구세주가 되시고, 성경도 선택된 자들에게만 계시의 말씀이 되며, 믿음과 회개도 선택된 자들에게만 제한적으로 주어진다. 구원에 관련된 모든 것은 하나님의 절대주권으로부터 오직 선택된 자들에게만 내리며, 인간이 구원에 관련해서 할 수 있는 일은 아무 것도 없고, 심지어 하나님의 은혜를 거절하거나 피할 수조차 없다.

---

[223] 김균진, 《헤겔과 바르트》(서울: 대한기독교서회, 1983), 319-320.

3) 구원의 시간에 대해서

칼뱅에게 있어서 구원은 하나님의 무조건적인 선택에 근거한 것이므로 그 예정과 선택이 이뤄진 만세전이 구원의 시간이라고 말할 수 있을 것이다. 혹은 성령님의 조명하심이 죄인에게 임하여 깨달음을 얻고 선물로 주어진 믿음을 갖게 되고, 회개한 시간이 죄인에게 이뤄진 구원의 시간이라고 말할 수 있을 것이다. 이 같은 맥락에서 칼뱅에게 있어서 침례나 세례는 구원의 조건이나 시간이 될 수 없다. 반면에 그가 국가종교를 지지하여 태어난 모든 유아들에게 세례를 받게 하여 국가종교에 편입시킨 것은 모순이 아닐 수 없다. 예정되거나 선택되지 아니했을 수도 있는 유아들에게까지도 세례를 베풀었기 때문이다. 지금도 칼뱅주의자들은 예정되거나 선택되지 않았을 수도 있는 성인들이든 유아들이든 수많은 사람들에게 세례를 베풀고 있다. 참고로 츠빙글리와 칼뱅은 유아세례를 반대한 재세례파들을 화형이나 익사형으로 엄히 다스렸다. 칼뱅에게 있어서 예정이나 선택의 판단은, 살아생전의 신앙여부로는 정확히 알 수 없고, 죽는 순간까지 가봐야 그 결과로서만 알 수 있는 것이었다. 칼뱅은 끝까지 믿음을 지키지 못한 자들을 일컬어 위선자들이라고 하였다.

4) 구원의 목적에 대해서

칼뱅에게 있어서 구원의 목적은 하나님의 뜻을 따라 살며 '오직 하나님께 영광'(Soli Deo Gloria)을 돌리는 것이다. 칼뱅은 "세상이 의심의 여지없

---

[224] John Own, trans., *Commentaries on the Epistle of Paul the Apostle to the Hebrews by John Calvin*(Eugene, Oregon: Wipf and Stock Publishers, 2007). 266.

이 신성한 영광의 극장이 되도록 창조되었다."²²⁴고 하였다. 또 무상으로 의롭다하심을 받은 자들이 준수해야할 두 가지로 하나님의 영광과 양심의 평화를 강조하였다. 하나님만이 의로우신 분으로 인정될 때 하나님의 영광은 변함이 없다면서 다음과 같이 말하였다.

> 여기에서 두 가지 목적을 특별히 염두에 둬야 한다. 즉, 하나님의 영광이 손상되지 않고 유지되어야한다는 것과 그분의 판단에서 볼 때 우리의 양심에 평화로운 안식과 고요한 평온이 확보되어야 한다는 것이다.… 참으로 그렇다. 우리는 우리 자신의 영광을 완전히 버릴 때까지 결코 그분 안에서 진정으로 영광을 누리지 못한다. 그러므로 누구든지 자기를 자랑하는 자는 하나님을 대적하는 것이라는 것은 보편적 명제로 간주되어야 한다.²²⁵

5) 부패

칼뱅은 아담의 죄로 인해서 모든 인류가 하나님께 받은 모든 축복들을 상실했으며, 비참한 결과를 초래하게 되었다고 믿었다.²²⁶ 그럼에도 불구하고, 그는 아담으로부터의 유전죄 즉 원죄에 대해서 확실하게 말하지 않았다. 물론 칼뱅은 원죄를 "인간의 영혼 구석구석에까지 퍼진 인간 본질의 유전적 타락 또는 부패"²²⁷라고 기술하였다. 여기서 원죄와 유전적 타락 또는 부패와는 엄연한 차이가 있음을 지적하고자 한다. 원죄란

---

[225] John Calvin, *Institutes of the Christian Religion*, 2 vols,, trans., Henry Beveridge(Grand Rapids, Michigan: WM. B. Eerdmans Publishing, reprinted 1983), III.xiii.1-2.

[226] John T. McNeil, ed., *The Library of Christian Classics*, vol. 20, *Calvin: Institutes of the Christian Religion*, trans. by Ford Lewis Battles(Philadelphia: The Westminster Press, n.d.), II.i.7-8.

법적 개념의 술어요, 타락이나 부패란 인간본성에 대한 술어로써 질병과 관련이 있는 말이다. 원죄란 인간이 나면서부터 유죄함을 말하는 것이요, 부패란 그 본성이 병들었음을 말하는 것이다. 그리고 완전타락이란 인간이 나면서부터 본질적으로 유죄하며, 썩고 병들었다는 의미이므로, 칼뱅이 과연 이 교리를 믿었느냐하는 문제가 대두되지 않을 수 없다. 이 문제에 있어서 프레드 크루스터(Fred H. Klooster)는 다음과 같이 언급하였다.

> 칼뱅 연구에 있어서 이 혁신은 전통적인 의미에서 볼 때, 칼뱅은 결코 칼뱅주의가 아니었다고 진술될지 모른다는 것이 또한 제시되어진다.…최근에 칼뱅 사상에 있어서의 중심교리에 대한 개념이 정확하게 반박되어지고 있고, 증가되는 관심이 칼뱅의 교리에 대한 자료로써 성경의 중심성에 주어지고 있다.[228]

이 진술과 같이 칼뱅의 사상은 칼뱅주의라고 할 수 있는 아우구스티누스의 견해와는 사상적으로는 같은 맥락이라 할 수 있을지 몰라도 논리적으로는 분명한 차이가 있음을 말하지 않을 수 없다. 바꾸어 말하면, 칼뱅은 아우구스티누스의 유전적 타락과 원죄개념에 100퍼센트 동의하고 수용하였다 할지라도, 논리적으로 칼뱅의 주장은 원죄와 인간의 본질 문제인 부패를 구분치 않음으로써 절반 펠라기우스주의(Semi-Pelagianism)의

---

[227] Institutes, II.i.8.
[228] Fred H. Klooster, *Calvin's Doctrine of Predestination*(Grand Rapids: Calvin Theological Seminary, 1961), 7.

견해를 옹호하는 듯 보였다는 것이다.

아우구스티누스는 인간은 "무죄하지 아니하고, 유죄한 자녀를 출생한다. 왜냐하면, 그는 부패한 본질로부터 그들을 낳기 때문이다"고 하였다.[229] 그리고 "우리는 자범죄(취득한 사악함)로 부패한 것이 아니라 태에서 태어날 때부터 원죄(타고난 부패)를 갖고 나온다."고 말함으로써 원죄를 말하고 있다.[230]

절반 펠라기우스주의란 인간(유아)은 무죄하지만 본질적으로 부패한 상태로 태어난다고 믿는 절반 칼뱅주의(Semi-Calvinism)를 말한다. 이 견해를 가진 사람들은 인간은 본질상 타락하였다고 보나, 아담으로 인한 원죄는(롬 5:14) 그리스도의 한 순종의 행위로 인하여 말살되었다고 믿는다. 인간 아담의 범죄로 원죄가 적용되고 모든 사람이 죽는다면, 하나님이신 그리스도의 순종은 더욱더 모든 사람들에게 선물이 넘쳤다고 바울은 말한다(롬 5:12-21). 그러므로 은사는 범죄에 비교될 수 없으며, 아담의 범죄의 결과보다 더욱 크다고 강조하고 있다. 예수 그리스도의 은혜와 의의 선물은 아담의 죄의 결과보다 더욱 넘치고 생명 안에서 왕노릇 한다는 것이다. 또한 아담의 원죄보다 그리스도의 은혜가 원대하고 그 미치는 범위도 넓다는 뜻으로 보아 그리스도의 보혈의 피는 원죄를 말살하며, 그 범위가 아담에게까지 미친다고 보는 것이 절반 펠라기우스주의이다. 그러므로 유아들이나 성인들이나 옛사람들이나 현대인들이나 미래의 사람들이나 모두 원죄에서 해방된다고 본다.

칼뱅이 원죄와 부패와를 혼동하고 있는 것은 분명하다. 그럼에도 불

---

[229] Institutes, II.i.7.
[230] Ibid., II.i.5.

구하고 칼뱅을 일컬어 절반 펠라기우스주의자라고 말할 수는 없다. 차라리 그를 아우구스티누스주의라고 말해야 옳을 것이다. 윌리스턴 워커(Williston Walker)는 "칼뱅의 지성은 창조적이기보다는 체계 형성적이었다(formulative)"고 했고, 리처드 멀러(Richard A. Muller)는 "개혁주의 전통과 관련해서 제2세대 편찬자들 중 한 사람"이라고 하였다.[231] 이렇듯 칼뱅은 아우구스티누스주의자였음에도 불구하고 원죄개념에 충실치 못했음을 몇몇 인용구들을 통해서 더 자세하게 살펴보는 것이 필요하리라 생각된다.

> 인간이 죄로 물들었을 때, 오염이 인간의 본질에로 기어들었다. 때문에 썩은 가지들은 썩은 뿌리에서 나왔으며, 가지들의 썩음은 또한 그 가지들에서 나오는 싹들에까지도 스며들었다. 그러므로 어린아이들은 부모로부터 부패하였으며, 그들은 그 질병을 또한 그들의 자녀들에게 전달한다. 즉 아담으로부터 시작된 부패는 항구적인 흐름을 타고 그의 모든 후손들에게로 전달되어졌다. 왜냐하면, 오염은 육체나 영혼의 본질에 그 기원을 갖지 않기 때문이며, 첫 번째 사람이 단 한 번에 또한 동시에 하나님께서 그에게 부여하신 은사들을 소유하거나 상실토록 하나님께서 정하셨기 때문이다.[232]

여기서 보는 바와 같이 칼뱅은 분명히 인간본질의 질병을 다루고 있지, 유죄문제를 언급하고 있지 않다는 것을 단번에 알 수 있다. 그가 사용한 "썩은 가지", "썩은 뿌리", "부패", "질병", "전달"과 같은 모든 어휘들은

---

[231] Richard A. Muller, "Was Calvin a Calvinist?" 〈생명과 말씀〉 5(2012), 11-79. https://kirs.kr/data/calvin/calvin_056.pdf.
[232] Institutes, II.i.7.

인간본질에 관련된 용어들이지 법적 개념을 소유한 말들이 아니다. 질병은 유무죄와는 관련이 없다. 질병을 앓고 있다고 해서 법을 어기는 것이 아니기 때문이다. 그러므로 유죄와 부패는 엄연한 구분이 있는 별개의 문제이다.

인간의 구원문제에 있어서 칭의와 성화를 별개의 것으로 다루는 이유가 여기에 있다. 칭의를 법적 개념으로 본다면, 성화는 인간본질의 상태를 말한다. 칭의를 선포되고 간주되고 전가된 의라고 말하는 것은 재판장이신 하나님께서 단번에 무죄를 선포하심으로써 의롭다고 간주해 주시는 하나님의 의로우신 사랑의 전가를 말하기 때문이다. 그리고 성화를 만들어진 의 또는 보상된 의라 부르는 것은 의사이신 성령 하나님께서 우리의 부패하고 타락한 심령상태를 점차적으로 성결 되게 만들어 가시기 때문이다. 그리고 우리가 하나님의 나라에 들어갈 수 있는 표는 바로 이 단번에 이루어진 칭의로 받는 것이며, 성화로 받는 것이 아니라는 견해가 그리스도교의 정통교리인 것이다. 성화의 정도는 상급의 크기를 정하는 규준이 될 것으로 믿는다.

6) 유아 유죄론

칼뱅에 의하면, 인간의 본질은 "죄의 씨앗"이다. 왜냐하면, 아담으로부터 썩어졌기 때문이다. 그러나 인간의 본질이 죄의 씨앗이라 할지라도 죄는 인간의 부패된 본질에서 유래하는 것이지, 아담에게서 오는 것은 아니다. 칼뱅은 "불순한 씨앗으로부터 죄의 오염에 날 때부터 전염된다."고 말하였다. 여기서 칼뱅이 혼동하는 것은 "죄의 오염"이다. 우리가 조상으로부터 유산으로 물려받은 것은 질병이지, 유죄가 아니기 때문이다. 그리고 칼뱅의 진술을 면밀히 검토해 보면, 그가 유아들이 죄로 태어난다고 보지 않고, '죄의 씨앗'으로 태어난다고 보았다.²³³ 설사 칼뱅이 유아유죄를 믿었다 할지라도 이 유죄는 아담의 죄로 인한 것이 아니요, 유아 자신들의 것임을 칼뱅의 다음과 같은 진술들에서 찾아 볼 수 있다.

> 한편 유아들이 모태로부터 그들의 저주를 받아 나온다할지라도 유아들 자신들의 유죄는 다른 이로 인함이 아니요, 자기 자신들의 잘못 때문이다. 왜냐하면, 그들의 죄악의 열매들이 아직 맺히지 않았다 할지라도, 그들 속에 그 씨앗을 가지고 있기 때문이다. 진실로 그들의 전체 본질은 죄의 씨앗이다. 때문에 그것은 하나님께 증오스런 것이며 가증한 것이다. 그러므로 그것은 하나님이 보시기에 죄로 간주되어진다고 할 것이다. 왜냐하면, 범죄 함이 없이 정죄함이 없을 것이기 때문이다.²³⁴

> 우리의 파멸의 책임은 하나님이 아니라 우리 자신의 육욕에 있으며, 그 유일한 원인은 우리의 원래 상태에서 타락했기 때문이다.²³⁵

 죄를 짓지 않았음에도 불구하고, 유아들이 날 때부터 그들의 저주를 가지고 나온다고 해서 아직 죄를 범하지도 아니한 그들을 죄인으로 간주하는 일이 가능한 일인가? 실제로 유아들이 가지고 나오는 저주 즉 원죄의 결과는 육체의 사망과 고통이지 영적 죽음은 아직 아니다. 피조물에게는 육체의 죽음이 필연적이다. 시작된 것에는 끝이 있기 때문이다. 또 아담과 이브가 증명했듯이 피조물은 불완전하기 때문에 육체와 본능이

---

233 Ibid., II.i.5.
234 Ibid., II.i.8.
235 Ibid., II.i.10.

부패하고 죄의 씨앗이기 때문에 필연적으로 또는 결과적으로 죄인이 되도록 되어 있다. 다만 하나님은, 만일 아담과 이브가 하나님과의 약속을 계속 지켰더라면, 그들을 에덴동산에서 내쫓지 않으셨을 것이고, 그들의 생명을 계속 보존하셨을 것이다. 그렇더라도 병을 앓고 있다고 해서 죄가 아니며, 질병 그 자체가 또한 악이라 할지라도 아직 죄는 아니다. 전 인류의 본질은 부패하기 때문에 죄의 씨앗이 될 수는 있지만, 씨앗 그 자체가 아직 죄로 간주될 수는 없다. 그럼에도 불구하고 칼뱅은 죄의 씨앗이 필연적으로 죄의 열매를 맺게 되어 있기 때문에 그 결과에 주목하여 죄로 간주하였다. 칼뱅은 과정을 중시하지 않고 결과를 중시하였다.

7) 자유 의지론

칼뱅은 원죄(유전죄)와 완전타락과 속박(노예)의지를 주장한 반면 자유 의지를 거부하였다. 인간은 "자신의 분별력에 대한 그릇된 견해에 빠져 있어서, 그것이 하나님의 일들에 전혀 쓸모없는(stupid and blind) 것임을 거의 깨닫지 못하기 때문에 … 성령님의 조명하심이 없이는 하나님과 하나님의 일들을 이해할 수 있는 어떤 능력 곧 영적 지혜와 같은 것이 없다."[236]고 했고, "성령님의 조명하심이 없는 것은 무엇이든지 온전한 어둠이다."[237]고 하였다. 칼뱅은 아우구스티누스의 말을 빌려 죄에 속박된 인간의 의지를 마부의 명령을 기다리는 말에 비유하였다. "인간은 죄의 멍에에 너무 매여 있기 때문에 자신의 본성으로는 선을 추구할 수가 없고, 강제성과 필연성의 관점에서 볼 때도 인간이 필연적으로 죄를 범하긴 하

---

[236] Ibid., II.ii.19.
[237] Ibid., II.ii.21.

지만, 그럼에도 불구하고, 그가 자발적으로 죄를 범한다는 것이 명백하다."238고 하였으며, 그것이 마귀에게 속박된 탓인지, 하나님 탓인지를 따져볼 필요가 있다면서, 아우구스티누스가 인간의 의지를 말과 기수(騎手)들에 비유한 글을 인용하여(Pseudo-Augustine, Hypomnesticon II.xi.20) 다음과 같이 말하였다.

하나님께서 그 말에 올라타시면 그분은 온화하시고 능숙한 기수(騎手)이시니, 말을 침착하게 이끄신다. 하나님은 말이 너무 느리게 가면 재촉하시고, 너무 빨리 가면 고삐를 당기시며, 성급하거나 과도히 행동하면 억제시키시고, 나쁜 성질을 제어하시며 올바른 길로 가게 하신다. 그러나 마귀가 안장에 오르면, 무지하고 경솔한 기수처럼 말을 험한 땅으로 몰아가고 도랑에 빠뜨리기도 하고, 벼랑 위로 돌진시키며, 말이 고집을 피우고 난폭하여지도록 박차를 가한다.239

칼뱅은 인간이 하나님께 부여받은 모든 재능을 완전히 상실했다고 믿지 않았다. 그러나 그가 인간의 자연적 은사들이 전체적으로 파멸되지 않았다고 믿었다하더라도, 영적 은사들은 소멸되었으며, 남은 자연적 은사들도 부패하였다고 믿었다. 그리고 인간이 동물과 구별될 수 있을 정도의 충분한 이성과 하나님의 형상은 남아 있다고 생각하였다. 사실 인간을 인격체라고 볼 때, 인격의 요소인 지정의 및 관계는 누구나 인정하는 것이다. 칼뱅도 이를 인정하면서도 죄로 오염된 인간의 모습을 다음과 같이 말하였다.

---
238 Ibid., II.iv.1.
239 Ibid.

이해와 판단을 위한 무엇인가가 의지와 함께 잔여분으로 남아있다 할지라도, 약하고 깊은 흑암에 빠진 마음을 건실하고 건전하다고 할 수 없을 것이다. 그리고 의지의 타락은 너무도 잘 알려진 바이다. 그러므로 인간이 선과 악을 구별하는 이성은, 그리고 그가 이해하고 판단하는 이성은 자연적 은사이기 때문에 완전히 소멸되었다고 할 수 없으리라. 그러나 그것은 부분적으로 약화되었고, 부분적으로 부패하였다. 그러므로 이성의 기형적 파멸(폐허)만이 남아있다.[240]

또한 칼뱅은, "여전히 우리는 이러한 다양성 속에서 인류 전체를 다른 피조물들과 구별하는 하나님의 형상의 일부 잔존을 추적할 수 있다."[241]고 말하였다. 그리고 그는 무엇인가 좋은 것이 인간에게 남아 있다면, 그것은 하나님께서 주신 것이다. 아무 것도 인간의 것이라곤 없다. 그러므로 인간은 하나님께 겸손해야 한다. 인간은 아담의 범죄이후로 가공할 상태에 놓여있기 때문이라고 하였다.[242] 그리고 인간이 이러한 자신의 상태를 알고 있다면, 그는 자신의 자만을 스스로 포기할 것이라고 하였다. 어떻든 칼뱅은 자연적 은사로써 인간의 이성은 완전히 소멸되지 않았다고 말하였다. 그리고 그는 자유의지에 대한 오리게네스의 정의를 받아드림으로써 부분적으로나마 인간의 자유의지를 인정하였다. 오리게네스의 인간의 의지에 대한 정의는 당시의 교회지도자들 사이에 일반적으로 수용된 견해로써, "자유의지는 선악을 구별할 수 있는 이성의 재능(힘)이

---

[240] Ibid., II.ii.12.
[241] Ibid., II.ii.17.
[242] Ibid., II.i.1.
[243] Ibid., II.ii.4.

며, 이것저것을 선택할 수 있는 의지의 재능이다"라고 말하였다.[243] 그러나 칼뱅은 죄인이 하나님의 은총을 얻기 위해서 무엇인가를 할 수 있는가라는 질문에서는 인간의 자유의지를 부정하였다. 이러한 관점에서 볼 때, 칼뱅이 과연 죄인이 자유의지로 복음의 초청에 자의로 응할 수 있으며, 믿음을 소유할 수 있느냐의 문제에 있어서는 또 한 번의 논리적 모순성을 드러내었다.

바울의 경우를 보면, 하나님께서 두 가지 구원의 길을 우리에게 보이셨는데, 그 첫째가 율법의 준수를 통한 행위로 받는 구원, 즉 인간의 의로 받는 구원의 방법이었다. 그러나 죄로 인해서, 이 구원의 길은 인간에게 막혔고(롬 1:18-3:20), 하나님의 의로우신 은총으로 말미암아 믿음을 통해서 가는 구원의 길을 예비하셨다고 하였다(롬 3:21-5:21).

여기서 바울과 칼뱅의 차이점을 찾는다면, 칼뱅은 인간의 의지의 행위로는 하나님의 은총을 입을 아무런 행위도 할 수 없다고 하였고, 따라서 참된 하나님의 지식에 도달할 수 없다고 하였다. 그에게 있어서의 믿음은 하나님의 계시에 의한 지식의 개념으로써 성령님의 조명이 없는 특별계시를 부인하였고, 인간이 설사 자신의 의지와 이성적 깨우침으로 하나님의 복음의 부르심에 응하였다하더라도, 그의 받은바 계시는 일반계시에 지나지 않음으로 참된 하나님에 대한 지식의 부족으로 결국 구원에 이르지 못한다고 보았다. 칼 바르트 역시 자연계시나 일반계시의 무용성을 주장하였다. 일반계시로는 십자가에 못 박히신 하나님을 발견할 수 없기 때문이다. 그러나 칼뱅이 특별계시를 선택된 자에게 국한시킨 것은 결과론에 치중한 결과이다.

한편 바울에게 있어서 믿음은 구원을 받는 수단이나 도구로써 언급되고 있으며(엡 2:8), 선물로써 보지는 않았다. 구원 그 자체는 하나님이 예비하신 하나님의 의로우심에 의한 죄인에 대한 선물이긴 하지만, 믿음은 그 선물을 소유할 인간의 자세를 말하며, 계시의 정도를 의미하지는 않았다. 물론 구원하는 믿음은 하나님에 대한 신뢰와 그에 대한 진술들에 대한 동의라 할지라도, 교리에 대한 믿음은 아니며, 칭의하심이 점진적 성화와 구분하여 일시적이고 단번에 선포하심으로 이루어지는 것인 만큼 구원하는 믿음은 칼뱅이 생각한 것처럼 하나님에 관한 지식의 정도나 깊이에 의존되지 않는다.

인간의 자유의지는 하나님께서 인간에게 율법을 주시고, 여러 계명들을 주신 그분의 훈계의지에서 그 존재를 찾을 수 있고, 행위의 가능성을 찾을 수 있다. 그러나 성경이 말하는 율법의 충족은 언제나 100퍼센트 준수를 말하는 것이므로 행위로는 그 누구라도 구원에 이를 수 없음을 선포하였다(약 2:10; 갈 3:10).

이것은 인간이 전혀 아무런 좋은 일을 할 수 없다는 뜻이 아니다. 인간은 피조물이기 때문에 필연적으로 완전하지 못하다. 예를 들어 보자. 하나님은 인간을 하나님의 형상을 따라 만드셨기 때문에 뛰어난 이성을 갖춘 동물이란 사실은 자명하다. 그 인간이 하나님이 정한 7미터 넓이의 죽음의 계곡을 뛰어 넘고자 한다고 치자. 그런데 그의 능력의 한계가 6미터라고 치자. 그가 그 죽음의 계곡을 뛰어 넘을 수 있겠는가? 불가능하다. 이와 같이 인간이 스스로의 행위로 구원에 이를 수 없다는 것은 그가 아무 것도 할 수 없다는 뜻이 아니다. 그는 만물의 영장이지만 또한 피조물이기 때문에 하나님의 요구 조건을 충족시킬 수 없을 뿐이다. 그러므로 행위로는 누구라도 구원에 이를 수 없는 것이다. 칼뱅이 말하는 완전무능은 이런 맥락에서 이해될 수 있을 것이다.

그러나 인간은 하나님의 형상을 따라 지음을 받은 하나님의 피조물이다. 인간이 아무 것도 할 수 없다는 것은 구원받은 자만이 하나님 앞에서 할 수 있는 겸손한 신앙고백이다. 칼뱅의 강점은 구원받은 자만이 할 수 있는 이 겸손한 신앙고백에 있다. 그러나 인간에게서 하나님의 부르심에 대한 자유로운 응답까지 빼앗는다면, 그것은 분명 약점이 될 수도 있다. 칼뱅이 인간의 이성이나 자유를 부정한 것은 아니다. 단지 칼뱅은 구원받은 자의 신앙고백의 관점에서 결과론에 주목하였을 뿐이다.

이런 맥락에서 칼뱅은 제롬이나 크리소스토무스의 견해를 반박하면서 중세 가톨릭교회의 구원의 교리인 재량공로나 완전공로를 철저히 반박하였다. 그리고 그리스도의 보혈의 공로에 의한 하나님의 은혜로 말미암은 구원을 명백하게 공언하였다. 그러므로 그가 인간의 자유의지를 부정한 주된 이유를 인간들로 하여금 하나님을 두려움으로 섬기도록 하며, 따라서 그들의 공로를 자랑치 못하게 하고, 하나님께서 행하신 은총의 사역에 대해서 감사토록 하며, 최고의 위안으로 그들을 영감하며, 그들의 공로에 대한 불완전함과 불결함을 생각한 나머지 실망에 빠지지 않도록 위로하며, 그리고 하나님은 사랑의 아버지이시요, 그들의 죄를 기꺼이 용서하시기를 기뻐하신다는 것을 기억토록 한다는 데서 찾을 수 있다.[244]

칼뱅은 또한 의지의 완전한 속박(노예)을 믿지 않았다. 그는 버림받은 (유기) 자라 할지라도 선택된 자들과 같이 약간의 신령한 체험을 가질 수 있다는 것을 알고 인정하였다. 다만 그는 그것을 위선이나 일시적인 것으로 경시하고 말았다는데 문제가 있다. 그것이 비록 일시적인 것이긴 하지만 그것은 분명 죄인이 자의로 복음의 초청에 응한 것이 되기 때문

---

[244] Calvin: Theological Treatises, op. cit., 202.

이다.

8) 성령의 조명론

칼뱅의 자유의지론은 그의 조명론에 비추어서 올바로 이해될 수 있다. 칼뱅이 비록 인간의 의지의 속박이나 법적 개념으로써의 유죄문제에 대해서 불투명한 설명을 함으로써 다소의 논리적 문제점을 제기하였다 하더라도, 완전타락설이나 완전 무능설 또는 의지의 속박을 배제하고서는 그의 조명론을 이해할 수는 없다. 왜냐하면, 칼뱅의 자유의지론은 죄인이 하나님을 믿거나 회개할 수 있는 선택의 여지를 주지 않기 때문이다. 그리고 칼뱅에게 있어서, 믿음이나 회개는 분명히 하나님의 선물이며, 죄인이 구원을 얻기 위해서 그가 할 수 있는 최소한의 성의나 태도라고 보지 않기 때문이다.

칼뱅에게 있어서 하나님의 계시는 그것이 자연을 통한 일반계시이든지, 성경을 통한 특별계시이든지 간에 성령의 조명하심이 없이는 하나님이 구세주이심을 깨달을 수 없기 때문에, 자연이든지, 성경이든지, 버림받은 자들에게는 모두 다 일반계시에 지나지 않으며, 선택된 자들에게 주시는 성령의 내적 증거에 의해서만 비로소 성경을 특별계시로 만드는 것이다. 그러므로 구원받기로 선택되지 아니한 자들에게는 어떠한 형태의 특별계시도 주어지지 않는다고 보았다. 칼뱅은 "성령의 조명 없이는 하나님의 말씀은 아무 것도 할 수 없다"고 하였고, 성령은 믿음을 주시는 분일뿐만 아니라, 그 믿음이 자라 신령한 하늘의 지식에까지 이르도록 도우신다고 주장하였다.[245]

---

[245] Institutes, III.ii.33.

이것은 곧 인간의 무능 또는 완전타락을 말하는 것이며, 이 완전타락이나 무능은 어디까지나 인간이나 자연만물에 대한 인간의 한계를 말하는 것이 아니요, 하나님에 대한 인간의 한계이며, 인간의 의(義)에 의한 구원의 논리를 배제하고 하나님에 의(義)에 전적으로 의존케 하려 함이다.

9) 믿음과 회개

이러한 신(神) 우선주의 관점에서 볼 때, 칼뱅에게는 믿음이나 회개조차도 하나님이 주시는 선물이지, 인간이 할 수 있는 무엇이 아니라고 보았다. 이러한 그의 사상은 그의 제네바 교회의 교리문답집에 잘 나타나 있다. 그는 여기서 믿음을 특별한 하나님의 선물로 주장하였다.[246] 《기독교 강요》에서도 칼뱅은 "믿음은 성령의 주된 사역이다"고 하였고, "믿음 그 자체는 성령이외에 다른 근원에 의존되지 않는다."고 하였다.[247] 그는 또 다음과 같이 믿음을 정의하였다. 믿음은 "우리를 향한 하나님의 축복에 대한 확고하고 분명한 지식이고, 그리스도 안에서 값없이 주어진 약속의 진리 위에 기초한 것이며, 성령을 통해서 우리의 마음에 나타났고, 우리의 심령에 봉함된 것이다"고 하였다.[248]

그러나 칼뱅에게 있어서의 이 믿음은 선택된 자들만이 누리는 축복이며, 버림받은 자들에게는 전혀 해당되지 않는다. 그는 "오직 구원받기로 예정된 자만이 믿음의 빛을 받으며, 복음의 능력을 진정으로 느낀다."고 하였고, "버림받은 자들은 은혜에 대한 혼돈된 인식 이외에 아무 것도 결

---

[246] Calvin: Theological Treatises, op. cit., 105.
[247] Institutes, IV.i.4.
[248] Ibid., IV.ii.8..

코 받지 못한다."고 하였다.[249] 이러한 이유 때문에 선택된 자들은 참된 믿음을 버림받은 자들은 거짓 믿음을 갖는다고 하였다.[250] 따라서 참된 믿음은 확신과 확실성을 준다고 하였다.[251]

믿음이 확실한 하나님의 선물이기 때문에 회개도 또한 하나님의 거저 주시는 선물이다.[252] 칼뱅에게 있어서 회개란 믿음의 결과이며, 믿음에 의해 탄생된다.[253] 한편 칼뱅은 인간의 자유의지를 어느 정도 인정하고 있는 터라, "모든 사람은 외적 전파에 의해서 회개와 신앙으로 부름을 받는다."고 하였고, "하늘의 영적인 지혜를 통달하지 못한다고 할지라도, 깨닫는 마음을 지니고 있으며 … 비록 하나님의 진정한 지식에는 도달하지 못하나, 그 사람은 신성에 대한 어느 정도의 이해는 소유한다."고 하였다.[254] 따라서 칼뱅은 버림받은 자라고 해서 하나님을 믿지 못한다거나 신앙을 가질 수 없음을 말하지 못하였다. 그리고 그는 선택된 자나 버림받은 자의 구별은 버림받은 자의 일시적 신앙생활에 못을 박았고, 저들을 위선자라고 칭하였다. 칼뱅은 버림받은 자와 선택된 자들의 차이점을 다음과 같이 말하였다.

나는 대답한다: 하나님께서 선택한 자들과 일시적으로 믿음이 주어진 자들 사이에 상당한 유사함과 비슷한 점이 있지만, 오직 선택된 자들만이 확신을 가지고, 성장해 나갈 수 있다. … 그러므로 하나님은 영원히 썩지 아니할 씨

---

[249] Ibid., III.ii.11.
[250] Ibid., III.ii.12.
[251] Ibid., III.ii.15-16.
[252] Ibid., III.iii.21.
[253] Ibid., III.iii.1.
[254] Ibid., II.v.19.

로 오직 선택된 자들만을 중생 시키시며(벧전 1:23), 그들 심령에 뿌려진 생명의 씨앗은 결코 사라지지 않을 것이다. 따라서 하나님은 양자(養子)의 은사(은혜)로 그들 속에 확고히 봉함하시며, 그것은 확고하고 분명할 것이다.[255]

버림받은 자들도 그들에게 자비로우신 하나님을 믿는다고 확실하게 말할 수 있다. 그리고 그들이 화목의 선물을 받았다고 하더라도 그것은 혼동하고 분명한 깨달음이 없는 것이며, 하나님의 자녀들이 가진 그와 같은 믿음이나 중생에 참여한 자들이 아니다. 그러나 위선의 가리개 아래서, 그들은 그들과 공통의 믿음의 원칙을 갖는 것 같다. 이러한 정도에서 하나님은 그들의 심령에 조명을 하신다는 것과 그들이 하나님의 은혜를 인지한다는 것을 결코 부인하지 않는다. 그러나 이 관점에서 하나님께서 선택된 자들에게 주신 특별한 증거와 구별한다는 확증과 버림받은 자들은 결단코 충분한 결과나 열매를 맺지 못한다는 것도 부인하지 못한다.[256]

여기서 분명히 볼 수 있는 것은 버림받은 자들도 선택된 자들과 같이 분명히 신앙을 가지고 하나님을 섬길 수 있는데, 그것은 일시적이며, 위선적이라는 것이다. 바꿔 말하면, 인간은 하나님의 보편적 지식에 대한 조명하심(일반계시)으로 누구나 하나님을 인식할 수 있고, 믿음을 가질 수 있으나, 오직 선택된 자에게만 성령님께서 구원의 확증과 확신을 주신다는 것이고, 버림받은 자들은 결국 어느 시점에 이르면 타락하고 말 것이라는 견해인 것이다. 칼뱅에게 있어서, 인간의 이성이나 자유의지는 인간적 노력으로 하나님을 찾는 인(人) 본위 신앙이므로 이를 철저히 배제

---

[255] Ibid., III.ii.11.
[256] Ibid.

하고 하나님이 선택하시고 하나님이 구원하시는 철저한 신(神) 본위 신앙을 주장하였다고 할 것이다.

그러나 칼뱅의 조명론은 구원하는 믿음을 이원화시키는 모순을 낳았다. 구원하는 믿음을 "네가 만일 네 입으로 예수를 주로 시인하며(신뢰), 또 하나님께서 그를 죽은 자 가운데서 살리신 것을 네 마음에 믿으면(동의) 구원을 받으리라. 사람이 마음으로 믿어 의에 이르고 입으로 시인하여 구원에 이르느니라."(롬 10:9-10)하신 말씀 속에 있다고 볼 때, 인간 이성에 의한 자율적 선택에 의한 불완전한 믿음과 성령님의 조명에 의한 완전한 믿음으로 이분화 시킬 수 없다.

신자가 믿다가 타락하기까지는 선택된 자인지 아닌지를 구별할 방법이 없고, 또 그가 탕아와 같이 다시금 주님께로 돌아올 가능성을 배제할 수 없기 때문에 아무도 선택된 자의 규정을 정할 수 없고, 신앙의 결과로써만 알 수 있다고 볼 때, 칼뱅의 조명론은 결과론에 근거하여 끝까지 믿음을 지킨 남은 자에서 출발하였다고 볼 수 있다. 그리고 칼뱅의 조명론에서 제시된 요한복음 14장 26절, 16장 13절, 마태복음 10장 19-20절의 말씀들은 사도들에게 국한된 말씀들이며, 모든 성도들에게 확대된 약속으로 볼 수 없다. 만일 이 말씀들을 모든 성도들에게 적용시킨다면, 우리는 결코 교리적 논란으로 다투지 않아도 될 것이기 때문이다. 이러한 관점에서 볼 때, 칼뱅의 제한 구속이나 성도의 견인은 구원론에 의한 필연적 결과라기보다는 결과론에 의한 귀결이라고 보인다. 따라서 인간의 선택과 유기는 인간이 범한 죄에 근거하지 못하고, 하나님의 절대적 주권행사에 근거한 신권을 옹호한다기보다 오히려 그리스도의 은혜를 체험한 성도의 겸손한 신앙고백에서 나온다고 할 것이다.

성경이 하나님을 창조주로, 인간을 피조물과 죄인으로 고백하고 있다는 점에서는 의심의 여지가 없다. 그리스도교 신앙의 핵심이 하나님을 창조주로, 예수님을 부활의 주로, 성령님을 임마누엘로, 그리고 인간을 피조물로 고백하기 때문이다. 기독교 신앙의 위대함을 여기서 찾을 수 있다. 인간은 하나님을 창조주로 믿고 그의 절대주권을 신앙으로 고백하게 될 때에 혼돈과 흑암의 세상을 살면서도 빛과 질서의 삶을 체험할 수 있으며, 죽음의 세계에 살면서도 부활의 삶을 맛볼 수 있으며, 하나님의 부재의 현실과 하나님의 침묵의 현실 속에서도 임마누엘의 삶을 선취할 수 있으며, 분명한 역사의식과 목적의식과 소명의식을 가지고 살아 갈 수 있다. 또한 인간은 이 신앙 속에서 보다 적극적이고 긍정적으로 재창조의 영을 가지고 살아 갈 수 있다. 이 뿐만 아니라, 인간은 자신을 죄인과 피조물로 인식하게 될 때에 비로소 자기를 만드신 분에게 예배의무가 있음을 발견하게 되고, 자신이 소유한 물질이 자신의 것이 아니라, 하나님의 것임을 알게 된다. 인간이 피조물이란 말은 스스로의 한계를 인정하는 것이고, 부족한 존재이며, 죄인임을 시인하는 것이다. 그러나 칼뱅의 신학에서는 인간에 대한 부정적이고 결정론적인 측면이 지나치게 부각됨으로써 그리스도교 신앙의 긍정적이고 적극적인 면의 책임성과 재창조의 정신이 오히려 약화되지 않았나 생각된다.

또 요한 칼뱅은 완전타락을 믿으면서도 부패와 죄성을 구분치 않았으며, 구원하는 믿음을 하나님의 계시에 의한 하나님에 대한 참된 지식의 개념으로 생각함으로써 성령의 조명함이 없이는 성경이라도 진정한 깨달음을 주지 못한다고 하였다. 그러나 일부 선택된 자들만이 참된 믿음을 가질 수 있다고 주장한 점은 신자들에게 구원의 확신과 고집스런 믿음을 심어줄 수 있는 강점을 갖고 있다. 모든 신자들은 칼뱅적인 신앙고백을 가져야 한다는 점에서 교회 내에서의 신앙교육에 중요한 강점을 지닌다.

다른 한편에서 칼뱅의 인간 본질론은 선택과 유기에 대한 불확실성으로 결단의 보류와 방탕의 길을 걷게 할 가능성도 있음을 지적하지 않을 수 없다. 심지어 잘 믿던 자라도 결과적으로 구원에 이르게 될 것이라는 생각 때문에 고의적인 타락의 길을 걸을 수도 있다. 또 신앙의 배타성으로 인하여 자칫 전도의 대상을 버림받은 자로 잘못 생각할 수도 있을 것이다.

바울이 로마서 1-11장에서 논증한 복음의 풍성함과 구원의 원리는 하나님의 그 오랜 자비를 떠나서는 상상할 수 없는 것들이다. 바울은 이 하나님의 자비를 입고 구원의 길에 들어선 성도들에게 하나님의 자비를 상기시킴으로써 그리스도인으로서 어떻게 살아야할까를 심도 있게 논증하였다.

우주에 단 한분밖에 없으신 유일하신 창조주 하나님은 누구에게나 하나님이 되신다. 누구에게나 차별이 없으시고, 평등하신 하나님은 오직 믿음만으로 판단하시고 누구에게나 자비를 베푸신다. 처음부터 하나님께 버림받은 자는 없다. 하나님은 누구도 버리지 않으신다. 집나간 탕자를 아버지가 기다렸듯이 다만 기다리실 뿐이다.

하나님은 유대인만의 하나님이 아니라, 이방인의 하나님도 되신다. 하나님은 서기관과 바리새인만이 아니라, 죄인과 세리의 하나님도 되신다. 하나님은 맏아들만이 아니라, 탕자의 하나님도 되신다. 하나님은 선택받은 자만이 아니라, 선택받지 못한 자의 하나님도 되신다. 하나님은 잘난 사람만이 아니라, 못난 사람의 하나님도 되신다. 하나님은 부자만이 아니라, 가난한 자의 하나님도 되신다. 하나님은 일등만이 아니라, 꼴찌의 하나님도 되신다. 하나님은 남자만이 아니라, 여자의 하나님도 되신다.

하나님은 어른만이 아니라, 어린아이의 하나님도 되신다. 하나님은 건강한 자만이 아니라, 병든 자의 하나님도 되신다. 하나님은 나만이 아니라, 이웃의 하나님도 되신다. 이것이 차별이 없으신 하나님에 대한 로마서 이야기이다. 누구에게나 공평하신 하나님의 그 오랜 자비에 관한 논증이 로마서의 내용이다.

오랜 주님의 자비에 수많은 사람들이 구원을 받고 살길을 찾았다. 흑암에 앉은 백성, 목자 없는 양떼처럼 방황하는 무리, 바람에 흔들리는 상한 갈대 같은 민초, 폭풍만난 제자, 소경, 앉은뱅이, 문둥병자, 다섯 남편 가진 여인, 38년 된 병자, 혈루증을 앓던 여인 등, 앞 못 보고, 듣지 못하며, 걷지 못하고, 상하고 헤지고 찢긴 자들이 예수님께 그들의 믿음을 내보였고, 주님은 그들에게 자비를 베푸셨다. 그들이 바로 우리 자신들의 영적인 모습일 수 있다. 바울은 로마서에서 누구나 차별 없이 값도 없이 오직 은혜와 오직 믿음만으로 이 주님의 자비를 입을 수 있고, 고침을 받을 수 있다고 강조하였다. 이런 주님의 자비를 우리 모두가 입었고, 그 은혜 속에서 감격하며 살고 있다. 그렇다면 우리는 어떻게 살아야할까? 바울은 주님의 그 오랜 자비를 입고 구원의 길에 들어선 성도들에게 하나님의 자비로 권하였다. "그러므로 형제들아, 내가 하나님의 모든 자비하심으로 너희를 권하노니, 너희 몸을 하나님이 기뻐하시는 거룩한 산 제물로 드리라. 이는 너희가 드릴 영적 예배니라."(롬 12:1)

5. 신약성경의 구원론(스톤-캠벨운동권의 구원론)

신약성경에는 사람이 구원에 이르는 과정(序程) 곧 몇 가지 단계들이 들어나 있다. 그 단계들은 복음을 듣고, 예수님을 믿고, 죄를 회개하고, 신앙을 고백하고, 침례를 받는 것이다. 여기까지가 칭의(의롭다하심)와 중생(거듭남, 초기성화)이 이뤄지는 단계들이다. 이후 그리스도인은 성령님의 내주 동거 인도하심과 능력으로 점진적으로 성화되는 삶을 살아간다.

필자의 스승인 잭 코츠렐(Jack Cottrell, 전 신시내티신학대학원 조직신학 교수) 박사는 침례를 받는 단계에서 "은총의 이중치유를 받는다. 이중 치유란 흔히 죄 용서를 받는 칭의(의롭다하심)와 성령의 선물로 불리는 중생(거듭남)을 말한다."고 하였다.257 또 코츠렐 박사는 이 단계들을 "구원하는 은총을 받고 간직하기 위한 조건들"이라고 하였다. 이것은 전통적인 환원운동신학에서 이 단계들을 "구원하는 은총을 받기 위한 조건들"로 또 성화를 "구원의 은총을 간직하기 위한 조건"으로 말해온 것에 대한 수정이다.258 코츠렐 박사는 "전통적인 환원운동신학에서 가장 심각한 문제는 구원을 어떻게 받는가에 있지 않고, 구원이 어떻게 유지되는가에 있다.… 문제는 우리가 성화의 영역에서 어떻게 이를 이행하는가가 결국 자신의 구원을 지속적으로 유지할 수가 있는가, 혹은 상실할 수 있는가를 결정하는 데 있다."고 하면서 침례를 받고 의롭다하심과 거듭남을 받았다고 할지라도, 침례는 과거의 죄만 용서받는 것이므로 구원의 은혜를 간직하기 위해서는 성화의 과정에서 개인의 죄를 고백하고 선한 삶을 살아야 구원이 유지될 수 있고, 그렇지 않으면 구원을 잃은 자가 될 수 있다는 생각이 전통적인 환원운동신학에 깔린 보편적 사고였다며, 이 전통적

---

257 《성서의 은총론》, 300-301; Jack Cottrell, *13 Lessons on Grace*(Eugene, Oregon: Wipf and Stock Publishers, 1999), 57-59; Jack Cottrell, *His Truth*(Cincinnati, Ohio: The Standard Publishing Co.1980), 69-75. 필자는 1980년대 전반기에 만 4년에 걸쳐 잭 코츠렐 박사가 신학대학원에서 가르친 전 과목을 수강한바 있다.
258 《성서의 은총론》, 292.

인 환원운동신학에 따르면, "침례는 은혜를 받기 위한 조건이 되고, 그리스도인의 순종은 그 은혜를 유지하기 위한 조건이 된다. 이 같은 조건의 어느 것도 침례에 대한 성경적 가르침에 일치하지 않는다."고 비판하였다. 그리고 그는 "우리는 침례에서 믿음으로만 의롭게 되는 것이 아니라, 예수 그리스도의 구속하시는 사역에 대한 지속적인 신앙을 통해 의로운 상태로 남아 있게 된다. 우리는 그 신앙에 의해서 100퍼센트 의롭게 남아 있게 된다는 하나님의 약속에 의지할 수 있기 때문에 천국에 갈 수 있는 '충분한 선한 조건'을 가졌는지를 놓고 의심과 염려로 고민할 필요 없이 성화시키는 성령의 능력에 집중할 수 있다."고 하였다.[259]

코츠렐 박사의 주장은 그리스도인의 성화의 정도나 선한 행위들이, "하나님의 선물"과 "그 은혜에 의하여 믿음으로 말미암아 … 선한 일을 위하여"(엡 2:8) "침례로"(골 2:12) 받은 구원을 유지시키거나 상실시키는 조건이 아니고, 하나님이 은혜(선물)로 주신 구원의 목적으로써 구원받은 자 곧 하나님께 빚진 자의 감사의 열매로써 상급에 해당된다는 뜻이다.

1) 구원에 이르는 단계들

초기 그리스도인들의 회심체험의 과정을 적고 있는 사도행전을 살펴보면, 구원받은 사람들은 모두 구원의 기쁜 소식을 듣고, 믿고, 죄를 회개하고, 예수님을 그리스도와 하나님의 아들로 믿는 신앙을 고백하고, 침례를 받은 것으로 되어 있다.

사도행전 2장 37-38절, 주후 30년 5월 28일 성령님께서 강림하신 오순절날 성전에 모인 사람들이 베드로의 설교를 듣고, 회개하고, 침례를 받

---

[259] 《성서의 은총론》, 301-305.

았다. 8장 5-13절, 사마리아 사람들이 빌립의 설교를 듣고, 믿고, 다 침례를 받았다. 8장 26-40절, 에티오피아의 내시도 빌립의 복음을 듣고, 믿고, 신앙고백하고, 침례를 받았다. 9장 1-18절, 바울은 예수 믿는 사람들을 잡아 가두려고 다메섹으로 향하는 길에서 예수님의 음성을 듣고, 믿고, 금식하며 회개하고, 침례를 받았다. 10장 1-48절, 로마 군대의 백부장 고넬료와 그의 가족도 베드로의 설교를 듣고, 믿고, 침례를 받았다. 16장 12-15절, 바울 일행의 유럽 선교 때에 빌립보에서 몇몇 여성들이 바울의 설교를 듣고, 믿고, 침례를 받았다. 16장 25-34절, 바울과 실라를 옥에 가두었던 빌립보의 간수와 그의 가족도 바울의 설교를 듣고, 믿고, 침례를 받았다. 18장 8절, 회당장 그리스보와 고린도 사람들이 바울의 복음을 듣고, 믿고, 침례를 받았다. 이와 같이 성경은 사람이 구원을 받는 데 필요한 다섯 가지 과정을 말하고 있다.

구원은 운동선수가 올림픽에서 딴 금메달에 비교될 수 있다. 올림픽에서 크게 부각되는 것은 금메달이다. 금메달을 목에 건 사람들에게는 명예와 포상금이 주어진다. 그런데 대부분의 사람들은 금메달 그 자체에만 관심을 두지, 금메달을 따기까지의 힘들었던 훈련과정은 생각지 않는다. 대개의 사람들은 결과만을 보고 말하지 과정에 대해서는 생각하지 않는다. 과정을 중요시하는 사람들은 운동선수나 코치나 감독과 같은 몇 사람에 불과하다. 구원에 관한 것도 마찬가지이다. 그리스도인 대부분은 구원이란 결과만을 중요시하지, 구원을 받는데 필요한 과정에 대해서는 소홀히 생각한다. 믿으면 구원받는다는 생각 때문에, 믿으면 됐지, 무슨 놈의 과정이냐는 식으로 말한다. 그러나 운동선수가 올림픽에서 금메달을 받았다고 해서 메달을 따기까지의 뼈를 깎는 훈련과정이 없었다고 말할 수 없는 것처럼, 그리스도인들이 구원이란 메달을 이미 땄다할지라도 구원을 얻기까지의 과정이 없었던 것은 아니다. 메달이 값지지만, 메달을 따기까지의 과정도 중요한 것처럼, 구원은 그 무엇과도 바꿀 수 없는 아주 값진 것이다.

(1)복음을 듣고

첫째, 성경은 '복음을 듣는 자가 복되다'고 말한다. 한 생명이 태어나기까지에는 난자와 정자가 만나고, 수정되고, 10개월 정도 태아로 자라고, 양수를 터뜨리면서 어머니의 배에서 나오는 과정을 거친다. 젊은 남녀가 만나 부부가 되기까지에도 만남이 있고, 사귐이 있고, 사귐이 신뢰로 바뀐 후에 사랑을 고백하게 되고, 결혼식을 올리게 된다. 이와 같이 한 생명이 태어나는 과정이나 남남으로 태어나 부부로 맺어지는 과정에서도 첫 걸음은 언제나 만남이다. 만남이 없이는 아무 것도 이루어지지 않는다. 마찬가지로 인간의 구원도 복음과의 만남, 예수님과의 만남, 하나님과의 만남이 가장 먼저 이루어져야 한다. 예수님은 마태복음 13장 16절에서 제자들에게 "너희 눈은 봄으로 너희 귀는 들음으로 복이 있도다."고 말씀하셨다.

둘째, 하나님은 '복음의 말씀을 들으라'고 명령하신다. 신명기 6장 4절, "이스라엘아 들으라." 이사야 55장 3절, "너희는 귀를 기울이고 내게 나아와 들으라. 그리하면 너희 영혼이 살리라. 내가 너희에게 영원한 언약을 세우리니, 곧 다윗에게 허락한 확실한 은혜니라." 예레미야 13장 15절, "너희는 들을지어다. 귀를 기울일지어다. 교만하지 말지어다." 마태복음 11장 15절, "귀 있는 자는 들을지어다." 요한계시록 2-3장, "귀 있는 자는 성령이 교회들에게 하신 말씀을 들을지어다."

셋째, 성경은 복음의 말씀을 듣기 위해서 자주 모일 것을 권하고 있다.

히브리서 10장 25절, "모이기를 폐하는 어떤 사람들의 습관과 같이 하지 말고, 오직 권하여 그 날이 가까움을 볼수록 더욱 그리하자." 로마서 10장 17절, "그러므로 믿음은 들음에서 나며, 들음은 그리스도의 말씀으로 말미암았느니라."

(2) 예수님을 믿고

성경에는 '믿음으로 구원을 받는다'는 말씀이 참으로 많다. 사도행전 16장 31절, "가로되 주 예수를 믿으라. 그리하면 너와 네 집이 구원을 얻으리라." 마가복음 16장 16절, "믿고 침례를 받는 사람은 구원을 얻을 것이요. 믿지 않는 사람은 정죄를 받으리라." 로마서 1장 17절, "복음에는 하나님의 의가 나타나서 믿음으로 믿음에 이르게 하나니, 기록된바 오직 의인은 믿음으로 말미암아 살리라 함과 같으니라." 에베소서 2장 8절, "너희가 그 은혜를 인하여 믿음으로 말미암아 구원을 얻었나니, 이것이 너희에게서 난 것이 아니요 하나님의 선물이라." 마태복음 9장 22절, "예수께서 돌이켜 그를 보시며, 가라사대, 딸아 안심하라. 네 믿음이 너를 구원하였다 하시니, 여자가 그 시로 구원을 받으니라." 누가복음 17장 19절, "그에게 이르시되, 일어나 가라. 네 믿음이 너를 구원하였느니라 하시더라."

'믿음으로 구원을 받는다'는 말은 단순히 '영혼이 구원을 받는다'는 것에 국한되지 않는다. 예수님은 12년간 혈루증으로 고생한 여인의 병을 고쳐주시면서 "네 믿음이 너를 구원하였다." 또 사마리아 출신의 문둥병 환자에게도 "네 믿음이 너를 구원하였다."고 말씀하셨다. 이 말씀들을 통해서 죄 사함을 받고 영혼구원을 받는 것이나 병이 낫고 건강하여 지는 것이나 범사에 형통한 축복이 모두 구원의 범주에 속한다는 것을 알 수 있다. 그러므로 '예수님을 믿고 구원을 받는다'는 말의 뜻 속에는 영혼의 구원은 물론이요 육체의 건강과 행복도 포함된다. 예수님을 믿는 자만이 구원을 받는다.

(3) 죄를 회개하고

성경은 회개와 회복에 관한 말씀이다. 회개하지 않는 사람은 하나님의 나라에 들어 갈 수 없다. 회개할 줄 모르는 사람은 하나님의 나라의 백성이 아니다. 에스겔 18장 30절, "너희는 돌이켜 회개하고 모든 죄에서 떠날지어다. 그리한즉 죄악이 너희를 패망케 아니하리라." 마가복음 1장 15절, "가라사대 때가 찼고 하나님 나라가 가까웠으니, 회개하고 복음을 믿으라 하시더라." 누가복음 15장 7절, "내가 너희에게 이르노니, 이와 같이 죄인 하나가 회개하면 하늘에서는 회개할 것 없는 의인 아흔 아홉을 인하여 기뻐하는 것보다 더하리라." 사도행전 2장 38절, "베드로가 가로되, 너희가 회개하여 각각 예수 그리스도의 이름으로 침례를 받고 죄 사함을 얻으라. 그리하면 성령을 선물로 받으리니." 사도행전 3장 19절, "그러므로 너희가 회개하고 돌이켜 너희 죄 없이 함을 받으라. 이같이 하면 유쾌하게 되는 날이 주 앞으로부터 이를 것이요." 고린도후서 7장 10절, "하나님의 뜻대로 하는 근심은 후회할 것이 없는 구원에 이르게 하는 회개를 이루는 것이요. 세상 근심은 사망을 이루는 것이니라."

(4) 믿음을 고백하고

성경은 여기저기서 예수님을 시인하는 자가 구원을 얻게 될 것을 증언하고 있다. 로마서 10장 9-10절, "네가 만일 네 입으로 예수를 주로 시인하며 또 하나님께서 그를 죽은 자 가운데서 살리신 것을 네 마음에 믿으면 구원을 얻으리니. 사람이 마음으로 믿어 의에 이르고 입으로 시인하여 구원에 이르느니라." 마태복음 10장 32절, "누구든지 사람 앞에서 나를 시인하면 나도 하늘에 계신 내 아버지 앞에서 저를 시인할 것이요." 누가복음 12장 8절, "내가 또한 너희에게 말하노니, 누구든지 사람 앞에서 나를 시인하면 인자도 하나님의 사자들 앞에서 저를 시인할 것이요." 요한일서 4장 3절, "예수를 시인하지 아니하는 영마다 하나님께 속한 것이 아니니, 이것이 곧 적그리스도의 영이니라." 요한일서 4장 15절, "누구든지 예수를 하나님의 아들이라 시인하면 하나님이 저 안에 거하시고 저도 하나님 안에 거하느니라."

(5) 침례를 받고

침례에 관한 성경말씀들에는 다음과 같은 것들이 있다. 마가복음 16장 16절, "믿고 침례를 받는 사람은 구원을 얻을 것이요, 믿지 않는 사람은 정죄를 받으리라." 요한복음 3장 5절, "예수께서 대답하시되, 진실로 진실로 네게 이르노니, 사람이 물과 성령으로 나지 아니하면 하나님 나라에 들어갈 수 없느니라." 사도행전 2장 38절, "베드로가 가로되, 너희가 회개하여 각각 예수 그리스도의 이름으로 침례를 받고 죄 사함을 얻으라. 그리하면 성령을 선물로 받으리니." 사도행전 22장 16절, "이제는 왜 주저하느뇨? 일어나 주의 이름을 불러 침례를 받고 너의 죄를 씻으라 하더라." 로마서 6장 3-4절, "무릇 그리스도 예수와 합하여 침례를 받은 우리는 그의 죽으심과 합하여 침례 받은 줄을 알지 못하느뇨? 그러므로 우리가 그의 죽으심과 합하여 침례를 받음으로 그와 함께 장사되었나니, 이는 아버지의 영광으로 말미암아 그리스도를 죽은 자 가운데서 살리심과 같이 우리로 또한 새 생명 가운데서 행하게 하려 함이니라." 갈라디아서 3장 27절, "누구든지 그리스도와 합하여 침례를 받은 자는 그리스도로 옷 입었느니라." 골로새서 2장 12절, "너희가 침례로 그리스도와 함께 장사한바 되고 또 죽은 자들 가운데서 그를 일으키신 하나님의 역사를 믿음으로 말미암아 그 안에서 함께 일으키심을 받았느니라." 베드로전서 3장 21절, "물은 예수 그리스도의 부활하심으로 말미암아 이제 너희를 구원하는 표니 곧 침례라. 육체의 더러운 것을 제하여 버림이 아니요, 오직 선한 양심이 하나님을 향하여 찾아가는 것이라."

이와 같이 성경은 분명히 우리에게 복음을 듣고, 예수님을 믿고, 자기 죄를 회개하고, 믿음을 고백하고, 침례를 받아야 구원을 받는다고 가르치고 있다. 듣고, 믿고, 회개하고, 고백하고, 침례 받는, 이 다섯 가지 과정은 하나로 연결되는 과정이다. 중간에 어느 것 하나가 빠져도 좋고 있어도 좋은 것이 아니다. 이 다섯 가지 과정은 구원의 열차를 달리게 하는 다섯 가지 중요한 부품이다. 이 중에 한 가지만 빠져도 기차는 달리지 못한다. 그러므로 죄 사함을 얻고, 성령님을 선물로 받으며, 구원의 축복을 누리기 위해서는 이 다섯 가지 과정을 밟아야 한다.

2) 구원을 이루는 요소들

신약성경은 사람이 구원에 이르는 과정뿐 아니라, 구원을 받는 근원(근거), 수단, 시간, 목적에 대해서도 말해준다. 에베소서 2장 8-10절에서 "그 은혜에 의하여 믿음으로 말미암아 구원을 받았다."는 구원의 근원과 구원의 수단을 말한 것이었다면, "우리는 그가 만드신 바라. 그리스도 예수 안에서 선한 일을 위하여 지으심을 받은 자다."는 구원의 목적을 말한 것이다. 또 골로새서 2장 12에서 "너희가 침례로(in baptism) 그리스도와 함께 장사한바 되고 또 죽은 자들 가운데서 그를 일으키신 하나님의 역사를 믿음으로 말미암아(through faith) 그 안에서 함께 일으키심을 받았다."는 구원의 시간을 말한 것이다. 하나님의 은혜는 죄인이 성삼위 하나님을 믿고 죄를 회개하고 믿음을 입으로 고백하고 침례를 받아 구원에 이르는 전 과정의 근원이다. 믿음은 구원에 이르는 통로이자 출발선이며, 침례는 구원(중생, 영적 부활)이 이뤄지는 시간이다. 그리고 선한 일은 하나님께서 구원을 주시는 목적이며, 구원을 받은 자들이 믿는 자라는 것을 입증하는 열매이다.

구원에 대한 개념은 근본적으로 유대교와 그리스도교가 다르다. 유대교인들이 생각하는 구원이란 하늘의 것이 아니고 땅의 것이다. 유대인들의 구원의 의미는 내 나라, 내 조국에서의 안식, 또는 이스라엘 나라와 그 영토인 가나안땅의 영원한 존속과 번영을 뜻한다. 그 나라와 땅에 대한 희망을 아브라함이 처음 가졌고, 하나님의 종 모세와 여호수아에 의해서 그 희망이 성취되었다. 그 나라와 땅의 존속은 하나님의 '헤세드'(chesed, 은혜, 인자)에 의하여 하나님과 맺은 언약의 내용 곧 율법(토라)의 준수로 말미암는 것이다. 따라서 하나님의 '헤세드'는 이스라엘 나라와 그 땅의 근원이요, 율법준수는 이스라엘 나라와 그 땅의 존속과 번영을 위한 수단이다.

반면에 그리스도인들이 생각하는 구원은 땅의 것이 아니고 하늘의 것이다. 구원은 하나님의 나라 곧 하늘 가나안땅을 상속받아 그곳에서 영원히 안식하는 것을 의미한다. 그 나라와 땅은 하나님의 "은혜에 의하여" 예수님을 그리스도와 하나님의 아들로 "믿음으로 말미암아" 얻는다. 따라서 하나님의 은혜는 구원 곧 하늘 가나안땅을 상속받는 근원이요, 믿음은 그 하늘 가나안땅을 상속받아 그 땅에서 영원히 누리는 안식의 수단이다. 그러므로 유대교가 율법을 지키지 않고서는 문자적으로 이스라엘 나라와 그 땅에서 안식할 수 없듯이, 예수님을 구세주로 신뢰하는 믿음이 아니고서는 그리스도교가 제시하는 구원에 이를 수 없다. 게다가 그리스도교가 제시하는 구원은 자력이나 여타의 방법으로는 얻을 수 없다. 오직 하나님의 은혜를 의지하여 믿음으로만 얻을 수 있다.

히브리인들이 이집트를 탈출하여 홍해를 건넌 후 광야에서 성막시대를 열었다. 광야시대는 히브리인들이 야훼 하나님을 섬기는 공동체로서 가나안땅을 바라보고 행군하는 기간이었다. 히브리인들이 양의 피를 집 좌우 문설주와 인방에 바르고 죽음을 피한 첫 유월절 날 이집트를 탈출한 것은 그들이 희망한 구원의 시작이었지 마지막은 아니었다. 그들은 홍해를 건너야했고, 광야에서 40년간 만나를 먹고 반석의 샘에서 물을 마셔야했다. 히브리인들은 첫 오순절 날 시내산에서 하나님이 부여하신 계명들을 지키기로 하나님과 언약을 맺고 하나님의 백성이 되었으나 그들은 구름기둥과 불기둥의 인도를 받으며 여전히 가나안땅을 향하여 행군하는 자들이었다. 떠돌이와 노예로서 히브리인들이 그토록 희망했던 구원은 모세의 후계자인 여호수아의 인도를 받아 요단강을 건너 가나안땅을 정복한 후에 비로소 성취되었다. 그럼에도 불구하고 이스라엘 나라와 그 땅은 늘 불안한 상태였다. 율법을 사랑하고 지키는 것이 그들의 나라와 땅을 존속시키는 열쇠였기 때문에 이미 광야시대 때부터 율법을 사랑하고 지키지 못했던 그들로서는 하나님의 징계를 피해가지 못하였다.

같은 맥락에서 그리스도교가 제시하는 구원은 하나의 과정이다. 바벨론과 땅의 음녀들(계 17:5)로 묘사된 죄악 세상을 탈출하여 침례라는 홍해를 건너 교회라는 광야에 이른 그리스도인들은 하나님의 나라 곧 하늘 가나안땅을 향해서 행군하는 순례자들이다. 만나와 반석의 샘물로 묘사된 주의 만찬을 매주일 예배 때마다 먹고 마신다. 그리스도인들은 예수님을 그리스도와 하나님의 아들로 믿고, 자기 죄를 회개하며, 믿음을 고백한 후에 침례(홍해를 건넌 후)를 받고, 그리스도인이 되어 교회생활을 통해서 성령님의 인도를 받아 천성을 향하여 행군하는 자들이다. 천성을 향하여 행군하는 자들에게 요구되는 덕목은 끈질긴 인내와 신실한 믿음이다.

바울은 고린도전서 10장 1-5절에서 다음과 같이 말하였다.

"형제들아 나는 너희가 알지 못하기를 원하지 아니하노니, 우리 조상들이 다 구름 아래에 있고 바다 가운데로 지나며, 모세에게 속하여 다 구름과 바다에서 침례를 받고, 다 같은 신령한 음식을 먹으며, 다 같은 신령한 음료를 마셨으니, 이는 그들을 따르는 신령한 반석으로부터 마셨으매 그 반석은 곧 그리스도시라. 그러나 그들의 다수를 하나님이 기뻐하지 아니하셨으므로 그들이 광야에서 멸망을 받았느니라."

(1)구원의 근원

에베소서 2장 8절, "너희는 그 은혜에 의하여 믿음으로 말미암아 구원을 받았으니, 이것은 너희에게서 난 것이 아니요 하나님의 선물이라."는 이 짧은 말씀 속에 아주 중요한 구원의 원리가 담겨있다. "은혜를 인하여", "믿음으로 말미암아", "하나님의 선물", 이 세 마디 말은 우리가 구원에 대해서 이야기 할 때 빼놓을 수 없는 아주 중요한 내용들이다. 특히 "은혜를 인하여"와 "하나님의 선물", 이 두 마디 말은 하나님이 우리 구원의 근원이 되심을 설명하는 용어들이다.

성경은 죄인이 구원에 이르는 길에 대해서 두 가지 가능성을 제시하고 있다. 첫째는 모든 법을 완전히 지켜 그 공로의 대가로 구원에 이르는 길이다. 둘째는 하나님의 은혜로 인하여 구원에 이르는 길이다. 첫째 방법은 자력구원이 되겠고, 둘째 방법은 타력구원이 되겠다. 자력구원은 자기의 의로움으로 구원을 사는 것이고, 타력구원은 하나님의 의로움으로 구원을 선물로 받는 것이다. 자력구원은 전적으로 자기의 노력과 수련으로 남의 도움 없이 구원에 이르는 것이고, 타력구원은 자기 노력 없이 전적으로 하나님의 의로우심에 의존하는 것이다. 자력구원은 인간이 하나님을 찾아 올라가는 오르막길에 있고, 타력구원은 하나님이 인간을 찾아 내려오는 내리막길에 있다.

하나님은 스스로 완전하시고 거룩하신 창조주이신데, 인간은 불완전하고 거룩치 못한 피조물이다. 하나님의 특징은 '거룩하시다' 또는 '완전하시다'에 있다. 그러나 피조물의 특징은 '부족하다' 또는 '죄인이다'에 있다. 하나님은 자기 노력 없이도 완전하시고 거룩하신 데에 비해서, 인간은 절대로 자기 노력으로 하나님과 같은 완전성과 거룩성에 도달할 수 없다. 그럼에도 불구하고 하나님의 거룩성이 피조물에게 요구하는 자력 점수는 언제나 백 점 만점이다. 그러나 피조물은 부족한 존재이기 때문에 결코 그렇게 완벽한 점수에 도달할 재간이 없다. 처음부터 그런 능력은 주어지지 않았다. 그래서 그리스도교는 일찍부터 인간의 자기 노력으로는 하나님 앞에 감히 설 자가 없다는 사실을 깨닫고 전적으로 하나님의 사랑에 의존하도록 가르쳐 왔다.

하나님은 정의로 꾸중을 일삼은 아버지와 같은 분이 아니라, 사랑으로 언제나 감싸주시는 어머니와 같은 분이시다. 우리가 그 분을 찾아 백방으로 노력했을 때 그분이 만나지는 것이 아니라, 언제나 푸근한 사랑으로 찾아오시는 그분을 마음으로 영접할 때에 그분이 만나진다. 어려운 인간의 방법으로 하나님이 만나지는 것이 아니라, 아주 쉬운 하나님의 방법으로 만나진다.

인간은 피조물이기 때문에 인간의 부족한 노력과 자구책으로는 거룩한 하나님을 만날 수가 없다. 그러나 하나님은 창조주이시기 때문에 가장 합리적이고 완전한 구원의 길을 알고 계신다. 하나님이 인간에게 제시한 구원의 길은 아주 쉽고 값이 없고 남녀노소나 빈부귀천의 차별이 없는 완전한 구원의 길이다. 우리는 하나님이 누구인가를 알아야 한다. 또한 우리 자신이 누구인가를 알아야 한다. 오직 하나님만이 우리 구원의 근원이 되신다. 우리의 구원은 우리가 하나님을 찾아가 그분을 만나 이루어지는 것이 아니라, 하나님이 사랑으로 찾아와 이루어지는 것이다. 그러므로 자력구원은 불가능하다.

자력구원은 이론으로만 가능하다. 그러나 이 길은 인간의 죄로 인해서 누구도 통과할 수 없는 막힌 길이 되고 말았다고 로마서는 말한다. 바울은 로마서 1장부터 3장까지에서 자력구원의 불가능성을 피력했다. 첫째, 이방인들이 여러 형태의 신들을 섬기지만, 그들의 죄 때문에 그들은 구원에 이를 수 없다. 둘째, 도덕과 윤리를 지키며 성실하게 사는 도덕군자들도 그들의 죄 때문에 그들은 구원에 도달할 수 없다. 셋째, 모세의 율법을 지키는 유대인들도 그들의 행위를 통해서는 의롭다 하심을 받을 수 없다. 넷째, 모든 인간은 그들의 죄 때문에 자력으로는 구원에 이를 수 없다. 이처럼 바울은 인간들이 추구하는 구원을 위한 모든 행위들은 무용하다고 말한다. 모든 피조물은 죄인이며, 어느 누구도 자신의 죄 문제를 스스로 해결할 수 없기 때문이다. 야고보서 2장 10절은 "누구든지 온 율법을 지키다가 그 하나에 거치면 모두 범한 자가 된다."고 말한다. 갈라디아서 3장 10절은 "무릇 율법 행위에 속한 자들은 저주 아래 있나니, 기록된바 누구든지 율법 책에 기록된 대로 온갖 일을 항상 행하지 아니하는 자는 저주 아래 있는 자라."고 하였다. 또 로마서 3장 23절은 "모든 사람이 죄를 범하였으매 하나님의 영광에 이르지 못하였다"고 말한다.

(2) 구원의 수단(통로)

믿음에는 네 가지가 있다. '구원하는 믿음,' '순종의 믿음,' '은사의 믿음' 그리고 '교리의 믿음'이 있다.

첫째, '구원하는 믿음'은 마음으로 뜨겁게 믿어지는 그리스도에 대한 인격적인 신뢰와 머리로써 냉철하게 믿어지는 그리스도에 대한 진술 혹은 내용에 동의하는 것을 포함한다. 마음으로 뜨겁게 믿어지는 믿음은 주관적 신앙이고, 머리로써 냉철하게 믿어지는 믿음은 객관적 신앙이다. 구원하는 믿음은 주관적 신앙과 객관적 신앙을 모두 포함한다. 그리고 이 구원하는 믿음은 죄인이 구원을 받는데 필요한 믿음이다.

사람들은 믿음을 예수님을 마음으로 믿고 받아드리는 감성적인 신앙으로만 이해하는 경향이 있다. 믿음생활을 하는 대부분의 사람들이 머리로 믿고 받아드리는 이성적인 신앙에 관심을 보이기보다는 주정적인 신앙에 더 치우치는 경향이 있다. 이런 경향 때문에 한국의 그리스도교는 양적인 성장에 비해서 질적인 성장이 크게 미흡하다는 소리를 듣는다.

이성적인 신앙 곧 머리로써 냉철하게 믿는 객관적인 신앙에는 단순하게 생각할 수 없는 면이 있다. 무엇을 얼마큼 어느 선까지 이성적인 판단에 따라 믿어야 하는가의 문제가 남는다. 그리고 신앙인들이 꼭 알아야 할 건전한 교리의 믿음과 어떻게 구분 지어야 할 것인가의 문제가 남는다.

로마서 10장 9절은 "네가 만일 네 입으로 예수를 주로 시인하며, 또 하나님께서 그를 죽은 자 가운데서 살리신 것을 네 마음에 믿으면 구원을 얻으리라."고 하였다. 이 말씀이 우리에게 제시하는 구원의 조건은 입으로 예수님을 구세주로 시인하고, 하나님께서 그분을 죽은 자들 가운데서 다시 살리신 것을 믿는 것이다. 바꿔 말하면, 마음으로 예수님을 구세주로 영접하고, 머리로써 하나님을 창조주로 또 생명을 살리시는 주로 믿으면 구원을 받는다는 것이다. 마음으로 하나님을 신뢰하고, 이성으로 창조와 부활을 믿으면 구원을 받는다는 것이다.

성경은 아브라함이 "하나님은 죽은 자를 살리시며 없는 것을 있는 것 같이 부르시는 이심을"(롬 4:17) 믿었고, 그것을 의로 여기셨다고 말한다. 아브라함은 자신이나 사라가 신체적으로 너무 늙어서 자손을 가질 수 없음을 알고도 하나님의 약속을 의심치 않고 죽었던 태를 회복하시는 하나님의 능력을 믿고 그 분에게 영광을 돌렸고, 하나님은 이를 저에게 의로 여기셨다고 성경은 말하고 있다(롬 4:18-22). 따라서 의롭다 하심을 받을 믿음은 "예수 우리 주를 죽은 자 가운데서 살리신 이를 믿는"(롬 4:24) 것이라고 말한다. "입으로 예수를 주로 시인하며, 또 하나님께서 그를 죽은 자 가운데서 살리신 것"을 마음에 믿는 것이라고 말한다.

주후 30년 5월 28일 오순절 날 성령님께서 임재하신 직후에 제자들이 "성령의 충만함을 받고 성령이 말하게 하심을 따라 다른 언어들로 말하기를 시작"할 때에 이를 기이히 여겨 몰려든 군중을 향하여 베드로가 모든 제자들을 대표하여 행한 설교의 내용은 '예수님이 다시 사셨다'는 선포였다. "너희가 법 없는 자들의 손을 빌려 [이 예수를] 못 박아 죽였으나 하나님께서 그를 사망의 고통에서 풀어 살리셨으니, 이는 그가 사망에 매여 있을 수 없었음이라"(행 2:23-24)고 베드로는 말하였다. 그리스도의 교회는 이 부활의 복음 위에 세워졌고, 이 복음을 믿고 구원받은 그리스도인들로 구성된다.

둘째, '순종의 믿음'은 믿음이 있다는 증거나 그 결과를 말한다. 이를테면, 그리스도인다운 아름다운 생활을 말한다. 생활 속에서 행동으로 나타나는 믿음을 순종의 믿음 또는 성화의 믿음이라고 말한다. 이 믿음은 이미 구원받은 성도에게 요구되는 믿음이다. 이 믿음은 신앙인이 성령님의 인도하심과 하나님의 뜻에 따라 살아야 할 성화의 믿음이다. 구원하는 믿음이 아무리 좋더라도 순종의 믿음이 나쁘면 신앙인은 소금과 빛의 역할을 못하고 만다. 이를 책망하고 있는 것이 야고보서 2장 14절에서 26절의 말씀이다. "내 형제들아 만일 사람이 믿음이 있노라 하고 행함이 없으면 무슨 유익이 있으리요? 그 믿음이 능히 자기를 구원하겠느냐? 만일 형제나 자매가 헐벗고 일용할 양식이 없는데 너희 중에 누구든지 그에게 이르되 평안히 가라, 덥게 하라, 배부르게 하라 하며 그 몸에 쓸 것을 주지 아니하면 무슨 유익이 있으리요? 이와 같이 행함이 없는 믿음은 그 자체가 죽은 것이라… 영혼 없는 몸이 죽은 것 같이 행함이 없는 믿음은 죽은 것이니라."

셋째, '은사의 믿음'은 성령님께서 특정인에게 특별한 사역을 위해서 주시는 남을 위한 믿음이다(고전 12:9; 13:2). 은사란 그 특성상 구원에 관계없이 하나님이 필요하다고 인정하실 때에 주시는 일시적인 선물이다. 따라서 이 믿음은 구원하는 믿음이나 순종의 믿음과는 그 성격이 다르다. 신앙인이 반드시 가져야 할 믿음은 아니다.

넷째, '교리의 믿음'은 앞에서 언급한 구원하는 믿음 속에 있는 머리로써 냉철하게 이루어지는 동의의 믿음을 좀 더 구체화시킨 믿음의 내용을 말한다. 이 동의의 믿음은 신앙의 내용 또는 신앙고백의 내용 또는 지식의 믿음을 말한다. 건전한 그리스도교 교리가 여기에 속한다. 삼위일체 신앙고백서들인 니케아 신조나 사도신경과 같은 신앙고백서들이 여기에 속한다.

그런데 '교리의 믿음'은 구원을 받는데 영향을 주기보다는 구원받은 사람이 이단에 빠지지 않고 올바른 신앙을 유지하는데 크게 영향을 준다. 그러나 때때로 이 믿음은 신앙인에게 오히려 올무에 걸리게 하는 역기능을 하기도 한다. 구원받는데 반드시 필요한 본질적인 내용이 아닌 것까지 본질로 착각함으로써 교회를 분열시키고 교단이기주의에 빠뜨리고 남을 쉽게 이단으로 몰아붙이는 교만에 빠지게 하기도 한다. 많은 신앙인들이 이단에 빠져드는 이유도 교리의 믿음에 치우친 때문이다.

'구원하는 믿음'은 구원받은 자와 구원받지 못한 자를 나누는 분리대이고, '순종의 믿음'은 알곡과 쭉정이를 분리하듯 등급을 매기는 저울이고, '은사의 믿음'은 그릇의 크기를 재는 잣대이고, '교리의 믿음'은 옳고 그름을 따지는 친교의 울타리(test of fellowship)와 같은 것이다. 울타리가 너무 넓으면 들어와서는 안 될 사람들까지 들어오게 되고, 울타리가 너무 좁으면 들어가야 할 사람까지도 못 들어가는 문제가 있다. 교리의 믿음이 가질 수 있는 폐단을 막기 위해서는 구원에 본질이 되는 부분은 통일하고, 본질이 아닌 부분은 각자의 신앙양심에 맡기며, 모든 일에는 사랑으로 한다는 대원칙이 인정되어야 한다.

이 같은 믿음들 가운데 구원하는 믿음은 구원의 문으로 들어서는 유일한 수단이요 통로이다. 그렇다면, 이 믿음이 사람(죄인)에게 어떻게 생기는가?

첫째, '구원하는 믿음'은 성령님의 선(先)은혜(prevenient grace) 곧 죄인을 부르시고 깨닫게 하시며 회개케 하시고 신앙을 고백케 하시며 침례를 받고 그리스도인이 되고자하는 결심이 생기도록 인도하시는 성령님의 회심이전의 사역에서 생긴다. 이 과정은 민족성별노소 빈부귀천선악에 상관없이 누구에게나 열려있다. 이 은혜는 칼뱅이 주장한 것처럼 무조건적이고 제한적으로 선택된 자들에게만 주어지는 특권이거나 거절할 수 없는 은혜가 아니다. 이 은혜는 누구에게나 열려 있는 하나님의 부르심의 은혜이며 그 은혜를 입고 못 입고는 부르심을 받은 자의 선택에 달려있다. 인간의 선택의 자유는 하나님께서 당신의 주권을 제한하시고 인간을 인간답게 만드신 지극한 사랑에서 비롯된 것이다.

앞에서도 언급한바가 있듯이, 하나님의 의지에는 하나님이 원하시고 결정하시는 절대의지도 있지만, 하나님이 원하시고 사람이 결정하는 훈계(계명)의지도 있으며, 사람이 원하고 하나님이 허락하시는 허락의지도 있다. 하나님께서 천지만물을 지으신 것이나 사람을 당신의 형상에 따라 지으신 것이나 요나나 바울을 택하여 이방인의 전도자로 삼으신 것들은 하나님께서 당신의 주권을 절대적으로 행사하신 것이다.

반면에 "선악을 알게 하는 나무의 열매는 먹지 말라. 네가 먹는 날에는 반드시 죽으리라."(창 2:17)고 하신 계명을 비롯해서 모세오경에 나오는 613개의 모든 계명들, 곧 '~하라'는 248개의 계명들과 '~하지 말라'는 365개의 계명들은 언약 법들로써 지키면 상주시고 어기면 벌주시겠다는 조건법들이다. 이 계명들을 지키고 못 지키고를 하나님이 무조건적으로 예정하신 것이 아니고, 인간에게 그 결정권을 맡기신 것들이다. 이뿐 아니라, 하나님은 인간이 원하는 것들을 허락하시는데 이 하나님의 허락의지 속에 이 땅에 존재하는 죄악들이 있다. 하나님은 타락한 인간들에게 회개할 시간을 주시고 구원하시기 위해서 정한 시간(kairos)이 찰 때까지 심판을 보류하신다.

둘째, '구원하는 믿음'은 하나님의 말씀을 읽고 들음에서 난다. 로마서 10장 17절의 말씀에서 바울은 "믿음은 들음에서 나며, 들음은 그리스도의 말씀에서 비롯된다."고 했다.

셋째, '구원하는 믿음'은 예수님의 이름을 부를 때에 생긴다. 로마서 10장 13절에서 바울은 "누구든지 주의 이름을 부르는 자는 구원을 얻을 것이다."고 했다.

넷째, '구원하는 믿음'은 마음으로 뜨겁게 예수님을 영접할 때에 생긴다. 로마서 10장 10절에서 바울은 "사람이 마음으로 믿어 의에 이른다."고 했다.

다섯째, '구원하는 믿음'은 예수님을 입으로 시인하고 고백할 때에 생긴다. 남녀가 결혼식 때에 많은 사람들 앞에서 사랑을 고백하는 것처럼 다른 사람에게 예수님에 대한 우리의 사랑을 고백해야 한다. 로마서 10장 10절에서 바울은 "입으로 시인하여 구원에 이른다."고 했다. 또 9절에서 "네가 만일 네 입으로 예수를 주로 시인하며 또 하나님께서 그를 죽은 자 가운데서 살리신 것을 네 마음에 믿으면 구원을 얻을 것이다."고 했다.

이렇게 복음의 말씀을 읽고, 듣고, 예수님의 이름을 부르고, 예수님을 마음에 영접하고, 예수님에 대한 사랑을 고백하는 것이 구원하는 믿음이다. 이 믿음으로 말미암아 구원이 이루어진다. 에베소서 2장 8절의 말씀은 말한다. "너희가 그 은혜를 인하여 믿음으로 말미암아 구원을 얻었나니, 이것이 너희에게서 난 것이 아니요, 하나님의 선물이라."

인간이 살길은 오직 한 길(one way)뿐이다. 하나님으로부터 은총을 입고 구원을 받는 길뿐이다. 구원에 이르는 유일한 통로는 믿음뿐이다. 믿음은 생존을 위한 것이다. 생존을 위해서 먹고 마시는 것처럼 믿음이 없이는 영원히 살 수 없다. 참 만족을 누릴 수 없다. 삶의 의미와 목적을 찾을 수 없다. 믿음이 없이는 죄와 죽음의 문제를 해결할 수 없다. 심령의 목마름을 해결할 수 없다. 갈등과 불안을 해결할 수 없다. 믿음이 없이는 인간의 어떠한 문제도 해결 받을 수 없다. 하나님만이 인간의 문제를 해결할 수 있기 때문이다. 하나님은 나를 빚으신 분이시다. 하나님은 나를 보내신 분이시다. 하나님은 나를 잘 아시는 분이시다. 환자가 능력 있는 의사를 찾아가야 병을 치료받을 수 있는 것처럼, 우리 인간은 하나님을 찾아가야 문제를 해결 받을 수 있고 구원을 받을 수 있다.

(3)구원의 시간

'오직 하나님만이 우리 구원의 근원이시다.' '믿음은 구원으로 가는 유일한 통로이다.' 그렇다면 하나님의 선물인 구원을 받는 시간 혹은 구원이 이뤄지는 시간은 언제쯤인가? 믿음을 갖는 순간인가? 믿음이 어느 정도 발전된 다음인가? 침례를 받을 때인가? 아니면 성령님을 받을 때인가?

성경은 '구원이 이루어지는 시간은 침례를 받을 때이다.'고 분명히 말한다. 마가복음 16장 16절, "믿고 침례를 받는 사람은 구원을 얻을 것이요, 믿지 않는 사람은 정죄를 받으리라." 요한복음 3장 5절, "예수께서 대답하시되, 진실로 진실로 네게 이르노니, 사람이 물과 성령으로 나지 아니하면 하나님 나라에 들어갈 수 없느니라." 사도행전 2장 38절, "베드로가 가로되, 너희가 회개하여 각각 예수 그리스도의 이름으로 침례를 받고 죄 사함을 얻으라. 그리하면 성령을 선물로 받으리라." 사도행전 22장 16절, "이제는 왜 주저하느뇨? 일어나 주의 이름을 불러 침례를 받고 너의 죄를 씻으라 하더라." 로마서 6장 3-4절, "무릇 그리스도 예수와 합하여 침례를 받은 우리는 그의 죽으심과 합하여 침례 받은 줄을 알지 못하느뇨? 그러므로 우리가 그의 죽으심과 합하여 침례를 받음으로 그와 함께 장사되었나니, 이는 아버지의 영광으로 말미암아 그리스도를 죽은 자

가운데서 살리심과 같이 우리로 또한 새 생명 가운데서 행하게 하려 함이니라." 갈라디아서 3장 27절, "누구든지 그리스도와 합하여 침례를 받은 자는 그리스도로 옷 입었느니라." 골로새서 2장 12절, "너희가 침례로 그리스도와 함께 장사한바 되고 또 죽은 자들 가운데서 그를 일으키신 하나님의 역사를 믿음으로 말미암아 그 안에서 함께 일으키심을 받았느니라." 디도서 3장 5절, "우리를 구원하시되 우리가 행한 바 의로운 행위로 말미암지 아니하고 오직 그의 긍휼하심을 따라 중생의 씻음(through the water of rebirth, NRSV, NASB)과 성령의 새롭게 하심으로 하셨다." 베드로전서 3장 21절, "물은 예수 그리스도의 부활하심으로 말미암아 이제 너희를 구원하는 표니 곧 침례라. 육체의 더러운 것을 제하여 버림이 아니요 오직 선한 양심이 하나님을 향하여 찾아가는 것이라."

이상의 말씀들은 침례가 구원과 관련이 있을 뿐 아니라, 구원이 이루어지는 시간과도 관련이 있다는 점을 밝혀 주고 있다. 믿고 침례를 받으면 죄 사함을 얻는다. 믿고 침례를 받으면 성령님을 선물로 받는다. 믿고 침례를 받으면 구원을 선물로 받는다고 말하고 있기 때문이다. 이들 말씀들을 근거로 '침례를 받는 시간과 구원이 이루어지는 시간이 일치된다. 침례를 받는 시간과 죄 사함이 선포되는 시간이 일치된다. 침례를 받는 시간과 성령님에 의해서 이루어지는 중생의 씻음과 새롭게 하시는 시간이 일치된다. 침례를 받는 시간과 임마누엘의 하나님이 마음의 성전에 내주 하시는 시간과도 일치된다.'는 주장을 펼칠 수가 있다. 이쯤에서 분명히 확인돼야할 것은 침례가 구원을 받는 원천이거나 수단이 아니라 시간이란 점이다. 우리는 이미 '오직 하나님만이 우리 구원의 근원이시다.' '믿음은 구원으로 가는 유일한 통로이다.'고 선언하였다. 따라서 침례는 구원을 받는 근원도 수단도 아니다. 침례가 믿음에 의한 행위이기 때문에 구원의 수단과 관련이 없는 것은 아니지만 보다 확실한 것은 침례가 구원의 시간과 관계된다는 점이다.

침례가 구원의 시간과 관련된다는 이런 교리가 충분히 납득이 될 만큼 설명이 가능한가? '오직 믿음으로 구원을 받는다'는 교리가 잘못 이해되어져서 '믿는 순간 구원을 받는다'는 생각이 굳어져 있는 오늘의 신앙인들에게 과연 설득력 있는 설명이 가능한가?

19세기 초 알렉산더 캠벨(Alexander Campbell)은 침례에 대해서 아주 많은 글을 발표했고 맞장 토론회도 여러 차례 가졌다. 캠벨은 침례를 논할 때 항상 세 가지 주제 곧 침례를 베푸는 방법(Action), 대상(Subject), 목적(Design)으로 나눠서 설명하였다. 그는 말하기를 "대상과 방법과 목적이 존중될 때, 한 침례 안에서 일치가 가능하다"[260]고 하였고, "예수님께서 어떤 특정한 목적이나 고안(design)을 위하고, 어떤 행위(action)의 대상이 될 어떤 인물(character)을 명령하셨다"[261]고 믿었다.

첫째, 침례의 방법이다. 마태복음 28장 19절의 말씀대로 성삼위 하나님의 이름 즉 아버지와 아들과 성령의 이름으로 침례는 행하여진다. 예수님께서 요단강에서 침례를 받으신 것처럼 침수침례가 사도교회의 전통이다.[262]

둘째, 침례를 받아야 할 사람이다. 침례를 받을 수 있는 대상은 복음을

---

[260] Alexander Campbell, *Christian Baptism with its Antecedent and Consequents* (Nashville: Gospel Advocate, 1951), 188.
[261] Alexander Campbell, *The Christian System*(Nashville: Gospel Advocate, 1974), 39.
[262] *Christian Baptism*, 85, 90, 101, 105; *The Christian System*, 41. 참고: 정양모 역주, 《열두 사도들의 가르침: 디다케》(경북 왜관: 분도출판사, 1993), 55-58; 이형우 역주, 《히뽈리뚜스 사도 전승》(경북 왜관: 분도출판사, 1992), 127-141.

듣고, 예수님을 구세주로 영접하고, 자기의 죄를 회개하고, 하나님께서 예수님을 죽은 자 가운데서 살리신 것을 믿고, 또 그 신앙을 사람들 앞에서 입으로 시인하고 고백한 사람이다. 로마서 10장 17절은 "믿음은 들음에서 나며 들음은 그리스도의 말씀으로 말미암았다."고 하였고, 로마서 10장 10절은 "사람이 마음으로 믿어 의에 이르고 입으로 시인하여 구원에 이른다."고 하였다.

 셋째, 침례를 받는 목적과 그 축복이다. 침례는 보이는 하나님의 나라인 지상교회의 구성원이 되는 시간이며, 보이지 않는 하나님의 나라인 천상교회의 시민이 되는 시간이다. 이는 하나님과 우리와 맺은 새 언약, 즉 하나님은 우리의 하나님이 되고, 우리는 그의 백성이 되는 엄숙한 언약식을 말한다. 바꿔 말하면, 하나님의 나라의 시민이 되는 시민권 획득의 시간을 말한다. 또 침례는 예수님의 십자가와 부활의 사건에 동참하는 시간이다. 침례를 통해서 죄 사함을 받고, 새로 거듭나며, 성령님으로 새로워지고, 그리스도로 옷 입으며, 죄의 노예로부터 벗어나게 되고, 성별 민족 사회적 신분의 벽을 초월하는 새로운 인간에로 회복되는 엄숙한 그리스도교 예식이다. 침례를 받음으로써 성령을 선물로 받게 되며, 우리의 마음이 하나님의 성전이 되어 성령님을 모시게 된다. 에수님은 성령님을 세상에 보내심으로써 "내가 세상 끝날 까지 너희와 항상 함께 있겠다"는 임마누엘의 약속을 지키신다. 또 침례를 통해서 죄의 노예였던 우리가 하나님의 자녀로 인침을 받고, 종말에 이루어질 하나님의 나라를 현재 우리의 삶 속에서 미리 맛보며, 그 나라를 상속받을 자로 보증 받는다. 이런 뜻에서 침례를 받는 시간은 성령님을 통해서 사는 하나님의 나라의 삶의 시작이며, 마지막에 이루어질 하나님의 나라를 향해 부단히 자기 변혁을 꾀하고 성화의 삶을 살아가도록 새로운 힘을 부여받는 시간이다.

침례와 성령침례는 하나라고 성경은 말한다. 요한복음 3장 5절은 "물과 성령으로 거듭나야 하나님의 나라에 들어 갈 수 있다"고 말하고 있고, 에베소서 4장 5절은 "침례는 하나"라고 말하고 있다. 특별히 고린도전서 12장 13절은 "우리가 … 다 한 성령으로 침례를 받아 한 몸이 되었고 또 다 한 성령을 마시게 하셨다"고 적고 있다. 여기서 한 몸이란 그리스도의 몸 즉 교회를 말한다. 그리스도의 몸인 교회의 구성원이 되는 자격은 침례 받은 자이다. 그런데 바울은 이 침례 받은 자를 일컬어 "한 성령으로 침례를 받아 한 몸이 되었고 또 다 한 성령을 마셨다."(고전 12:13)고 말하고 있다. 이것은 물침례와 성령침례가 한 가지임을 말한 것이다. 이런 점에서 우리는 침례 안에서 성령을 통해서 이루어지는 중생의 씻음과 새롭게 하심을 말할 수가 있다. 디도서 3장 5절은 "우리를 구원하시되, 우리의 행한바 의로운 행위로 말미암지 아니하고, 오직 그의 긍휼하심을 좇아 중생의 씻음과 성령의 새롭게 하심으로 하셨다." 고 증언하고 있다.

침례는 죄 사함과 구원을 얻게 하려고 이 천년 동안 교회가 시행하고 있는 중요한 의식(ordinance)이다.[263] 물론 침례 때문에 죄 사함이 주어지고 구원이 주어지는 것은 아니다. 이 축복은 하나님의 은혜를 인하여, 믿음을 통해서, 선행을 위해서, 침례 가운데서, 성령님에 의해서 이루어지

---

[263] Alexander Campbell, *Christian Baptist*(1828): reprint ed.,(Nashville: Gospel Advocate, 1955), 128; *Christian Baptist*(April 1828), 222; *Christian Baptist*(June 1828), 256; Alexander Campbell, *Millennial Harbinger*(1849): reprint.,(Joplin, Missouri: College Press, n.d.), 611.

[264] *Christian Baptist*(July 1828), 129; *Christian Baptist*(April 1828), 222; *Christian Baptist*(July 1828), 254-255.

는 중생의 새롭게 하심과 씻음의 결과이기 때문이다.²⁶⁴ 침례의 영향은 "우리 자신의 행위에서 나타난 어떠한 공로 때문이 아니요, 획득 원인으로써도 아니요, 우리가 그리스도를 옷 입음으로써 하나의 도구나 합의적 원인으로써 일 뿐이다."²⁶⁵ 캠벨에게 있어서 그리스도의 보혈은 사죄 은총의 수단이요, 침례는 단순히 사죄에 대한 확신의 수단일 뿐이다. 그리스도의 죽음은 칭의의 수단이요, 침례의 목적은 "사죄 즉 용서의 서약, 그리스도의 죽으심과 함께 장사되고, 새 생명으로 일어난 부활의 확신"이다.²⁶⁶ 침례는 그리스도의 보혈 속에서 나타난 믿음과 회개를 통하여 하나님 아버지 쪽에서 볼 때는 엄숙한 인침과 서약과 공식적인 확신이다.²⁶⁷ 캠벨은 이점을 다음의 글에서 더욱 명확히 하였다.

> 효능은 물에 있는 것이 아니라, 고백된 믿음 가운데 있다. 따라서 침례를 통해서 받는 죄 사함은 물이나 침수 때문이 아니라, 피침례자가 고백하고 소유한 믿음 때문이다. 침례는 그 자체가 죄 사함이 아니라, 죄 사함에 대한 표지요, 서약이다. 물이나 침수에 의해서 우리가 의롭게 되는 것이 아니라, 믿음으로 의롭다 하심을 받는다. 침례는 단순히 그리스도 안에 나타난 우리의 관심에 대한 비유적 표현이며, 우리의 모든 죄를 씻을 수 있는 그리스도의 보혈을 의지하는 믿음에 의해서 이루어지는 죄 사함의 인침일 뿐이다.²⁶⁸

이 언급이 있기 20년 전 캠벨은 이미 믿음의 중요성과 구원의 수단 또는 매체로써의 믿음을 피력한 바 있고, "믿음은 진실로 죄 사함을 구할 수

---

265 Christian Baptism, 205.
266 Millennial Harbinger(1849), 62.
267 Christian Baptism, 205.
268 Millennial Harbinger(November 1849), 611.

있는 근원적 매체이다"[269]고 했다. 때문에 침례는 믿음으로부터 그 모든 가치를 부여받을 수 있고, 침례는 믿음의 구체적이고 공식적인 고백이다. 그러나 "믿음 그 자체는 그리스도의 보혈을 떠나서는 아무 가치가 없기 때문에"[270] 그리스도의 보혈의 은총, 믿음, 침례는 상관적이다. 그래서 캠벨은 "칭의, 성화, 양자됨이 … 복음적으로 주 예수와 그의 죽으심과 연합한 침례 속에서 나타난 믿음과 연결된다."[271]고 했다.

마르틴 루터도 성례가 구원하는 능력을 가지는 것은 하나님의 약속으로 인하여 그 약속에 대한 믿음으로 말미암아 침수세례라는 표징 또는 성례(a sign or sacrament)를 통해서 그 약속을 실현시키는 성령의 능력이 있기 때문이라고 하였다.[272] 루터에게 있어서 구원의 근원은 하나님의 말씀이며, 믿음은 그 약속을 실현시키는 수단이며 성령은 구원을 이루시는 하나님의 능력이시다. 그리고 침례는 구원이 이루어지는 시간이며 출발점이다.

〈리마문서〉(Baptism, Eucharist and Ministry)에서도 믿음과 침례는 중요한 위치를 점하고 있다. "침례는 하나님의 선물이며, 그 선물에 대한 우리 인간들의 응답이다. 그것은 그리스도의 장성한 분량이 충만한 데까지 성장하는 것이다(엡 4:13). 모든 교회들은 침례 안에서 구체화되고 착수된 구원을 받기 위해서 믿음을 필요로 한다는 것을 인정한다. 그리스도의 몸에 책임 있는 구성원이 되기 위해서는 개인적인 헌신이 필요하다"[273]고 언급하였다.

---

[269] Christian Baptist(June 1828), 255.
[270] Christian Baptism, 221.
[271] Christian Baptism, 229.
[272] John Dillenberger, "Pagan Servitude of the Church," 291-314.

같은 맥락에서 알렉산더 캠벨도 "침례는, 그러므로 율법의 행위도, 도덕적 의무도, 도덕적 의로움도 아니며, 단순히 그리스도로 옷 입는 것이며, 우리 자신들을 온전히 그 분의 손에, 그 분의 인도하심 아래 맡기는 것이다"[274]고 하였다. 때문에 믿음 없는 침례는 어떠한 경우라도 무가치하다. 진실로 침례는 믿음에 대한 실질적이며 상징적인 고백이다. 이는 루터가 하나님의 약속과 믿음을 떠나 성례의 효력을 구하는 것은 헛된 수고라고 한 말과 상통하는 것이다.

알렉산더 캠벨에게 있어서 죄 사함은 침례의 결과로 따라오는 다른 모든 축복들에 대한 "주도적이며 도입적인 축복이다."[275] 때문에 침례는 우리가 죄 사함을 받는 시간일 뿐만 아니라, 칭의(의롭다하심)와 중생(거듭남, 초기성화), 성령님으로의 기름부음과 약속, 인침과 보증, 양자권을 받는 시간이기도 하다. 〈리마문서〉에서도 이점이 강조되고 있다.[276]

성경은 침례를 성령님께서 중생의 사역을 일으키시는 시간 혹은 장소의 개념으로 설명하고 있다. 성경은 침례 안에서 우리가 그리스도로 옷 입고, 그와 함께 장사되며, 그와 함께 일어나고, 죄 사함을 받으며, 새 생명에로 입문하며, 성령을 받으며, 주안에서 기쁨의 삶을 시작한다고 말하고 있다. 여기서 우리가 주목해야 할 말은 '침례 안에서'(in baptism, 골 2:12)라는 어휘이다. 이 말은 '침례 가운데서' 즉 '침례라는 채널'을 통해서 하나님의 구원과 관련된 축복들이 주어진다는 뜻이다. 그러므로 캠벨은

---

[273] World Council of Churches, *Baptism, Eucharist and Ministry*. Faith and Order Paper No. 111(Geneva, 1982), s.v. "Baptism no. 8.
[274] *Christian Baptism*, 229.
[275] *Christian Baptism*, 205.
[276] *Baptism, Eucharist and Ministry*, s.v. "Baptism no. 5."

침례가 "인간의 영혼에 주시는 구원의 축복이며, 죄 사함은 물론 하나님의 가족에 입적되어 누리는 모든 축복들을 받는 즉각적인 시간이며 매개체이다"[277]고 하였다.

초기 그리스도의 교회의 부흥강사였던 월터 스코트(Walter Scott)도 이미 1817년 침례를 죄 사함과 성령님을 선물로 심지어는 영생을 얻는 장소로 설교하였고, 캠벨도 《그리스도인 침례》지에서 침례를 통해서 받는 모든 축복들 곧 죄 사함, 칭의, 화목, 성화, 구속, 새 생명, 성령의 내주하심 등을 논하였다. 또 캠벨은 하나님의 은총을 근원적이고 역동적인 원인, 그리스도의 보혈을 구원을 위한 공로 원인, 믿음을 구원을 받는 도구적 원인, 침례를 모든 영적 축복을 받는 시간이라고 말했다. 캠벨의 이러한 주장은 성경이 말하는 구원의 요소들 곧 "그 은혜를 인하여", "믿음으로 말미암아", "침례로", "선한 일을 위하여"를 그대로 설명한 것이었다.

교회는 하나의 공동체이다. 이 공동체의 정식회원이 되기 위해서는 침례를 받아야 한다. 가톨릭교회에서는 일곱 가지 성례(sacraments)가 있지만, 그리스도교(개신교)에는 오직 두 가지 의식(ordinances) 곧 침례와 주의 만찬이 있을 뿐인데, 그 가운데 가장 성스럽고 중요한 예식이 주의 만찬이다. 이 주의 만찬에 참여할 수 있는 자격은 침례를 받아야 주어진다.

그리스도교(개신교) 안에는 여러 가지 직책이 있다. 집사도 있고, 권사도 있고, 장로도 있고, 목사도 있다. 이러한 직책은 침례를 받은 사람만이 받을 수 있다. 또한 이러한 직책을 뽑는데 투표권을 행사할 수 있는 사람도 침례를 받은 사람이어야 한다. 침례를 받지 아니한 사람은 교회 공동체의 회원이 되기 위해서 학습을 받고 있는 예비회원이기 때문에 투표권

---

[277] Christian Baptist(July 1828), 254-255.

도 없고 피선거권도 없다. 학습이 끝나는 대로 침례를 받고 정식회원이 된다. 그 때에 비로소 투표권이 주어지고 피선거권이 주어진다.

하나님의 나라는 보이는 나라와 보이지 않는 나라가 있고, 또 미래에 나타날 하나님의 나라가 있다. 보이는 하나님의 나라는 교회를 말한다. 그래서 교인이 아니면 하나님의 나라의 시민권자가 아니다. 보이지 않는 하나님의 나라는 낙원을 말한다. 미래에 나타날 하나님의 나라는 예수님께서 재림하시고 나타나는 새 하늘과 새 땅을 말한다. 교회와 낙원은 완성된 하나님의 나라는 아니다. 왜냐하면, 교회는 하나님의 나라를 받게 될 약속과 인침(도장 찍음)과 보증을 받은 사람들의 모임이기 때문이며, 단지 하나님의 나라의 축복을 맛보고 경험하는 정도이기 때문에 완성된 하나님의 나라는 아니다. 낙원은 하나님의 나라의 축복을 온전하게 경험하는 곳이지만, 낙원에 있는 성도들이 아직 부활하지 못한 상태에 있기 때문에 완성된 하나님의 나라는 아니다. 그들은 예수님께서 재림하실 때에 부활의 몸으로 새롭게 태어나 새 하늘과 새 땅에서 영원한 삶을 누릴 수 있게 되기를 간절한 소망으로 기다리고 있다. 아무튼 교회는 하나님의 나라이다. 또한 하나님의 나라의 시작이다. 하나님의 나라는 침례를 받은 사람에게서 시작이 되고 맛보아 진다. 교회가 하나님의 나라이기 때문에 교인의 자격 곧 하나님의 시민권이 주어지는 침례와 관련해서 살펴본 것이다.

침례식은 그리스도님과 신자가 혼인을 서약하는 시간이다. 결혼하는 커플이 혼인서약을 하듯이 침례를 받는 사람도 그리스도 앞에서 서약을 한다. 말하자면, 두 사람이 하나가 되는 매우 중요한 시간인 것이다. 물론 결혼을 준비하는 남녀가 혼인을 결정하기까지에는 많은 만남과 사귐의 시간들이 있었을 것이고, 서로의 사랑을 확인하는 시간들이 있었을 것이다. 그와 같은 시간들 즉 남녀가 서로 사랑했던 시간들 때문에 아무도 그들을 부부라고 말하지 않는다. 사람들은 그들을 연인들이라고 말할 것이다. 그러나 그들이 혼례식을 마친 후에는 당당한 부부사이가 되는 것이다. 이와 마찬가지로 침례식도 신자가 그리스도님과의 사귐의 시간들을 통해서 사랑을 확인하고, 그분에게 평생을 맡기기로 결단한 다음 그리스도와 연합하는 거룩한 예식인 것이다. 결혼식에서 가장 중요한 것이 쌍방의 서약이고, 주례자의 성혼선포이듯이 침례식에서 가장 중요한 것은 신자의 신앙고백이고 주례자이신 하나님의 칭의 선포이고 성령님의 초기성화(씻음과 새롭게 하심)이다.

우리 가운데 어느 누구도 임산부의 뱃속에 있는 태아를 사람이 아니라고 말할 자가 없을 것이다. 한 명이든 두 명이든 혹은 세 명이든 어머니의 뱃속에 있는 아이는 분명히 생명체이다. 그렇다 하더라도 그들은 이름도 없고, 생년월일도 없고, 주민등록증도 없고, 인구 조사 때에 국민으로 카운트도 되지 않는다. 임산부의 몸에서 양수를 터뜨리고 나와야 비로소 시민이 되는 것이다. 마찬가지로 침례식은 학습교인이 정식교인이 되는 시간이며, 교적부에 이름이 올라가는 시간이다. 교회가 하나님의 나라이기 때문에 교적부에 이름이 올라가는 것은 하나님의 나라에 등록된다는 의미이다.

초신자가 침례를 받기 전에 받는 학습교육이나 사랑하는 남녀가 혼인식을 하기 전에 서로의 사랑을 확인하는 과정이나 출산 전 태아의 성장과정이 실질적으로 매우 중요하다는 점을 부인할 사람은 없을 것이다. 씨 뿌림이 없이 열매를 거둘 수가 없는 것처럼 결실이 있기까지의 성장과정은 매우 중요하며, 성장과정이 있음으로 결국 결실이 있다. 그럼에도 불구하고 사람들은 성장과정보다는 결실을 보고 기뻐하고 만족해한다. 대부분의 신자들은 믿음을 갖게 된 동기나 과정을 기억하기보다는 침례식 날짜를 쉽게 기억하게 되는데 잊어버리더라도 침례증서가 남아 있어서 확인이 가능하다. 연예 중에는 처음 만나 사귄 날을 챙겨서 지키기도 하지만, 결혼한 부부는 처음 만나 사귈 때의 일을 기념하기보다는 결혼한 날짜를 기념일로 지킨다. 사람마다 출생일을 기억했다가 생일잔치를 하기도 하고 선물을 주고받기도 한다.

죄인의 상태를 편두통환자로 생각해보자. 이 환자는 자기의 병에 대해서 잘 알고 있다. 펜잘이나 타이레놀과 같은 진통제를 먹으면 곧 바로 편두통이 사라진다는 사실을 알고 있고 또 그 사실을 믿고 있다. 그래서 약국에 나가 진통제를 산다. 그리고 생각한다. "이제 곧 낫겠지? 진통제를 샀으니 말이야." 이 환자의 편두통이 이 환자의 믿음 때문에 사라지는가? 아니다. 적어도 물과 함께 손에 있는 진통제를 먹기까지는 말이다. 이 약이 바로 하나님의 은혜 곧 구원의 능력이다. 죄인이 구원에 이르는 것은 믿음이나 침례 때문이 아니다. 오직 하나님의 구원의 능력 때문이다. 그러나 믿음은 하나님의 구원의 능력이 작용할 수 있도록 하는 수단이요, 침례는 그 구원의 능력이 작용하는 바로 그 시간인 것이다.

침례는 죄 사함을 받고, 새로 거듭나며, 성령님으로 새로워지고, 그리스도로 옷 입는 시간이다. "내가 세상 끝날 까지 너희와 항상 함께 있겠다."는 그리스도의 약속이 이루어지는 시간이다. 침례는 성령님이 이끄시는 하나님의 나라의 시작이며, 성화의 삶이 시작되는 시간이다.

마지막으로 침례는 신자와 불신자를 구별하는 예식이며 죄와 싸우는 십자군에 입단하는 시간이다. 침례를 통해서 하나님의 나라가 시작되지만 이 나라의 완성을 위해서는 죄와 부단히 싸워야 한다. 마르틴 루터는 침례를 순간적인 구원의 문제로 보지 않고 영구적인 개혁과 변혁의 문제로 보았다. 왜냐하면, 신자가 살아 있는 한 부단히 침례가 의미하는 바를 행해야 하기 때문이다. 죄된 모든 것을 부단히 그리스도의 죽으심과 합하여 죽게 하고 하나님의 약속하신 나라를 향하여 그리스도의 부활하심과 합하여 부단히 사는 작업을 해야 하기 때문이다.

(4)구원의 목적

바울은 에베소서 2장 10절에서 "우리는 그가 만드신 바라. 그리스도 예수 안에서 선한 일을 위하여 지으심을 받은 자다."고 했고, 디모데전서 6장 12절에서는 "믿음의 선한 싸움을 싸우라."고 하였으며, 디모데후서 4장 7절에서는 "나는 선한 싸움을 싸우고 나의 달려갈 길을 마치고 믿음을 지켰다."고 하였다. 그밖에도 바울은 목회서신에서 교회지도자들의 자격에 대해서 "선한 일을 사모"하는 자(딤전 3:10), "외인에게서도 선한 증거를 얻은 자"(딤전 3:7), "선한 행실의 증거가" 있는 자(딤전 5:10), 예수님처럼 "선한 증언"을 하는 자(딤전 6:13)여야 한다고 하였다.

또 바울은 에베소서 4장 11-12절에서 그리스도께서 "어떤 사람은 사도로, 어떤 사람은 선지자로, 어떤 사람은 복음 전하는 자로, 어떤 사람은 목사와 교사로 삼으신" 목적을 "이는 성도를 온전하게 하여 봉사의 일을 하게하며 그리스도의 몸을 세우려 하심이라"고 하였고, 목회서신들에서 디모데와 디도에게 다음과 같이 권면하였다.

디모데전서 6장 18절, "선을 행하고 선한 사업을 많이 하고 나누어 주기를 좋아하며 너그러운 자가 되게 하라." 디모데후서 3장 17절, "이는 하나님의 사람으로 온전하게 하며 모든 선한 일을 행할 능력을 갖추게 하려 함이라." 디도서 2장 14절, "그가 우리를 대신하여 자신을 주심은 모든 불법에서 우리를 속량하시고 우리를 깨끗하게 하사 선한 일을 열심히 하는 자기 백성이 되게 하려 하심이라." 디도서 3장 1절, "너는 그들로 하여금 통치자들과 권세 잡은 자들에게 복종하며 순종하며 모든 선한 일 행하기를 준비하게 하라." 디도서 3장 8절, "이 말이 미쁘도다. 원하건대 너는 이 여러 것에 대하여 굳세게 말하라. 이는 하나님을 믿는 자들로 하여금 조심하여 선한 일을 힘쓰게 하려 함이라. 이것은 아름다우며 사람들에게 유익하니라."

살아 있는 나무에는 봄이 찾아오지만, 죽어 있는 나무에는 봄이 찾아오지 않는다. 죽어 있는 나무는 계절에 관계없이 싹을 내지 않고 꽃을 피우지 않고 열매를 만들지 않는다. 우리는 나무의 상태를 보고 그 나무가 살아있는 나무인지 혹은 죽어 있는 나무인지를 안다. 사람도 마찬가지이다. 예수님의 피로 인하여 구원받고 거듭난 사람은 영적으로 살아있는 사람이고, 구원받지 못한 사람은 죄로 인하여 죽어 있는 사람이다. 구원받지 못한 사람은 죄로 인하여 죽어 있기 때문에 선행의 싹이 없고 꽃이 없고 열매가 없다. 그러나 구원받고 거듭난 사람은 살아 있기 때문에 선행의 싹이 있고 꽃이 있고 열매가 있다. 이와 같이 우리는 사람의 신앙 상태를 보고 그 사람이 살아 있는 그리스도인인지 죽어 있는 그리스도인인지를 판가름한다. 구원을 받았다고 하면서도 행함이 없는 사람은 영적으로 죽어 있는 그리스도인이다. 활동하지 못하는 그리스도인은 영적으로 잠자는 사람이다.

불신자일 때에는 "입으로 예수를 주로 시인하며 또 하나님께서 그를 죽은 자 가운데서 살리신 것을 마음에 믿으면 구원을 얻지만"(롬 10:9), 구원을 받고 난 다음에는 하나님의 말씀에 대한 순종과 확신으로 믿음을 키워 가야 한다. 우리가 구원받았다는 사실을 어떻게 입증할 수 있는가? 우리가 변화되어 새 사람이 되었다는 사실을 어떻게 입증할 수 있는가?

청산유수 같은 기도솜씨만으로 우리의 믿음을 뽐낼 수 있는가? 많은 액수의 헌금만으로 우리의 믿음을 뽐낼 수 있는가? 잦은 금식과 기도회의 참석만으로 우리의 믿음을 뽐낼 수 있는가? '바리새인과 세리의 기도'에 관한 비유에서 예수님은 일주일에 두 번씩 금식하고 모든 소득의 십일조를 바치는 바리새인의 기도를 책망하고 있다(눅 18:10-14). 바리새인들은 예복을 즐겨 입고, 장터에서 인사 받기를 즐기고, 회당에서는 높은 자리에 앉기를 즐기고, 잔치에서는 윗자리에 앉기를 즐기며, 과부들의 가산을 삼키고, 남에게 보이려고 길게 기도하는 자들이기 때문에 그들은 세리나 죄인보다 더 엄한 심판을 받을 것이라고 말씀하셨다(눅 20:45-47, 참고 사 58:1-7).

　이같이 하나님은 행함이 없고 순종하지 아니하는 믿음을 기뻐하지 않는다. 오히려 하나님은 생활 속에서 행동으로 나타나는 믿음을 통해서 드리는 산 예배를 기뻐하신다. 우리가 처음 믿을 때의 믿음이 아무리 좋았더라도 신앙인의 삶 속에서 묻어나는 믿음이 나쁘면 하나님은 기뻐하지 않는다. 이를 책망하고 있는 것이 야고보서 2장 14-26절의 말씀이다. "내 형제들아 만일 사람이 믿음이 있노라 하고 행함이 없으면 무슨 유익이 있으리요? 그 믿음이 능히 자기를 구원하겠느냐? 만일 형제나 자매가 헐벗고 일용할 양식이 없는데 너희 중에 누구든지 그에게 이르되 평안히 가라, 덥게 하라, 배부르게 하라 하며 그 몸에 쓸 것을 주지 아니하면 무슨 유익이 있으리요? 이와 같이 행함이 없는 믿음은 그 자체가 죽은 것이라 … 영혼 없는 몸이 죽은 것 같이 행함이 없는 믿음은 죽은 것이니라."

　봄이 나무에게 필요한 모든 계절은 아니다. 봄은 나무에게 필요한 출발점이고, 여름은 가을을 준비하는 성숙기이며, 가을은 열매를 맺는 결실기이다. 따라서 나무에게 필요한 것은 봄의 생동과 여름의 풍성함과 가을의 열매이다. 열매가 궁극적인 목적은 아닐지라도 겨울, 봄, 여름은 가을에 맺히는 열매를 위한 것이다. 예수님께서도 마가복음 4장 28절에서 "땅이 스스로 열매를 맺되 처음에는 싹이요, 다음에는 이삭이요, 그 다음에는 이삭에 충실한 곡식이라."고 말씀하셨다.

봄에 피는 목련과 개나리, 진달래와 벚꽃, 매화와 라일락 등의 꽃은 아름답다. 신자에게 있어서 중생 또는 거듭남의 체험은 얼었던 대지와 두껍고 딱딱한 외피를 뚫고 나오는 새싹과 더불어 죽은 것 같았던 목련과 개나리, 진달래와 벚나무, 매화와 라일락에서 눈부시게 피는 꽃의 감동과 같다. 그러나 그것은 봄 한철에 불과하다. 여름이 오고 가을이 오면서 봄의 감동은 식어져 버리고 잊혀 버린다. 봄에 느꼈던 감동이 여름에 찾아오는 신록의 풍성함에 압도되고 말기 때문이다. 그러나 신록의 풍성함도 여름 한철에 불과하다. 가을이 오고 겨울이 오면 여름의 감동은 식어져 버리고 잊혀 버린다. 한 나무의 진가는 찬바람이 불면서부터 나타나기 때문이다. 나무마다 다가올 찬 겨울을 맞이하기 위해서 몸의 수분을 빼지 않을 수 없게 되고 그 풍성했던 잎을 떨굴 수밖에 없기 때문이다. 잎이 떨어질수록 열매가 많은 나무는 사랑을 받게 되고 열매가 없는 나무는 초라한 모습으로 세인의 관심에서 멀어지게 된다.

예수님께서도 열매 없는 나무를 싫어하셨다. 예수께서 잡히시던 마지막 주간에 예루살렘 성으로 들어가는 길가에서 잎이 풍성한 무화과나무 한 그루에 관심을 보이셨다. 그러나 잎사귀밖에는 아무 것도 없는 것을 보시고 "이제부터, 너는 영원히 열매를 맺지 못할 것이다."라고 저주하셨다. 그러자 무화과나무가 곧 말라 버렸다(마 21:19). 예수님께서는 비유를 통해서도 열매 없는 나무를 책망하셨다. "어떤 사람이 자기 포도원에다가 무화과나무를 한 그루 심어 놓고, 그 나무에서 열매를 얻을까 해서 왔으나 찾지 못하였다. 그래서 그는 포도원지기에게 말하였다. 보아라, 내가 세 해나 이 무화과나무에서 열매를 얻을까 해서 왔으나 찾지 못하였다. 무엇 때문에 땅만 버리게 하겠느냐?"(눅 13:6-7)

하나님은 행함이 없고 순종하지 않는 믿음을 기뻐하시지 않는다. 오히려 하나님은 생활 속에서 행동을 보인 믿음을 통해서 드리는 산 예배를 기뻐하신다. 처음 믿을 때의 믿음이 아무리 좋았더라도 삶 속에서 묻어나는 믿음이 나쁘면 하나님은 기뻐하시지 않는다. 그러므로 야고보서 2장 17절은 "믿음도 행함이 없으면 그 자체가 죽은 것이다."고 하였다.

나무는 결국 그 열매를 보고 안다. 예수님께서도 마태복음 7장 16-20절에서 말씀하기를, "너희는 그 열매로 그들을 알아야 한다. 가시나무에서 어떻게 포도를 따며, 엉겅퀴에서 어떻게 무화과를 따겠느냐? 이와 같이, 좋은 나무는 좋은 열매를 맺고, 나쁜 나무는 나쁜 열매를 맺는다. 좋은 나무가 나쁜 열매를 맺을 수 없고, 나쁜 나무가 좋은 열매를 맺을 수 없다. 좋은 열매를 맺지 않는 나무는 찍어서 불 속에 던진다. 그러므로 너희는 그 열매로 그 사람들을 알아야 한다."고 하셨다.

갈라디아서 5장 16-25절의 말씀에서 바울은 우리에게 나쁜 열매와 성령의 열매에 대해서 말한다. 나쁜 열매는 "음행과 더러움과 방탕과 우상숭배와 마술과 원수 맺음과 다툼과 시기와 분노와 이기심과 분열과 분파와 질투와 술 취함과 흥청거리는 연회와 또 이와 비슷한 것들"이며, "성령의 열매는 사랑과 기쁨과 평화와 인내와 친절과 선함과 신실과 온유와 절제"와 같은 것들이다. 그러므로 바울은 우리에게 다음과 같이 권면한다. "여러분은 성령께서 인도하여 주시는 대로 살아가십시오. 그러면 육체의 욕망을 따라 살아가지 않게 될 것입니다 ⋯ 그리스도 예수께 속한 사람은 정욕과 욕망과 함께 자기의 육체를 십자가에 못 박았습니다. 우리가 성령으로 삶을 얻었으니 우리는 성령이 인도해 주심을 따라 살아갑시다."

바울은 에베소서 2장 8-10절의 말씀에서도 "여러분은 믿음으로 말미암아 은혜로 구원을 받았습니다. 이것은 여러분에게서 난 것이 아니요 하나님의 선물입니다. 구원이 행위에서 난 것이 아님은 아무도 그것을 자랑할 수 없게 하려고 하시는 것입니다. 우리는 하나님의 작품입니다. 선한 일을 하게 하시려고 하나님께서 그리스도 예수 안에서 우리를 만드셨습니다. 하나님께서 이렇게 준비하신 것은 우리가 선한 일을 하면서 살아가게 하시려는 것입니다."고 하셨다.

하나님께서 우리 인간을 구원하시는 목적은 그리스도인다운 아름다운 삶을 위한 것이다. 또 하나님께서 선물로 주신 구원의 은총에 감사하는 그리스도인이라면 신앙인다운 생활을 하지 않을 수 없다. 바울은 말하기를, 불신자들은 "죄의 종으로 사망에 이르고", 그리스도인들은 "순종의 종으로 의에 이른다."(롬 6:16)고 했다. 이뿐 아니라, 바울은 빌립보 교인들에게 "항상 복종하여 두렵고 떨림으로 너희 구원을 이루라."(빌 2:12)고 충고하고 있다. 바울은 로마서에서 그리스도인들에게 '의에게 종' 또는 '하나님께 종'이란 말로써 그리스도인들의 의무와 성결의 생활을 강조하였다. 우리가 우리 자신들의 노력과 선행으로는 구원을 얻을 수 없기 때문에 하나님께서는 은혜로 값없이 구원을 주시고 있고, 성령님을 선물로 주시고 계신다. 구원과 함께 성령님을 선물로 주시는 목적은 그리스도인들이 선한 일을 할 수 있도록 돕고 하늘 가나안땅으로 인도하시기 위함이다.

제8장
종말

1. 종말과 함께 쓰이는 용어들

그리스도교(신약성경)에서 말하는 '종말'이란 말은 '구원'이란 말과 동일한 개념이다. 종말과 구원은 모두 '장차 올 더 좋은 것'(better things to come), 곧 참된 것(the true), 하늘의 것(the heavenly), 영원한 것(the eternal)을 말한다. 또 종말과 구원은 "위로부터"(from above, 눅 24:49; 요 3:31; 약 1:17, 3:15, 17) 혹은 "하늘로부터"(from heaven, 마 3:17, 16:1; 막 1:11, 8:11, 11:30; 눅 3:22, 11:16, 20:4; 요 3:31, 6:32) 오는 "더 좋은 것"(much better, something better, much more, 히 6:9, 11:40; 롬 5:9-10, 15)을 말한다.

그리스도교(신약성경)의 종말은 시한부 종말과는 거리가 멀다. 그리스도교에서는 종말을 말할 때 단순히 미래에 성취될 일들의 약속이나 희망만을 말하지 않고, 이미 이뤄진 것, 아직 이뤄져가고 있는 성취, 다가올 최후승리에 대한 희망 등을 함께 말한다.

회개와 구원, 현재와 미래, 개인과 우주, '이미'와 '아직', 환난과 재앙, 구원과 심판, 천년기간(무천년, 후천년, 역사적 전천년, 시대구분 전천년) 등이 모두 종말과 관련된 용어들이다. 구원이 종말적이고 궁극적인 것이기는 한데, 그리스도교에서는 현재구원(종말)과 미래구원(종말)을 동시에 말한다. 현재구원이란 영혼구원 혹은 영적부활을 말하는데 신학에서는 이것이 '의롭다하심'(justification) 혹은 '칭의'로 불린다. 그런데 칭의는 그 자체가 완성을 말하기보다는 성령님에 의한 성화의 시작(초기성화, 거듭남, 중생) 혹은 기업(유업, inheritance)의 약속("약속의 땅" 히 11:9, "약속의 언약" 엡 2;12)을 말하고, 약속의 성취를 위한 성령님의 보증(deposit, guaranteeing what is to come. 고후 1:22, 5:5; 엡 1:14)과 맛봄(선취, anticipation)을 의미한다. 반면에 미래구원은 주의 재림과 동시에 성취될 육체부활과 약속의 기업(유업, 하나님의 나라)의 성취와 영생을 말한다. 따라서 회개와 구원, 현재와 미래, 개인과 우주, '이미'와 '아직', 환난과 구원, 재앙과 심판, 천년기간 등이 모두 이 구원 혹은 종말에 관련된 용어들이다.

천년설에는 '무천년설'(amillennialism), '후천년설'(postmillennialism), '전천년설'(premillennialism) 등이 있다. '무천년설'은 현재 지상에 있는 그리스도의 교회들과 천상의 낙원이 그리스도께서 다스리는 영적으로 친년왕국이란 주장이다. '후천년설'은 현 세상이 그리스도께서 다스리는 영적으로 천년왕국이란 주장이다. 후천년설은 사도행전에서처럼 선교(전도)를 통해서 그리스도의 나라 곧 천년왕국이 점진적으로 확장되어 완성된 시점 곧 천년왕국인 의와 평화의 긴 시기 말에 주의 재림이 있을 것이라는 낙관적인 주장이다.[278] 반면에 '전천년설'은 주의 재림이 있고난 후에 문자적으로 대이변(catastrophe)과 함께 갑자기 천년왕국이 개방될 것이라는 염세적 주장이다. '전천년설'은 칠년대환란을 주장하는 '역사적 전천년설'(historical premillennialism)과 칠년대환란(great tribulation)을 주장할 뿐 아니라, 칠년대환란 직전의 비밀휴거(그리스도의 공중재림)와 칠년대환란 직후의 그리스도의 지상재림을 주장하는 '시대구분 전천년설'(세대주의, dispensationalism)로 나뉜다. 무천년설과 후천년설이 성경의 예언을 영적으로 해석하는 반면에 전천년설은 성경의 예언을 대체적으로 문자적으로 이해한다. 특히 시대구분 전천년설은 유대교인들이 그러하듯이 구약성경의 예언을 100퍼센트 문자적으로 이해하며, '예슈아를 그리스도로 믿는 유대인들'(Messianic Jews)의 주장에 맞닿아있다.

종말과 함께 쓰이는 용어들 가운데 묵시라는 말이 있다. '종말'은 끝(end)이라는 말에서 왔고, 세상 역사의 마지막을 말한다. 반면에 '묵시'는 종말의 시간 속에서 나타나는 선과 악에 관한 혹은 구원과 심판에 관한 여러 가지 환상과 상징적 현상들을 말한다. 따라서 종말은 시간의 문제이고, 묵시는 종말의 시간 속에서 일어나는 현상들의 문제이다.[279]

그리스도인들의 주의 재림에 대한 기대와 재림 때까지 그리스도인들이 겪는 환난, 그리고 그리스도인들에게 믿음과 인내를 강조하는 신약성경의 가르침, 특히 요한계시록의 내용이 춘향전과 매우 비슷해서 묵시문학적 성격이 분명히 있다. 하지만, 신약성경의 더 큰 주제는 현재종말론이다. 이런 이유 때문에 성경말씀들의 이해에 따라서 후천년설, 역사적 전천년설, 무천년설이 가능해진다. 반면에 시대구분(세대주의) 전천년설은 성경해석에 있어서 유대교적이고 자의적인 면이 지나치다.

---

[278] Loraine Boettner, "Postmillennialism," The Meaning of the Millennium: Four Views, ed. Robert G. Clouse(Downers Grove, Illinois: InterVarsity Press, 1977), 117.

[279] 전경연 외 3인,《신약성서 개론》(대한기독교서회, 1971), 340-342.

현재종말론이란 종말이 주후 30년 5월 28일 오순절 날 성령의 오심과 그분의 능력으로 '이미' 지상의 교회 안에서 출범했다는 가르침이다. 이를 다른 말로 '시작된 종말'(inaugurated eschatology) 혹은 '실현된 종말'(realized eschatology)이라고 부른다. 신약성경이 '아직' 이뤄지지 않은 미래종말(futuristic eschatology)을 여전히 희망한다는 점에서 묵시문학사상에 한발을 걸치고 있지만, 그렇다고 전통적인 묵시문학사상을 그대로 수용한 것은 아니다. 바울은 로마서에서 미래에 있을 하나님의 영광 또는 하나님의 승리가 그리스도인들의 현재적 삶속에서 이미 영적으로 성취된 사실을 강조하면서 종말은 이미 그리스도인의 삶속에 현존하기 때문에 그리스도인들은 기뻐할 수 있고, 새로운 피조물임을 선언할 수 있으며, 환란과 핍박을 막연히 견디거나 종말의 축복을 막연히 기다리지 않고, 오히려 성령의 능력과 인도하심 속에서 다가올 하나님의 나라(기업)의 성취를 미리 맛보고 누리며 바랄 수 있다고 하였다.

묵시문학이란 주전 2세기에서 주후 1세기말 사이에 형성된 문학형태를 띤 글로써 구약성경(드물게 외경과 위경)에 기록된 역사적 사건들을 성찰하고 해석하여 종말의 시간들 속에서 드러날 선과 악에 따른 구원과 심판에 관한 하나님의 시대경륜 곧 다가올 최후승리와 최후심판을 여러 환상들과 상징들로 설명하면서 한편으로는 희망과 격려와 위로와 인내를 권면하고, 다른 편으로는 재앙(저주)과 심판을 경고하는 성격의 글을 말한다. 묵시문학은 최후승리와 최후심판을 말한다는 점에서 부분적으로 계시적 예언적 성격이 있지만, 문학적 성격을 띤다는 점이 큰 특징이다.

'계시'와 '묵시'는 헬라어로 동일하게 '아포칼립시스'(apocalypse)라 쓴다. 그 뜻은 '베일을 벗긴다', '숨은 것을 드러낸다', '비밀이었던 것이 밝혀진다', 또는 '숨겨진 사건이 폭로된다'이다. 하지만 계시는 묵시와 크게 다르다. 계시(revelation)는 초월자 하나님의 현현(顯現)을 의미하지만, 묵시(apocalypse)는 하나님의 시대경륜을 밝히는 문학적 성격을 띤다. 하나님의 현현(顯現)이란 신(神)의 변신(變身, theophany)과 같은 것이다. 하나님은 다양한 변신과 사건으로 자신을 인간에게 드러내신다. 그러니까 계시의 모습은 변신한 모습인데, 하나님의 참 모습, 하나님의 온전한 모습이 아니라, 인간이 이해하고 수용할 수 있는 범위 내의 모습이다. 만물을 존재케 한 창조사건이 일반계시라면, 출애굽사건과 십자가사건과 같은 구원사건이 특별계시이다. 구름기둥, 불기둥, 불붙는 떨기나무, 예수님의 부활사건, 성령님의 능력 등도 계시 또는 계시적 사건들이다. 하나님의 대언자들의 예언과 성문(成文)도 특별계시에 해당된다. 참고로 '영감'(inspiration)은 계시를 받은 자들이 그 계시들을 바르게 이해하고 설명하며 기록하도록 돕는 성령님의 활동을 말한다.

북왕국 이스라엘이 멸망할 즈음인 주전 8세기경에 쓰인 〈일리아스〉와 〈오디세이아〉 그리고 주전 7세기경에 쓰인 〈신통기〉를 통해서 본격적으로 알려지기 시작한 그리스신화를 빌리면 계시가 무엇인가를 쉽게 이해할 수 있다. 올림포스의 최고의 신인 제우스는 난봉꾼으로서 여신들뿐 아니라, 인간의 딸들까지 수시(隨時)로 넘보곤 했다. 번개였던 제우스가 자신의 본모습으로 인간에게 나타날 경우, 피조물인 인간은 새까맣게 타죽고 만다. 그래서 백조나 황소나 건장한 청년으로 변신해서 인간 세상에 나타나 알크메네와 세멜레, 에우로페와 같은 인간 여성들을 꼬드겨서 임신을 시키곤 했는데, 그 여성들이 낳은 아들들이 헤라클레스와 디오니소스와 미노스였다. 디오니소스를 임신한 세멜레는 유모로 변신해서 인간 세상에 나타난 제우스의 부인 헤라에게 속아서 제우스에게 스틱스강에 맹세케 하고 본모습을 보여줄 것을 간청한다. 죽음의 세계인 음부 한 가운데를 흐르는 증오의 강인 스틱스강에 대고 맹세하면, 제우스라도 돌이킬 수 없는 것이어서 제우스는 세멜레 앞에 번개로 나타나게 되고, 세멜레는 디오니소스를 임신한 채로 새까맣게 타죽고 만다. 제우스는 5개월밖에 안된 디오니소스를 세멜레한테서 끄집어내어 자신의 허벅지 속에 숨겨 남은 5개월을 채워 출산시켰다.

그리스신화에서 보듯이 성경에서도 하나님이 여러 형태의 변신한 모습으로 인간들에게 보이시고 말씀하셨다. 계시는 하나님을 또는 하나님의 뜻을 드러내 보여준 것이므로 빛과 같아서 그 밝기가 시대마다 다르고 점진적이었다. 계시에 일반계시(자연계시, 보편계시)와 특별계시가 있듯이, 특별계시에도 달빛계시가 있고, 햇빛계시가 있다. 구약성경이 달빛계시라고 가정한다면, 신약성경은 햇빛계시이다. 또 모세와 율법이 달빛계시라고 가정한다면, 예수님과 복음은 햇빛계시이다. 또 구름기둥이 달빛계시라고 가정한다면, 성령님은 햇빛계시이다. 달은 별이 아니지만, 해는 가장 빛나는 별이다. 달빛이 햇빛의 반사 빛이듯이, 구약성경은, 그리스도교적 관점에서 볼 때, 신약성경의 빛을 통해서 비로소 온전히 이해될 수 있다. 햇빛이 달빛의 밝기를 결정짓듯이 신약성경이 구약성경의 계시의 밝기를 결정짓는다.

'예언'(Prophecy)은 계시에 속한다. '계시'(Revelation)는 초월자 하나님의 현현(顯現)을 의미하지만, 예언은 하나님의 민족경륜에 속한다. 반면에 묵시는 하나님의 시대경륜에 속한다. 예언과 묵시는 하나님의 뜻을 민중에게 전한다는 점에서 같지만, 예언이 민중의 기대와는 관계없이 하나님의 뜻만을 전하는 반면, 묵시는 세상에서 좌절한 민중에게 희망의 메시지를 전한다. 또 예언과 묵시는 박해나 배교의 위기에서 나왔다는 점에서 같고, 점차적으로 전 세계, 전 역사의 운명을 논한다는 점에서 같지만,

예언이 주로 회개와 사회개조를 부르짖는 반면, 묵시는 우주의 개조와 천상의 비밀을 공개한다. 또 예언자나 묵시록 저자들은 모두가 하나님의 신의 영감 곧 성령님의 감동과 감화를 경험한 자들이지만, 예언자들이 주로 하나님의 말씀을 귀로 듣는 자들인 반면, 묵시록의 저자들은 주로 하나님의 환상을 눈으로 보는 자들이었다. 또 예언자들은 시내산 언약(율법, Torah)의 내용을 성찰한 해석자들이었던 반면, 묵시록의 저자들은 구약성경(드물게 외경과 위경)에 기록된 역사적 사건들을 성찰한 해석자들이었다. 또 예언은 단편적인 글인데 반해서 묵시록은 종말의 시간들 속에서 드러날 하나님의 시대경륜 곧 다가올 최후승리와 최후심판을 여러 환상들과 상징들로 설명하면서 한편으로는 희망과 격려와 위로와 믿음과 인내를 권면하고, 다른 편으로는 무시무시한 재앙(저주)과 심판을 경고하는 문학적 성격의 글이다. 또 예언은 그 목표가 국민생활 전체에 관한 것이 많은 데 반해서 묵시록은 개인의 신앙생활 곧 신앙으로 인한 환난과 배교 등이 문제가 되었다. 따라서 예언은 언제나 현재적인 상황에서 각 시대의 요청에 따랐고, 묵시록은 역사성을 무시한 채 종말론적인 세계관을 제시하였다. 또 예언의 시기는 주로 바벨론유배전후시대인 주전 7-5세기였으나, 묵시록의 시기는 주전 2세기에서 주후 1세기말까지였다. 또 예언은 저자 자신의 이름으로 되어 있으나, 대개의 묵시록은 가명으로 되어 있다. 가명을 쓴 이유는 문헌의 권위를 내세우기 위함이었거나, 박해 때문이었을 것이다.[280]

---

[280] 김철손, 《요한계시록 신학》(대한기독교서회, 1989), 23-28.

2. 유대교(구약에서)의 종말론

(emunah)

faithfulness

PSALM 37:3

πίστις

pistis / faith

'구원'에 관한 글에서 유대교(구약에서)의 종말론을 간략히 전술한바가 있다. 그 내용을 여기서 좀 더 자세히 기술해보고자 한다.

유대교인들과 그리스도인들의 믿음은 근본적으로 다르다. 그리스도교가 신조(신앙고백)의 종교라면, 유대교는 계명들(토라)을 실천하는 종교이다. 따라서 두 종교의 믿음의 의미도 많이 다르다. 유대인 학자 마르틴 부버(Martin Buber, 1878-1965)는 《두 형태의 신앙》(The Two Types of Faith)이란 책에서 믿음은 "행하거나 혹은 행하고 듣는 것에 적용되지(출 24:3, 7), 의미상으로 '믿거나' 혹은 신조(creed)에 적용되는 것이 아니다."[281]고 하였고, "유대인의 믿음(emunah)의 기원은 국가역사에 있고, 그리스도인의 믿음(pistis)의 역사는 개인역사에 있다."[282]고 하였으며, "유대교의 믿음과 그리스도교의 믿음은 본질적으로 그 종류가 다르다"[283]고 하였다.

유대교인들은 성경에 언급된 최초의 믿음을 창세기 15장 6절, "아브람

---

[281] Martin Buber, *The Two Types of Faith*, Norman P. Goldhawk, trans.(New York: The MacMillan Company, 1951), 35.
[282] Martin Buber, *The Two Types of Faith*, 170.
[283] Martin Buber, *The Two Types of Faith*, 173. "The faith of Judaism and the faith of Christendom are by nature different in kind."

이 여호와를 믿으니, 여호와께서 이것을 그의 의로 여기셨다"에서 찾는다. 여기서 "믿으니"는 히브리어로 '에무나'(emunah, 믿음)인데, '에무나'는 누군가를 믿거나 신뢰하는(believe in) 것이 아니라, 무엇인가를 믿거나 그것이 그대로 되리라는 것을 믿는(believe that) 것을 말한다. '에무나'는 신뢰(trustiness)보다는 신실함(faithfulness) 혹은 충실함(loyalty)에 더 가깝다고 말한다. 또 '에무나'는 '아만'(aman, 확고한, 영구적인)에서 온 말인데, '아멘'(Amen, 확실히 그렇게 될 것이다)에 연결된다는 것이다. 게다가 아브라함이 믿은 것은 미래에 이뤄질 일 곧 하나님의 약속을 믿었다는 것이다.[284] 위키피디아(Wikipedia)도 '에무나'를 정의하기를, 그리스도교에서처럼 수동적으로 주체 곧 하나님을 신뢰하거나 믿는 믿음(faith in God)이 아니라, 대상에 대한 행위 지향적인 믿음이라고 하였다.[285] 따라서 유대교의 믿음은 신조(신앙고백서)에 대한 것이 아니라, 이스라엘 공동체, 하나님, 하나님의 약속, 토라에 대한 충성심 또는 충성스런 행위를 말한다.[286]

유대교인들에게는 영혼구원사상이 없다. 이 영혼구원사상은 현재구원 혹은 실현된 종말(realized eschatology)로써 미래구원 혹은 미래종말(futuristic eschatology)을 성령님의 능력으로 이 땅의 삶 속에서 약속받고, 인침(확증)받아, 미리 맛보고, 미리 누리는 축복을 말하는데, 유대인들에게는 없는 사상이다. 유대인들에게는 미래종말만 있는데, 그리스도교에서 고대하는 그리스도의 재림사상 곧 미래종말과 유사하다. 이것은 육체구원, 이스라엘 민족구원, 이스라엘나라 회복사상으로써 이스라엘의 멸

---

[284] John J. Parsons, "Emunah - Believing in / Believing that," https://www.hebrew4christians.com/Articles/Emunah/emunah.html.
[285] https://en.wikipedia.org/wiki/Emunah.
[286] https://www.myjewishlearning.com/article/emunah-biblical-faith.

망이후 아직 이뤄진 일이 없는 미래구원을 말한다. 이것을 성공적으로 성취시키고 살아남은 자가 메시아인데, 예수는 이것의 성취는커녕 십자가에 못 박혀 죽었기 때문에 거짓메시아라는 것이 대다수 유대인들의 생각이다. 게다가 유대교인들은 유일신 사상을 갖고 있기 때문에 아들로서의 하나님이나 인격신으로서의 성령님을 믿지 않는다. 그런데 그리스도교가 실현된 종말(구원)을 주장한다고 해서 미래종말(구원)이 없지 않듯이, 유대교가 미래종말(구원)을 주장

베스파시아누스 황제의 세스테르티우스 주화(AD 71) - 로마가 유대와의 전쟁에서 승리한 이듬해에 주조된 청동 세스테르티우스(Sestertius)로써 전면에 월계관을 쓴 베스파시아누스의 두상을 새겼고, 둘레에 IMP CAES VESPASIAN AVG P M TR P P P COS III(임페라토르 카이사르 베스파시아누스 아우구스투스 대신관 호민관 국부 집정관 3회)라고 새겼다. 뒷면에 대추야자나무를 중앙에 새겼고, 우측에 슬픔에 잠긴 유대인 여성 포로(노예)를, 좌측에 베스파시아누스가 오른손에 창을, 왼손에 호신용 단검(parazonium)을, 왼쪽 발을 투구 위에 올려놓은 모습을 새겼다. 그리고 둘레에 IVDAEA CAPTA(유대 정복되다)라고 새겼다. 중앙 하단의 SC는 Senatus Consulto의 약자이며 '원로원의 법령에 따라'란 뜻으로써 백성이 순종해야할 제도의 권위를 보여준다 (벧전 2:13).

한다고 해서 현재구원 혹은 실현된 종말이 전혀 없지 않다는 것이 마르틴 부버(Martin Buber, 1878-1965)와 윌 헤르베르그(Will Herberg, 1901-1977)와 같은 유대인 학자들의 주장이다.[287]

유대교의 종말론이 주로 지상(地上)에 초점이 맞춰져 있는 반면, 그리스도교의 종말론은 지상과 천상(天上) 모두에서 이뤄지는 것을 말한다는 점에서 다르다. 또 제2모세(메시아)가 와서 세울 '다가올 세상'(Olam Ha-Ba)을

---

[287] Martin Buber, "Der Preis," Der Jude, October 1917; Will Herberg, ed., The Writings of Martin Buber(Cleveland and New York: Meridian Books, 1956), 31.

'희망'(Ha-Tikvah)하며, 그 때까지 이스라엘이 생존할 수 있는 길이 무엇인지, 무엇이 참 이스라엘인지, 누가 참 이스라엘인지를 묻고서, 유대민족혈통이 참 이스라엘이고, 토라를 철저히 준수하는 유대교신앙을 간직한 공동체가 참 이스라엘이며, 비록 지금 이스라엘은 망해서 제국들의 속주 백성으로 살아가고 있지만, 유대민족혈통과 유대교신앙이 지속되는 한 이스라엘은 결코 멸망한 것이 아니고, 유대민족혈통이 보존되는 한 참 이스라엘은 살아남을 것이며, 토라를 철저히 준수하는 유대교신앙이 유지되는 한 참 이스라엘은 영원히 지속될 것이라고 해답을 제시했던 역대기상하, 에스라, 느헤미야를 쓴 엘리트들의 역사적 관점에서 본다면, 또 유대교인들이 이 같은 역대기사관을 가지고 미래종말에 주어질 '그 희망'을 현재의 삶 속으로 앞

이스라엘 건국 10주년 기념메달(1958년) - 전면에 대추야자나무 사이에 **희망**의 상징으로 아이를 들어올린 여성과 나무를 심는 남성을, 둘레 상단에 '이스라엘 자유'라고 새겼고, 하단에 히브리어로 '이스라엘의 자유 10년, 5718'(AD 1958)이라고 새겼다. 뒷면 중앙에 대추야자나무 사이에 **절망**의 상징으로 로마황제 베스파시아누스와 유대인 여성 포로 및 '유대 사로잡히다. 원로원의 법령에 따라'를 새겼고(AD 71년 발행 주화), 바깥 둘레에 사로잡힘의 상징인 쇠사슬을 새겼으며, 하단에 히브리어로 '유대 흩어짐, 3830'(AD 70)이라고 새겼다.

이스라엘 건국 10주년 기념메달(1958년) - 전면에 대추야자나무 사이에 **희망**의 상징으로 밀단을 허리에 낀 여성과 괭이를 어깨에 맨 남성을, 둘레에 '이스라엘 자유, 예루살렘'이라고 새겼고, 히브리어로 바깥 둘레 상단에 '이스라엘의 자유 10년', 하단에 '5718'(AD 1958)을, 그 사이에 다윗의 별 10개를 새겼다. 뒷면에 대추야자나무 사이에 **절망**의 상징으로 양손이 뒤로 묶인 유대인 포로 남성과 슬픔에 잠긴 유대인 여성 포로 및 '유대 사로잡히다. 원로원의 법령에 따라'를 새겼고, 히브리어로 바깥 둘레 상단에 '유대 흩어짐', 하단에 '3830'(AD 70)을, 그 사이에 사로잡힘의 상징인 쇠사슬을 새겼다.

당겨 맛보고 체험하며 현실화 시키고자한다는 점에서 본다면, 유대교에도 일정부분 실현된 종말론이 존재한다고 볼 수도 있다.

다만, 그리스도인들이 "메시아는 이미 오셨고 그분을 통해서 구원받았다."고 말하고, 교회를 실현된 메시아의 나라로 확신하는 영적구원 또는 현재구원과 같은 현재종말론이 유대교에는 거의 없다. 유대교인들은 "메시아가 오고 계시다"(Moshiach is coming)고 말할 수 있을 뿐이다. 유대교인들은 '메시아'(Messiah)란 호칭이 그리스도교에 의해

베스파시아누스의 유대정복기념 주화 뒷면(AD 71) - 로마가 유대와의 전쟁에서 승리한 이듬해에 주조한 것으로써 대추야자나무 사이에 양손이 뒤로 묶인 채로 선 유대인 전사와 바닥에 주저앉아 베일을 쓰고 왼손을 턱에 괜 채 슬픔에 빠진 유대인 여성 포로를 새겼다. 둘레에 IVDAEA CAPTA(유대 정복되다)와 SC(원로원의 법령에 따라)라고 새겼다. 상단의 히브리어는 '시온니즘의 승리'(ניצחון הציונות, Victory of Zionism)란 뜻으로써 유대인들은 종종 이 비극적인 역사적 사건의 최후 승리 곧 시온니즘의 승리로 또 다른 역사적 사건인 이스라엘 건국(1948년 5월 14일)을 말하곤 한다.

서 왜곡되었기 때문에 사용하지 않는다고 말한다. 그 대신에 '모쉬아크'(Moshiach)란 호칭을 사용한다. 유대교인들은 '모쉬아크'가 곧 오실 것이고, 오고 계시며(Moshiach is coming!), 그것을 믿지 않는 자는 진정한 유대인이 아니라고 말한다.

유대교인들의 '말세' 또는 '종말'에 관한 생각은 시기별로 세 가지로 나뉘 볼 수 있다. 첫째는 구약성경이 문자적인 글이기 때문에 '말세'나 '주의 날'은 나라가 멸망하여 바벨론에 유배를 당한 것과 같은 위기가 닥치는 때를 말하였다. '말세'나 '주의 날'은 이스라엘 국가나 이웃 나라들의 멸망

과 개인의 육체적 물질적 심적 정신적 고통의 때를 말하지만, 우주의 종말을 말한 것은 아니다. 보통 예언자들이 '말세'나 '주의 날'을 외친 때는 위기의 때로써 회개하지 않으면, 재앙 곧 나라가 망하는 마지막 때에 직면하게 된다는 뜻이었다. 둘째는 바벨론 유배이후 예언자들이 이스라엘 나라의 주권과 명예회복과 관련해서 제2모세를 기대하고 선포하였는데, 그가 메시아이다. 메시아가 오시는 때가 '말세' 곧 '마지막 때'인데, 이는 2천 6백년도 더 된 오랜 '그 희망'(Ha-Tikvah)이 성취되는 때를 말한다. 유대교인들은 지금이 바로 말세라고 말하고 있는데, "모쉬아크가 오고 계시다"고 믿기 때문이다. '모쉬아크'는 유대교인들이 그리스도교의 전유물이 되어버린 '메시아'와 차별하기 위해 사용하는 말이다. 유대교의 메시아에 관한 희망이 그리스도교의 것과 근본적으로 다르기 때문이다.

유대교인들에게는 영적구원(현재구원, 현재종말)이 없고, 육적구원(미래구원, 미래종말)만 있다. 그리스도교에서는 예수 그리스도를 통한 영적구원과 재림 때에 육적구원의 완성이 이뤄질 것을 말하는데, 부버와 헤르베르그는 출애굽사건을 통해서 이스라엘에 대(大)구원이 이뤄졌고, 제2의 출애굽사건을 주도할 메시아(Moshiach)가 오심으로 그 구원이 완성된다고 본 것이다. 그리스도교에는 하나님의 아들 예수 그리스도의 대속을 통해서 이미 실현된 구원의 확신, 곧 종말에 주어질 축복을 성령님의 능력으로 이 땅에서 약속받고, 보증과 인침을 받아 미리 맛보고 누리는 영적인 축복이 있는 반면, 유대교에는 그것이 없다. 그리스도인들은 '이미'(already)와 '아직'(not yet)의 긴장 속에서 살아가는데, 유대교인의 '이미'는 2600(586 BC)여 년 전에 실패로 끝났으므로 그 실패를 만회하거나 보다 큰 축복이 주어질 미래만 희망(Ha-Tikvah)하고 사는 것이다. 이점이 그리스도교가 유대교와 또 한 가지 다른 점이다. 다만 그리스도교나 유대교가 모두 미래구원(종말)에 대한 하나님의 약속을 강하게 믿고 희망한다는 점에서는 같다.

'이미'란 것은 메시아가 가져오실 하나님의 왕국이 교회와 그리스도인들 속에서 영적으로 이미 이루어졌다는 말이요, '아직'이라는 말은 완성될 하나님의 왕국이 문자적으로 아직 소망 가운데 있다는 뜻이다. 따라서 그리스도인들의 삶은 현세적이면서 미래적이며, 세상 속에 살면서도 성령님의 능력으로 종말에 주어질 축복된 삶을 맛보고 누리고 있는 것이다. 이 복된 삶은 은혜로 말미암아 믿음을 통하여 침례 가운데서 선행을 위하여 모든 그리스도인들에게 주어진 삶이며, 성령님을 통해서 보증되고 인(印)쳐지고 맛보아지는 삶이다.

히브리서 2장 5절, "하나님이 우리가 말하는바 장차 올 세상을 천사들에게 복종하게 하심이 아니다"에서 "장차 올 세상"은 히브리어로 '올람 하바'(Olam Ha-Ba)이고, '올람 하바'는 유대인들이 그토록 오랫동안 희망해온 "장차 올 세상"이다. 비록 '올람 하바'가 히브리어성경에 쓰인 용어는 아니지만, 바벨론 유배이후 오늘날까지 유대인들이 마음 속 깊이 희망해 온 메시아시대를 말한다. 유대인들은 자신들의 '그 희망'을 '하티크바'(Ha-Tikvah)라 부른다. 그리고 '하티크바'는 이스라엘의 애국가로 자리를 잡았다. 가사는 다음과 같다. "유대인의 정신이 마음 속 깊이 갈망하고 있는 한, 눈을 동쪽으로 향하여 시온을 바라보는 한, 우리의 희망은 아직 사라진 것이 아니다. 이천년을 간직한 우리의 희망은 우리 자신의 땅에서 자유민이 되는 것, 시온과 예루살렘의 땅에서!"

유대인들의 '그 희망'(Ha-Tikvah)은 아브라함에게서 처음 시작되었다. 떠돌이와 노예였던 유대인들이 그토록 갈망하는 가나안땅과 나라에 대한 '그 희망'을 아브라함이 처음 품었다. 유대인들은 아브라함이 처음 품었던 가나안땅과 나라에 대한 '그 희망'을 마음 속 깊이 갈망하는 자라야 유대인이고, 그렇지 않은 자는 유대인이 아니라고 생각한다. 유대교인들이 생각하는 믿음은 바로 이 '그 희망'에 대한 충성심(loyalty) 혹은 신실함(faithfulness)이고, '그 희망'이 성취되는 시점이 '올람 하바' 곧 '다가올 세상'이며, 아브라함이 그들의 민족의 조상이 되는 이유이다. 그리고 75세 때 무자식이었던 아브라함이 이스라엘 국가를 세울 가나안땅을 희망한 이후 그 첫 번째 희망을 가시적으로 성공시킨 인물이 모세였다. 그리고 그 희망이 절정에 달했던 나라가 다윗왕국이었다. 그래서 모세와 다윗이 메시아의 표상이다. 그러나 다윗의 아들 솔로몬 왕이 죽고 왕국은 북과 남으로 쪼개졌으며, 북이스라엘 왕국은 200여년 만인 주전 722년에 멸망하였고, 남유다왕국은 340여년 만인 주전 586년에 멸망하였다. 출애굽 후 가나안땅에 나라를 세운지 860여년 만에 완전히 원점으로 돌아가 버렸다. 그 원점이 이집트에서 바빌로니아로 바꿨을 뿐이었다.

이때로부터 유대인들은 아브라함이 나이 많고 늙은 무자식 상태에서 처음 품었던 그 희망, 곧 성취될 가능성이 아주 희박했던 그 희망을 다시 품기 시작하였다. 아브라함뿐 아니라, 그의 후손인 유대인들은 가능성이 제로인 상태, 절망이 최고조에 달한 상태, 깊은 흑암의 상태, 무질서가 최고조에 달한 상태에서 희망을 품기 시작하였다. 그리고 그 희망은 아브라함의 희망이 430(혹은 645)년 만에 성취되었듯이, 유대인들의 희망은 580여년 만에 예수님을 통해서 성취되었다는 것이 복음서들이 선포한 메시지이다. 복음서 저자들은 예수님의 탄생이 그토록 오래 묵은 그 희망의 시작임을 선포하였는데, 이것이 약속된 혹은 예언된 종말의 시작이었다. 그 종말을 그리스도교는 현재종말 또는 실현된 종말이라고 부른다. 그런데 대다수 유대인들은 예수님을 메시아(그리스도)로 믿지 않는다.

그들은 메시아가 오시는 것은 빼앗긴 가나안땅과 문자적 이스라엘 나라의 주권과 명예를 오롯이 되찾아 주기 위한, 곧 유대인을 위한 것이라고 믿는다. 반면에 그리스도인은 그리스도께서 이미 오셔서 인류를 죄에서 구원하시기 위해서 십자가에 못 박히셨고, 부활 승천하셔서 하나님의 우편보좌에 앉아 계신다고 믿는다. 그리고 그리스도께서 재림하시는 것은 그리스도인들을 위해서 이 땅에 그리스도의 나라를 건설하기 위한 것이라고 믿는다.

유대교인들이 생각하고 믿는 '올람 하바'(Olam Ha-Ba)는 장차 예루살렘 시온성에 세워질 신정국가를 말한다. 유대교인들은 이 때 흩어졌던 모든 유대인들이 본향에 돌아오게 되고, 토라(Torah)와 성전중심의 유대교예배가 재건되며, 유대인들이 그토록 바라던 안식을 얻게 된다고 믿는다. 이 시기가 종말시대인 것이다.

반면에 그리스도인들은 유대교인들의 '그 희망'을 그리스도교의 독특한 희망에로 재해석한다. 그리스도교 이해의 핵심은 '하늘의 것'과 '땅의 것', '무한한 것'과 '유한한 것', '영원한 것'과 '일시적인 것', '실체와 그림자', 혹은 '원형과 모형'으로 명확하게 구분 짓는 것이다. 유대교인들이 바라는 '그 희망'의 내용들은 땅의 것이고, 유한한 것이며, 일시적인 것이고, 장차올 좋은 것들의 그림자와 모형에 불과한 것이며, 그리스도인들의 희망은 하늘의 것이고, 무한한 것이며, 영원한 것이고, 장차올 좋은 것들의 실체와 원형이다. 이 땅에는 우리가 찾는 진정한 안식이 없고, 우리가 목숨을 걸고 쟁취해야할 가치 있는 것이 없다는 것이 신약성경의 가르침이다. 따라서 신약성경은 우리가 땅의 것을 바라볼 것인가, 아니면 하늘의 것을 바라볼 것인가, 유한한 것을 추구할 것인가, 아니면 무한한 것을 추구할 것인가, 일시적인 것에 착념할 것인가, 아니면 영원한 것에 착념할 것인가, 그림자와 모형을 쫓을 것인가, 아니면 실체와 원형을 쫓을 것인가를 바르게 생각하고 선택할 것을 힘줘서 권면한다. 이런 차이점 때문에 유대교인들은 자신들의 '그 희망'을 이룰 그리스도를 '메시아'라 부르지 않고 '모쉬아크'(Moshiach)라 부른다. 그 이유는 예수님을 메시아로 믿는 그리스도교 신앙이 유대교인들의 메시아관을 왜곡시켰다고 믿기 때문이다.

유대인들은 주전 586년경부터 모세의 재림을 희망하여 지금까지 이어가고 있다. '그 희망'이 비관적일수록 전천년설적이었고, 혁명을 꾀하는 자들 중에서 자칭 '재림 모세' 곧 메시아가 출현하곤 했었다. 페르시아시대의 인물들 가운데에는 스룹바벨(슥 4장)과 에스라(라 7장)가 일정부분 재림 모세로 간주되었을 가능성이 있고, 신구약중간기인 헬라시대에는 유다 마카비(Judas Maccabeus, 마카베오상 3장)가 강력한 재림 모세로 간주되었을 가능성이 있다. 유다 마카비는 헬라로부터 유대인을 해방시켜 하스몬 왕가가 세워지는데 공헌하였고, 주전 64년 로마에 멸망하기까지 100년간 주권을 지속시킨 영웅이자 혁명가로서 재림 모세에 준하는 인물이었다.

유대인들은 지금까지 30여명의 거짓 메시아들이 출현했었다고 말한다. 그들 가운데 세례 요한, 예수님, 발 코크바, 사베타이 제비가 포함된다. 민중이 세례 요한을 보려고 광야에 나간 것은 그가 재림 모세인가를 확인하려는 것이었다. 헤롯 안티파스도 요한에게 관심을 보였고, 두려운 나머지 살해하였다. 이라크 남부와 이란 남서부에는 수천 명의 만다야교(Mandaeism)인들이 있는데, 이들은 지금도 세례 요한을 재림 모세로 믿고 있다. 복음서들에서는 예수님이 자기가 오실 자로 예언된 재림 모세 곧 그리스도이심을 선포하신 시점을 세례 요한이 사망한 직후로 적고 있는

데, 그 이유가 민중의 일부가 세례 요한을 재림 모세로 믿었기 때문이다.

발 코크바(Bar Kochba, 별의 아들)로 불린 코시바의 아들 시몬(Simon ben Kosiba)은 뛰어난 혁명가였다. 그는 주후 132-135년 사이에 로마로부터 예루살렘을 탈환하여 이스라엘의 주권을 선포했고, 그 증거로 그가 찍어낸 주화들도 여러 종류 남아 있다. 그러나 그는 3년을 버티지 못하고 로마제국에 무너짐으로써 유대인들에게 1,800년이 넘게 시련과 실망(Kozeba)을 안긴 인물이었다.

튀르키예(터키) 서머나 출생의 유대인 샤베타이 제비(Shabbetai Zevi)는 1665년 5월 31일에 자신이 진정한 메시아 곧 재림 모세라고 선포한 인물이었다. 그의 주장은 수세기에 걸친 박해와 추방으로 고립무원에서 고군분투하던 온 세계의 유대인들을 일시에 흥분시켰고, 일찍이 그 누구도 얻지 못했던 대중적인 지지를 받았다. 그러나 제비는 1666년 1월 이스탄불에서 반역죄로 체포되어 투옥되었다가 이슬람교로 전향하여 황실연금을 받았으며 충성스런 무슬림으로서 살다가 1676년 9월 17일 사망하였다.

유대교인들은 재림 모세의 강림에 대한 기대를 제2모세를 예언한 신명기 18장 15-18절, 새 율법과 새 언약시대를 예언한 예레미야 31장 31-33절, 새 성전시대를 예언한 에스겔 37장 25-28절, 새 하늘과 새 땅의 시대를 예언한 이사야 65장 17-18절에서 찾는다. 반면에 그리스도인들은 이 같은 유대교인들의 기대가 십자가에 못 박힌 그리스도와 그리스도교 안에서 온전히 성취되었다고 믿는다.

일반적으로 모쉬아크는 세상이 죄로 넘쳐서 그를 가장 필요로 하는 때(전천년설)나 세상이 심히 좋아져서 가장 합당한 때로 여겨지는 시기(후천년설)에 오시게 될 것이라고 믿어진다. 모쉬아크는 유대인들을 이스라엘로 돌아오게 하고 예루살렘을 회복시킴으로써 정치적 구원을 가져다 줄 것이며, 이스라엘에 한 정부를 세울 것이고, 그것을 유대인과 이방인 모두를 위한 전 세계 정부의 중심에 세울 것이며, 성전을 재건할 것이고, 성전예배를 다시 세울 것이며, 이스라엘의 종교법정 체계를 회복시킬 것이고, 나라 법으로써 유대교법을 세울 것이라고 믿는다. 이때의 세계를 유대묵시문학에서 '올람 하바'(Olam Ha-Ba) 곧 다가올 세계라 부른다. 올람 하바는 모든 사람들이 평화롭게 공존하는 세계이며(사 2:4), 흩어진 모든 유대인들이 유배되었던 나라들에서 이스라엘로 돌아오게 되며(사 11:11-12; 렘 23:8, 30:3; 호 3:4-5), 희년법이 다시 효력을 갖게 되고, 전 세계가 유대인의 하나님을 유일하시고 참되신 하나님으로, 유대교를 유일하고 참된 종교로 인정하게 될 세계라는 것이다(사 2:3, 11:10; 미가 4:2-3; 슥 14:9). 이 세계에서는 살인, 약탈, 경쟁과 질투는 사라질 것이고, 죄도 없어질 것이다(습 3:13). 희생제물은 성전에서 계속 드려질 것이나 제물들은 감사예물에 국한될 것이라고 믿는다. 더 이상 속죄를 위한 제물이 필요치 않기 때문이다. 이 종말세계를 유대교인들은 '간 에덴'(Gan Eden)이라고 부른다.[288]

이상에서 보듯이, 유대민족에게는 출애굽사건에서 시작해서 모쉬아크 사건에서 완성되는 이스라엘 국가의 설립과 완성만이 있을 뿐이다. 그러나 그리스도교는 다르다. 그리스도교는 예수 그리스도의 피로써 맺은 새 언약 공동체인 교회(성도들이)가 성령의 능력가운데서 영적으로 시작되는 구원으로 출발하여 그리스도의 재림에서 육적으로 완성되는 구원을 말하고 있다. 성령의 능력가운데서 영적으로 시작되는 구원은 성령의 인도

---

[288] http://www.jewfaq.org/moshiach.htm.

하심 속에서 이뤄지는 중생의 씻음과 새롭게 하심으로써 약속과 인침과 보증과 선취의 의미를 갖는다. 이것을 또한 '칭의'라 부른다. 약속과 인침과 보증과 선취란 그리스도의 재림 시(時)에 완성될 육적 구원, 곧 성도들의 육체부활과 우주의 회복인 새 하늘과 새 땅과 같은 마지막에 이뤄질 축복들을 성령의 능력 가운데서 약속받고, 인침(도장) 받고, 보증(선수금) 받고, 맛보고 누리는 것을 의미한다. 그래서 그리스도교는 '이미' 이뤄진 영혼구원과 '아직' 이루지 못한 육체구원을 말한다. 그리고 영혼구원을 실현된 혹은 시작된 종말이라고 말하고, 육체구원을 주의 재림 때에 실현될 미래종말이라고 말한다.

구약성경에는 천국과 지옥이란 개념이 없다. 구약성경에 자주 쓰인 '스올'(sheol)은 죽음의 세계 곧 무덤을 의미한다. 따라서 전도가 불가능한 곳이다. '스올'에서는 기억하거나 찬송하거나 감사할 수 없고(사 38:18-19; 시 6:5, 30:9, 88:10-12, 115:17), "지식도 없고 지혜도 없기" 때문이다(전 9:10). '스올'이 영혼들의 옥이라 말할 수 없는 것은 구약성경에는 육체와 영으로 나뉘는 이원론이 없기 때문이다. 또 구약성경은 유대인들의 나라 곧 이스라엘과 가나안땅에 관한 문자적인 말씀이다. 따라서 영의 세계가 개입될 여지가 없다. 예수님 시대에 사두개파들이 천국도 지옥도 영혼도 부활도 천사도 믿지 않았던 이유가 여기에 있다. 페르시아제국시대 말까지를 내용으로 담고 있는 구약성경에 없기 때문이었다. 반면에 바리새파들은 천국과 지옥, 영혼과 부활 천사를 믿었는데, 이것은 신구약중간기였던 헬라시대의 영향 때문이었다. 후대에 이르러 랍비들은 '올람 하바'를 사후세계에 연결 짓기도 하지만, 교리를 믿거나 주장하는 종교가 아니라 토라(계명)를 그대로 실천하는 종교이기 때문에 '다가올 세상'에 대한 유대인들의 믿음은 그리스도인들이 낙원과 천국 또는 '새 하늘과 새 땅'

에 대해서 갖는 견해만큼이나 다양하다. 유대교인들이 말하는 천국은 에덴동산(Gan Eden)[289]인데 죽은 의인들이 부활하여 들어가며, 안식일에 경험할 수 있는 샬롬(평화)보다 60배나 더 복된 곳이라고 말한다. 지옥은 '게힌놈'(Gehinnom, 힌놈의 골짜기)인데, 심판의 불이 꺼지지 않는 곳을 말하며, '게힌놈'의 불은 지상의 것보다 60배나 더 뜨겁다는 이야기가 후대에 첨가되었다. 다만 '게힌놈'은 가톨릭교회가 주장하는 연옥과 같아서 '다가올 세상'이 도래하기 전까지만 존재하며, '게힌놈'에서 머무는 기간도 최장 12개월로 한정된다. 그러나 악한 자들은 부활하지 못하고 '다가올 세상'에 들어가지 못한다.[290] 힌놈의 골짜기는 히브리어로 '게헨놈', '게힌놈', '게벤힌놈'으로 불렸고, 헬라어로는 '게헨나'(Gehenna)로 불렸다(마 5:22; 막 9:47). 예루살렘 남서쪽에 위치해 있고, 바알에게 분향하던 곳이었으며, 몰렉에게 어린자녀들을 산 채로 불살라 제물로 바치던 곳이었다(대하 28:1-4; 렘 7:31-33). 그러다가 요시야의 개혁 때부터(왕하 23:10) 이곳은 쓰레기와 동물과 죄인의 시체를 태우는 소각장으로 쓰였다. 24시간 불과 연기가 피어오르는 잿더미 골짜기였다. 그래서 힌놈의 골짜기는 불이 꺼지지 않는 지옥의 상징이 되었다.

3. 그리스도교(신약성경)의 종말론

그리스도교(신약성경)의 종말론은 유대교의 미래종말론이나 일부 그리스도인들의 시한부종말론과는 크게 다르다. 신약성경 종말론의 특징

---

[289] 랍비들은 '간 에덴'을 아담과 이브가 살았던 에덴동산과 다른 곳이라고 말한다.
[290] https://www.jewfaq.org/olamhaba.htm.

은 현재종말론이다. 현재종말론이란 종말이 주후 30년 5월 28일 오순절 날 오전기도시간에 성령님의 오심과 능력으로 '이미' 지상의 교회(그리스도인들) 안에서 출범했다는 가르침이다. 이를 다른 말로 시작된 종말(inaugurated eschatology) 혹은 실현된 종말(realized eschatology)이라고 부른다.

현재종말, 시작된 종말, 실현된 종말은 성경전서라는 큰 그림에서 볼 때 후천년설적(혹은 무천년설적)이다. 종말과 관련된 용어들, 곧 회개와 구원, 현재와 미래, 개인과 우주, '이미'와 '아직' 등도 다분히 후천년설적이다. 그러나 성경전서에 담긴 일부 또는 특정한 구절들만 놓고 본다면 전천년설도 얼마든지 가능하다.

모쉬아크, 이스라엘, 유대인들에서 또 메시아, 교회, 그리스도인들에서 모쉬아크나 메시아(그리스도)의 초능력적 역할에 초점을 맞추면 전천년설에 기울 것이고, 이스라엘과 유대인들 그리고 교회와 그리스도인들의 미션의 역할에 초점을 맞추면 후천년설에 기울게 될 것이다. 또 미래구원 혹은 미래종말(futuristic eschatology)에 초점을 맞추면 전천년설에 기울 것이고, 현재구원 혹은 현재종말(시작된 종말 혹은 실현된 종말)에 초점을 맞추면 후천년설에 기울게 될 것이다.

"말세"란 메시아의 때, 곧 더 좋은 새 천년시대를 눈앞에 둔 시점이란 뜻이다. 히브리인들이 출애굽이후의 시대, 곧 우상숭배의 나라 이집트를 탈출하여 홍해를 건넌 후 시내산에서 옛 언약을 맺고 구름기둥의 인도를 받아 가나안 땅에 들어간 것이 새 천년시대였듯이, 예수님과 사도들이 내다봤던 새 천년시대는 예수님을 믿고, 죄를 회개하고, 신앙(언약의 내용)을 고백하고, 침례를 받아 하늘 가나안땅의 시민이 되는 교회시대 또는 성령시대를 말한다. 예수님은 그 시대의 특징을 마태복음 구조의 특징인 좌우대칭의 중심축인 13장에서 8개의 비유들로 설명하셨는데, 그 가운데 겨자씨비유와 누룩비유가 대표적이다.

출애굽기와 여호수아서는 다가올 세계를 향한 신실한 믿음(emunah, believe that)에, 역대기서들은 다가올 세계를 토라(율법)준수와 혈통유지에 충실함(emunah)으로써 점진적으로 확대시켜가는 낙관적인 후천년설에 기반 한다. 바울서신과 누가복음과 사도행전은 다가올 세계를 그리스도를 믿음(pistis, believe in)으로 성령님의 보증과 인침과 능력과 선교(전도)를 통해서 점진적으로 확대시켜가는 낙관적 후천년설에 기반 한다.

히브리인들의 관점에서 볼 때, 홍해를 건넌 것이 초기승리(종말의 시작)였고, 광야생활이 고난시대였으며, 요단강을 건넌 후 얻은 승리가 최후승리였다. 예수님의 사건에서 볼 때, 종려주일사건은 초기승리였고, 고난주간이 광야시대였으며, 부활주일이 최후승리였다. 교회의 관점에서 볼 때, 오순절 사건은 초기승리(종말의 시작)였고, 교회시대가 고난시대이며, 주의 재림이 종말의 완성이 된다. 그리스도인의 관점에서 볼 때, 침례(세례)가 초기승리이고, 교회생활(신앙생활)이 고난시대이며, 육체부활이 종말의 완성이 된다.

성경전서의 종말론은 큰 틀에서 후천년설적이다. 갈라디아서 2장 8절, "베드로에게 역사하사 그를 할례자의 사도로 삼으신 이가 또한 내게 역사하사 나를 이방인의 사도로 삼으셨다."와 사도행전 28장 31절, "하나님의 나라를 전파하며 주 예수 그리스도에 관한 모든 것을 담대하게 거침없이 가르치더라."에서 보듯이, 그리스도교의 성공에는 강한 소명의식, 사명의식, 성령 충만, 끈질긴 기도, 인내의 믿음, 낙관적 후천년설이 있었다. 따라서 출애굽기, 여호수아서, 누가복음, 사도행전은 흑암과 혼돈과 무(無)에서 출발하여 각종 환난과 시련을 이기고 빛과 질서와 생명에로 점진적으로 성장 발전하여 완성에 이르는 후천년설적(postmillennial) 성공 스토리(success stories)이다. 세례 요한도 예수님도 사도들도 "회개하라. 천국이 가까이 왔다."고 했다. 그리스도교종말론의 특징은 '이미'와 '아직 아닌'에 있는데, '이미'는 실현된 종말론(realized eschatology)을 말하고, '아직 아닌'은 미래 종말론(futuristic eschatology)을 말한다. 그 둘 사이에 교회시대가 있다. 그것은 마치 홍해를 건넌 후 곧 이집트로부터 구원을 받고 약속의 가나안땅에 이르기까지 40년 광야시대동안 구름기둥의 인도를 받은 것과 같아서 예수님을 그리스도와 하나님을 죽은 자를 살리시는 분으로 믿고(롬 10:9) 회개하고 침례를 받음으로써 구원을 받고 성령님의 인도하심을 받으며 교회시대를 살다가 천국에 이르는 것과 같다. 믿고 회개하고 침례를 받고 성령님을 받아 그리스도인이 되는 것을 영적구원 혹은 영혼부활이라 말하고, 궁극적인 구원을 육체구원 혹은 육체부활이라 말한다. 광야시대가 그랬듯이 교회시대는 환난(십자가를 지는)시대이기는 하나 구름기둥의 실체되신 성령님의 인도하심을 받아 점진적으로 하나님의 나라를 성취하는 것이기에 후천년설적인 것이다. 후천년설은 교회시대요 성령시대인 현시대 또는 현 세상을 천년왕국으로 보는 입장으로써 그 천년왕국이 원추형처럼 점진적으로 성취되어 주의 재림 때에 완성된다고 보는 입장이다.

1) 바울서신들에서의 현재종말

신구약전서의 이해에서 가장 핵심적인 테마가 가나안 땅이다. 땅은 오랜 종살이 또는 오랜 떠돌이(유배)를 끝내고 얻는 구원과 안식의 상징이자 종말의 축복 그 자체이다. 그 때문에 바울은 구원을 기업(하늘 가나안땅)과 동일시하였다. 바울이 로마서에서 해설한 구원론, 성령론, 종말론은 부분적으로는 묵시문학적이고, 예표와 모형은 히브리인들의 출애굽사건에 있다.

바울이 해설한 현재구원은 영혼구원 혹은 영적부활, 현재종말을 말하는데, 그는 이것을 '의롭다하심'(justification) 혹은 '칭의'라고 불렀다. 그런데 칭의는 그 자체가 완성을 말하기보다는 성령님에 의한 성화의 시작(초기성화, 거듭남, 중생) 혹은 기업(유업, inheritance)의 약속("약속의 땅"히 11:9, "약속의 언약" 엡 2;12)을 말하고, 약속의 성취를 위한 성령님의 보증(deposit, guaranteeing what is to come. 고후 1:22 5:5; 엡 1:14)과 맛봄(선취, anticipation)을 의미한다. 반면에 미래구원은 주의 재림과 동시에 성취될 육체부활과 약속의 기업(유업, 하나님의 나라)의 성취와 영생을 말한다.

바울은 '아직' 이루어지지 아니한 다가올 미래종말을 여전히 희망한다는 점에서 묵시문학사상에 한발을 걸치고 있다고 볼 수 있지만, '이미' 이뤄진 현재종말이 미래종말을 기대하는 희망의 근원이기 때문에 전통적인 묵시문학사상을 그대로 답습한 것이 아니었다. 바울은 로마서 5장과 8장에서 미래에 있을 하나님의 영광 또는 하나님의 승리가 그리스도인들의 현재적 삶속에서 이미 영적으로 성취된 사실을 강조하면서 종말은 이미 그리스도인의 삶속에 현존하기 때문에 그리스도인들은 기뻐할 수 있고, 새로운 피조물임을 선언할 수 있으며, 환란과 핍박을 막연히 견디거나 종말의 축복을 막연히 기다리지 않고, 오히려 성령님의 능력과 인도하심 속에서 하나님의 나라의 평화를 미리 맛보고, 누리며 바랄 수 있다고 하였다. 이 점에 있어서 종말론은 구원론과 같을 뿐 아니라 성령론과도 같다. 바울의 종말론, 구원론, 성령론은 그 예표(혹은 모형과 그림자)가 출애굽사건에 있다. 바울에게 있어서 홍해는 침례(세례), 광야는 교회(그리스도인들), 구름기둥은 성령님, 가나안땅은 기업(엡 1:14, 18)의 종말론적 예표들이었다.

바울은 로마서 5장 1-11절에서 "의롭다 하심", "하나님과 화평", "은혜에 들어감", "하나님의 영광", "환난 중에도 즐거워" 함, "환난은 인내를, 인내를 연단을, 연단은 소망을 이루는 줄 앎", "성령으로 말미암아", "소망이 우리를 부끄럽게 하지 아니 함", "그리스도께서 경건하지 않은 자를 위하여 죽으심" 등을 기술하였는데, 히브리인들의 가나안입성에서 모형을 취한 것이라고 볼 수 있다. 그리고 바울은 여기서 침례 후 그리스도인들의 하늘 가나안입성을 위한 행군, 교회(신앙)생활에서 하늘 가나안입성을 바라보는 즐거움, 하늘 가나안입성을 위한 연단 등을 피력한 것이라고 볼 수 있다. 바울은 성도들의 교회(신앙)생활을 하늘 가나안입성을 위해 믿음을 단련하는 기간으로 보았다.

히브리 민족이 겪었던 출애굽사건은 우리 그리스도인들이 예수님 믿고, 회개하고, 신앙고백(언약의 내용)하고, 침례(홍해도하) 받고, 교인(선민)이 되고, 죽어서(요단강 건너서) 천국(하늘 가나안)에 입성하기까지 펼치는 천로역정(天路歷程)의 예표(豫表)요, 모형(模型)이며, 그림자이다. 히브리 민족이 겪었던 출애굽사건은 예수님 생애 마지막 한 주간과도 깊은 연관성을 갖는다. 예수님 생애 마지막 한 주간의 대미를 장식했던 주요 사건들은 세 가지이다. 첫째는 종려주일사건이고, 둘째는 고난주간사건이며, 셋째는 부활주일사건이다. 이 세 가지 사건들은 출애굽사건들에서 그 모형들을 갖고 있다. 출애굽사건이 가나안입성에서 성취되었다면, 주님께서 입성하신 예루살렘은 그 가나안의 중심이요 수도였다.

예루살렘에는 두 가지가 있다. 이 땅의 일시적인 예루살렘과 저 하늘에 영원한 예루살렘이 있다. 주님께서 종려주일에 입성하신 예루살렘은 히브리 민족이 홍해를 건넌 후에 들어간 광야교회(옛 언약공동체)와 그리스도인들이 침례 후에 입교한 교회(새 언약공동체)에 연관성을 갖는다.

주님의 종려주일사건은 갈릴리를 떠나와 예루살렘에 입성한 사건이다. 이를 일컬어 '승리의 입성'(Triumphal Entry)이라고 부른다. 이 지상 예루살렘의 입성은 히브리 민족이 홍해를 건너 광야교회에 입성한 것과 같다. 우리 그리스도인들이 예수님을 믿고 회개하고 신앙을 고백한 후에 침례를 받아 거듭난(중생) 기쁨과 의롭다함(칭의)의 기쁨을 누리는 영적 구원을 받고 하나님의 지상나라인 교회에 입성한 것과 같다. 이런 맥락에서 정식으로 입교인이 되는 순간은 세상으로부터의 영광의 탈출이요, 승리의 입성이다. 이 기쁨을 묘사한 것이 출애굽기 15장에 나오는 홍해해변에서 히브리 민족이 남녀노소 할 것 없이 누구나가 목 놓아 외쳐 부른 승리의 노래, 모세의 노래요, 요한계시록 15장에 나오는 "불이 섞인 유리바다 가"에서 그리스도인들이, 마치 예루살렘에 입성하시는 예수님을 따르던 무리가 종려나무가지를 꺾어들고 "호산나 다윗의 자손이여, 찬송하리로다."를 연호했던 것처럼, "하나님의 종 모세의 노래(출애굽기 15장의 노래), 어린 양의 노래를" 부른 찬송이다.

2) 마태복음에서의 현재종말

신약성경의 첫 책인 마태복음은, 마치 모세오경(토라)이 이스라엘이 지상 가나안 땅에서 언제 어떻게 왜 누구에 의해서 형성되었는가를 설명하고 있듯이, 새천년시대로써의 교회천국이 언제 어떻게 왜 누구에 의해서 형성되었는가를 모세오경의 모형을 좇아서 설명하였다.

다섯 개의 설교 군(群)들이 대칭적으로 배열된 마태복음에서 13장에 기록된 8개의 천국비유는 복음서의 핵심이자 중심축이다. 이들 비유들은 천국(올람 하바)의 특징과 성격을 설명한다. 먼저 나오는 4개는 배 위에서 군중에게 하신 말씀이고, 뒤에 나오는 4개는 집안에서 제자들에게 하신 말씀이다. 1-2절에서 갈릴리 호수는 세상을, 배는 교회를 상징한다. "온 무리는 해변에 서 있더니"는 아직 교회라는 구원의 방주에 오르지 아니한 상태, 즉 천국복음을 이제 겨우 듣는 단계를 말한다. 그들이 교회라는 배에 승선하려면, 먼저 천국복음을 듣고, 믿고, 회개하고, 신앙고백하고, 침례를 받아야 한다. 그런데 현 상황은 천국복음을 듣는 단계이다. 승선을 결정하기까지에는 아직도 여러 단계를 거쳐야 한다. 첫 번째 비유, 마태복음 13장 3-23절의 '씨앗을 받는 네 종류의 밭'은 어쩌면 승선 전(前) 4단계를 설명하려고 했는지 모른다. 그리고 "예수께서 배에 올라가 앉으시고"는 예수님이 교회의 창설자이시고 교회는 그분의 말씀에 기초한다는 사실을 보여준다. 이 배는 천국복음을 듣고, 믿고, 회개하고, 신앙고백하고, 침례를 통해 배표를 받고 승선한 자들(좋은 땅)을 호수 건너편 새천년왕국 새 가나안 땅의 해변으로 실어 나르게 될 것이다. 그러나 지금은 결단의 시간이다.

 세상을 구성하는 "길 가", "돌밭", "가시떨기", "가라지"("악한 자의 아들들")에도 불구하고, 비록 세상이 광야(사막)와 같을지라도, 종말시대인 현재의 교회시대가 완전무결하지 않고, 세상이란 밭에 뿌리를 내리고 있으며, 세상의 많은 부분을 마귀의 아들들이 점령하고 있을지라도, "추수 때까지" 곧 "세상 끝"까지, 재림 때까지, 최후심판 때까지 혹은 영원한 새 하늘과 새 땅의 도래 때까지 알곡과 가라지가 혼재하는 이 상황이 지속될지라도, 겨자씨 비유(교회의 외적 성장)와 누룩에 관한 비유(교회의 내적 성장)에서 보듯이, 비록 교회가 원수 마귀의 자식들로부터 공격을 받고 있고, 작은 겨자씨나 작은 덩어리의 누룩처럼 시작이 미약하지만, 창대하게 번성할 것을 예수님은 말씀하셨다. 그러므로 마태복음 13장 31-33절, "또 비유를 들어 이르시되, 천국은 마치 사람이 자기 밭에 갖다 심은 겨자씨 한 알 같으니, 이는 모든 씨보다 작은 것이로되 자란 후에는 풀보다 커서 나무가 되매 공중의 새들이 와서 그 가지에 깃들이느니라. 또 비유로 말씀하시되, 천국은 마치 여자가 가루 서 말 속에 갖다 넣어 전부 부풀게 한 누룩과 같으니라."는 말씀은 현 세상을 종말론적인 천년시대로 보는 후천년설 또는 교회와 낙원을 종말론적인 천년시대로 보는 무천년설을 지지한다고 볼 수 있다.

3) 누가문서들에서의 현재종말

바울의 동역자요 바울의 신학사상을 누구보다 잘 파악하고 있었을 누가는 교회시대를 성령님의 시대로 이해하였고, 성령님을 통해서 하나님의 구원의 활동이 인간의 역사 속에서 지속되어져가고 있음을 누가복음과 사도행전에서 설명하였다. 성령님은 하나님의 뜻을 따라 죄인을 이끌어 중생의 거듭남(칭의)에로 인도할 뿐 아니라, 현재의 고난에도 불구하고, 하나님의 나라의 축복 곧 종말의 축복을 미리 앞당겨 맛보고 체험하게 하며, 그리스도인을 하나님의 나라에로 이끌어 구원(성화)에 이르게 한다고 믿었다.

누가는 또 성령님의 활동을 통해서 교회가 기대했던 임박한 종말의 기대를 종말의 역사화로 설명하였다. 성령님은 종말(재림)과 현재 사이에 교회시대를 가능하게 함으로써 임박한 종말신앙을 자연스럽게 현재적 종말신앙으로 바꾸어 놓았다. 임박한 종말신앙이란 현세를 비관하고 내세만을 기대하는 유대주의 묵시문학적 말세신앙 혹은 전천년설을 말하며, 현재종말신앙 혹은 후천년설 혹은 무천년설이란 재림이후에 있을 하나님의 나라의 축복을 성령님을 통해서 약속, 인침, 보증 받을 뿐 아니라, 그리스도인이 현세에서 미리 앞당겨 맛보고 체험하는 선취(先取, anticipation)를 말한다. 따라서 누가가 말하는 현재(영혼)구원은 사도 바울과 마찬가지로 미래구원에 대한 성령님의 약속, 인침, 보증, 선취를 뜻하였다.

누가는 복음서에서 복음의 대상을 유대인뿐 아니라, 온 인류에게로 확대시킨 것과 그 목적을 위해서 출범된 신약교회시대가 성령시대요, 하나님께는 영광(glory to God)과 사람에게는 평화(peace to men)가 확장되어지는 은혜시대 즉 미래종말의 희망과 지복이 지금 여기 역사현장에서 이미 시작된 것을 설명하려고 하였다. 누가의 높은 영성은 유대민족의 오랜 희망의 실현과 유대교와 유대민족사의 틀 속에 예수님의 사건들과 말씀들을 가두지 않고 더 넓은 이방세계를 향해 평화의 복음으로 지평을 넓힌데 있다. 우리가 봐야할 것이 바로 이 점이다. 예수님이 선포하신 평화의 복음은 로마인들의 귀에는 반역행위에 가까웠다. 로마제국의 명예와 합법성을 뒷받침하는 가장 중요한 주장은 로마가 피스메이커(peacemaker)란 것이었다. 로마는 신성의 지배자 로마황제의 후원 아래 '로마의 평화'(pax romana)를 유지하고 있었다. 신(神)이라고 주장하던 아우구스투스 황제의 공식 칭호들 가운데 하나는 '평화를 가져오는 자'였다. 로마군대는 이 평화를 이루고 보장하는 집단으로서 속주민들은 이를 고맙게 여기고 기꺼이 세금을 바쳐야 한다고 주장하였다. 그러나 로마의 평화는 전쟁과 죽임과 착취와 탄압의 대가로 얻어지는 잠정적인 평화에 불과하였다. 반면에 예수님이 제시한 평화는 세상이 주는 평화(pax)가 아니라, 하나님이 주시는 샬롬(shalom)이었다. 이 샬롬은 하버드대의 하비콕스 교수의 말대로, "황제의 이름으로 무자비하게 강제된 평화가 아니라 하나님의 선물로써의 평화"였다.[291] 이 평화는 다른 사람을 죽임으로써 얻어지는 것이 아니라, 하나님 자신이 자진하여 십자가에 죽음으로써 얻어진 참 평화였다.

누가가 복음서에서 강조한 또 한 가지는 그리스도인들의 최후승리와 영광이었다. 그래서 누가복음은 승리의 복음(Gospel for Triumph)이라 말할 수 있다. 이 승리는 예수님께서 고난을 받으시고 부활 승천하시어 하나님의 우편보좌에 앉으시고, 천상천하의 피조물로부터 영광을 받으시는 것처럼, 그리스도인들도 예수님께서 친히 걸으신 그 길을 따라 걷게 될 것을 암시하였다. 이를 위해서 누가는 예수님의 생애가 배척당하여 죽음의 언덕에 오른 십자가의 길이었으나 기도와 성령 충만함으로 걸었던 승리와 영광의 길이었음을 피력하기 위해서 예수님이 공생애 처음부터 고향사람들로부터, 사마리아인들로부터, 예루살렘의 지도자들로부터 배척당하셨다는 점과 죽음이 기다리는 예루살렘을 향해서 십자가의 길을 마다하지 않으셨다는 점과 이 험한 길을 항상 기도하시면서 성령님의 능력으로 극복하셨다는 점을 강조하였다.

누가복음 6-9장은 하나님이 주시는 샬롬(shalom)의 참 평화를 실현할 평화군(Peace Corps)의 조직, 강령, 훈련, 출정에 관한 것이고, 9장 51절부터 19장까지는 예루살렘을 향한 행군(순례)의 시작과 예루살렘 입성(초기승리)까지이며, 20-24장은 예수님의 십자가의 수난과 최후승리(부활 승천)에 관한 내용이다. 사도행전에서도 이 같은 패턴이 반복되는데, 특히 바울이 3차 선교를 마친 후 고린도를 출발하여 예루살렘에 입성하여 체포되고 재판받는 과정이 그러하다.

예수님의 평화군(平和軍)의 사명은 다름 아닌 암흑시대를 떠나보내고

---

[291] 하비 콕스, 《예수 하버드에 오다》, 오강남 옮김(서울: 문예출판사, 2004), 199.

광명시대를 활짝 여는 것이다. 이 평화군의 선봉장들의 이름이 베드로, 베드로의 형제 안드레, 요한의 형제 야고보, 요한, 빌립, 바돌로매, 마태, 도마, 알패오의 아들 야고보, 열심당원 시몬, 야고보의 아들 유다 그리고 가룟 유다였다. 누가복음 6장 17절을 보면, 이들이 평지의 전장(戰場)에 내려와 도열하였는데, 대장이신 예수님이 맨 앞에 서셨고, 몇 걸음 뒤에 열 두 사도들이 도열하였으며, 또 몇 걸음 뒤에는 "그 제자의 많은 무리" 즉 예수님의 제자들의 큰 무리가 도열하였다.

이 평화군의 무장은 '기도하기'와 '성령충만'이었다. 그리고 그들이 물리쳐야할 적군들은 사람들을 괴롭히는 더러운 귀신들이었다. 평화군의 대강령(大綱領)은 '인간사랑'으로써 15개의 강령이 소개되었다(눅 6:20-38). 누가복음 7장에서 예수님의 평화군(Peace Corps) 임무는 인류에게 희년을 선포하고, 손을 내밀어 생명을 구하여 하나님나라를 세우는 복음사역이다. 이 목적을 위해서 예수님은 이 땅에 오셨고, 제자들을 불러 평화군을 조직하셨으며, 강령을 선포하셨고, 임무를 설명하셨으며, 임무수행의 모범을 친히 보이시고 훈련시켜 파송하셨다. 누가복음 8장 1-3절은 예수님께서 열두 제자들을 파송하시기 직전에 미션수행의 모범을 친히 보이시고 훈련하시는 모습을 보여준다. 누가복음 9장 1-6절의 파송은 6장의 평화군의 조직과 강령, 7장의 임무, 8장의 훈련에 이은 실습이다. 여기서 파송 받은 제자들은 모든 시대의 모든 그리스도인들의 대표이다. 하늘 예루살렘에로 오름의 행진을 시작한 모든 그리스도인들이 여기에 포함된다. 이어서 예수님은 일의 우선순위, 희년선포의 긴박성, 복음전도의 절박성과 역사 속에서 지속되어져야할 연속성을 강조하셨다. 그 최후는 승리요 영광이란 것이 누가의 핵심 메시지이다.

복음의 전파가 "예루살렘과 온 유대와 사마리아와 땅 끝까지"이르는 과정을 설명한 사도행전도 후천년설적이다. 하나님의 나라 혹은 그리스도의 나라 곧 종말이 예루살렘에서 시작되어 온 유대와 사마리아와 땅 끝까지 점진적으로 확대되었다고 말하기 때문이다. 사도행전은 전반부와 후반부로 나뉘는데, 전반부 사도행전 6장 7절에서 "하나님의 말씀이 점점 왕성하여 예루살렘에 있는 제자의 수가 더 심히 많아지고 허다한 제사장의 무리도 이 도에 복종하였다."고 하였고, 9장 31절에서는 "그리하여 온 유대와 갈릴리와 사마리아 교회가 평안하여 든든히 서 가고 주를 경외함과 성령의 위로로 진행하여 수가 더 많아졌다."고 하였다. 사도행전 전반부에서의 주역은 베드로를 비롯한 히브리파 사도들인데, 그들은 유대인들에게만 전도하였다. 이 전도의 추진동력(pushing power)은 배척, 환란, 사두개인들과 사울의 박해였다. 사도행전 8장 1절, "그 날에 예루살렘에 있는 교회에 큰 박해가 있어 사도 외에는 다 유대와 사마리아 모든 땅으로 흩어지니라."고 하였고, 8장 4절, "그 흩어진 사람들이 두루 다니며 복음의 말씀을 전할새"라고 하였으며, 11장 19절, "그 때에 스데반의 일로 일어난 환난으로 말미암아 흩어진 자들이 베니게와 구브로와 안디옥까지 이르러 유대인에게만 말씀을 전하는데"라고 하였다.

누가는 또 후반부 사도행전 12장 24절에서 "하나님의 말씀은 흥왕하여 더하였다."고 하였고, 16장 5절에서는 "이에 여러 교회가 믿음이 더 굳건해지고 수가 날마다 늘어갔다."고 하였으며, 19장 20절에서는 "이와 같이 주의 말씀이 힘이 있어 흥왕하여 세력을 얻었다."고 하였고, 28장 31절에서는 "하나님의 나라를 전파하며 주 예수 그리스도에 관한 모든 것을 담대하게 거침없이 가르쳤다."고 하였다. 사도행전 후반부에서의 주역은 바울을 비롯한 헬라파 동역자들이었는데, 그들은 이방인들에도 전도하였다. 이 전도의 추진동력(pushing power) 역시 배척, 환란, 헬라파(디아스포

라) 유대인들의 심한 박해였다. 전도자들은 이 박해로 인해서 한 곳에 정착하지 못하고 지속적으로 이동할 수밖에 없었다. 그리고 전후반부에서 드러난 사도들과 전도자들의 사역방법은 여행(순례 행진), 성령 충만, 기도였다. 누가의 누가복음과 사도행전의 예표(혹은 모형과 그림자) 역시 출애굽 사건이었다. 누가복음은 새 출애굽기에 해당되고, 사도행전은 새 여호수아서에 해당된다. 그리고 이 같은 내용은 다분히 후천년설적이거나 무천년설적이다.

4) 요한계시록의 현재종말론

요한 계시록은 그 자체가 갖고 있는 묵시문학적 성격 때문에 많은 사람들이 관심을 갖는 책이다. 그런데 너무 많은 사람들이 요한 계시록의 성격을 예언서로만 간주하여 미래적으로 해석(Futurist Interpretation)하려는 경향이 있다. 이런 해석의 단점은 계시록이 갖는 현재적 혹은 영적인 의미를 간과한다는데 있다.

요한 계시록은 구약성경과 이스라엘 민족의 창조주 하나님 신앙과 심한 역경 속에서도 승리를 이끌어낸 그들의 삶을 재해석하면서 현재의 고난과 미래의 승리를 환상(幻想)으로 보여 줌으로써, 악의 세력과 대항하여 싸우며, 박해와 고난을 당하는 그리스도인들에게 소망과 용기를 심어주고, 위로를 주며, 박해로 인한 배교의 위협과 신앙의 위기에 처한 그리스도인들에게 끝까지 믿음의 정조를 지키도록 권면하고 있다. 따라서 계시록은 그리스도와 그의 교회가 사단의 세력과 싸워 결국 승리하게 된다는 점을 말해 주고 있다. 사단의 세력이 일시적으로 이기는 것 같지만, 싸움의 결국은 성도의 승리로 끝난다는 것이다. 싸움은 이미 시작되었고, 위기위발의 순간에 있지만, 승리는 결국 그리스도인의 것이라고 말한다.[292]

서두에서도 언급하였듯이 요한 계시록의 내용이 춘향전과 매우 비슷해서 묵시문학적 성격이 분명히 있지만, 현재종말론적인 성격도 함께 있다. 그래서 과거적, 미래적, 현재적, 영적, 문학적, 점진적 평행과 같은 다양한 해석들이 가능했던 것이다.

계시록의 내용은 천상과 지상의 분리 또는 사건의 반복으로 전개된다. 도날드 거쓰리는 빅토리누스(Victorinus)가 최초로 반복이론(Recapitulation Theory)을 사용했다고 하고, 아우구스티누스(어거스틴)도 이 이론의 지지자였다고 적었다.[293] A. M. 헌터 역시도 '삽화의 원칙'(principle of parenthesis)과 '이중 사건들'(double happenings)이란 말로 반복과 분리를 말하면서 "마치 음악가가 두 개의 중후한 악장 사이에 가벼운 리듬의 악장을 도입하듯이 요한도 그의 심판 환상들이 거의 견딜 수 없게 될 때 지상의 고통의 장면에서 하늘의 축복에로 장면을 전환시킴으로써 긴장을 해소시키는 방법(삽화의 원칙)을 사용하고 있다."고 했고, "천상의 사건들 속에는 그와 대칭 되는 지상의 사건들(이중 사건들)이 있다"고 했다.[294]

실제로 계시록의 1장은 천상(인자), 2-3장은 지상(일곱 교회), 4-5장은 천상(보좌 방), 6장은 지상(일곱 인), 7장은 천상(큰 무리), 8-9장은 지상 혹은 음부(일곱 나팔), 14-15장은 천상(큰 무리), 16장은 지상 혹은 음부(일곱 대접), 10-13장은 중간계시(교회와 지도자들과 그리스도인들의 고난, 3년 6개월), 17-18

---

[292] William Hendriksen, More Than Conquerors: An Interpretation of the Book of Revelation(Grand Rapids: Baker Book House, 1985), 7-8.
[293] Donald Guthrie, 《요한계시록의 신학》(The Relevance of John's Apocalypse). 정충하 역(새순출판사, 1989), 17-18, 26, 115.
[294] A. M. Hunter, 《신약성서개론》(Introducing the New Testament), 박창환 역(컨콜디아사, 1989), 240.

장은 중간계시(큰 성 바벨론과 음녀의 멸망), 19장은 천상(주의 재림), 20장은 지상(천년왕국), 21-22장은 새 하늘과 새 땅에 관한 것이다. 일곱 나팔(삼분의 일 강도)과 일곱 대접(100퍼센트 강도)에서 보듯이, 뒤로 가면서 강도가 강해지고, 주의 재림과 동시에 최후심판과 새 예루살렘과 새 하늘과 새 땅이 전개된다.

계시록 이해의 핵심은 환난과 재앙이 다르다는 점이다. 환난은 그리스도인들이 믿음 때문에 겪는 고난이고, 재앙은 하나님께서 그리스도인들을 구원하시기 위해서 적그리스도와 거짓 선지자 및 그들의 추종자들에게 내리시는 저주이다. 그리스도인들은 구원의 대상이지 저주의 대상이 아니기 때문에 믿음의 끈을 놓지 말고 끝까지 이길 것을 권면하며, 불신자들과 박해자들에게는 회개를 권면하지만, 끝까지 회개하지 않는 자들은 저주의 대상이기 때문에 재앙을 당한다. 계시록 이해의 또 다른 핵심은 시련은 짧고 영광은 길다는 점이다. 그리스도인들의 고난은 3년 6개월로 묘사되었고, 그 영광과 축복은 일천년으로 묘사되었다. 그리고 계시록은 히브리인들이 이집트를 탈출하여 고난 끝에 가나안땅에 이스라엘 나라를 세운 스토리와 천한 신분의 성춘향이 변 사또로부터 핍박을 받지만 끝까지 정절을 지킨 후 이도령과 혼인하였다는 스토리와 오버랩이 된다.

계시록에서 고난당하는 그리스도인들에게 한편으로는 구원받은 성도들이 누리는 축복들을 보여주면서 인내와 끈질긴 믿음과 끝까지 이길 것을 권면하고, 다른 편에서는 그렇지 못한 자들이 당하는 무서운 저주와 재앙들을 보여주면서 회개를 촉구하고 경고한다는 점에서 계시록의 메시지는 현재종말론적이다. 계시록 1-18장의 사건들은 미래적이기보다는 현재적이고, 문자적이기보다는 영적이다. 천상에서 구원의 축복을 누리는 성도이든, 음부에서 저주를 받고 있는 불신자이든, 그 둘 중의 한 사람이 바로 현재의 나 혹은 당신 일수도 있고, 가까운 미래의 나 혹은 당신 일수도 있다.

5) 침례로 시작되는 현재종말

개개인의 현재종말은 침례/세례 안에서 이루어진다. 그리스도교의 침례는 예수님의 고난과 죽음과 부활에 동참하여 옛 사람이 죽고 새 사람으로 거듭나는 새 생명의 표지이다. 이것은 또한 예수 그리스도의 몸에로의 편입과 하나님과 그의 백성사이에 맺어진 새 계약에로의 유입을 뜻한다. 따라서 죄의 고백을 통해서 하나님의 은혜의 사건에 동참한 자는 사죄함을 받고 새로 거듭나며, 성령으로 새로워지고, 그리스도로 옷 입으며, 죄의 속박으로부터의 탈출과 성별, 인종, 사회적 신분의 분단의 벽을 초월하는 새로운 인간성에로 회복된다.[295] 이러한 경험은 하나님의 선물이며, 동시에 성령을 선물로 주셔서 하나님의 자녀로서 인치시고 종말에 이루어질 하나님의 나라를 현재적으로 미리 맛보게 하시며 그 나라를 완전하게 소유할 자로 보증하신다. 이런 뜻에서 기독교인의 종말은 침례 안에서 이루어진다.

그러나 침례 안에서 이루어지는 종말은 영혼의 구원 혹은 하나님의 나라의 시작에 불과하며, 인간의 죄지을 본성은 육체와 함께 그대로 살아남는다. 사실 영적인 구원은 아직 완성에 이르지 못한 성화를 위해서 주

---

[295] World Council of Churches, *Baptism, Eucharist and Ministry*, Faith and Order Paper No. 111(WCC, Geneva, 1982), 3항; 조동호, 《우리가 이 보배를 질그릇에 가졌으니》(대전: 서진출판사, 1994), 134.

시는 하나님의 선물이다. 침례 안에서 칭의 하심을 통하여 '이미' 그리스도인 안에서 하나님의 나라를 시작하신 성령께서 '아직' 이루지 못한 성화의 삶을 이끌어 주신다. 바꾸어 말하면, 영혼구원으로 인해서 이미 우리 안에 종말은 시작되었으며, 아직 도래하지 아니한 미래의 종말을 희망한다. 종말이 시작되었다 함은 그리스도인의 삶 속에 미래 종말과 함께 도래할 축복의 세계 즉 하나님의 나라의 축복을 현세의 삶 속에 끌어내어 미리 경험하고 맛본다는 뜻이다. 이를 선취라고 말한다.

독일신학자 몰트만은 이미 시작된 하나님의 나라, 하나님의 새로운 세계에 대한 희망과 기다림을 신학의 주제로 삼는다. 성경이 말하는 종말은 개인의 실존적 사건에 불과한 것이 아니라, 세계 전체와 관련된 우주적 사건이며, 침례를 통해서 예수 그리스도의 삶과 부활에 동참한 하나님의 백성들 속에서 하나님의 나라 즉 하나님의 미래가 앞당겨져 시작되고 있음을 뜻한다. 그러나 이 미래는 아직 완성되지 않았다. 여전히 그것은 미래에 완성될 약속으로써 세계사의 목표로서 남아 있다. 따라서 침례를 통해서 새로운 하나님의 나라에 대한 희망과 기다림을 갖게 된 성도들은 구체적인 현실을 외면하거나 도피하는 것이 아니라, 예수 그리스도 안에 계시되었고 약속된 하나님의 나라를 인간 개인의 문제에 국한하지 않고 정치 경제 사회 문화 인종 자연 모든 영역에서 추구하는 자들이다. 예수 그리스도의 부활과 함께 이미 시작된 하나님의 나라는, 비록 현실이 어둡고 암담하지만, 이 세계 속에서 완성될 그 날을 희망한다. 이 희망은 피안의 세계에 대한 희망만이 아니라, 이 현실 속에서 즉 이 땅 위에서 이루어질 하나님의 새로운 세계에 대한 희망이다. 침례를 통해서 그리스도의 이 약속에 동참한 신자들은 하나님의 나라를 세울 역군이며, 하나님의 세계를 지향하여 그 자신을 언제나 새롭게 변화시키고 개혁시

켜 나가는 백성이다.296

범 우주적인 미래종말은 그리스도의 재림으로 시작된다. 이때에 모든 육체는 신령한 몸으로 변하고, 죽은 영혼들이 부활하게 된다. 그리고 자연 만물은 회복이 되어 인간이 살기에 가장 적절한 낙원이 된다. 다시는 눈물이나 슬픔이 없고, 고통이나 수고가 없는 하나님이 직접 통치하시는 영원한 지복이 이루어 질 것이다. 성경은 이것이 역사의 마지막에 이루어진다고 가르친다. 이 미래종말은 모든 믿는 이들의 희망이요, 현세의 삶 속에서 행복과 평강을 누릴 수 있는 축복의 근원이 된다.

4. 역사 속에서의 후천년설

그리스도교는 주후 313년까지 불법종교였다. 게다가 자칭 신(神)의 아들이자, 신과 주(Deo et Domino)요, 왕(王)들의 왕이며(참고: 라 7:12; 단 8:25), 주(主)들의 주였던 로마의 황제들은 로마의 신들에게 충실하고자 10여 차례에 걸쳐서 그리스도인들을 전국적으로 탄압하였다. 네로의 그리스도교 박해는 로마에 국한된 것이었다. 주후 212년에 발효된 카라칼라의 안토니누스 칙령이후 모든 속주민도 로마시민권을 갖게 되었음에도 불구하고 로마황제 데키우스(Decius, 250-251)는 로마건국 일천주년이 2년 지난 250년에 그리스도인이 아니라고 명기한 '리벨루스'(libellus)라 불린 증명서를 누구나 소지하도록 칙령을 내렸다. 그렇지만 그는 일 년 후인 251년에 고트족과의 전투에서 습지대에 갇혀 혼전을 벌이다가 아들과 함께 전사하였고, 시신은 수렁에 가라앉아 찾지도 못하였다. 둘째 아들도 동

---

296 김균진,《헤겔철학과 현대신학》(대한기독교출판사, 1980), 213-250.

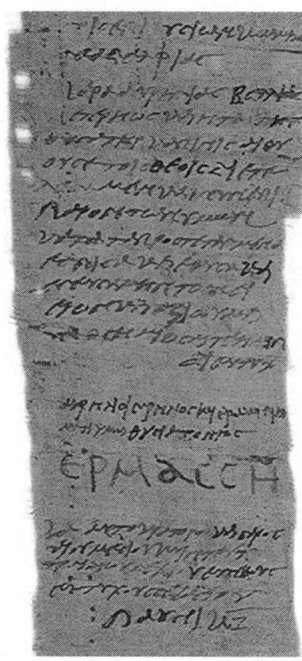

데키우스(Decius)가 발행한 리벨루스(libellus, 250년)

[내용] 테아델피아 마을의 제사를 관장하는 자들에게, 페테레스의 딸 아우렐리아 벨리아스와 그녀의 딸 카피니스로부터: 우리는 과거로부터 지금까지 신들에게 제사를 바쳐왔습니다. 그리고 이제 본인은 절차를 따라 관제를 붓고 제사를 드렸으며, 신성한 예물을 맛보았습니다. 따라서 저는 저희들을 위해서 이 증서에 서명해 주실 것을 요청합니다.

[서명] 우리 아우렐리우스 세레누스와 아우렐리우스 헤르마스는 그대들이 제사 바치는 것을 보았노라. 헤르마스 본인에 의해 서명하다. 황제 카이사르 가이우스 메시우스 퀸투스 트라야누스 데키우스 피우스 펠릭스 아우구스투스 1년, 아우니 27.

라마수(Lamassu) 석상(님루드 출토, 대영박물관 소장) – 아시리아의 사르곤 2세(721-705 BC) 궁전 코르사바드(Khorsabad)의 수호신으로써 메소포타미아 북부에서 약 4천 년 전에 등장한 아시리아 제국 도시의 성문이나 궁전을 지키는 수호신이다. 황소 몸체에 세 쌍의 날개와 사람의 두상을 가진 이 라마수는 아시리아의 왕 사르곤 자신이다. 머리에 황소의 뿔 세 쌍이 새겨진 관을 쓰고 있다.

년에 전염병으로 병사하였다. 데키우스와 그의 두 아들이 다 죽자, 252년 한 해 동안에 황제가 세 사람이나 출몰하였다가 253년에 발레리아누스(Valerianus, 253-260)가 황제에 오른 후 그도 역시 제국의 시민들에게 '리벨루스'를 발부받아 항상 소지하게 하였고, 이를 거부하는 그리스도인들을 사형에 처하고 재산을 몰수하였다. 그러나 그는 260년에 7만 대군을 이끌고 페르시아 왕 샤푸르1세와 맞붙어 싸우다가 포로로 잡혀 비참한 최후를 맞이하였다. 그리고 열 번째이자 마지막으로 디오클레티아누스 황제가 303년에 교회탄압을 위한 칙령을 공포하고 사악한 박해자의 칼을 치켜들었다. 그러나 박해의 기간들은 대체로 3년 6개월을 넘기지 못하였다. 그러는 사이에 그리스도교는 겨자씨나무처럼 외적으로 쑥쑥 성장하였고, 내적으로는 누룩과 같은 힘을 가지고 민중들 사이를 파고들었다.

주후 30년 5월 28일 오순절 날 오전기도시간 무렵에 예루살렘에서 교회가 창립되고 나서 신약성경의 글들이 기록되기까지는 임박한 주의 재림에 대한 기대가 컸었다. 신약성경의 여러 글에서 드러난 현재종말론은 부분적으로는 지연된 재림에 대한 적절한 설명이기도 했다. 그리스도의 초림과 재림 사이를 교회시대 곧 성령님이 강력히 이끄시는 영적인 천년왕국(성령시대)이 역사에 자리매김을 하게 된 것이고, 후천년설 또는 무천년설이란 말이 나오게 된 것이다.

신학적으로 후천년설은 그리스도교가 로마제국의 국교(392년)가 된 때에 아우구스티누스와 티코니우스(Tyconius) 등이 주장하여 비잔틴시대를 지배했다가 계몽시대이후 선교 붐과 함께 다시 득세하였다. 신구약중간기였던 헬라시대와 신약시대였던 로마시대에는 황제나 왕이 짐승(우상)이자 적그리스도였다. 그 이유는 그들이 박해자들이었을 뿐 아니라, '신(神)과 주(主)'(Deo et Domino) 혹은 '주와 하나님'(Dominus et Deus)이라고 스

**메소포타미아의
신족에 속하는 마르두크**(Marduk) - 태양신이자 신들의 왕이며 바람(폭풍)의 신이다. 또한 창조신이자 세 쌍의 날개를 가진 바벨론의 수호신이다. 손에 물통과 스펀지를 쥔 이 마르두크는 바벨론왕 느부갓네살(네부카드네자르, Nebuchadnezzar) 자신이다. 머리에 황소의 뿔 세 쌍이 새겨진 관을 쓰고 있다.

**다리우스 대왕의
수사 궁전 스핑크스**(480 BC, 루브르) - 사자 몸체에 세 쌍의 날개와 사람의 두상을 가진 이 스핑크스는 페르시아의 수호신이자 다리우스 대왕 자신이다. 머리에 황소의 뿔 세 쌍이 새겨진 관을 쓰고 있다.

스럼없이 주장하며 신전을 세워 제사와 분향까지 받았기 때문이다. 그러나 주후 313년 6월 로마의 두 황제 콘스탄티누스와 리키니우스가 공표한 밀라노칙령(Edict of Milan)으로 그리스도교는 합법종교가 되었고, 그로부터 80여년 후인 392년부터 그리스도교는 로마제국의 유일한 종교로 남게 되었다. 콘스탄티누스와 그 이후의 황제들은 주화에 그리스도의 첫 두 글자인 '키로'(XP)와 십자가를 즐겨 새겨 넣었고, 그 이후 비잔틴시대의 황제들은 주화에 십자가 문양을 화려하게 새겨 넣었으며, 10-11세기에 이르러서는 주화 전면에 복음서를 가슴에 품고 계신 예수님의 상반신을 새겼고, 두상 배후에 십자가 후광을, 좌우 어깨 위쪽에 예수 그리스도(IC XC)라고 새겼으며, 뒷면에는 예수 그리스도 '만왕의 왕'(+IhSUS XRISTUS bASILEU BASILE) 혹은 '예수 그리스도 승리자'(IC XC NIKA)라고 즐겨 새겨 넣었다. 이런 상황에서 황제는 더 이상 짐승(우상)이나 적그리스도일 수가 없었다.

계시록 17장(Luther의 신약성서, 1522) - 그림은 목각인쇄 후 칠을 한 것으로써 CRANACH, Lucas the Elder의 공방에서 만든 계시록의 삽화 21장 가운데 하나이다. 일곱 머리 열 뿔 짐승을 탄 큰 성 바벨론의 큰 음녀의 머리에 삼중관을 씌움으로써 음녀가 가톨릭 교황이라는 점을 암시하였다.

그리고 12세기 후반기에 다시 전천년설이 등장하였는데, 플로라의 요아킴(Joachim of Flore, 1132-1202)으로부터 종교개혁시대에는 교황을 적그리스도로 간주하게 되었다. 단적인 사례가 1522년에 출판된 루터의 신약성경 계시록 17장에 삽입된 삽화이다. 이 그림은 나무에 새겨 활자들 틈에 삽입하여 인쇄 후 색을 덧입힌 것으로써 공방(Cranach, Lucas the Elder)에서 만든 계시록의 삽화들 가운데 하나이다. 일곱 머리 열 뿔 짐승을 탄 큰 성 바벨론의 큰 음녀의 머리에 삼중관을 씌움으로써 음녀가 가톨릭 교황이라는 점을 암시하였다. 삼중관(Papal Tiara)은 교황이 머리에 쓰는 관으로써 꼭대기에 보석으로 장식한 십자가를 세우고, 상층에 'VICARIUS'(대리자), 중층에 'FILII'(아들의), 하층에 'DEI'(하나님의)라고 새겨 넣거나 혹은 상층에 'CHRISTI VICARIO'(그리스도의 대리자), 중층에 'IN TERRA'(지상에서), 하층에 'REGVM'(왕들의)이라고 새겨 넣은 화려한 전례용 관(liturgical hat)을 말한다.

이후 다시 후천년설이 득세하였는데, 그 이유는 계몽주의 곧 사회의 계몽과 발전, 개혁과 선교를 통해서 복음이 온 세상에 전파된 후에 그리스도의 재림이 있을 것이라고 보았다. 자유와 실용과 개척정신에 바탕을 둔 후천년설적 낙관주의가 미연방국가의 건설에도 맞물려 있었다. 이 시기에 출발한 그리스도의 교회들의 정신도 초기에는 당연히 낙관적 후천년설이었다. 그러다가 남북전쟁, 두 차례의 세계대전과 그 사이에 있었던 경제대공황 등의 영향으로 낙관주의는 점차 약해지고 염세적 전천년설이 등장하였고, 특히 시온운동과 1948년 5월 14일 이스라엘의 건국선언이후 시대구분(세대주의) 전천년설이 각광을 받았으며, 후천년설과 전천년설의 대안으로 등장한 것이 무천년설이다. 무천년설은 천년설을 믿지 않는다는 뜻이 아니라, 영적으로 실현된 그리스도의 나라 곧 실현된 천년설(realized millennialism)을 믿는다는 뜻이다. 무천년설도 후천년설과 마찬가지로 영적으로 실현된 종말 곧 현

이란 파사르가다에(Pasargadae)의 퀴루스 대제의 부조 - 그리스 역사가 헤로도투스와 크세노폰은 퀴루스에 대해서 "샤한샤(Shahanshah, 왕들 중의 왕), 페르시아 국민의 아버지, 이상적인 군주, 바빌론니아 유대인들의 해방자."라고 기술하였다. 날개가 세 쌍인 것은 그가 페르시아 대국의 수호신이란 뜻이다.

마케도니아 트라키아의 수도 뤼시마케아에서 주조된 4드라크마 은화(297-282 BC) - 전면에 관을 쓴 알렉산드로스의 머리에 아몬-제우스를 참칭하는 뿔이 새겨져 있고, 뒷면에 보좌에 앉은 지혜의 여신 아테나가 오른손에 날개를 펼친 여신 승리를 올려놓고 있으며, 아테나 앞뒤에 "Basileos Lysimachou"(뤼시마쿠스의 왕)라고 새겼다.

재구원과 맥을 같이한다. 그러나 무천년설에서는 현 세상을 천년왕국에 포함시키지 않는다. 그 대신에 지상의 교회들과 천상의 낙원만을 천년왕국으로 간주한다.

5. 스톤-캠벨운동권에서의 종말론

미국에서 환원운동(신약성경교회 회복운동) 곧 스톤-캠벨운동이 시작된 18세기말부터 미국의 분위기는 낙관적 후천년설적이었고, 개척정신과 자유와 실용정신이 지배적이었다.

제자들 교회(Disciples of Christ) 학자 웨인 헨슬리(Wayne Hensley)가 "스톤-캠벨 운동이 후천년설의 수사적 성격과 힘을 보여주는 대표적인 사례"라고 말했을 정도로 후천년설은 스톤-캠벨운동의 큰 흐름 가운데 하나였다. 또 헨슬리는 전통적인 후천년설의 설명에는 세 가지 주요 단계가 있었다고 했는데, 첫 번째는 천년왕국의 도래를 위해서는 먼저 그리스도인들이 세계를 복음화해야 한다는 것이고, 두 번째는 교회가 초기(교회)의 일치를 회복할 때까지는 세계 복음화가 이뤄질 수 없다는 것이며, 세 번째는 신약성경에서 발견되는 옛 복음과 옛 질서의 회복이 일치의 근거라는 것이라고 하였다. 환원이 후천년설 설명의 기초였던 것이다. 도시영향을 거부한 미국의 시골문화를 고려할 때, 환원운동권의 후천년설은 개인의 자유, 인간의 평등, 신(神)이 정한 미국의 운명에 대한 미국의

---

297 Michael W. Casey, Douglas Allen Foster, ed., *The Stone-Campbell Movement: An International Religious Tradition*(Knoxville: The University of Tennessee Press, 2002), 18-19.

신념에 잘 맞아 떨어졌고, 설득력이 컸다.297 후천년설론자들은 미연방국가의 출범을 종교개혁의 완성을 향한 큰 걸음과 그리스도께서 영과 진리로 통치하실 새천년의 출범으로 본 경향이 있다.298 게다가 초기 환원운동가들과 구성원들은 환원운동에 대한 소명의식과 사명의식이 충만했었다.

1달러 지폐에 실린 미합중국의 우측 국장에 흰머리수리가 부리에 "다수로부터 하나로"(E pluribus unum)라고 쓴 두루마리를 물고 있다. 또 좌측 국장 중앙에 황무지에 건설 중인 피라미드와 그 위에 섭리의 눈이 있고, 하단에 미국 독립선언의 해인 "1776"이란 숫자가 라틴어 문자 "MDCCLXXVI"로 새겨져 있다. 국장은 통일, 자유, 독립, 개척정신의 상징으로써 1782년에 제정되었다. 국부들은 낙관적 후천년설의 입장에서 1776년 13개 주를 통일하여 자유와 독립을 보장하는 미합중국을 건설하였고, 하나님께서 자국민들이 하는 일들을 '섭리의 눈'으로 보살펴 주시고(ANNUIT COEPTIS: favorable to our undertakings), '새 천년시대의 새 질서'(Novus Ordo Seclorum: New Order of Ages)를 열어 주실 것이라고 확신하였다. 18-19세기 미국의 성공은 물론이고 그리스도의 교회들의 성공도 이 같은 통일, 자유, 독립, 개척정신과 '새 천년시대의 선구자'라는 믿음에서 비롯되었다.

환원운동가들은 두 가지 확신을 갖고 있었다. 첫째, 하나님께서 섭리 가운데서 미완으로 끝난 16세기의 종교개혁을 완성시키시려고 환원(신

---

298 Dan G. Danner, "The Millennium in the Restoration Movement," *Leaven*: Vol. 7 : Iss. 4, Article 6(Pepperdine University, 1999), 189-90. https://digitalcommons.pepperdine.edu/leaven/vol7/iss4/6.

약성경교회)운동을 전령(Christian Messenger)으로 택하시고 부르셨다는 확신을 갖고 있었다. 둘째, 그들은 이 확신 속에서 새천년시대의 선구자(Millennial Harbinger)를 자임하면서 그리스도교 일치운동과 신약성경(사도전통)교회 회복운동(Restoration Movement of the New Testament Ancient Order of Things)을 낙관적 후천년설의 입장에서 펼쳤다.

알렉산더 캠벨과 발톤 스톤은 환원운동이 새천년왕국을 이 땅에 개방하는 사역이라고 보았다. 캠벨이 자신의 정기간행물의 제호를 〈천년왕국의 선구자〉(Millennial Harbinger)로 정한 이유가 19세기의 환원운동의 완성이 그리스도의 재림 때가 될 것이라는 믿음을 후천년설에 둔 때문이었다면, 스톤이 자신의 정기간행물의 제호를 〈크리스천 메신저〉(Christian Messenger)로 정한 이유는 19세기의 환원운동의 완성이 그리스도의 재림의 때가 될 것이라는 믿음을 전천년설에 둔 때문이었다.

한편 애브너 존스와 함께 '그리스도인 연맹'(Christian Connexion)을 설립한 엘리아스 스미스(Elias Smith)는 그리스도께서 그리스도인들과 함께 다스릴 임박한 통치를 전망하는 역사적 전천년설을 주장하였다. "스톤은 역사적 전천년설을 신봉(信奉)하였지만, 후천년설 주창자들처럼 그리스도인 일치와 노예제도 폐지가 이뤄지는 때가 종말이 임박한 때라 여겼다"(he considered the nearness of the end an incentive and summons to accomplish christian unity and abolish slavery).[299] 전천년설이 대세였던 그리스도의 교회들(Churches of Christ)에서는 발톤 W. 스톤과 '새 빛'(Newlight)

---

[299] Hans Rollmann, "Eschatology," The Encyclopedia of the Stone-Campbell Movement, ed. Douglas A. Foster, Paul M. Blowers, Anthony L. Dunnavant and D. Newell Williams(Grand Rapids, Michigan: William B. Eerdmans Publishing Company, 2004), 304.

그리스도인들의 "묵시적 정서"(apocalyptic spirit)에서 자신들의 뿌리를 찾고자 하였다.[300]

스톤은 적어도 1830년대 이후로부터는 전천년설론자였다. 스톤은 그리스도의 재림의 선행조건으로 두 가지 곧 "유대인들의 돌아옴(회개)과 구원" 그리고 "이방인의 충만한 수가 들어옴"을 믿었다. 천년왕국시대에는 노예제도가 존재하지 않을 것이란 것도 믿었다. 그래서 스톤은 자신이 소유한 노예들을 해방시켰을 뿐 아니라, 그리스도인들에게 그들의 노예들을 해방하라고 호소하였다. 또 스톤은 그리스도인들의 일치가 천년왕국이 도래하는 시점이라고 보았다. 스톤은 하나님께서 19세기에 교회를 일치시키기 위해서 환원운동을 도구로 쓰시고 계시다고 믿었기 때문에 천년왕국이 가까이 왔다고 확신하였다.[301]

알렉산더 캠벨은 〈천년왕국의 선구자〉(Millennial Harbinger)의 발간호 (1830년 1월 4일)에서 "'재림'을 '그리스도교 성경에 제시된 궁극적인 사회 개선의 완성'으로 정의함으로써 자신의 후천년설을 피력하였다." 후천년설은 캠벨에게 환원운동이 크게 성공할 것이라고 낙관하도록 영향을 끼쳤다. 특히 후천년설은 캠벨에게 "옛 복음"(사도전승 혹은 신약성경의 복음)이 "온 인류"를 개종시키고 모든 그리스도인들을 하나의 동일한 초석(礎石) 위에 통합시키는 도구라는 희망과 기대를 갖게 해주었다.[302] "캠벨의 '후천년설적 교회'는 사도전통 곧 '일들의 옛 질서'(Ancient Order of Things)

---

[300] Hans Rollmann, "Eschatology," 306-7.
[301] D. Newell Williams, "Stone, Barton Warren(1772-1844)," *The Encyclopedia of the Stone-Campbell Movement*, op. cit., 717-18.
[302] Alexander Campbell, "Prospectus," *Millennial Harbinger* 1(4 January 1830): 1. 58; Dan G. Danner, "The Millennium in the Restoration Movement," 189.

의 회복 곧 초기 그리스도교의 의식들(침례, 주의 만찬), 관행들, 믿음의 회복에 기초하였다."303 "알렉산더 캠벨이 1830년 1월에 시작된 그의 두 번째 저널의 이름을 〈천년왕국의 선구자〉로 붙인 것은 미공화국과 자신의 종교개혁이 점차 성공하는데 따른 낙관론에서 비롯되었다. 발간호의 '취지서'(Prospectus)에서 캠벨은 노예제도의 폐지를 향한 움직임을 포함하여 천년기에 가장 주목해야 할 분야를 약술하였다.304

전천년설과 윌리엄 밀러(William Miller)의 휴거날짜 지정의 여파로 1830년대와 1840년대에 스톤-캠벨운동권에도 종말론 논쟁이 일었다. 이 논쟁은 스톤-캠벨운동권 내에서 발행되는 정기간행물들에서 더욱 뜨겁게 달아올랐다. 이 논쟁은 알렉산더 캠벨에게는 자신의 후천년설을 전천년설의 대안으로 발전시키고 공론화할 기회가 되었다. 그래서 그는 자신이 발행하는 〈천년왕국의 선구자〉지에 "그리스도교(개신교)의 견해(view)"로 후천년설을 피력하였다. 그러나 캠벨의 동료인 월터 스코트(Walter Scott, 1796-1861)는, 비록 그가 그리스도의 재림날짜를 확정짓는 것을 꺼리기는 했지만, 당시에 미국과 영국의 일부 편집자들이 밀러파(Millerite)의 운동을 지지했던 것처럼 그도 자신의 정기간행물인 《복음전도자》(The Evangelist)지를 통해서 그들을 지지하였다.305

'다섯 손가락 시연'(five-finger exercise)의 복음전도자로 유명세를 탄 월터 스코트는 전천년설과 윌리엄 밀러(William Miller)의 휴거설을 지지함으로써 캠벨과 갈등을 겪었다. 스코트는 스톤-캠벨운동에 "그리스도인

---

303 Hans Rollmann, "Eschatology," 304.
304 Hans Rollmann, "Eschatology," 305.
305 Hans Rollmann, "Eschatology," 305.

들"(Christians)이란 이름을 쓸 것인지, "제자들"(Disciples)이란 이름을 사용할 것인지를 놓고 대립하였다. 이뿐만 아니라, 스코트는 캠벨이 자신을 환원운동권내에서 2등 시민처럼 대우하고 있으며, 옛 복음(사도적 전통)을 회복하는 일에 끼친 자신의 역할이 적절히 대우받지 못하고 있다고 생각하였다. 심지어 스코트는 밀러의 전천년설을 지지하면서 동료 제자들에게 1842년 10월에 "그들이 예언의 말씀에 무지하다"며 꾸짖었다. 그러자 캠벨은 1843년 1월에 "지성과 영향력이 남다른 우리의 형제들 가운데 몇 사람이 밀러의 사색에 빨려들었다"고 탄식하였다. 밀러의 휴거설에 대한 1차 예언(1843년 3월 21일)과 2차 예언(1844년 10월 22일)이 모두 빗나가자, 월터 스코트는 캠벨보다 한층 더 후천년설의 지지자가 되었다.[306]

로버트 밀리건(Robert Milligan, 1814-1875)은 후천년설을 취했다. 미국그리스도인선교회(American Christian Missionary Society)가 예루살렘으로 파송한 스톤-캠벨운동권의 첫 번째 선교사인 제임스 바클레이(James T. Barcly, 1807-1940)는 후천년설에서 출발했지만 성지에서 고난을 견디며 점차 전천년설로 견해가 바뀠다. 그는 결국 이스라엘의 정치적 회복이 그리스도의 재림보다 먼저 일어날 것이라고 믿게 되었다.[307]

그리스도의 교회들(Churches of Christ)의 편집자들과 교육자들은 전천년설을 주장하였다. 모세스(모세) 라드(Moses E. Lard, 1818-1880), 존 토마스(John Thomas, 1805-1871), 아서 크라이필드(Arthur Crihfield, ?-1852), 톨버트 패닝(Tolbert Fanning, 1810-1874), 토마스 브렌츠(Thomas Wesley Brents,

---

[306] Mark G. Toulouse, "Scott, Walter(1796-1861)," *The Encyclopedia of the Stone-Campbell Movement*, op. cit., 677-78.
[307] *The Stone-Campbell Movement: An International Religious Tradition*, 19-20.

1823-1905), 제임스 하딩(James A. Harding, 1848-1922), 데니얼 솜머(Daniel Sommer, 1850-1940) 등이 전천년설을 취했다. 그리스도의 교회들의 전천설은 R. H. 볼(Robert Henry Boll)에 이르러 절정에 달했다. 볼은 1930년대에 시작해서 1940년대에 절정에 이른 전천년설 운동의 선두주자였고 시대구분론자였다. 20-21세기 기간에 영향력이 막강한 맥스 루카도(Max Lucado)로 인해서, 그의 책,《그리스도께서 오실 때: 최상의 시작》(When Christ Comes: The Beginning of the Very Best, 1999)이 보여주듯이, 무천년설이 그리스도의 교회들 내에서 확산되고 있다. 맥스의 책들은 100여권이 넘게 우리말로 출판되어 시판되고 있다. 다른 한편에서는 그리스도인의 교회들/그리스도의 교회들(Christian churches/Churches of Christ)과 그리스도의 교회들(Churches of Christ)이 복음주의 시대구분 전천년설(세대주의)의 대중적 호소에 의해 점점 더 영향을 받고 있다. 리차드 휴즈(Richard T. Hughes)에 의하면, 남부의 그리스도인들 가운데서 지속되고 있는 "묵시적인" 반(反)문화정서가 그리스도의 교회들이 1906년 제자들 교회와 결정적으로 분리된 한 요인이었다.[308]

오리건주 포틀랜드 대학교에서 지난 31년간 교회사, 종교, 문화를 가르쳤던 댄 G. 대너(Dan G. Danner) 교수는 "환원전통이 무천년설로 정착하는 것처럼 보였다."고 하였다. 또 그는 "아주 예리한 것은 아니지만, 아테네 클레이 풀리아스(Athens Clay Pullias)는 천년기에 관한 학술강의에서 환원주의자의 무천년설의 큰 흐름을 대변하였다. 예수님께서 죽으시고 부

---

[308] Hans Rollmann, "Eschatology," 306; *The Stone-Campbell Movement: An International Religious Tradition*, 19-20; Dan G. Danner, "The Millennium in the Restoration Movement," 191-92.

활하시고 승천하실 때, 그분의 왕국은 세워졌고 현재 그분이 다스리고 계시며, 언젠가 그분은 세상을 심판하시고 그 나라를 아버지께 바치러 다시 오실 것이며, 성취되지 않은 것은 여전히 성취를 기다리고 있다고 데이비드 립스콤(David Lipscomb, 1831-1917) 교장이 확언했다."고 하였다.

그리스도인의 교회들(Christian Churches and Churches of Christ)에서는 전천년설과 무천년설이 모두 발견된다. 제자들 교회(Christian Church/Disciples of Christ)에서는 후천년설이 20세기까지 이어져왔다. 필자의 경험으로 볼 때, 노스캐롤라이나의 한 신학대학의 학술 집회에서 처음 접한 것이 시대구분 전천년설이었고, 오하이오의 한 신학대학원에서 새로 접한 것은 무천년설이었다. 필자 또한 수십 년간 무천년설을 지지해왔으나 후천년설의 중요성에도 눈을 뜨고 있다.

제자들 교회의 주석들에서는 유진 보링(M. Eugene Boring)이 1989년에 출판한 학술적인 주석이 나오기까지 20세기 동안 계시록이 거의 다뤄지지 않았다. 제자들 교회의 유력한 인사들 중에는, '그리스도인 행동'(Christian Action)을 이끌었던 킨드레드(C. G. Kindred, 1866-1954) 같은 몇몇 보수적인 인사들 말고는, 전천년설을 주장한 사람이 없었다.

오늘날 그리스도인들이 살고 있는 이 배도시대에 그리스도인들이 보다 적극적이고 긍정적으로 살아가는데 있어서 필요한 것은 후천년설적 소명의식과 사명의식이 아닐까싶다. 또 현시대의 그리스도인들에게 필요한 것은 하나님께서 나를 새로운 천년시대를 여시기 위해서 일꾼으로 전령으로 또는 선구자로 부르셨고, 그 귀한 사역을 위해 세상에 보내셨으며, 나의 하는 믿음의 선한 싸움들을 섭리의 눈으로 보살펴 주신다는 확신을 갖는 것이다. 그리고 성령 충만, 끈질긴 기도, 인내의 믿음으로 뚜

벅뚜벅, 마치 히브리인들이 가나안 땅을 향해서, 초기 그리스도인들이 그리스도의 나라(교회)를 세워나가기 위해서 혹은 하늘 가나안 땅을 향해서 고난과 시련과 역경에도 불구하고 행군했듯이, 전진해 나가는 것이다.

황제의 임재 혹은 재림이 새겨진 주화와 부조

하드리아누스 황제(AD 117-138)의 로마 도착 주화 - 전면에 하드리아누스 황제의 두상을 새겼고, 둘레에 HADRIANVS AVG COS III P P(하드리아누스 아우구스투스 집정관 3회, 국부)라고 새겼다. 뒷면에 하드리아누스(우측)가 로마(좌측)와 손을 잡는 모습을 새겼고, 둘레에 ADVENTVS AVG(황제의 도착)이라고 새겼다.

하드리아누스의 유대 도착 주화(주후 134/5-138년) - 전면에 월계관을 쓴 옆얼굴 둘레에 HADRIANVS AVG COS III PP(하드리아누스 아우구스투스 집정관 3회 국부)라고 썼고, 뒷면 왼쪽에 하드리아누스가 유대에 도착해서 환영인파에게 손을 들어 인사하는 모습과 오른쪽에 유대가 왼손에 신주병(神酒甁), 오른손에 술잔을 들고 있는 모습, 사람들이 종려나무 가지를 흔들고 있는 모습, 그들 앞에 제단과 희생제물이 놓인 모습, 그리고 그 둘레에 ADVENTVI AVG IVDAEAE, SC(황제의 유대 도착, 원로원의 법령)이라고 새겼다.

셉티미우스 세베루스(AD 193-211) 황제의 로마 도착 주화 - 전면에 셉티미우스 세베루스 황제의 월계관을 두른 두상을 새겼고, 둘레에 SEVERVS PIVS AVG(경건한 세베루스)라고 새겼다. 뒷면에 말을 탄 셉티미우스 세베루스가 실제로 로마에 입성하는 모습과 흥분한 말을 군기를 든 군인이 제지하는 모습을 새겼다. 둘레에는 ADVENTVS AVG(황제의 도착)이라고 새겼다.

트라야누스 데키우스 황제의 로마 도착 기념주화(주후 251년) - 황제가 통치를 처음 시작했을 때(초림)이거나 먼 곳(전쟁)에 갔다가 돌아온 것(재림)을 기념하여 제조되었다. 도착, 귀환, 임재, 왕림 등을 뜻하는 라틴어는 '아드벤투스'(ADVENTVS)이며, 헬라어 '파루시아'(parousia)에 해당된다. 전면에 찬란한 갑옷을 입은 데키우스 황제의 옆얼굴 둘레에 IMP CMQ TRAIANVS DECIVS AVG(황제 가이우스 메시우스 퀸투스 트라야누스 데키우스 아우구스투스)라 새겼고, 뒷면에 홀을 쥐고 군중에게 손을 흔드는 황제 둘레에 ADVENTVS AVG(황제 도착)이라고 새겼다. 데키우스는 기독교를 극심하게 탄압하였고, 칙령을 내려 기독교도가 아니라고 명기한 증명서(libellus, 250)를 소지하도록 하였는데, 발급대상은 모든 로마시민권자들이었다. 카라칼라의 칙령(212)이후 속주민도 로마시민권을 갖게 되었기 때문에 로마제국의 모든 자유민이 이 법에 따라야 했다.

티투스의 개선문 부조(주후 81년, 복사본, 미국 LA카운티 미술관) - 오른쪽에 토가를 걸친 티투스가 네 필의 말이 끄는 전차에 올라서 있고, 뒤에서 여신 니케(승리)가 티투스의 머리에 월계관을 씌우고 있다. 전차 옆에 상체를 드러낸 사람은 평민을, 토가를 걸친 사람은 원로원의 의원을 대표한다. 말고삐를 붙잡은 여성은 여신 로마 또는 여신 용맹을 상징한다.

로마 황제 마르쿠스 아우렐리우스(주후 121-180년)**의 개선문 부조** - 게르만 민족을 물리치고 개선하는 황제의 머리 위로 수호천사 게니우스(Genius)가 부조되었고, 네 필의 말이 끄는 전차 좌측에 개선을 알리는 로마군대의 나팔수와 나팔(salpinx)이 부조되었다.

'강림'이란 단어는 헬라어 단어 '파루시아'(PAROUSIA), 라틴어 '아드벤투스'(ADVENTVS)를 번역한 말이다. 주후 30년 죽음을 이기고 부활하신 그리스도는 승천하셔서 하늘 지성소 곧 보좌방에 계신다. 그 그리스도께서 하늘에서 내려오시기 때문에 '강림(降臨)'이라고 한 것이고, 다시 오실 것이기 때문에 '재림(再臨)'이라고 한 것이다. '파루시아'나 '아드벤투스'는 모두 도착, 귀환, 왕림, 임재, 개선(凱旋) 등을 뜻한다. 이 말은 주로 황제의 도착(ADVENTVS AVG)에 쓰였다. 고대의 황제들은 자칭 '신의 현현' 또는 '신의 아들'이었고, 특히 로마황제들은 '평강의 왕,' '관용의 왕,' '민중의 수호자,' '만왕의 왕,' '만주의 주'라는 칭호를 누렸다. 그러나 그리스도인들은 황제들의 신성참칭이 거짓인 것을 알았고, 오직 예수 그리스도만이 참 하나님의 아들이시요, 평강의 왕이시며, 만왕의 왕이시오 만주의 주이시며, 구세주이심을 믿었기 때문에 그 같은 칭호를 오직 그리스도께 바쳤다. '그리스도의 강림'(ADVENIENS CHRISTVS)이란 말도 같은 맥락에서 이해될 수 있다.

로마제국의 황제들은 로마군의 통수권자들이었기 때문에 전시(戰時)에 전장(戰場)에 나가있다가 전쟁이 끝나면 돌아왔고, 종종 속주(provincia)의 도시를 방문하기도 하였다. 그리고 황제가 귀환하거나 도착하는 일은 축하하고 기념할만한 거국적 행사였다. 고금을 막론하고 이런 행사에는 환영인파와 환영파티가 준비된다. 그리고 황제들은 자신이 도착한 곳이 로마시든 속주의 도시든 자신이 자리를 비운 기간에 발생된 일들을 심판하여 상벌을 내렸다. 마찬가지로 죽음을 이기고 부활하신 그리스도께서 승천하셔서 하늘 지성소에 머물러 계시다가 다시 강림(降臨)하시는 것이기 때문에 '재림(再臨)'이라 했고, 주의 강림직후에 심판이 있다는 것을 거듭 경고하였다.

황제의 도착(ADVENTVS AVG)은 기념할만한 거국적인 행사였으므로 이를 홍보하기 위한 목적으로 주화가 주조되곤 하였다. 이들 주화들에서는 보통 말(백마)을 탄 황제가 오른손을 들어 환영인파에게 답례하는 모습이 담기지만, 종종 그 곁에 말잡이 군인이나 오른쪽 앞발을 올린 말 아래에 쪼그려 앉은 포로의 모습이 담기기도 하였다. 로마 시가 아닌 타 도시에서 화폐가 주조되었을 경우에는 황제가 그 화폐를 주조한 도시에 도착한 것을 나타낸다.

황제의 도착(ADVENTVS AVG)을 새긴 주화는 트라야누스 황제(AD 98-117) 때 처음 발행되었으나 통용되지는 않았다. 통용이 된 황제의 도착(ADVENTVS AVG)을 새긴 주화는 하드리아누스 황제(AD 117-138), 카이사르 코모두스(AD 180), 셉티미우스 세베루스(AD 193-211), 필립1세(AD 244-249), 트라야누스 데키우스(AD 249-251), 트레보니아누스 갈루스(AD 251-253), 클라우디우스2세(AD 268-270), 프로부스(AD 276-282), 맥시미아누스(AD 285-305), 디오클레티아누스(AD 284-305) 그리고 콘스탄티누스 대제(AD 307-337) 때에 마지막으로 발행되었다. 밀라노 칙령을 공포하여 그리스도교 박해를 종식시킨 콘스탄티누스 대제 때를 마지막으로 더 이상 황제의 도착(ADVENTVS AVG)을 새긴 주화가 발견되지 않는 것은 그리스도의 나라가 로마제국을 이긴 역사적 사실에 기인된다.

참고문헌

도서

Bainton, Roland H. *A Life of Martin Luther: Here I Stand*. Nashville: Abingdon Press, 1983.

Barth, Karl. *Die Kirchliche Dogmatik* II/1.

Baxter, Ronald E. *The Charismatic Gift of Tongues*. Grand Rapids: Kregel Publications, 1981.

Berkhof, Louis. *The History of Christian Doctrines*. Carlise, Penn.: The Banner of Truth Trust, 1985.

Buber, Martin. *The Two Types of Faith*. Trans. Norman P. Goldhawk. New York: The MacMillan Company, 1951.

Calvin, John. *Institutes of the Christian Religion*. 2 Vols. Trans. Henry Beveridge. Grand Rapids, Michigan: WM. B. Eerdmans Publishing, reprinted 1983.

Campbell, Alexander. *Christian Baptism with Its Antecedents and Consequents*. Nashville: Gospel Advocate, 1951.

_____. *Christian Baptist*(1828). Ed. Nashville: Gospel Advocate, reprinted 1955.

_____. *Christian Baptist: Seven Volumes in One*. Compiled by Gary L. Lee. Joplin, Missouri: College Press Publishing Company, 1983.

_____. *Christian System*. Joplin, Missouri: College Publishing Co., 1989.

_____. *Christian System*. Nashville: Gospel Advocate, 1974.

_____. *Millennial Harbinger*. Joplin, Missouri: College Press, reprinted, n.d.

Campbell, Thomas and Acheson, Thomas. *Declaration and Address of the Christian Association*. Washington, Pa: Brown & Sample, 1809. Reprinted by Lincoln Christian College Press, Lincoln, Illinois in 1983.

Casey, Michael W. and Foster, Douglas Allen. Ed. *The Stone-Campbell Movement: An International Religious Tradition*. Knoxville: The University of Tennessee Press, 2002.

Chadwick, Owen. *The Reformation*. New York: Penguin Books, 1982.

Clouse, Robert G. Ed. *The Meaning of the Millennium: Four Views*. Downers Grove,

Illinois: InterVarsity Press, 1977.

Cottrell, Jack. *13 Lessons on Grace*. Eugene, Oregon: Wipf and Stock Publishers, 1999.

———. *His Truth*. Cincinnati, Ohio: The Standard Publishing Co. 1980.

———. *The Faith Once for All, Bible Doctrine for Today*. Joplin, Missouri: College Press Publishing Company, 2002.

Elwell, Walter A. Ed. *Evangelical Dictionary of Theology*. Grand Rapids: Baker Book House, 1985.

Ferguson, Everett. *Early Christian Speak*. Abilene, Texas: Biblical Research Press, 1981.

Foster, Douglas A.; Blowers, Paul M.; Dunnavant, Anthony L. and Williams, D. Newell. Ed. *The Encyclopedia of the Stone-Campbell Movement*. Grand Rapids, Michigan: William B. Eerdmans Publishing Company, 2004.

Hendriksen, William. *More Than Conquerors: An Interpretation of the Book of Revelation*. Grand Rapids: Baker Book House, 1985.

Herberg, Will. Ed. *The Writings of Martin Buber*. Cleveland and New York: Meridian Books, 1956.

Hillerbrand, Hans J. Ed. *The Reformation: A Narrative History Related by Contemporary Observers and Participants*. Grand Rapids: Baker Book House, 1982.

Klooster, Fred H. *Calvin's Doctrine of Predestination*. Grand Rapids: Calvin Theological Seminary, 1961.

McAllister, Lester G. Ed. *An Alexander Campbell Reader*. St. Louis, Missouri: CBP Press, 1988.

McNeil, John T. Ed. *The Library of Christian Classics*. Vol. 20. Calvin: Institutes of the Christian Religion. Trans. by Ford Lewis Battles. Philadelphia: The Westminster Press, n.d.

Muller, Richard A. *Dictionary of Latin and Greek Theological Terms*. Grand Rapids: Baker House, 1986.

O'Brien, John A. *Finding Christ's Church*. Notre Dame: Ave Maria Press, 1950.

Own, John. Trans. *Commentaries on the Epistle of Paul the Apostle to the Hebrews by John Calvin*. Eugene, Oregon: Wipf and Stock Publishers, 2007.

Plass, Ewald M. *What Luther Says*. Concordia Publishing House, 2006.

Reid, J. K. S. Trans. and Ed. *The Library of Christian Classics*. Vol. 22. Calvin: Theological Treatises. Philadelphia: The Westminster Press, n.d.

Schaff, Philip. Ed. and David S. Schaff. Revised. *The Creeds of Christendom with a History and Critical Notes*. Vol. II. Grand Rapids, Michigan: Baker Book House, reprinted 1985.

Sizemore, Denver. *Thirteen Lessons in Christian Doctrine*. Joplin, Missouri: College Press Publishing Company, 1991.
Welshimer, P. H. *Facts Concerning the New Testament Church*. Cincinnati, Ohio: The Standard Publishing Company.
Womack, Morris. *Thirteen Lessons on Restoration History*. Joplin, Missouri: College Press Publishing Co., 1992.
World Council of Churches. *Baptism, Eucharist and Ministry*. Faith and Order Paper No. 111. Geneva, 1982.

거쓰리(Guthrie), Donald. 『요한 계시록의 신학』(The Relevance of John's Apocalypse). 정충하 역. 새순출판사, 1989.
김균진. 『기독교조직신학 I』 연세대학교출판부, 1991 9판.
_____. 『하나님은 어디에 계신가?』 대한기독교서회, 1990 재판.
_____. 『헤겔과 바르트』 대한기독교출판사, 1991 4판.
_____. 『헤겔철학과 현대신학』 대한기독교출판사, 1980.
김철손. 『요한계시록 신학』 대한기독교서회, 1989.
노이호이저(Neunheuser), Burkhard. 『문화사에 따른 전례의 역사』 김인영 옮김. 분도출판사, 1992.
라드(Ladd), G. E. 『신약신학』 성광문화사, 1983.
몰트만, J. 『삼위일체와 하나님의 나라』 김균진 역. 대한기독교출판사, 1990 7판.
배은하 엮음. 『역사의 땅, 배움의 땅 배론』 서울: 바오로딸, 2002 제1판 6쇄.
백종구, 조동호. 『한국 그리스도의교회의 역사』 서울: 쿰란출판사, 2018.
베이커(Baker), D. L. 『구속사적 성경해석학』 오광만 옮김. 도서출판 엠마오, 1989.
베커, 크리스천. 『사도 바울』 장상 역. 한국신학연구소, 1991.
알렌, C. 레오나르드 & 휴스, 리처드 T. 『환원 운동의 뿌리』 백종구, 서요한 공역. 서울: 쿰란출판사, 2010.
에레트(Errett), Issac. 『우리의 위치』(Our Position). 최윤권 편. 서울기독대학교 환원원, 연대 미상.
요시마사, 쯔지야. 『미사: 그 의미와 역사』 최석우 옮김. 성바오로 출판사, 1991.
이형우 역주. 『히뽈리뚜스 사도전승』 경북 왜관: 분도출판사, 1992.
장일선. 『구약신학의 주제』 대한기독교서회, 1991.
_____. 『이스라엘 포로기 신학』 대한기독교서회, 1990.
전경연 외 3인. 『신약성서 개론』 대한기독교서회, 1971.
전경연 외 4인. 『신약성서신학』 대한기독교서회, 1997.
정양모 역주. 『열두 사도들의 가르침: 디다케』 경북 왜관: 분도출판사, 1993.

정훈택. 『신약개론』 대한예수교장로회총회, 1998.
조동호. 『요한계시록의 새로운 이해와 말씀: 풍랑을 잔잔케 하실 예수』 도서출판 가나다, 1998.
_____. 『우리가 이 보배를 질그릇에 가졌으니』 대전: 서진출판사, 1994.
_____. 『환원운동사』 그리스도의 교회 연구소, 2017. http://kccs.info/rh13lessons_Teaching_Materials.pdf.
주교회의 교리교육위원회 번역. 『가톨릭교회교리서』(Catechismus Catholicae Ecclesiae). 서울: 한국천주교중앙협의회, 2008.
지원용 편. 『루터 선집 제7권: 은혜의 해설자 루터』 서울: 컨콜디아사, 1986.
코츠렐, 잭. 『성서의 은총론』 정남수 옮김. 서울: 쿰란출판사, 2012.
콕스, 하비. 『세속도시』 구덕관 외 옮김. 대한기독교서회, 1993 개정신판.
콕스, 하비. 『예수 하버드에 오다』 오강남 옮김. 서울: 문예출판사, 2004.
키스터메이커, 샤이먼. 『현대의 복음서 연구』 신성종, 최갑종 역. 도서출판 엠마오, 1985.
토인비, 아놀드. 『역사의 연구 I, II』 노명식 역. 서울: 삼성출판사, 1990.
포스터, 더글라스 A. 외 3인. 『그리스도의 교회들 운동 대사전』 정남수 외 3인 역. 서울: 대한기독교서회, 2015.
함석헌. 『뜻으로 본 한국역사』 서울: 한길사, 1997 제1판 5쇄.
헌터(Hunter), A. M. 『신약성서개론』(Introducing the New Testament). 박창환 역. 컨콜디아사, 1989.

논문·기사·기타

Blowers, Paul M. "God, Doctrine of." *The Encyclopedia of the Stone-Campbell Movement.* Ed. Douglas A. Foster, Paul M. Blowers, Anthony L. Dunnavant and D. Newell Williams. Grand Rapids, Michigan: William B. Eerdmans Publishing Company, 2004.
Boettner, Loraine, "Postmillennialism," The Meaning of the Millennium: Four Views. Ed. Clouse, Robert G. Downers Grove, Illinois: InterVarsity Press, 1977.
Buber, Martin. "Der Preis." *Der Jude.* October 1917.
Campbell, Alexander. "Prospectus." *Millennial Harbinger* 1. 4 January 1830.
Campbell, Thomas. "Essay on the Religion of Christianity." *The Christian Baptist.* October 4, 1824.
Danner, Dan G. "The Millennium in the Restoration Movement." *Leaven*: Vol. 7 : Iss.

4, Article 6. Pepperdine University, 1999. https://digitalcommons.pepperdine. edu/leaven/vol7/iss4/6.

Dillenberger, John. Ed. "Introduction," *Martin Luther: Selections from His Writings*. Garden City, New York: Anchor Books Doubleday & Company, Inc., 1961.

Garrett, Leroy. "Campbell, Alexander(1788-1866)." *The Encyclopedia of the Stone-Campbell Movement*. Ed. Douglas A. Foster, Paul M. Blowers, Anthony L. Dunnavant and D. Newell Williams. Grand Rapids, Michigan: William B. Eerdmans Publishing Company, 2004.

Hobbs, A. I. "Conversion: What Is It and How Produced?" in *The Old Faith Restated*. Ed. by J. H. Garrison. 2 Vols. St. Louis: Christian Publishing Company, 1891.

Parsons, John J. "Emunah - Believing in / Believing that." https://www.hebrew4 christians.com/Articles/Emunah/emunah.html.

Rollmann, Hans. "Eschatology." *The Encyclopedia of the Stone-Campbell Movement*. Ed. Douglas A. Foster, Paul M. Blowers, Anthony L. Dunnavant and D. Newell Williams. Grand Rapids, Michigan: William B. Eerdmans Publishing Company, 2004.

Smith, Brian David. "The Historical Development of the Doctrine of Original Grace in Church History and Its Viability in the Context of Stone-Campbell Movement Soteriology." Ph. D. Dissertation, University of Exeter 2010.

Toulouse, Mark G. "Scott, Walter(1796-1861)," *The Encyclopedia of the Stone-Campbell Movement*. Ed. Douglas A. Foster, Paul M. Blowers, Anthony L. Dunnavant and D. Newell Williams. Grand Rapids, Michigan: William B. Eerdmans Publishing Company, 2004.

Williams, D. Newell. "Stone, Barton Warren(1772-1844)." *The Encyclopedia of the Stone-Campbell Movement*. Ed. Douglas A. Foster, Paul M. Blowers, Anthony L. Dunnavant and D. Newell Williams. Grand Rapids, Michigan: William B. Eerdmans Publishing Company, 2004.

『가톨릭대사전』 s.v. '의화.' https://maria.catholic.or.kr/dictionary/term/term_search.asp.

김명수. '원시그리스도교 Q공동체의 주변부 민중 예수.' 「신학사상」 제71집, 1990 겨울.

김재진. '칼빈과 루터신학 유사성에 관한 일고: 노예(속박)된 의지와 선택의 자유를 중심으로.' 「한국개혁신학」 제27호(2010).

김혜윤. '에녹1서 〈비유의 책〉 연구: (저) 사람의 아들에 대한 언어 내용적 고찰.' 「신학전망 174호」 광주가톨릭대학교 신학연구소, 2011년 9월.

멀러 리처드 A.(Muller, Richard A). '칼빈은 칼빈주의자였는가?' 「생명과 말씀」 5(2012).

https://kirs.kr/data/calvin/calvin_056.pdf.
박도식. '[상식교리]33. 사효성, 인효성.' 「가톨릭신문」 제1240호 2면. https://m.catholictimes.org [입력: 1981.02.01.].
_____. '[상식교리]63. 공로(功勞)란?.' 「가톨릭신문」 제1279호 4면. https://m.catholictimes.org [입력: 1981.11.08].
성기호. '칼빈의 예정론과 웨슬리의 자유의지론.' 「목회와 신학」 1992년 7월호. http://www.kirs.kr/data/calvin/calvin046.pdf.
성희찬. '공예배에서 악기 사용, 어떻게 해야 하나?' 「개혁정론」. http://reformedjr.com/board02/1057, [입력: 2016.05.30. 08:40].
송기득. '너희는 나를 누구라고 하느냐: 베드로의 예수 이해의 문제점과 Q 공동체의 예수 이해를 통한 우리 정체성의 확립을 위하여.' 「신학과 현장」 목원대학 신학부, 제1집, 1991년.
양종규. '선행을 둘러싼 오해와 진실.' 「가톨릭 디다케」 http://didache.eduseoul.or.kr/magazine/view.asp?cpage=9&yy=2008&mm=1&cnum=1520&idx=&wt= [입력: 2008년 1월].
장기영. '자유의지와 노예의지, 그 분기점으로서 웨슬리의 선행은총론.' 「신학과 선교」 서울신학대학교 기독교신학연구소, 2014. https://www.theosnlogos.com/search/웨슬리의 선행은총.
최명덕. '유월절로 본 성만찬.' 이스라엘문화원: 유대학술세미나자료.
http://www.iscc.co.kr/seminar.asp.
최재건. '언더우드와 하나님 이름.' 「국민일보」 [입력: 2014-09-23].

http://www.jewfaq.org/moshiach.htm.
https://en.wikipedia.org/wiki/Emunah.
https://www.jewfaq.org/beliefs.htm.
https://www.jewfaq.org/kabbalah.htm.
https://www.jewfaq.org/name.htm.
https://www.jewfaq.org/olamhaba.htm.
https://www.myjewishlearning.com/article/emunah-biblical-faith.
배은하 신부 강론. '배론성지'(카세트 테이프 내용).

그리스도교 신앙 Christian Beliefs

2022년 10월 21일 초판 1쇄

지은이 조동호
펴낸이 김영태
펴낸곳 도서출판 끌림
편집위원 김성숙 김숙자 조동호 최성배
책임편집 김한결

출판등록 제2022-000036호
주소 대전광역시 서구 대덕대로 325, 스타게이트빌딩 471호
전화 0502-0001-0159
팩스 0503-8379-0159
전자우편 kkeullimpub@gmail.com

ISBN 979-11-980139-9-6 (03230)
값 20,000원

ⓒ조동호 2022

* 이 책은 저작권법에 따라 보호를 저작물이므로 무단 전제와 복제를 금합니다.
* 저자와의 협의로 인지는 생략합니다.
* 잘못 제작된 책은 바꾸어 드립니다.